宋本纂圖互注周禮

第一册

漢 鄭玄注 唐 陸德明釋文

中國國家圖書館藏宋刻本

山東人民出版社·濟南

圖書在版編目（CIP）數據

宋本纂圖互注周禮 /（漢）鄭玄注；（唐）陸德明釋文 .— 濟南：山東人民出版社，2024.3
（儒典）
ISBN 978-7-209-14349-3

Ⅰ．①宋… Ⅱ．①鄭… ②陸… Ⅲ．①《周禮》- 注釋 Ⅳ．① K224.06

中國國家版本館 CIP 數據核字（2024）第 038884 號

項目統籌：胡長青
責任編輯：劉嬌嬌
裝幀設計：武　斌
項目完成：文化藝術編輯室

宋本纂圖互注周禮
〔漢〕鄭玄注　〔唐〕陸德明釋文

主管單位　山東出版傳媒股份有限公司
出版發行　山東人民出版社
出 版 人　胡長青
社　　址　濟南市市中區舜耕路517號
郵　　編　250003
電　　話　總編室（0531）82098914
　　　　　市場部（0531）82098027
網　　址　http://www.sd-book.com.cn
印　　裝　山東華立印務有限公司
經　　銷　新華書店

規　　格　16開（160mm×240mm）
印　　張　36.25
字　　數　290千字
版　　次　2024年3月第1版
印　　次　2024年3月第1次
ISBN 978-7-209-14349-3
定　　價　87.00圓（全二册）

《儒典》選刊工作團隊

學術顧問　杜澤遜　李振聚　徐　泳

項目統籌　胡長青

責任編輯　劉　晨　劉嬌嬌　張艷艷
　　　　　吕士遠　趙　菲　劉一星

前言

中國是一個文明古國、文化大國，中華文化源遠流長，博大精深。在中國歷史上影響較大的是孔子創立的儒家思想，因此整理儒家經典、注解儒家經典，爲儒家經典的現代化闡釋提供权威、典范、精粹的典籍文本，是推進中華優秀傳統文化創造性轉化、創新性發展的奠基性工作和重要任務。

中國經學史是中國學術史的核心，歷史上創造的文本方面和經解方面的輝煌成果，大量失傳了。西漢是經學的第一個興盛期，除了當時非主流的《詩經》毛傳以外，其他經師的注釋後來全部失傳了。東漢的經解祗有鄭玄、何休等少數人的著作留存下來，其餘也大都失傳了。南北朝至隋朝興盛的義疏之學，其成果僅有皇侃《論語疏》幸存於日本。五代時期精心校刻的《九經》、北宋時期國子監重刻的《九經》以及校刻的單疏本，也全部失傳。南宋國子監刻的單疏本，我國僅存《周易正義》、《爾雅疏》、《春秋公羊疏》（三十卷殘存七卷）、《春秋穀梁疏》（十二卷殘存七卷），日本保存了《尚書正義》、《毛詩正義》、《禮記正義》（七十卷殘存八卷）、《周禮疏》（日本傳抄本）、《春秋公羊疏》（日本傳抄本）、《春秋正義》（日本傳抄本）。南宋兩浙東路茶鹽司刻八行本，我國保存下來的有《周禮疏》、《禮記正義》、《春秋左傳正義》（紹興府刻）、《論語注疏解經》（二十卷殘存十卷）、《孟子注疏解經》（存臺北『故宮』），日本保存有《周易注疏》《尚書正義》（凡兩部，其中一部被清楊守敬購歸）。南宋福建刻十行本，我國僅存《春秋穀梁注疏》、《春秋左傳注疏》（六十卷，一半在大陸，一半在臺灣），日本保存有《毛詩注疏》《春秋左傳注疏》。從這些情況可以看出，經書代表性的早期注釋和早期版本國内失傳嚴重，有的僅保存在東鄰日本。

鑒於這樣的現實，一百多年來我國學術界、出版界努力搜集影印了多種珍貴版本，但是在系統性、全面性和準確性方面都還存在一定的差距。例如唐代開成石經共十二部經典，石碑在明代嘉靖年間地震中受到損害，明代萬曆初年西安府學等學校師生曾把損失的文字補刻在另外的小石上，立於唐碑之旁。近年影印出版唐石經拓本多次，都是以唐代石刻與明代補刻割裂配補的裱本爲底本。由於明代補刻采用的是唐碑的字形，這種配補本難以區分唐刻與明代補刻，不便使用，亟需單獨影印唐碑拓本。

爲把幸存於世的、具有代表性的早期經解成果以及早期經典文本收集起來，系統地影印出版，我們規劃了《儒典》編纂出版項目。

《儒典》出版後受到文化學術界廣泛關注和好評，爲了滿足廣大讀者的需求，現陸續出版平裝單行本。共收録一百十一種元典，共計三百九十七册，收録底本大體可分爲八個系列：經注本（以開成石經、宋刊本爲主。開成石經僅有經文，無注，但它是用經注本删去注文形成的）、經注附釋文本、纂圖互注本、單疏本、八行本、十行本、宋元人經注系列、明清人經注系列。

《儒典》是王志民、杜澤遜先生主編的。本次出版單行本，特請杜澤遜、李振聚、徐泳先生幫助酌定選目。特此説明。

二〇二四年二月二十八日

目録

第一册

第二册

周禮經圖

王國經緯涂軌圖

野涂

北

雉城門　雉城門　雉城門

雉城門　東　雉城門　雉城門

雉城門　西　雉城門　雉城門

經　緯

左祖　右社

王宮　後市　面朝

環涂

雉城門　南　雉城門　雉城門

野涂

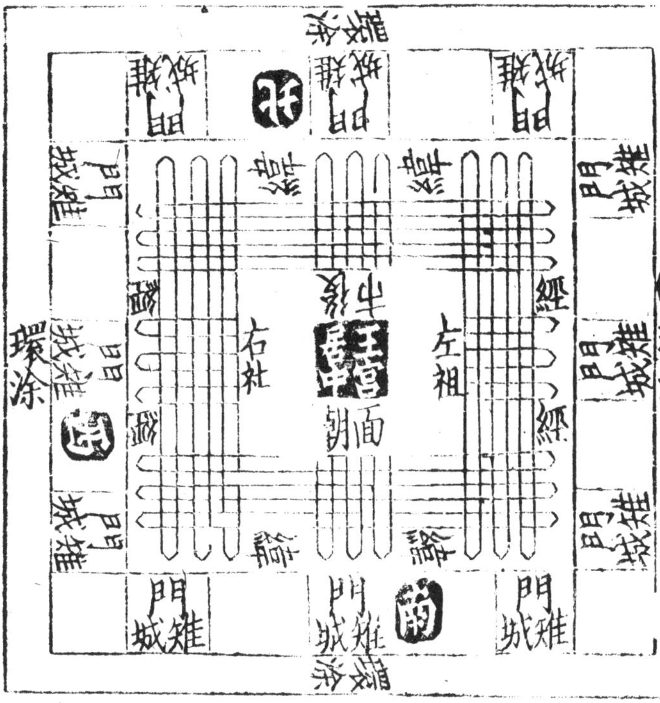

按禮匠人營國方九里旁三門國中九經九緯經涂九軌左祖右社面朝後市註云東西之道爲經南北之道爲緯經之涂皆容九軌謂轍廣也乘車六尺六寸旁加七寸凡八尺九軌七十二尺每涂計廣七十二步男由右女由左車由中王宮居中經緯涂之外有環涂環涂七軌環涂之外有野涂野涂五軌轍廣亦八尺

朝位寢廟社稷圖

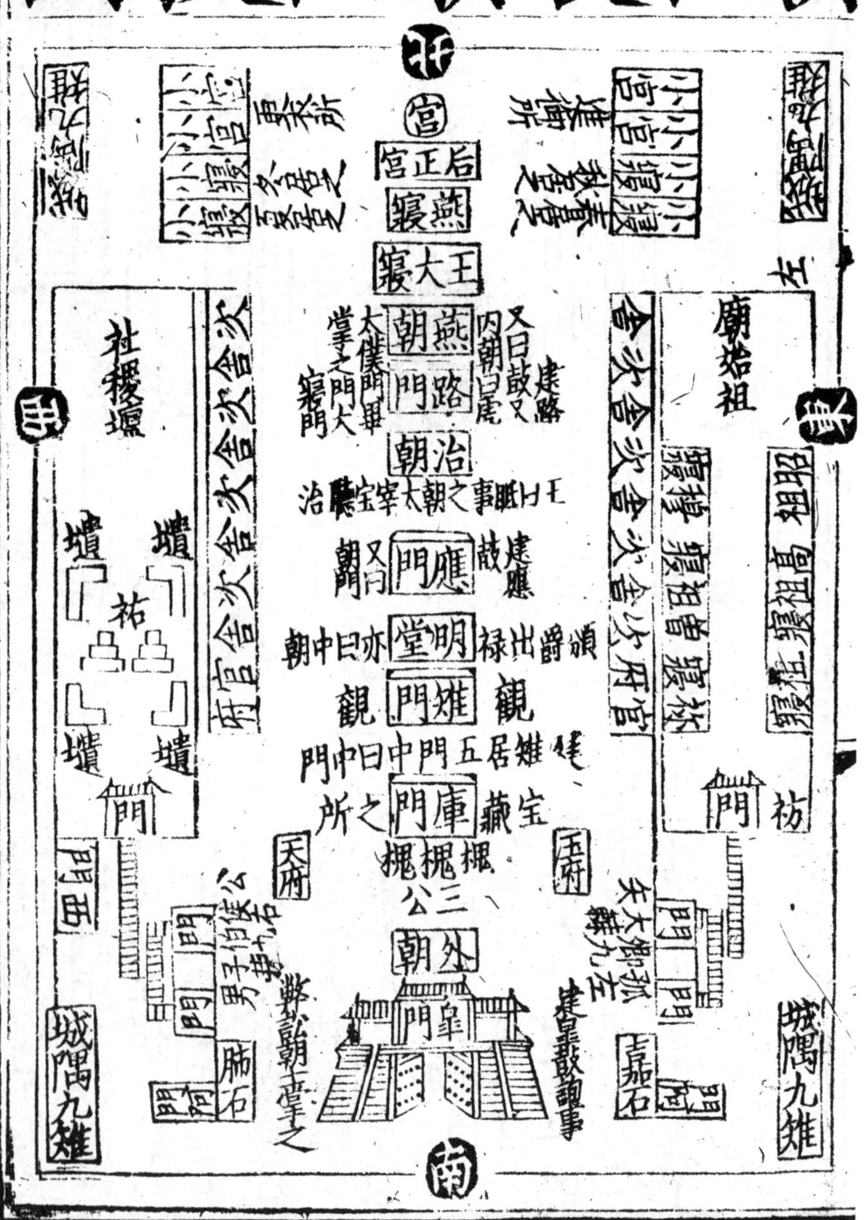
北
宮
后正宮
燕寢
王大寢
燕朝
路門
治朝
應門
明堂
雉門
庫門
外朝
皋門
廟始祖
社稷壇
祐
壝
天府
玉府
城隅九雉
城隅九雉
西門
南

次扆筵几圖

次　扆 　筵 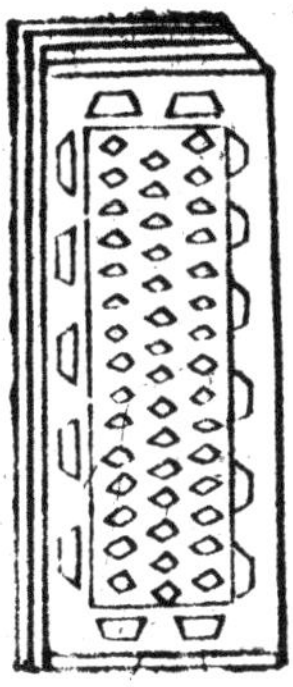　几

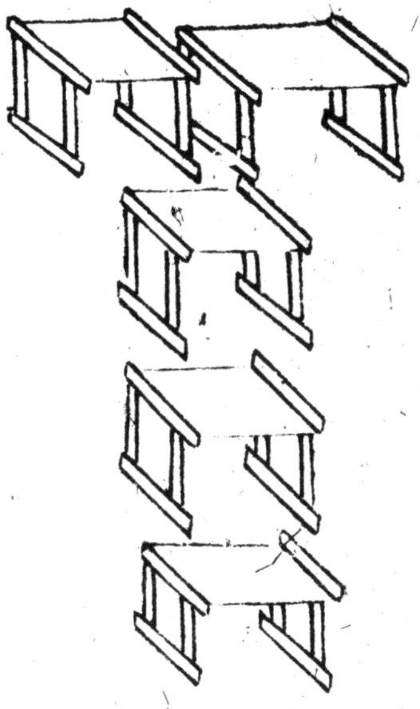

【幕人】掌帷幕幄帟綬以供張次
若今吏衣所設者帷幄也
【司几筵】設黼依名曰黼其繡皆
黑文以絳帛爲質依制如屏風
【司几筵】祀先王設莞繅次之三
重之席皆有純也蒲筵長七
尺廣三尺三寸舊圖無純
【司几筵】五几左右玉彫漆
阮氏圖几長五尺高二尺
廣二尺兩端赤中央黑漆
馬融以爲長三尺無兩端
赤中央黑漆之義

王氏普神席議

謹按小雅下莞上簟箋云莞小蒲之席也正義謂釋草云莞苻蘺郭璞曰今西方人呼蒲爲莞言小蒲者以莞蒲一草之名而司几筵有莞筵有蒲筵則有大小之異爲席有精有麄故得爲兩種席也知莞爲小蒲者以司几筵設席皆麄者在下美者在上蒲筵繢純加莞席紛純明莞細而用小蒲也禮器莞簟之安而稾鞂之設正義謂稾鞂除穗粒取稈稾鞂爲席郊祭不用莞簟之可安而設稾鞂之麄席亦脩古也郊特牲莞簟之安而蒲越稾鞂之尚明之也注蒲越稾鞂藉神席也正義謂今禮及隋禮稾鞂爲祭天席蒲越爲配帝席俱藉神也

王五冕

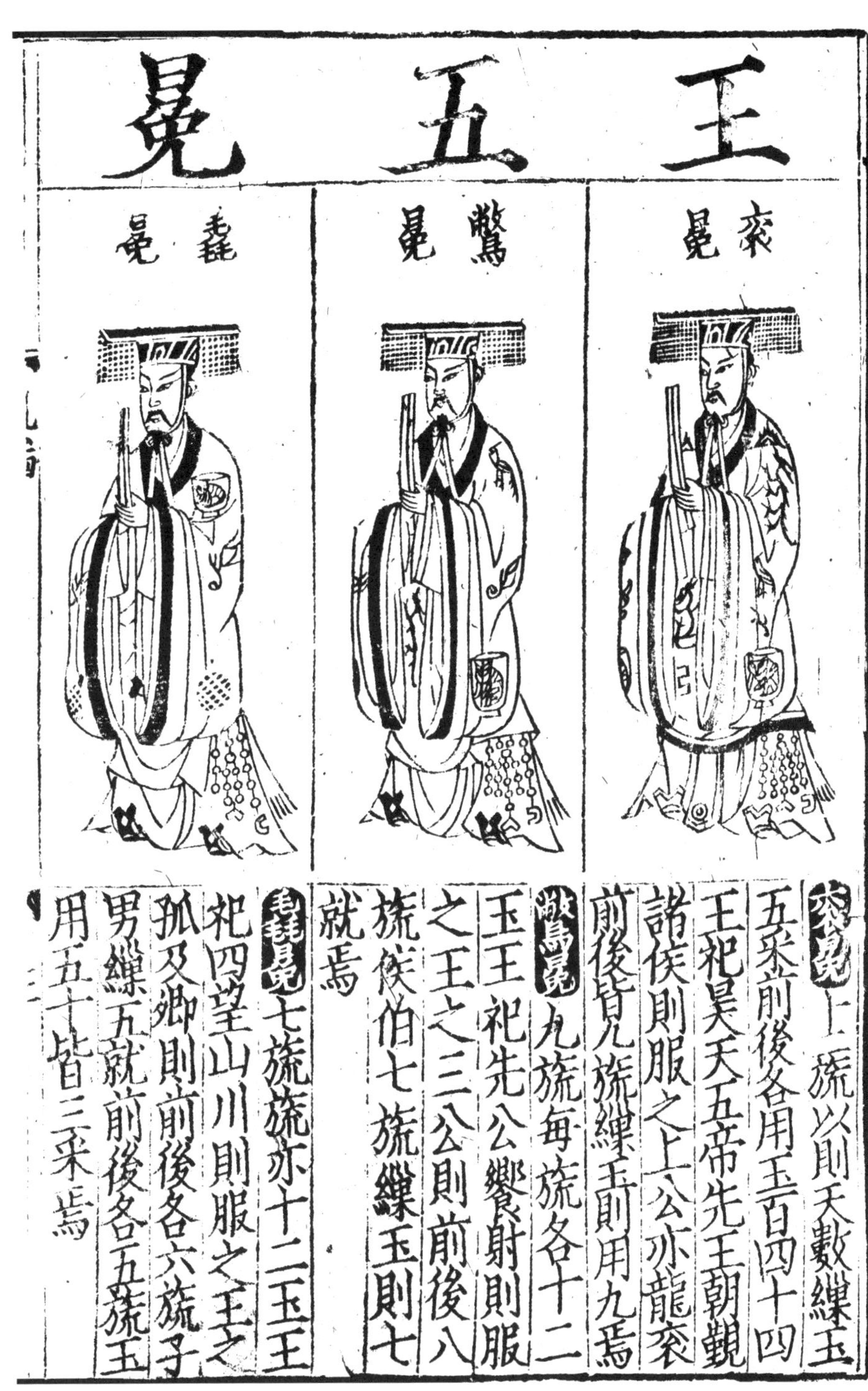

衮冕十二旒以則天數繅玉五采前後各用玉百四十四王祀昊天五帝先王朝覲諸侯則服之上公亦龍衮前後皆九旒繅玉則用九焉

鷩冕九旒每旒各十二玉王祀先公饗射則服之王之三公則前後八旒侯伯七旒繅玉則七就焉

毳冕七旒旒亦十二玉王祀四望山川則服之王之孤及卿則前後各六旒子男繅五就前後各五旒玉用五十皆三采焉

之圖

希冕

玄冕

希冕五旒旒亦十二玉王祭社稷五祀則服之王之大夫諸侯之孤前後各四旒謂之希以其章少但畫米之粉者

玄冕一章前後各三旒共用玉七十二王祭羣小祀之服諸侯之卿繅三就玉十八再命大夫繅再就玉八一命大夫繅一就用玉二焉

陸氏佃云王之五冕旒皆十二不如是不爲蔽明其諸臣之就數雖不同然垂皆過目賈云就成也一玉爲一成結之不相棄也按禮器天子之冕朱綠藻十有二旒諸侯九上大夫七下大夫五士三朱綠鄭謂夏商制也周則五采焉亦作璪取玉之有文者又作藻亦取有文焉

弁服之圖

陸氏禮象

爵弁

韋弁

皮弁

司服眡朝則皮弁服弁師王之皮弁會五采玉璂註謂縫中結五采玉爲飾故謂之綦侯伯璂飾七子男璂飾五玉亦三采孤則璂飾四三命之卿璂飾三再命之卿大夫璂飾止玉二采士冠禮皮弁服素積註云君眡朝之服白鹿皮爲之象上古也陳祥道云皮弁天子以視朝以宴以聽郊報以舞大夏諸侯以聽朔以巡牲以卜夫人世婦以迎王之郊勞以待聘賓卿大夫以王命勞侯氏以聘於鄰國以卜宅士以冠學士以釋菜凡大夫士之朔月皆皮弁服則皮弁之所施者衆矣此所以三王共皮弁素積而周天子至士共用之也至於韋弁司服所掌見於兵事之用註謂韎韋爲弁又爲衣裳也爵弁不獨宰夫饗人之徒皆服而天子諸侯大夫吉凶亦用之古文弁字象形其制上鋭若合手然又云五章其質也爵其飾也皮則存毛而爲之鄭氏釋巾車曰爵飾黑多赤少是矣

王后六

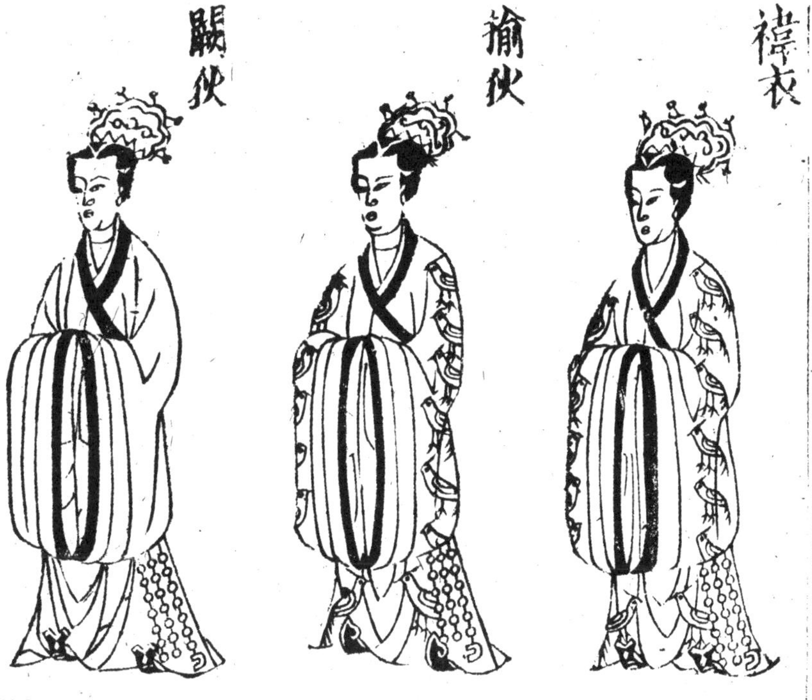

【釋云褘】當爲翬即翬雉其色玄也婦人尚專一德無所兼衣裳相連其色不異祭先王則后服褘衣以從之

【釋云揄】當爲揺狄當爲翟則揺雉其色青也上二翟並刻繒爲雉形而五采畫之后從王祭先公之服

【釋云闕】與屈音相近其色赤亦刻繒爲雉形不畫之故名闕狄或以無正文直意量之也從王祭羣小祀則服之

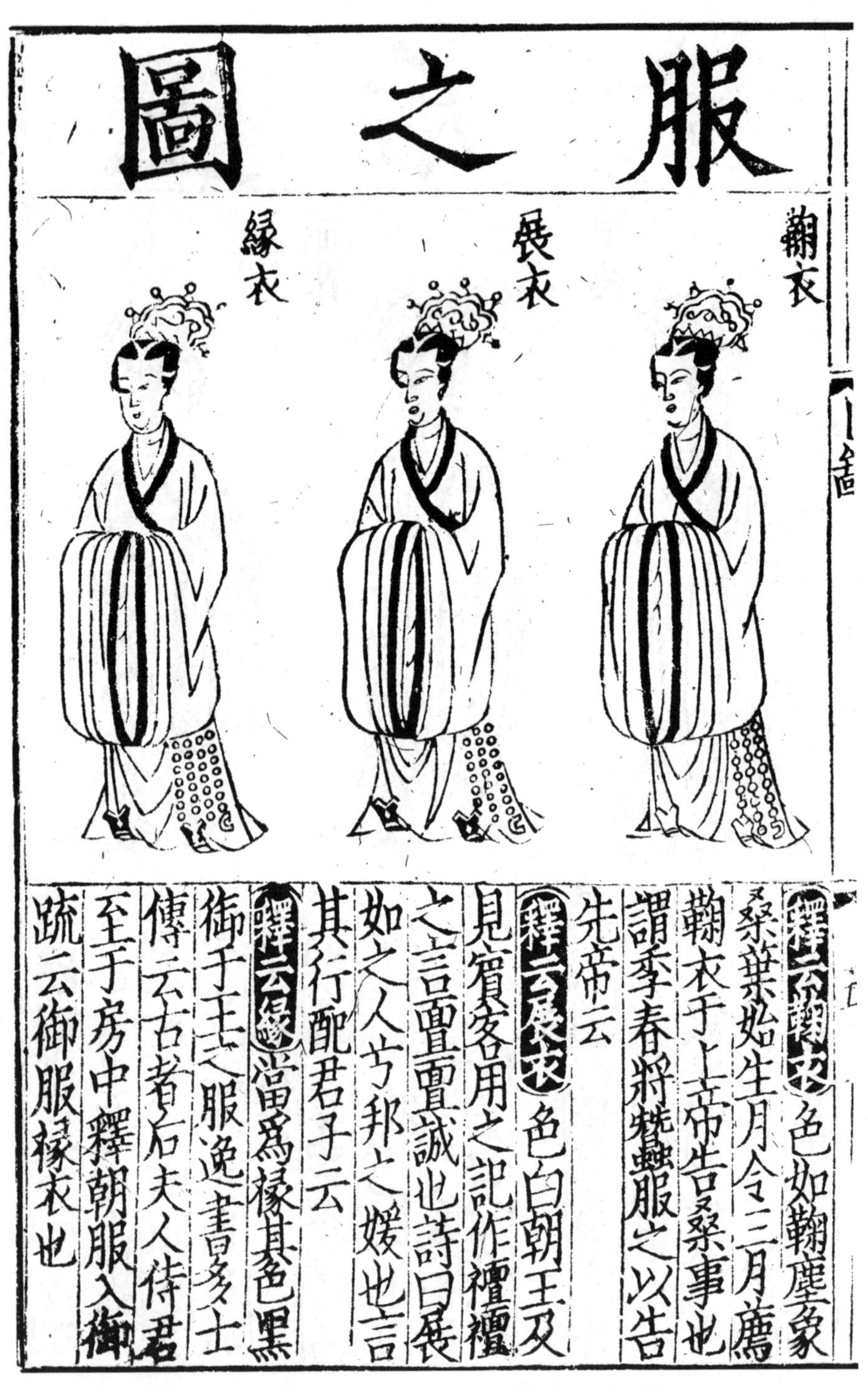

釋云鞠衣色如鞠塵象桑葉始生月令三月薦鞠衣于上帝告桑事也謂季春將蠶服之以告先帝云

釋云展衣色白朝王及見賓客用之記作襢襢之言亶亶誠也詩曰展如之人兮邦之媛也言其行配君子云

釋云緣當爲褖其色黑御于王之服逸書多士傳云古者后夫人侍君至于房中釋朝服入御疏云御服褖衣也

天子玉路圖

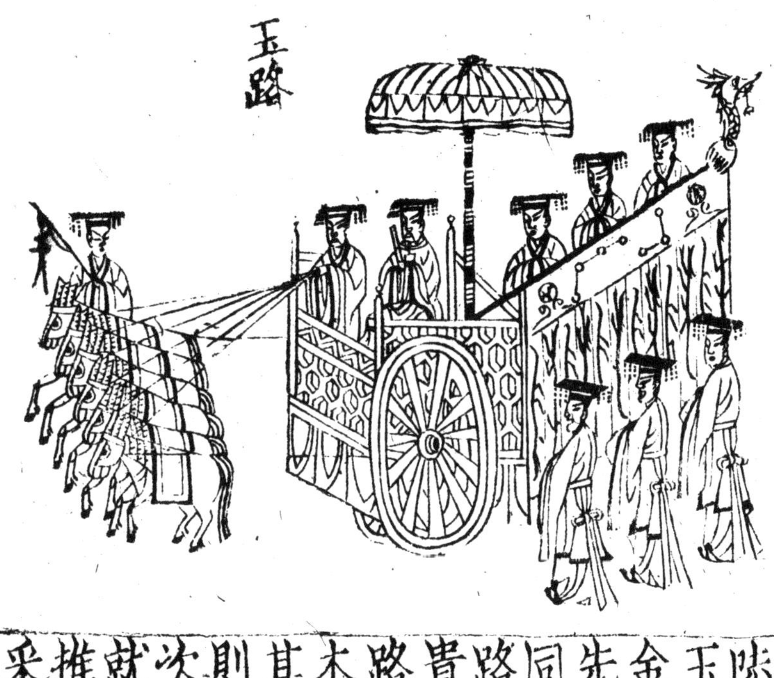

陸佃云天子五路飾異制同玉路一曰大路言其於金路爲大金路一曰先路言其於象路爲先象路次金路革路次象路故同謂之次路木路最後綴於次路之末故曰綴路方其以多爲貴則玉路樊纓十有再就金路九就象路七就革路五就木路三就周官不言三就以其上而推之方其以少爲貴則大路繁纓一就先路三就次路五就次路七就綴路九就禮記不言九就以其上而推之就成也樊及纓皆以五采罽飾之今圖玉路之制其他金象革木之路可類推之矣

王后翟車圖

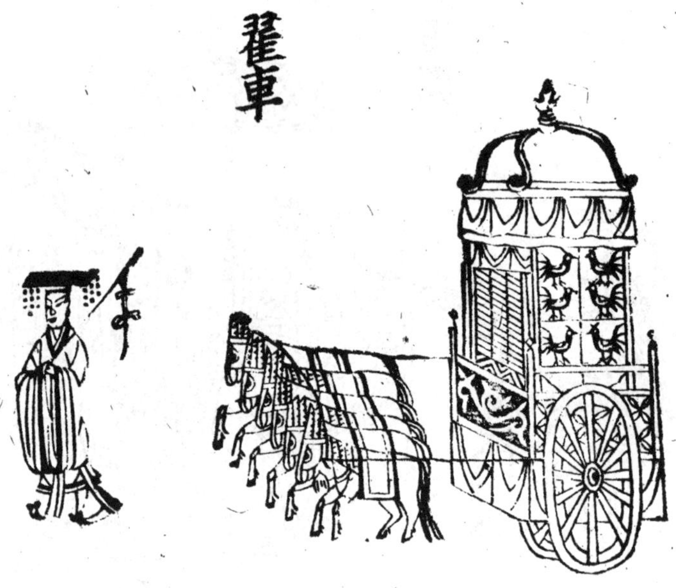

陸佃云王后之五路一曰重翟重翟雉之羽也二曰厭翟厭言厭也厭於重翟故謂之厭翟猶闕翟屈於褘狄故謂之屈狄也三曰安車鄭氏謂安車坐乘車曲礼曰婦人不立乘是也且五路皆坐乘之此獨得安車之名舉中以見上下也四曰翟車正言以翟飾車而已其蔽無羽飾也言安車於上言翟車於下則安車蓋亦飾之以翟詩曰翟茀以朝翟車也茀蔽也茀若今簾矣五曰輦車輦車以人輓之重翟厭翟安車曰皆有容蓋翟車曰有握輦車曰有翣羽蓋相備也蓋王后服褘衣則乘重翟服揄狄則乘厭翟服闕狄則乘安車服鞠衣展衣則乘翟車服禒衣則乘輦車輦車以人輓蓋宮中之車也今圖重翟之制則厭翟安車翟車輦車可類推焉

天子圭璋

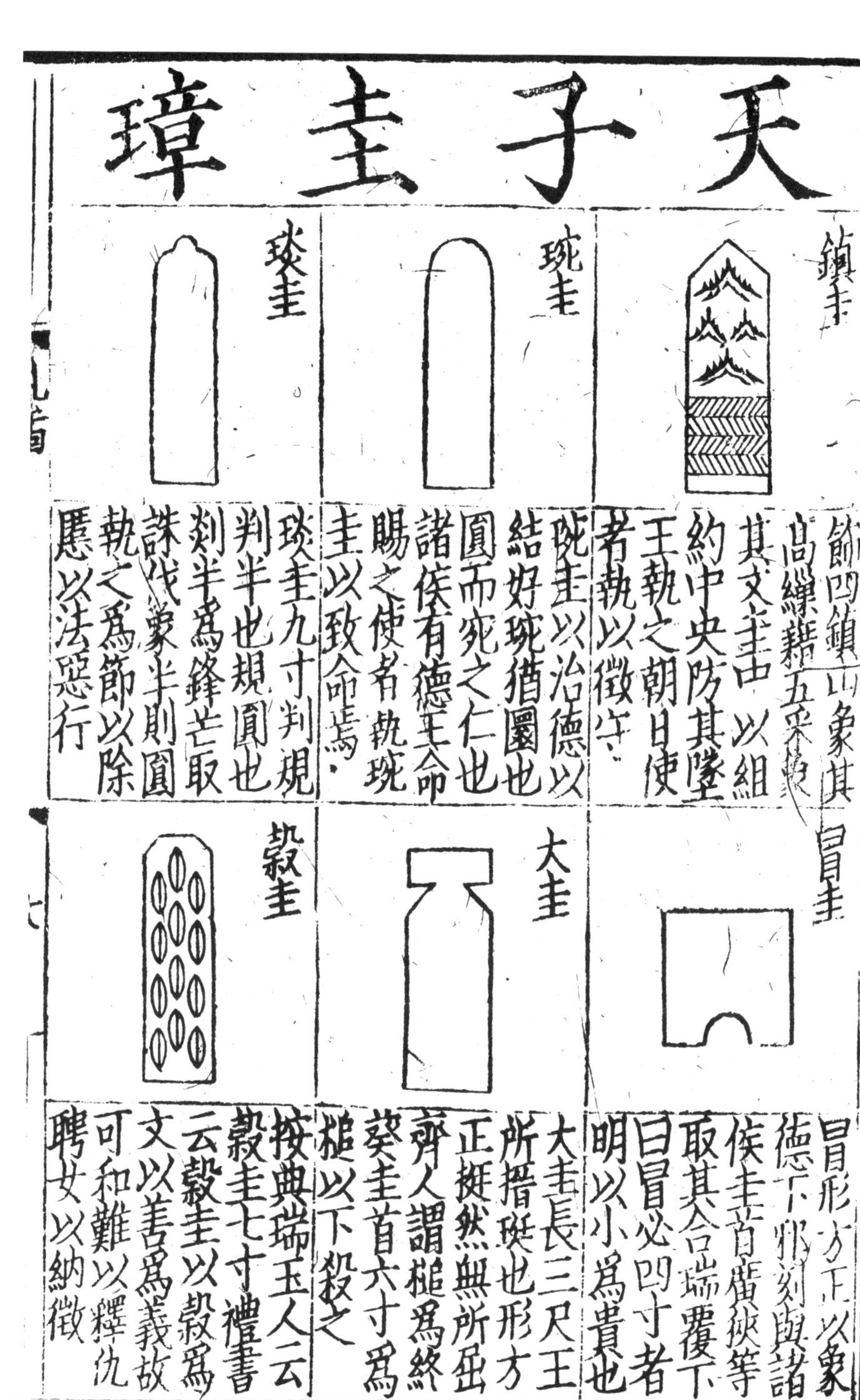

鎮圭

飾四鎮山以象其高繅藉五采繪其文圭由以組約中央防其墜王執之朝日使者執以徵守

琬圭

琬圭以治德以結好琬猶圜也圓而宛之仁也諸侯有德王命賜之使者執琬圭以致命焉

琰圭

琰圭九寸判規判半也規圓也剡半為鋒芒取誅伐象半則圓執之為節以除慝以法惡行

冒圭

冒形方正以象德下邪刻與諸侯圭首廣狹等取其合端覆下曰冒必四寸者明以小為貴也

大圭

大圭長三尺王所搢珽也形方正挺然無所屈齊人謂椎為終葵圭首六寸為椎以下殺之

穀圭

按典瑞玉人云穀圭七寸禮書云穀圭以穀為文以善為義故可和難以釋仇聘女以納徵

繅藉之圖

牙璋

中璋

玉案

牙璋中璋七寸射二寸厚寸以起軍旅以治兵守鄭司農謂瑑爲牙牙齒兵象故以發兵鄭康成云皆有鉏牙之飾賈云軍多用牙璋軍少用中璋但牙璋文飾多故得牙故而先言也

案者按而安也玉飾之取其以德安之之意勞諸侯則純九大夫則純五勞二王後十有二也

大璋

大琮

繅藉

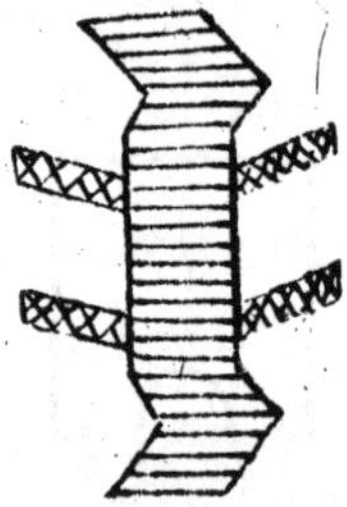

大璋中璋九寸邊璋七寸天子以廵守諸侯以聘女制如邊琮陳云皆可名大璋或爲灌瓚

大琮十有二寸是謂内鎮宗后守之禮書云鎮猶玉府所謂玉鎮也后亦天下之君故曰宗

王搢大圭執鎮圭繅藉五采五就謂以繅藉其玉采以象德之文就以象德之成王備五采焉

諸臣圭璧

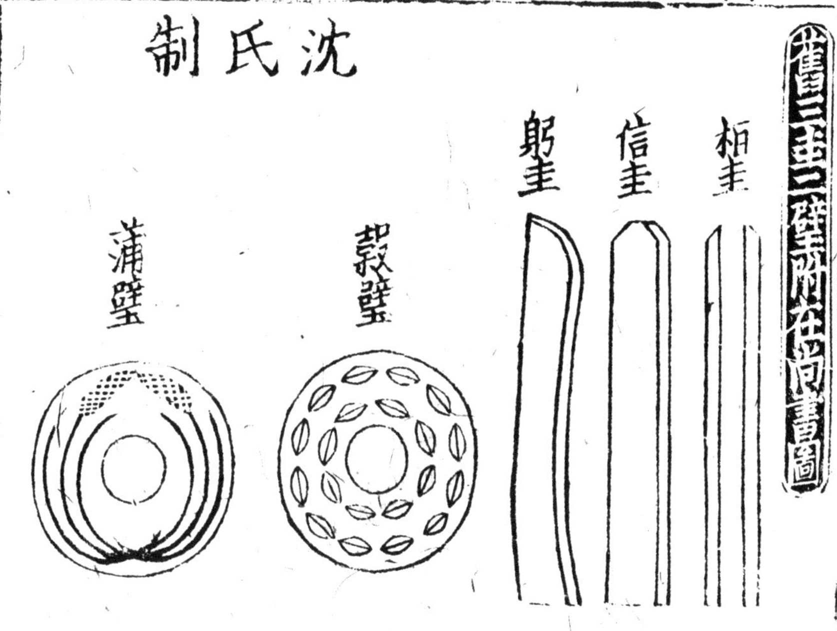

舊三圭三璧附在尚書圖

沈氏制

桓圭　信圭　躬圭

穀璧　蒲璧

按禮大宗伯典瑞皆云公執桓圭侯執信圭伯執躬圭子執穀璧男執蒲璧雜記云圭公九寸侯伯七寸博三寸厚半寸剡上左右各寸半鄭云雙植謂之桓禮書云桓強立不撓而以安上爲　故公圭瑑之鄭云信當爲身身與躬圭皆象人形爲瑑飾陸農師云信圭直躬圭屈爲人形誤矣陳氏云圭者天之用故公侯伯執焉璧者天之體穀以養人爲義蒲爲席可以安人璧子男執之於是取象焉沈存中謂穀璧文如粟粒蒲璧刻文蓬蓬如蒲花敷時人有

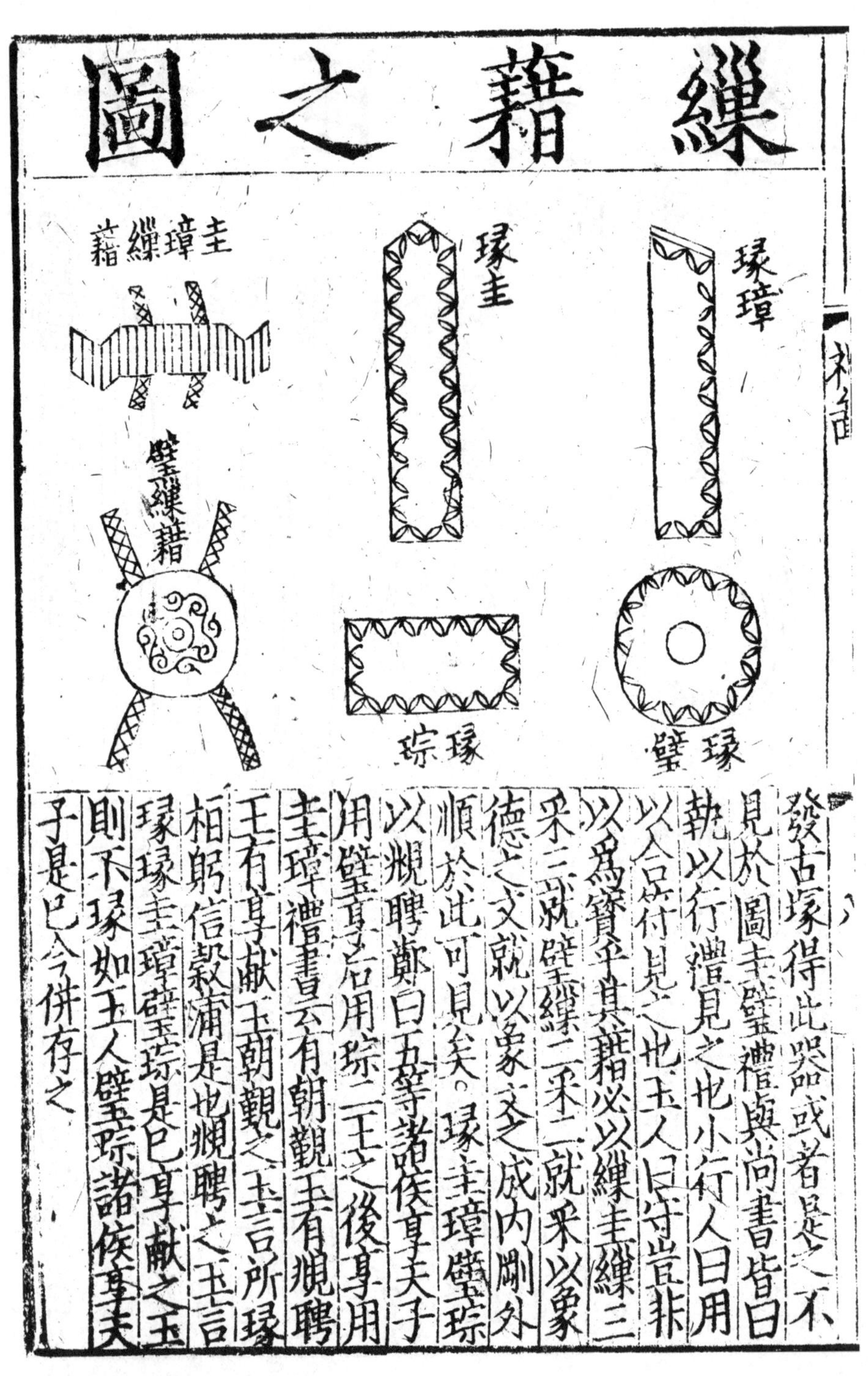

發古塚得此器或者疑之不見於圖圭璧禮與尚書皆曰執以行禮見之也小行人曰用以合符見之也玉人曰守豈非以爲寶乎其藉必以繅圭繅三采三就璧繅二采一就采以象德之文就以象文之成内剛外順於此可見矣。瑑圭璋璧琮以覜聘鄭曰五等諸侯享天子用璧享后用琮二王之後享用圭璋禮書云有朝覲玉有覜聘玉有享獻玉朝覲之玉言所瑑相貺信穀蒲是也覜聘之玉言瑑瑑圭璋璧琮是已享獻之玉則不瑑如玉人璧琮諸侯享夫子是已今併存之

六尊圖

三禮圖

大尊

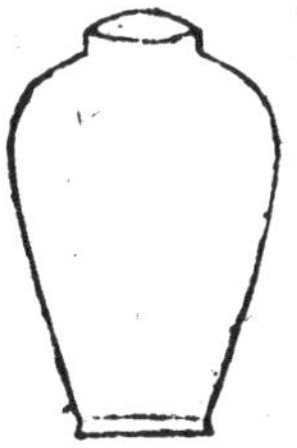

追享朝享朝踐用兩大尊太古尊也一盛玄酒一盛醴齊記云泰有虞氏之尊

山尊

畫山雲形一盛玄酒一盛盎齊記曰山罍禮書狀如今酒壺頸小有足有流畫山

犧尊

鄭以獻與犧皆素何切王肅讀爲犧牲之犧牛背上負尊阮諶圖亦皆畫牛

著尊

秋嘗冬烝朝獻用之以著地無足故名著記云殷尊礼書著加今壺又外有流

壺尊

秋嘗冬烝饋獻用兩壺尊一盛玄酒一盛盎齊礼書云以壺爲尊有流

象尊

與犧尊同用於春祠夏禴先儒謂飾以象骨陸佃謂韋惇得此器三足象其鼻

尊罍圖

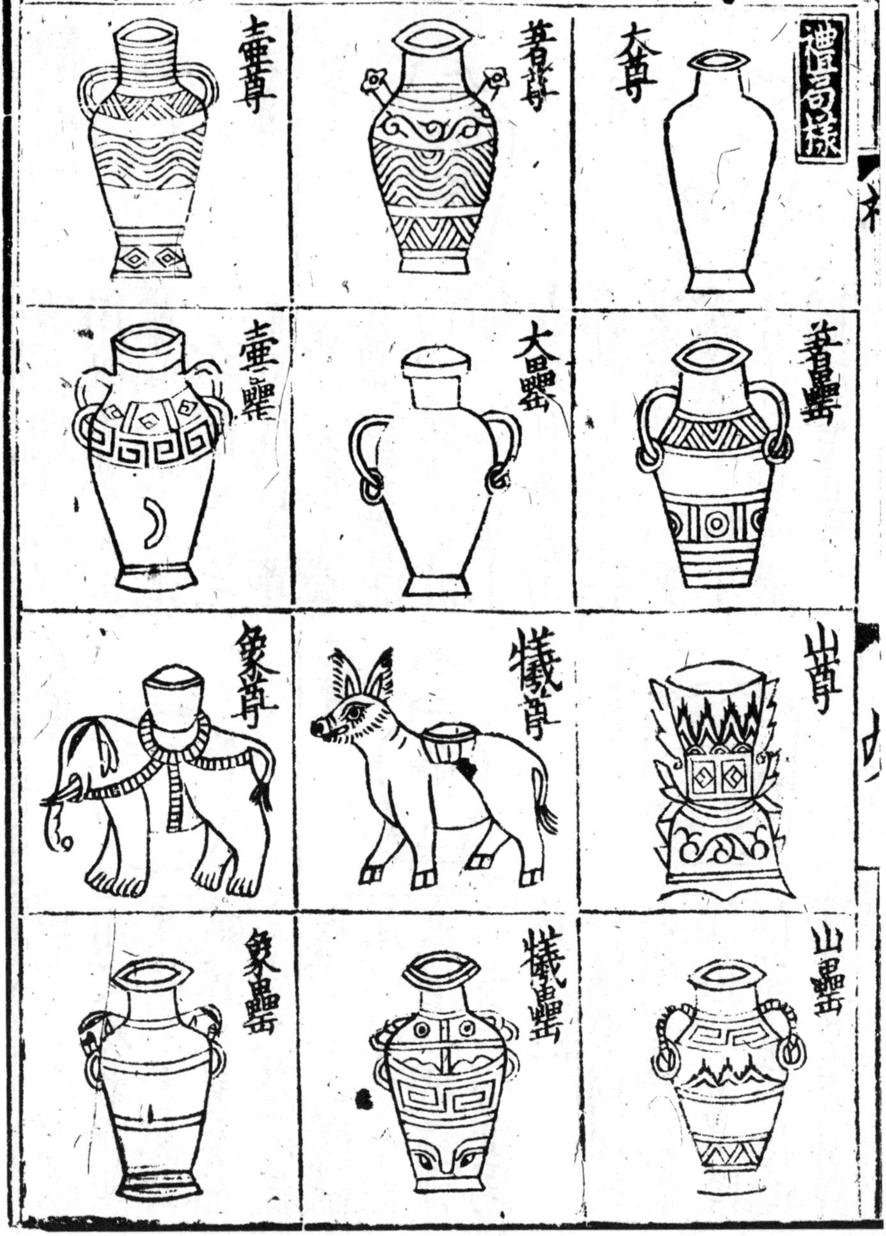

禮器圖樣

太尊　著尊　壺尊

著罍　大罍　壺罍

山尊　犧尊　象尊

山罍　犧罍　象罍

圭璋瓚圖

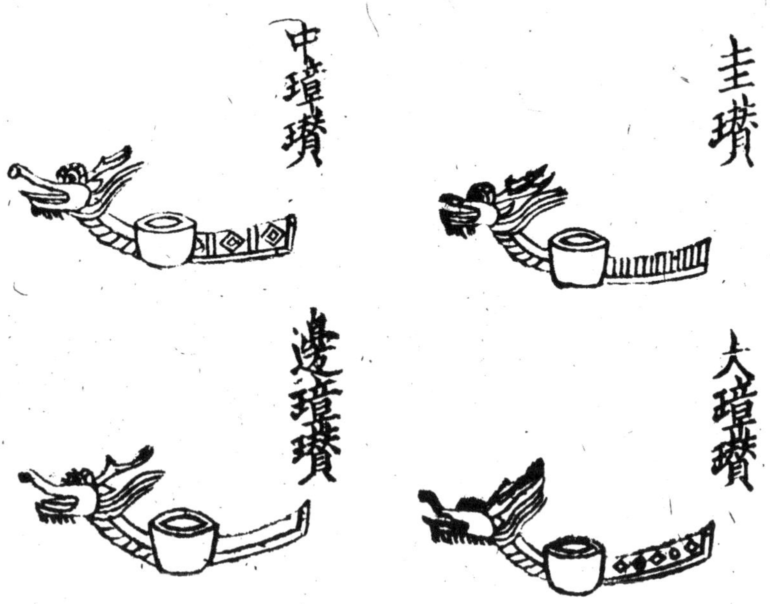

圭瓚

中璋瓚

大璋瓚

邊璋瓚

玉人祼圭尺有二寸有瓚以祀廟注謂祼始獻納以降神也瓚如槃其柄用圭有流前注焉玉人云大璋中璋九寸邊璋七寸射四寸厚寸黄金勺青金外朱中鼻寸衡四寸有繅注云半圭曰璋射剡出者也勺鼻流也凡流皆爲龍口衡謂勺徑也祼器天子全以玉爲之上公以玉爲龍首侯惟以玉爲瓚伯惟以玉爲將將柄也後鄭云大璋加文飾中璋文飾殺焉邊璋但半文飾也三璋形制並同圭瓚故圭瓚灌神大璋中璋邊璋隨山川之大小与中而用之也

禮神玉圖

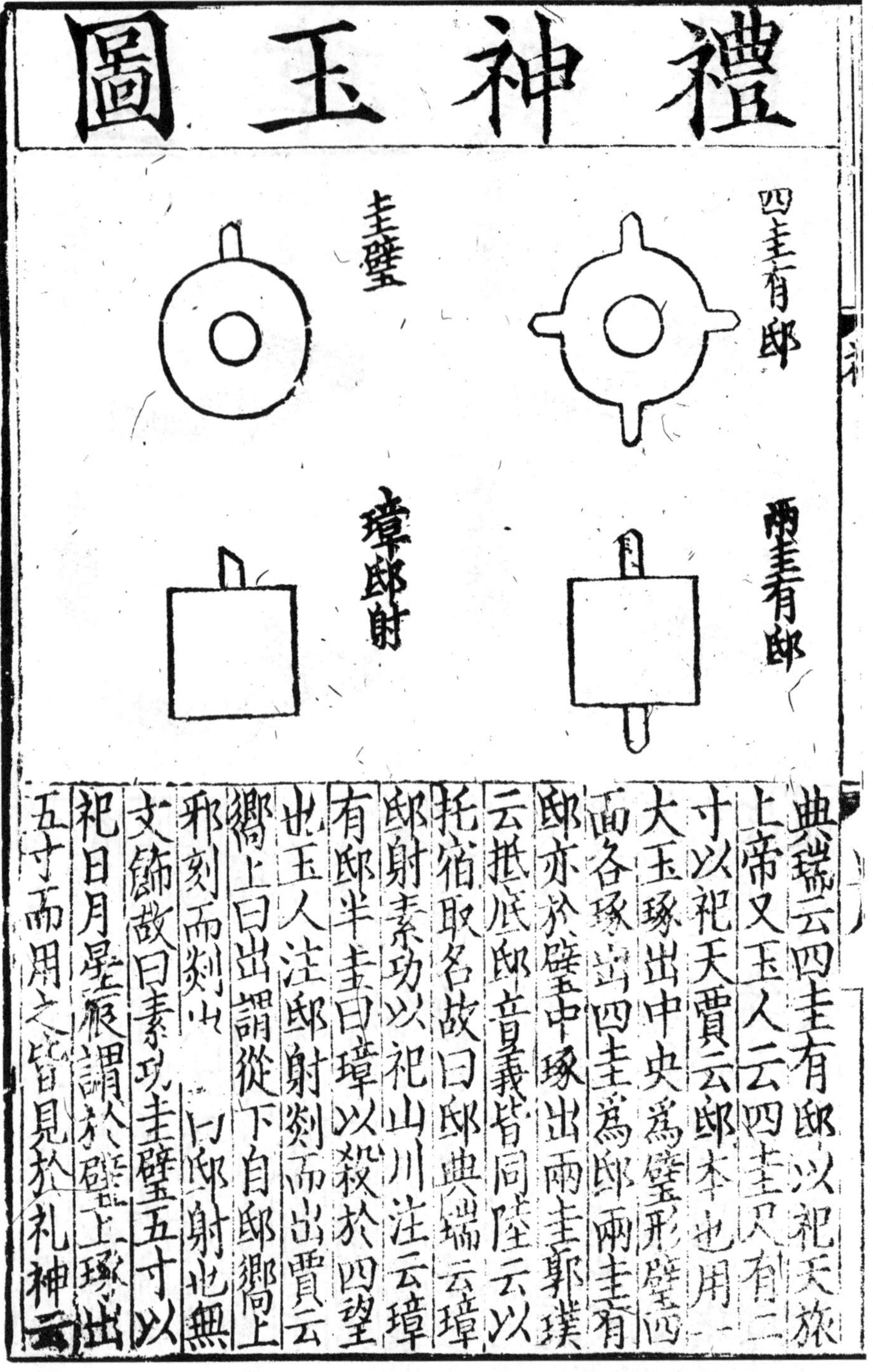

典瑞云四圭有邸以祀天旅上帝又玉人云四圭尺有二寸以祀天賈云邸本也用一大玉琢出中央爲璧形璧四面各琢出四圭爲邸兩圭有邸亦於璧中琢出兩圭鄭璞云抵底邸音義皆同陸云以托宿取名故曰邸典瑞云璋邸射素功以祀山川注云璋有邸半圭曰璋以殺於四望也玉人注邸射剡而出賈云鄉上曰出謂從下自邸鄉上邪刻而剡之曰邸射也無文飾故曰素功圭璧五寸以祀日月星辰謂於璧上琢出五寸而用之皆見於礼神二

新舊鼎

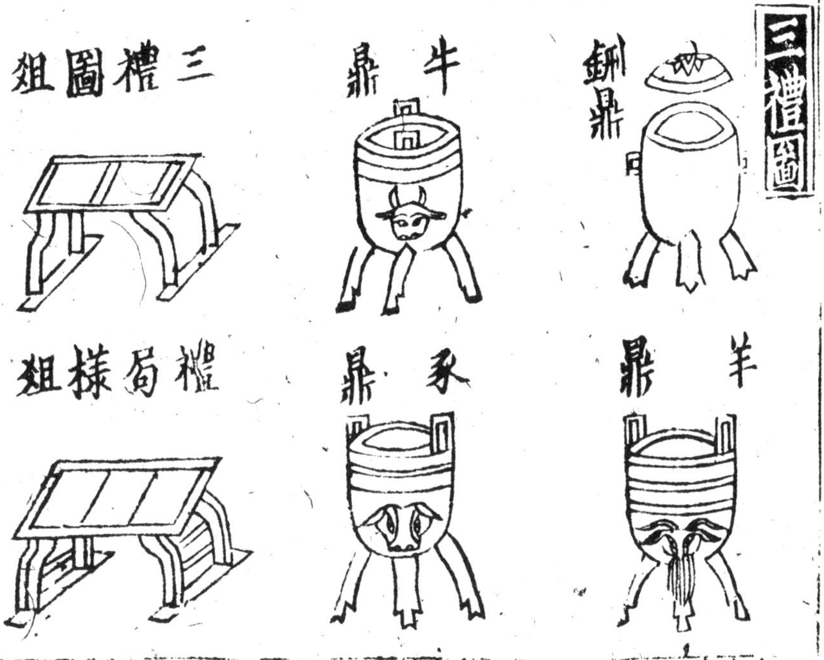

三禮圖

鉶鼎

牛鼎

三禮圖俎

羊鼎

豕鼎

禮局樣俎

禮書曰亨人掌共鼎鑊以給水火之齊少牢爨在廟外之東三鼎在羊鑊之西二鼎在豕鑊之西然則牲躰皆亨於鑊然後肉脀之鼎而羹納諸鉶此鼎之見於祭祀然也按礼王日食九鼎而陪鼎三公食大夫七鼎而鉶鼎四天子諸侯有牛鼎大夫有羊鼎士豕鼎此鼎之見於食羞然也所謂陪鼎羞鼎皆鉶鼎也鉶鼎所以實羹鉶羹所以具五味云

俎之圖

禮器圖

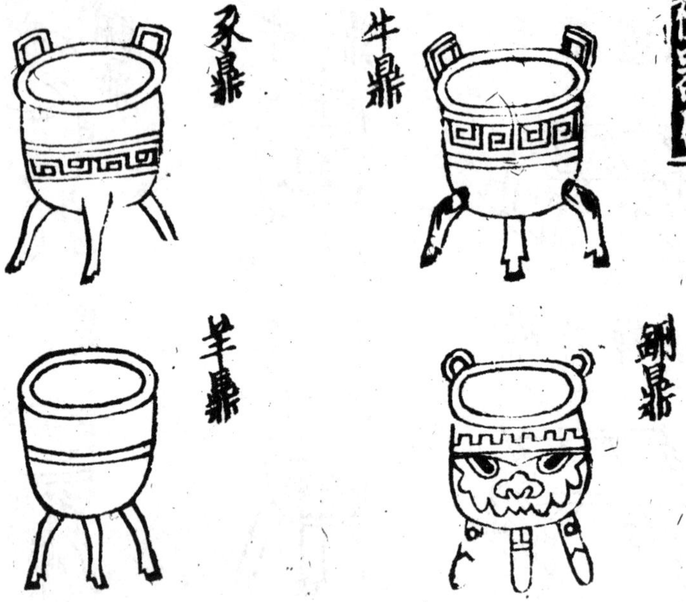

礼書云俎見於明堂位云有虞氏以梡夏后氏以嶡商以椇周以房俎蓋斷木爲梡橫距爲嶡椇之木多撓房之制有户闥虞氏之俎斷木四足而巳夏氏之俎加橫距焉商曲其足者若椇然周又設下跗於兩端若房然是商之橫距與夏同而曲其足與三代異周之下跗與三代異而直其足與虞夏同其高下脩廣無文舊圖云二尺四寸未知何據

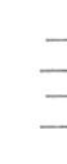

籩豆簠簋登爵

三禮圖籩

以竹爲之口有縢緣形如豆容受四升以盛乾物

豆

豆高并口圓徑一尺二寸漆赤中以盛濡物

簠

簠外方内圓足高二寸挫四角赤漆巾以盛稻梁

簋

制與簠同内方而外圓盛黍稷之器並有龜盖

登

盛湆以尾爲之足徑尺八寸高二尺四寸小身上有盖

爵

受一升尾長六寸漆赤中畫雲氣木爵玉爵同制

禮局樣籩

豆

簠

二三

之圖 罍洗勺篚圖

簋

登

爵

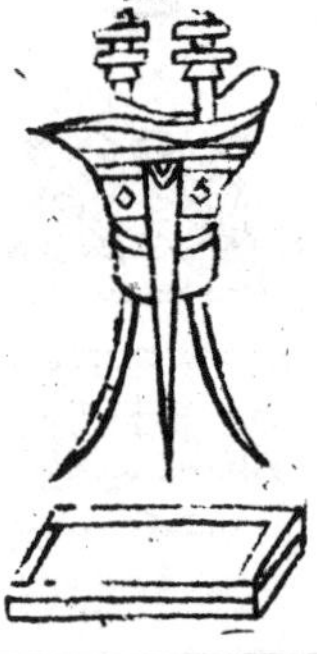

三礼圖洗

礼書犧洗

按禮水在洗東示祖左海也罍以盛水有取尊罍灌物之意

三礼圖水罍

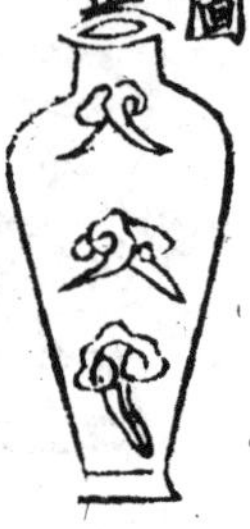

礼書水罍

盥有匜有盤君尊不就洗故用匜若盤則承盥手滌器之水也

三礼圖勺

礼書勺

大祭祀沃王盥少宫沃水用枓蓋枓鄭水以澆手三禮圖用龍勺

篚

按禮書篚或盛幣帛或盛勺觶或盛置著或代所俎或實黍稷

二四

蜃概散脩圖

諸

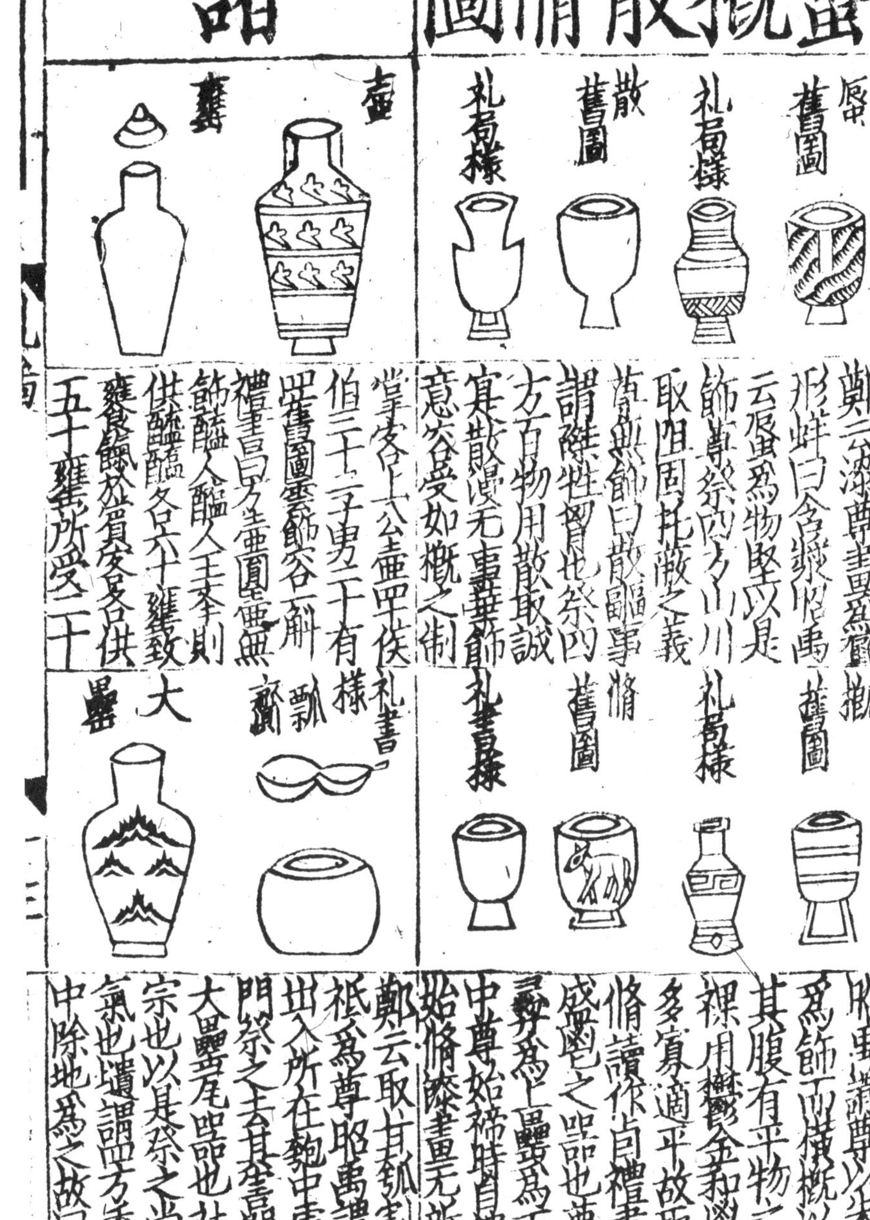

鄭云漆尊畫爲蜃形蚌曰含漿尊云蜃爲物堅以是飾尊祭四方山川取阻固抗敵之義

漆無飾曰散鄙事謂祭社稷也祭四方百物用散取誠寔散是无事無飾意容受如概之制

掌客上公壺四十侯伯三十子男二十有罌舊圖雲飾容一斛禮書曰壺圓罌無飾醯人醯醢人王舉則供醯醢各五十罋致饔餼於賓客各供五十罋所受三斗

明其謂尊以朱帶爲飾而橫概以絡其腹有平物之意裸用鬱鬯和鬯酒多寡適平故取此

脩讀作卣禮書曰盛鬯之器也尊以彝爲上罍爲下卣中尊始禘時自饋食始脩漆畫無所考

鄭云取甘瓠割去柢爲尊昭禹謂門出入所在瓠中虛象門祭之去其蒂者

大罍尾器也社土宗也以是祭之尚土氣也壝謂四方委於中除地爲之故曰壝

禮器圖

觚　畫布巾 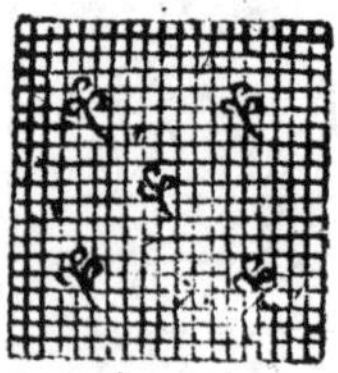　珠盤 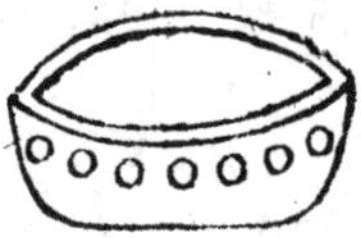　玉敦

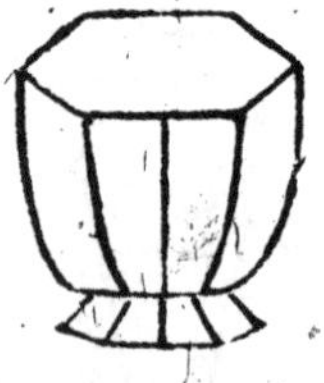

梓人爲飲器觚三升獻以爵而酬以觚陳氏云父射八觚鄭氏引記作觶八尊取象天地故用疏布巾以冪也六彝裸宗廟故用布巾之精者其畫雲爲文与玉府若合諸侯則共珠盤玉敦注云敦盤以珠玉爲飾賈云以盤盛牛耳以敦盛血尸盟者執之大者先歃小者次之若禮軍則盛黍稷祭祀賛玉齊是也

觵　斝 　玉爵 　祀天犧尊

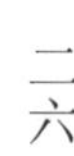

小胥觵其不敬者注謂罰爵也以兕角爲之亦作觥饗燕賓客鄉飲皆用之量人凡宰祭与鬱人受斝而皆飲之明堂曰殷以斝有兩耳鄭讀爲受嘏之嘏大宰祀之日賛玉几玉爵內宰后裸獻則賛瑤爵瑤亦玉也餘同太爵之制禮書曰冪人八尊孔穎達謂祭天以瓦爲尊畫犧於上用陶器象其性[illegible]氏然之

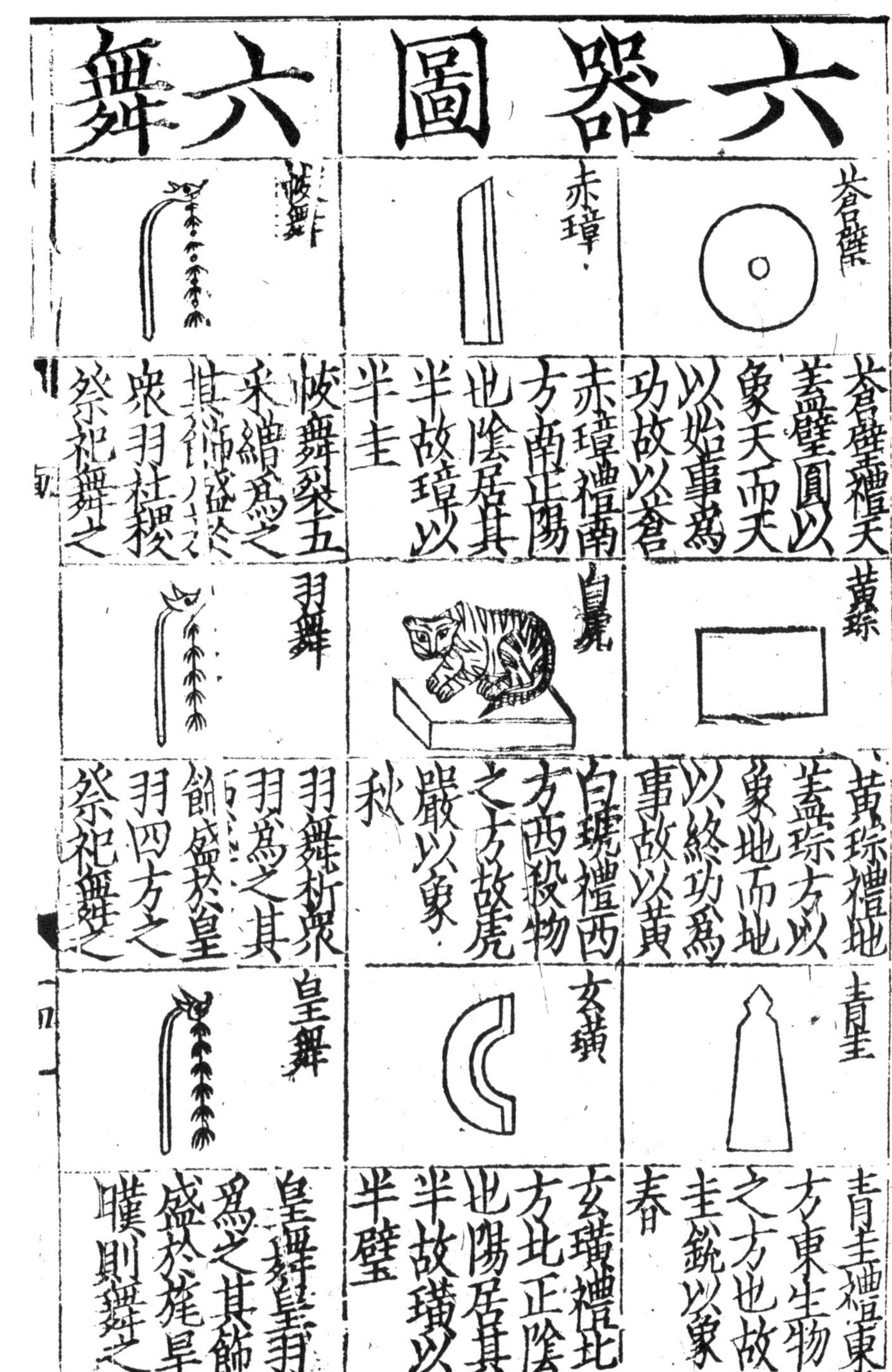

六器圖　六舞

蒼璧

蒼璧禮天蓋璧圓以象天而天以始事爲功故以蒼

黄琮

黄琮禮地蓋琮方以象地而地以終功爲事故以黄

青圭

青圭禮東方東生物之方也故圭鋭以象春

赤璋

赤璋禮南方南正陽也陰居其半故璋以半圭

白琥

白琥禮西方西殺物之方故虎嚴以象秋

玄璜

玄璜禮北方北正陰也陽居其半故璜以半璧

帗舞

帗舞裂五采繒爲之其飾盛於衆羽社稷祭祀舞之

羽舞

羽舞析衆羽爲之其飾盛於皇羽四方之祭祀舞之

皇舞

皇舞析皇羽爲之其飾盛於旄旱暵則舞之

之圖　龜蓍圖

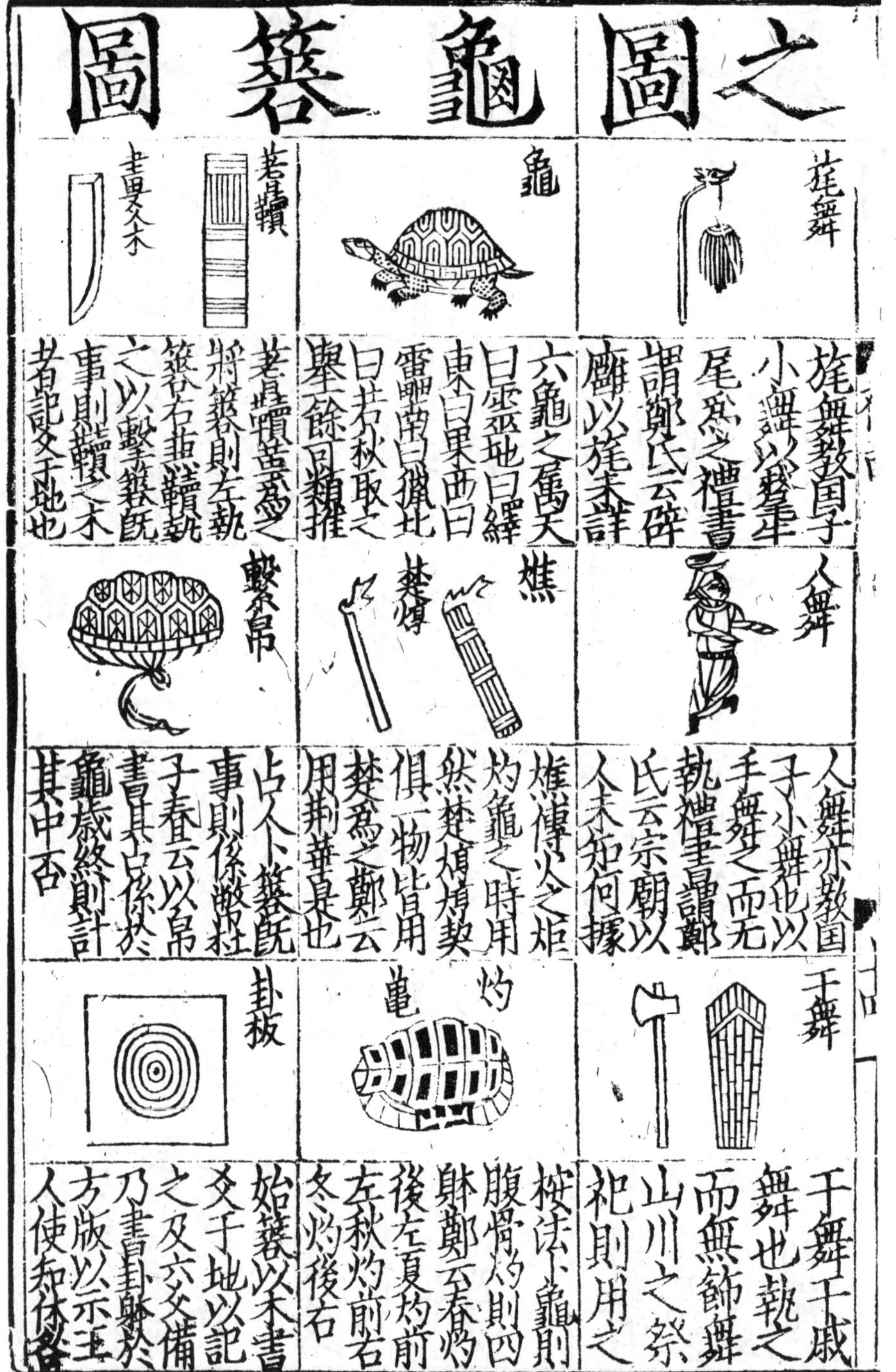

旄舞
旄舞教國子小舞以犛牛尾為之禮書謂鄭氏云辟廱以旄未詳
人舞
人舞亦教國子小舞也以手舞之而无執禮書謂鄭氏云宗廟以人未知何據
干舞
干舞干戚舞也執之而無飾舞山川之祭祀則用之
龜
六龜之屬天曰靈地曰繹東曰果西曰靁南曰獵北曰若秋取之舉餘同類推
燋
楚焞
燋傳以之炬灼龜之時用然楚焞焞契俱一物皆用楚為之鄭云用荊華是也
灼龜
梭法卜龜則腹骨灼則四足鄭云春灼後左夏灼前左秋灼前右冬灼後右
蓍櫝
書爻木
蓍櫝蓍為之將筮則左執筮右抽櫝執之以擊筮既事則櫝之末者記爻于地也
繫帛
占人卜筮既事則係幣粒子春云以帛書其占係於龜歲終則計其中否
卦版
始筮以木書爻于地以記之及六爻備乃書卦體於方版以示主人使知休咎

犧牲圖器

牛牲

封人祭祀飾其牛牲以木横其角曰福衡防觝人也絼着其鼻所謂紖也君牽之

盆　簝

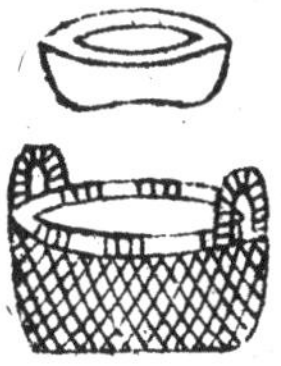

牛人共牛牲之互與盆簝鄭司農云盆以盛血簝受肉籠也鄭康成謂互若縣

璧羨

賈云璧圓徑九寸今減廣寸以益上下之袤則成尺廣八寸故曰璧羨以起度

飾羔

羊人祭祀飾羔禮曰飾羔鴈者以繢謂飾以繢也

鑊

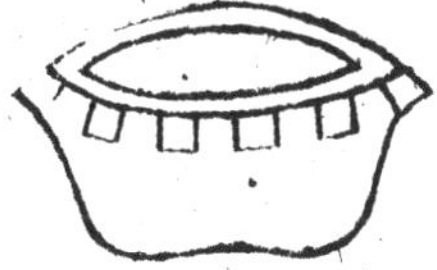

亨人掌共鼎鑊以給水火之齊祭祀共大羹鉶羹

駔琮

駔依組以組貫琮鼻爲權謂作稱錘以量其輕重后亦衆所宗故曰宗后

滌牲

太宗伯宿眡滌濯省牲鑊小宗伯大祭祀省牲眡滌濯

互

肉格古書互牙古字通用盖爲以封盛血以盆受肉以簝然後陳肉於互以授亨人亨之

甗

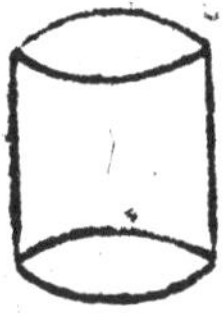

陶人爲甗實二鬴（鬴六斗四升）厚半寸脣寸先儒謂無底甑上下通焉

用之圖

盆

盆實二鬴厚半寸脣寸甑土爲之所以盛物烹飪皆尚陶

甗

甗甑土爲之形制容受如甗底七穿通火氣以熟物

升斗

十合曰升十升曰斗以木爲之

庾

庾實二觳厚半寸脣寸用以量物亦陶人甄土爲之

筥

掌客上公米百二十筥聘礼云四秉曰筥其預云圓曰筥其甫圓而長

籔

十斗曰斛十六斛曰籔以竹爲之

鬲

鬲實五觳厚半寸脣寸郭璞云曲脚鼎也亦用陶以烹飪達水火之氣

㮚量

㮚氏爲量量深尺内方尺圓外容六斗四升㮚以竹木爲之五量實之爲平焉

權衡

十二銖兩之爲兩十六兩爲斤三十斤爲鈞四鈞爲石

鳧氏爲鍾圖

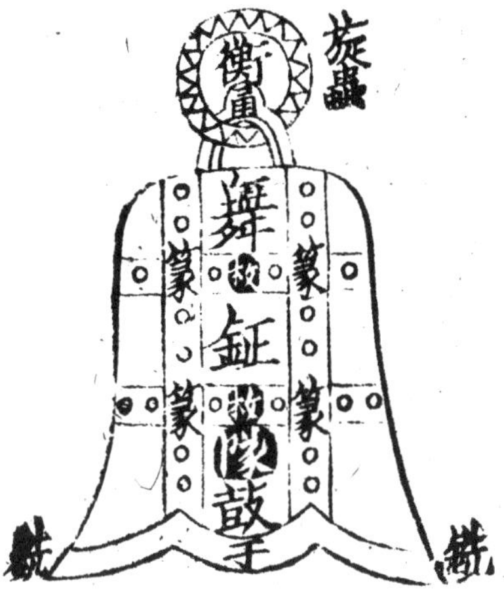

禮書曰鳧氏爲鍾鍾體之別五銑于鼓鉦舞是也鍾柄之別二甬衡是也衡上有旋旋飾有蟲介於于鼓鉦舞之間有帶布於帶間有枚先儒曰銑金之澤者淨加洗焉欒如木之欒鍾口兩角也于則銑間之曲祛也鼓則于上之所擊處注於攠隧皆曰擊處鉦則鼓舞之正中者舞則聲之震動於此者甬出舞上者也衡橫甬上者也帶類篆故曰篆乳有數故曰枚然長短徑圍經無明驗焉

磬氏爲磬圖

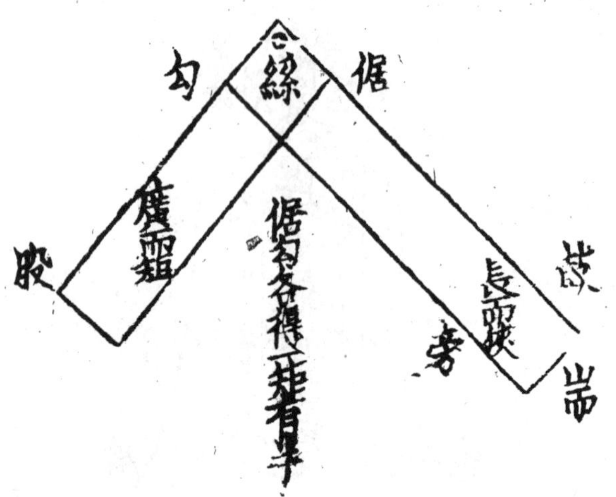

古者制磬形垂下以象天傾西北屈而下覆之意磬氏爲磬倨句一矩有半先儒云上曲者爲鼓下直者爲倨句即股也倨即鼓也股在上廣而短鼓在下狹而長以長掩短則鼓長於股若半矩是倨得一矩有半也以廣掩狹則股廣於鼓者亦半矩是句亦得一矩有半也璜狹長短務適中焉然皆厚二寸或謂石性堅則雖厚而清緩則雖溥而濁如天球乃玉磬自然者是可以磬氏之制拘乎

鐘　磬

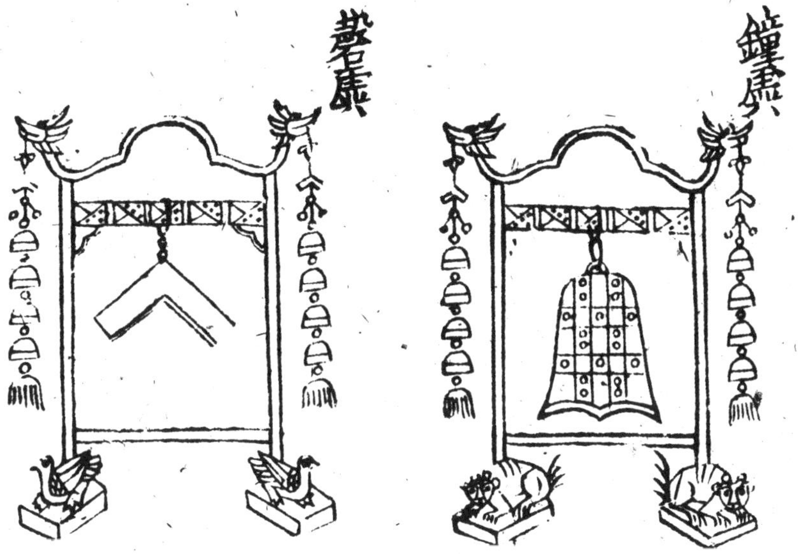

鐘虡

磬虡

禮書云植者爲虡橫者爲簨簨之上有崇牙虡之上設業業之上樹羽而有端有璧翣鐘虡飾以贏屬若厚脣弇口出目短耳大胷燿後大體短脰聲大而宏則於鐘宜是也磬虡飾以羽屬若銳喙決吻數目顅脰小體騫腹其聲清揚而遠聞則於磬宜是也簨飾以鱗屬若荀文故謂之筍其所植者蓋虡中焉故謂之虡先儒曰筍峻也虡舉也或以虡爲神獸此無所考

總圖

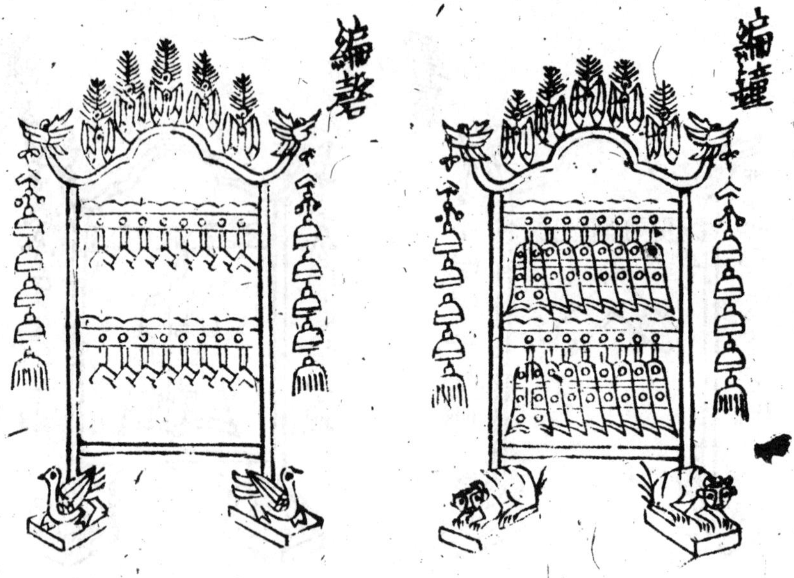

編鐘

編磬

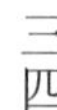

小胥凡縣鐘磬半爲堵全爲肆註云鐘磬編縣之二八十六枚而在一簨簴謂之堵鍾一堵磬一堵謂之肆十六枚之數起於八音倍而設之故十六也禮書云後世宗鄭氏說用四清聲以謂夷則南呂無射應鐘四呂管短則減黃鍾大呂太簇姑洗四管之半以爲清聲而應之則樂音諧今大晟樂宗前代制亦用十六枚以十二枚爲正鍾四枚爲清鍾焉

鼓制

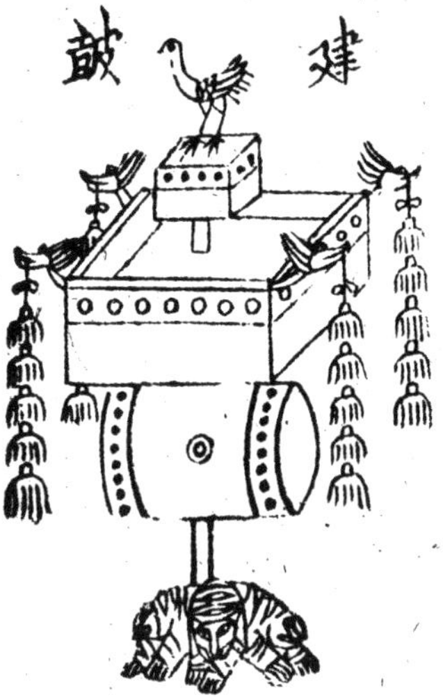

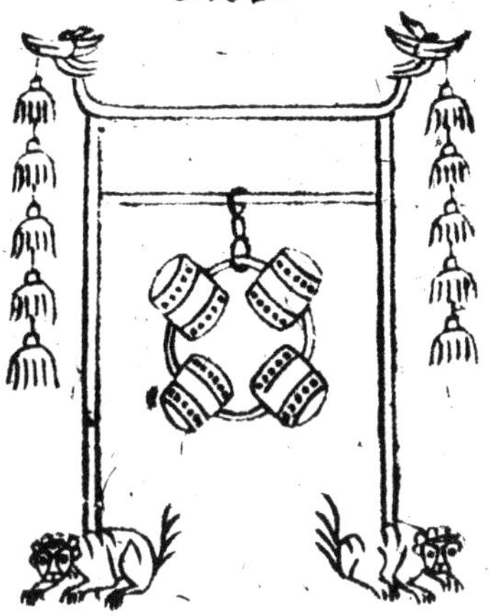

建鼓　靁鼓

大僕建路鼓于大寢之門外建猶樹也以木貫而載之樹陳氏祥道云一楹而四稜魏晉以後復商制而樹之謂之建鼓隋又翔鷺於上取其声之遠聞或曰鷺鼓精也白踐建大鼓於康宮之端門有雙鷺至茲取象也後世乃以鷺于飛鼓咽咽之詩遂存周之流風焉

國朝沿襲其制高六尺有六寸中植以柱設重斗方蓋蒙以朱綢張以絳紫繡羅四角六龍竿銜流蘇璧璜五采羽為飾竿首爲翔鷺云

鼓人靁鼓鼓神祀靈鼓鼓社祭路

圖上

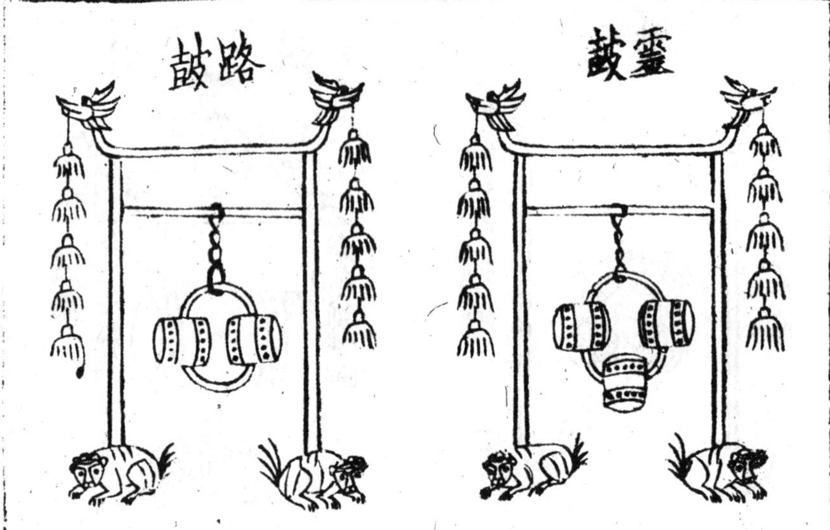

靈鼓　路鼓

鼓鼓鬼享鄭康成曰靁鼗鼓八面靈鼓路鼓四面陸氏佃是之陳礼書云靁鼓天聲也靁鼓鼓神祀而鼓之敘日月詔王鼓亦天事也靈鼓地德也靈鼓鼓社祭而冥氏毆猛獸亦地事也路鼓鼓鬼享而司馬出撫僕門達窮者亦用之今建鼓即路鼓也大司樂靁鼓則有靁鼗靈鼓則有靈鼗路鼓則有路鼗鼗小鼓也手搖而擊之大晟樂靁鼗鼓八面凡四鼓鼗鼓亦四焉靈鼓六面凡二鼓鼗鼓亦隨之路鼓路鼗亦各二鼓為四面焉鄭司農乃曰靁鼓六面靈鼓四面路鼓兩面陳氏所不取也

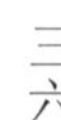

鼓制

土鼓

杜云以瓦爲匡以革爲面春秋逆暑迎寒及祈年祭蜡則擊之

鼖鼓

以鼖鼓鼓軍事註云大鼓謂之鼖長八尺司馬振旅諸侯執鼖鼓

提鼓

師帥執提鄭云鼓柄曲提持立馬上賈云古無騎法據漢時况其實

晉鼓

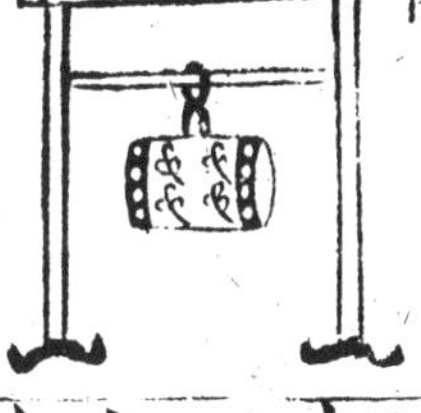

禮書云晉鼓鼓金奏此懸鼓也晉鼓建於軍者金止而鼓進晉者進也軍將主之

鼛鼓

鼛鼓長丈二尺以鼓役事詩作皐皐緩也役事以勿亟爲義

鼜

夜守鼓也昏鼓四通爲大鼜夜半三通爲晨戒旦明五通爲發明此謂三鼜

圖下

鼗

鼗如鼓而小持柄摇之使自擊詩作鞉記作鞀同雷鼗靈鼗路鼗皆如本鼓數

鼙

旅帥執鼙月令修鞀鞞先儒謂鼓有柄曰鞀大鞀曰鞞鞞與鼙同

應

笙師掌教舂牘應雅以教祴樂注云應長六尺五寸其中有椎

朄

小祭祀鼓朄先儒云應鼙也尔雅云小鼓曰應礼書云以其引鼓曰朄與應鼓同

拊

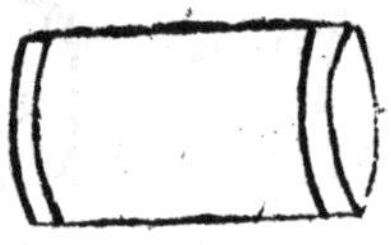

太師登歌令奏擊拊鄭云謂形如鼓以韋爲之著之以糠

雅

雅狀如漆筩弇口尺二圍長五尺六寸以羊韋鞔之方兩紐疏地取聲

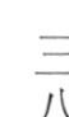

樂器

柷

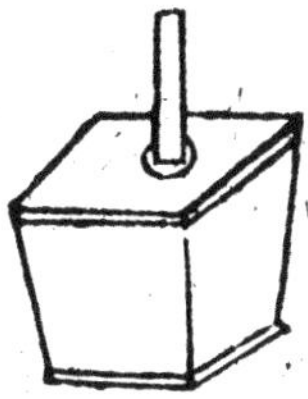

禮書云故柷謂之止如㯏桶中有椎柄動擊其旁方二尺四寸陰數也有止之義

琴

廣雅曰琴長三尺六寸六分象朞之日廣六寸象六合五絃象五行周文武時加二絃

笙 竽

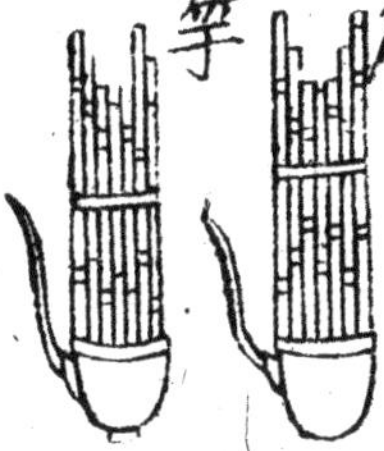

礼書云三十六簧笙大者十九簧小者十三簧衆管在匏有巢象或曰巢笙

敔

禮書云故敔謂之籈狀如伏虎背上二十七鉏鋙陽數也樂作以之

瑟

礼書云雅瑟長八尺一寸廣一尺八寸三十三絃頌瑟長七尺二寸廣如前二十五絃

鎛

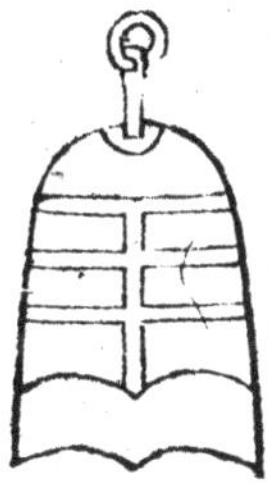

禮書云鎛師掌金奏鎛韋昭杜預皆云小鐘儀礼鎛從溥與鈸鎛之鎛同

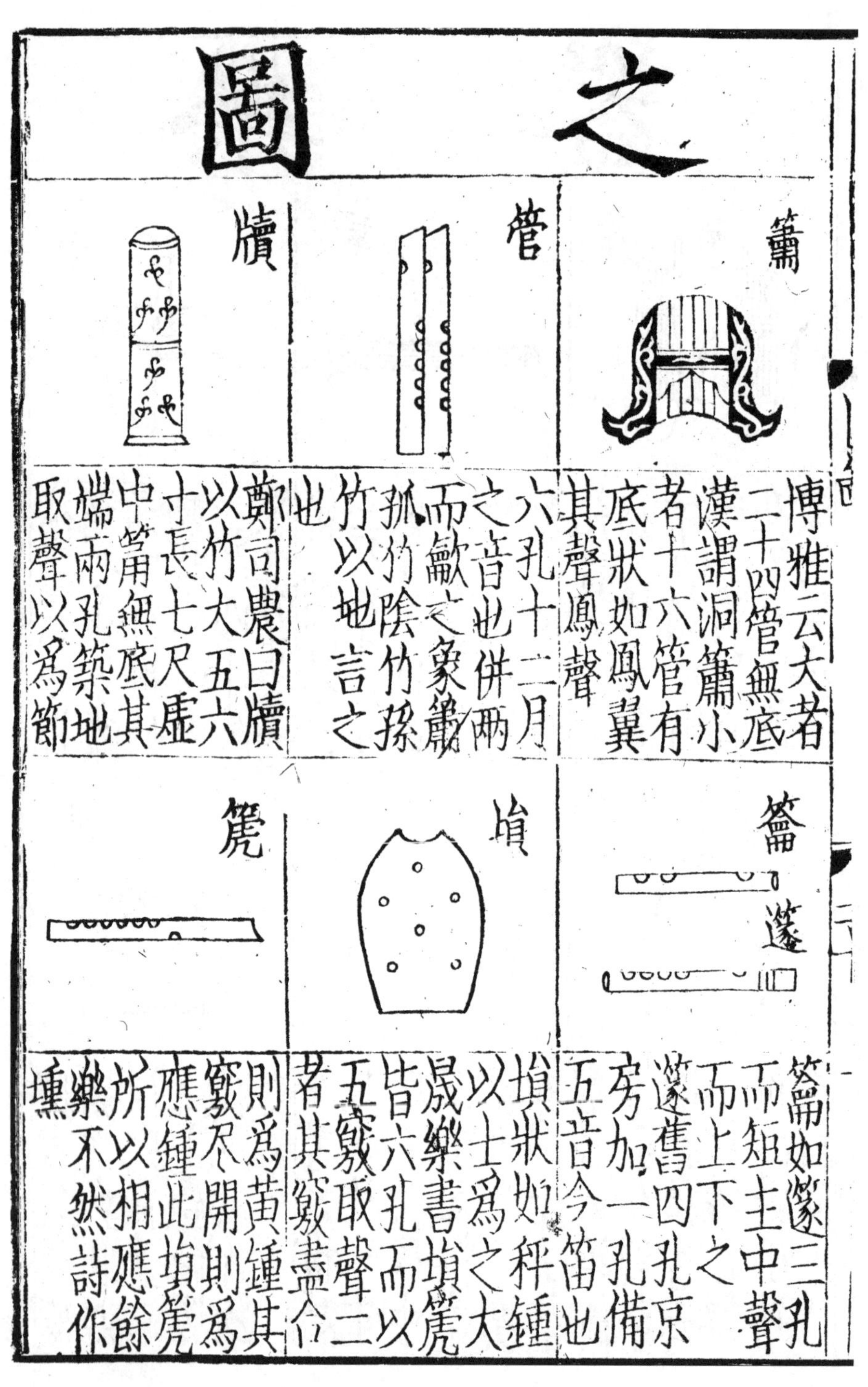

之圖

簫

博雅云大者二十四管無底漢謂洞簫小者十六管有底狀如鳳翼其聲鳳聲

管

六孔十二月之音也併兩而龡之象箎孤竹陰竹孫竹以地言之也

牘

鄭司農曰牘以竹大五六寸長七尺虛其中筩無底其端兩孔築地取聲以爲節

籥

篴

籥如篴三孔而短主中聲而上下之篴舊四孔京房加一孔備五音今笛也

塤

塤狀如秤鍾以土爲之大晟樂書塤箎皆六孔而以五竅取聲二者其竅盡合

箎

則爲黃鍾其竅盡開則爲應鍾此塤箎所以相應餘樂不然詩作壎

六幣圖

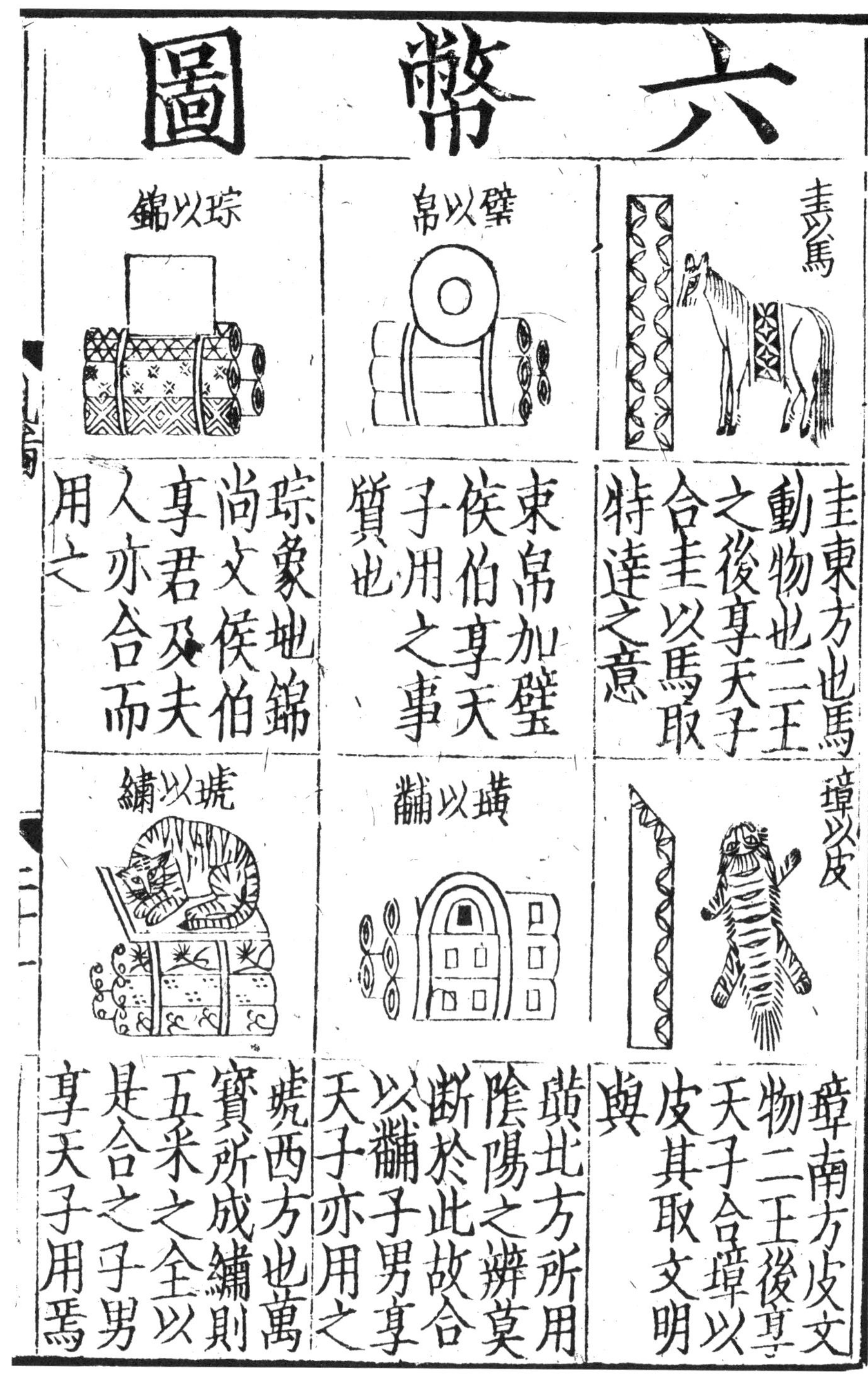

圭東方也馬動物也二王之後享天子合圭以馬取特達之意

束帛加璧侯伯享天子用之事質也

琮象地錦尚文侯伯享君及夫人亦合而用之

璋南方皮文物二王後享天子合璋以皮其取文明與

璜北方所用陰陽之辨莫斷於此故合以黼子男享天子亦用之

琥西方也萬寶所成繡則五采之全以是合之子男享天子用焉

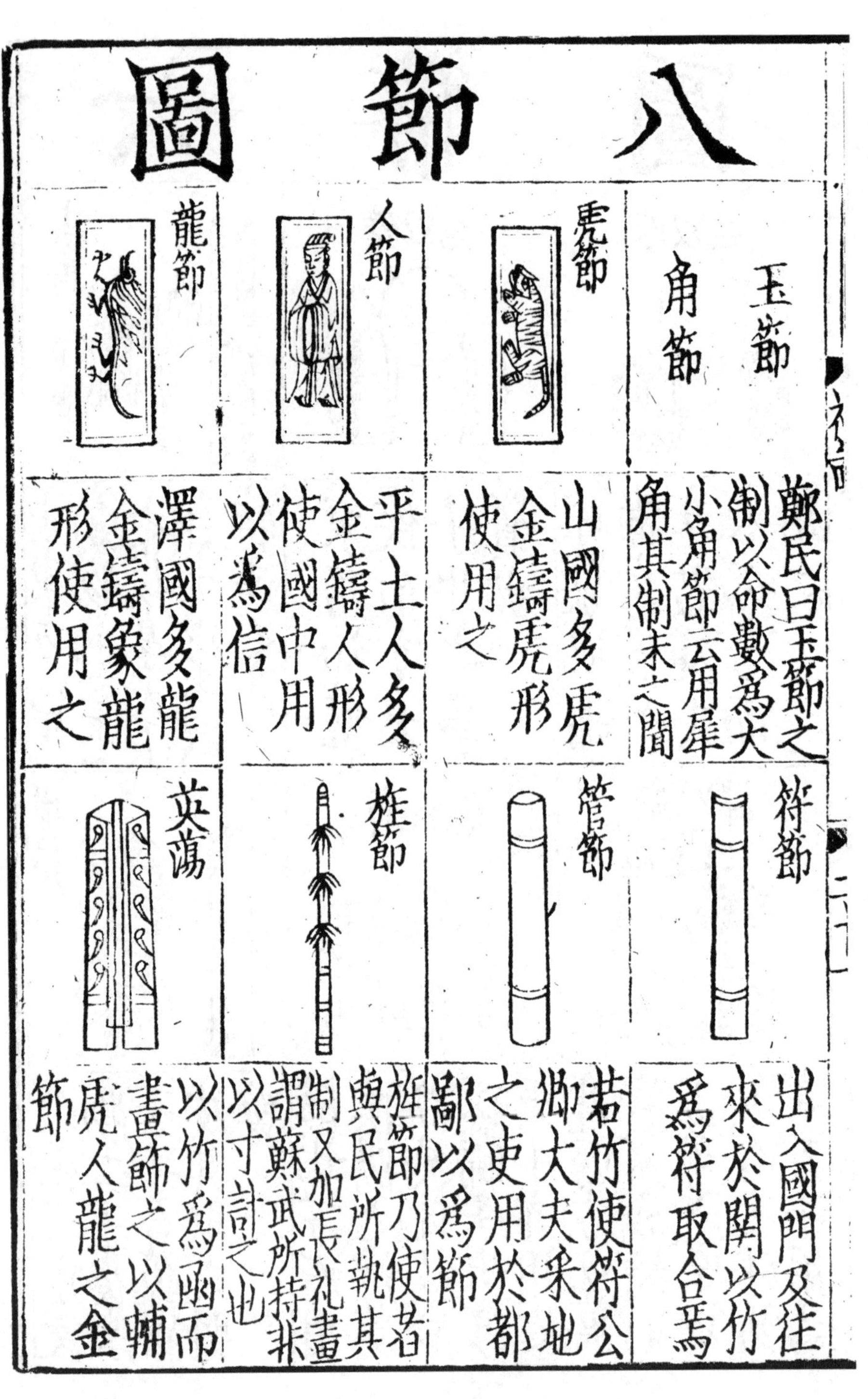
八節圖
玉節
角節
鄭氏曰玉節之制以命數爲大小角節云用犀角其制未之聞
虎節
山國多虎金鑄虎形使用之
人節
平土人多金鑄人形使國中用以爲信
龍節
澤國多龍金鑄象龍形使用之
符節
出入國門及往來於關以竹爲符取合焉
管節
若竹使符公卿大夫采地之吏用於都鄙以爲節
旌節
旌節乃使若與民所執其制又加長礼畫謂蘇武所持非以寸計之也
英蕩
以竹爲函而畫飾之以輔虎人龍之金節

九旗

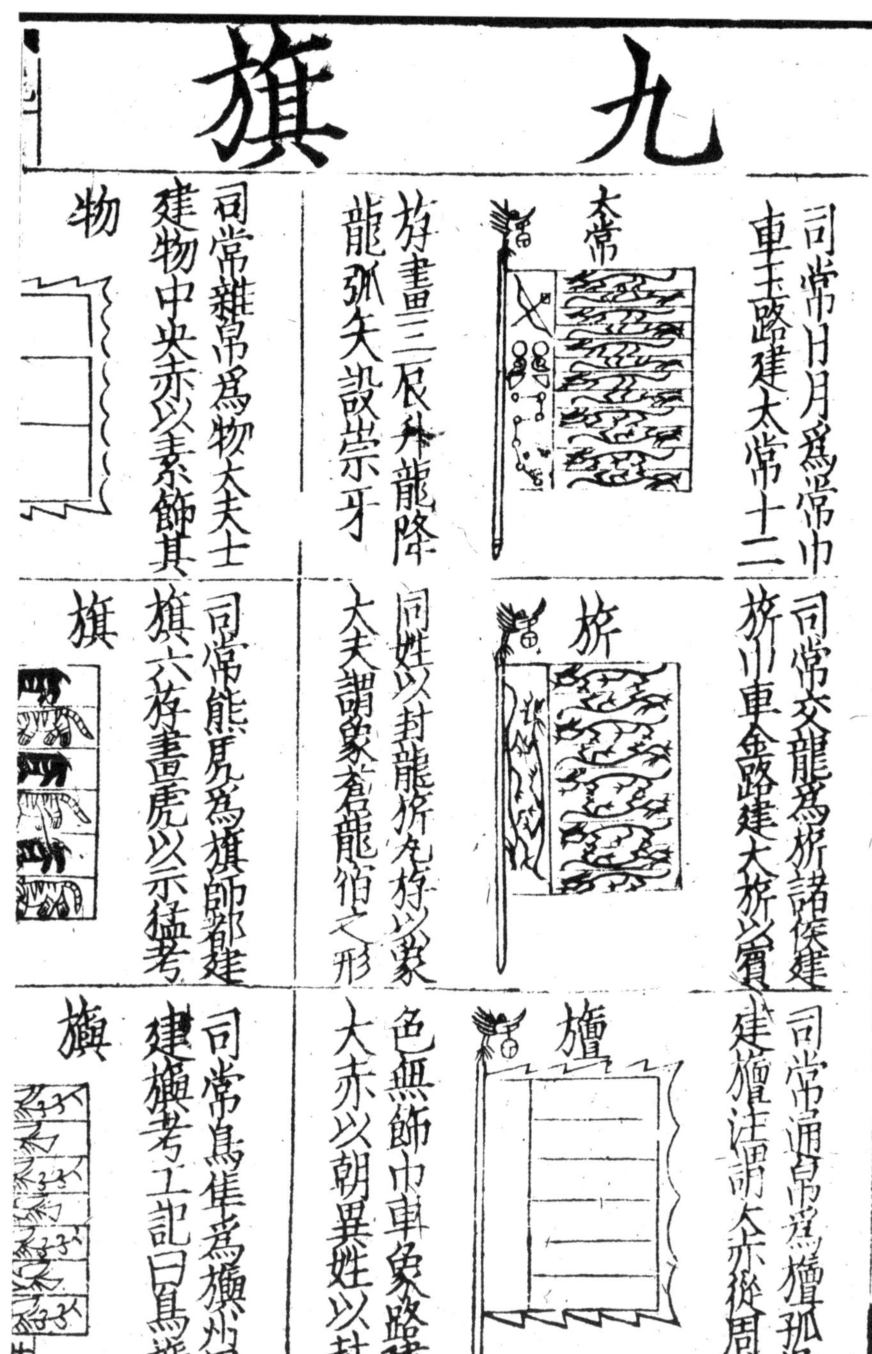

太常

司常日月爲常巾車王路建太常十二斿畫三辰升龍降龍弧矢設崇牙

旂

司常交龍爲旂諸侯建旂巾車金路建大旂以賓同姓以封龍旂九斿以象大夫謂象蒼龍宿之形

旜

司常通帛爲旜孤卿建旜注通大赤從周正色無飾巾車象路建大赤以朝異姓以封

物

司常雜帛爲物大夫士建物中央赤以素飾其

旗

司常熊虎爲旗師都建旗六斿畫虎以示猛考

旟

司常鳥隼爲旟州里建旟考工記曰鳥旟

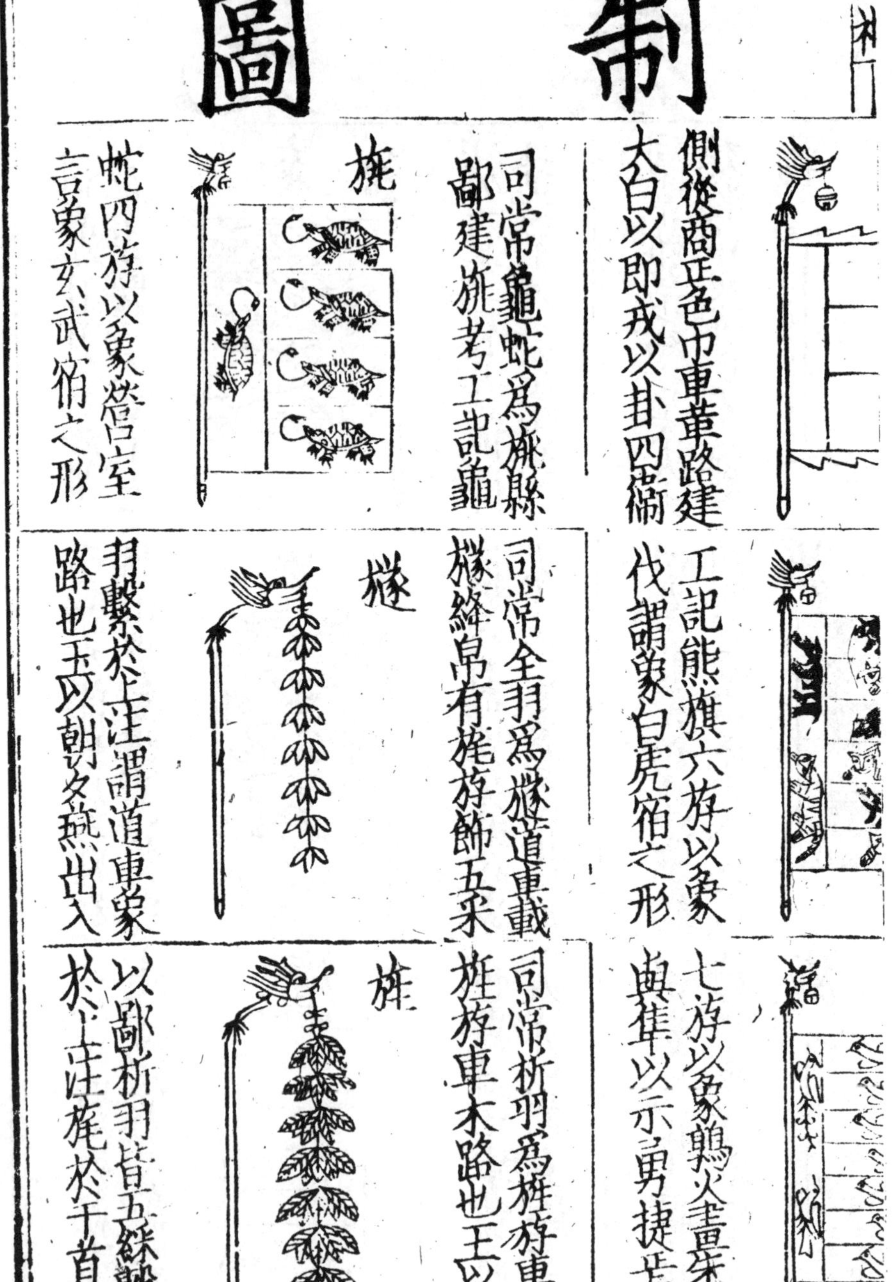
制圖
側從酉正色巾車革路建
大白以即戎以封四衞
旐
司常龜蛇爲旐縣
鄙建旐考工記龜
蛇四斿以象營室
言象玄武宿之形
工記熊旗六斿以象
伐謂象白虎宿之形
旞
司常全羽爲旞道車載
旞絳帛有旄斿飾五采
羽繫於上注謂道車象
路也王以朝夕燕出入
七斿以象鶉火畫朱雀
與隼以示勇捷焉
旌
司常析羽爲旌斿車載
旌斿車木路也王以田
以鄙析羽皆五綵繫
於上注旄於干首也

兵器

削

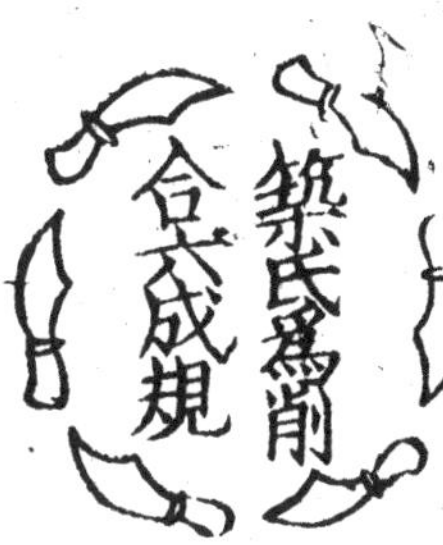

築氏爲削合六成規

劒

首

臘

莖

設其後

胡太直則已倨 長内胡太上

胡太曲則已句 短内胡太下

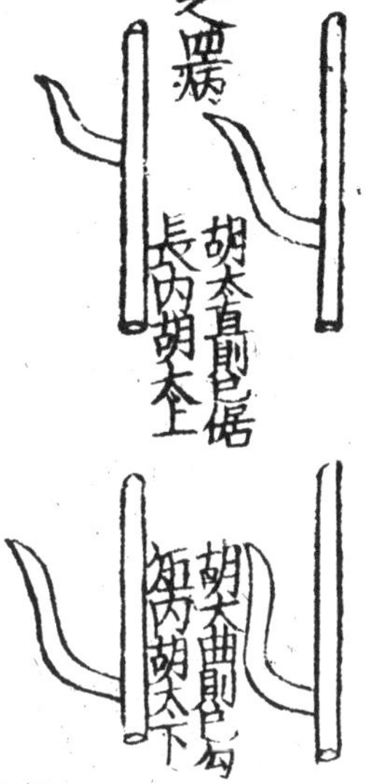

築氏爲削長尺博寸賈氏謂反張爲之合六成規欲新而無窮鄭氏云書刀削除簡冊之誤者恐未必然○劒以挑氏名取其辟除不祥也臘劒肉也其廣二寸有半寸謂兩刃各徑一寸有半兩從廣謂之劒脊中高兩殺而起鍔也中其莖則易於把握設其後則張而易制故劒長而重者上士服之短而輕者下士服之中制則中士服焉

總圖

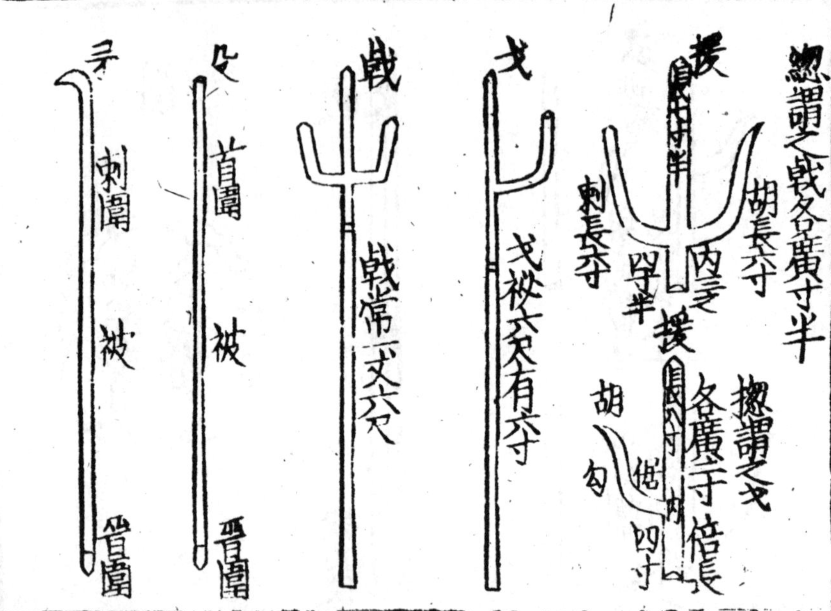

總謂之戟各廣寸半

援長七寸半

胡長六寸

內三之

四寸半

刺長六寸

援

總謂之戈

各廣寸倍長

援長八寸

胡

句

倨

內

四寸

戈

戈柲六尺有六寸

戟

戟常一丈六尺

殳

首圍

被

晉圍

矛

刺圍

被

晉圍

冶氏爲殺矢先儒云戈戟也戈二刃戟三刃則戈爲小戟爲之內謂胡以內接柲者胡謂刃之旁出者曲猶牛胡焉援謂直刃也戈之用主於胡胡過於直則倨但之以刺胡過於曲則勾但可以鉤人惟得其中制往無不利

殳主擊戈矛戟主刺被謂把中也首上鐏也晉謂插處禮圖以胡爲橫貫失冶氏之制

兵甲

人長八尺
殳長尋有四尺
酋矛常有四尺
車戟常
戈柲六尺六寸旣建而迆

人長八尺
殳長尋有四尺
車戟常
酋矛常有四尺
夷矛三尋
戈柲六尺六寸旣建而迆

車有六等之崇於軫人崇於戈殳崇於人戟崇於殳矛崇於戟此六數也車之六建夷矛建於酋矛之前酋矛建於戟之前戟建於殳之前殳建於戈與人之前此六建也而軫則不與焉八尺曰尋倍尋曰常凡兵無過三其身過而無已則不能用又害人也戈建而迆取止戈爲武之意入必後其刃不以刃向國焉不及弓矢者以人佩故也

之圖

胄

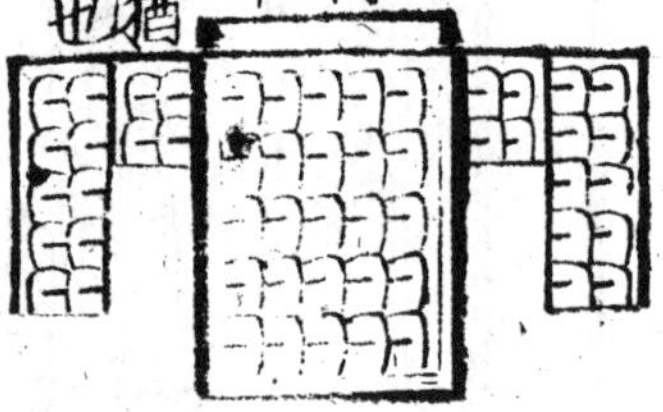

五屬甲

屬猶續也

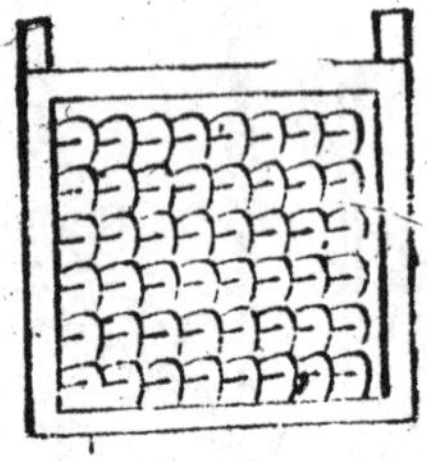

六屬甲

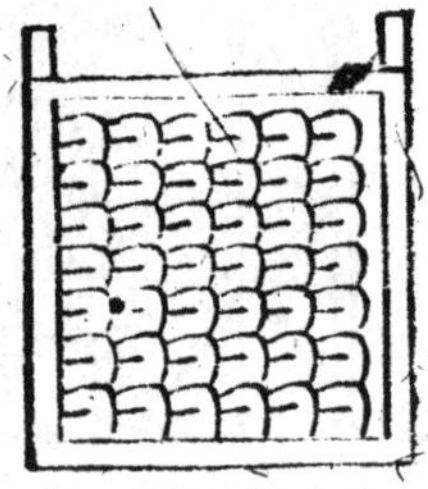

七屬甲

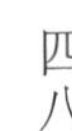

陳祥道曰古者三甲以革爲之犀甲壽百年兕甲壽二百年合甲壽三百年後世乃用金耳腰以上爲上旅腰以下爲下旅革堅者札長札葉也故其注著臂者少其次札短故其注著者多鑽空以受線欲宛小而不寬縫革裏以向內欲和易而不敗蔵朕謂上下皆直而無邪櫜謂卷置其櫜中小而易制舉甲而眂欲其豐衣甲於身欲無斷謂在首則謂之胄焉

車制

輿

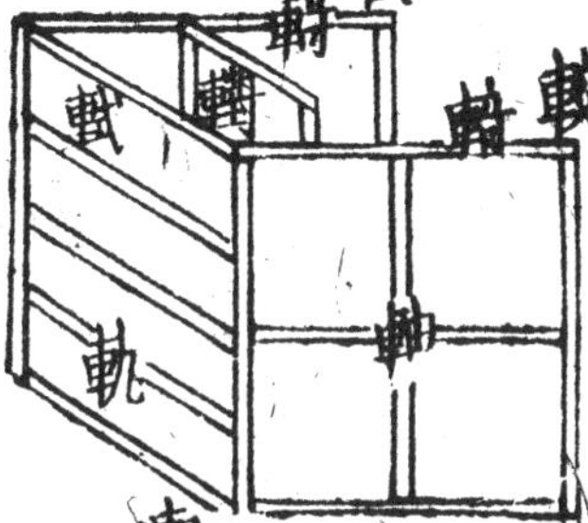

軾

較

輢

輈

軾

軌

軫

箱亦名牡服

輿廣六尺六寸

隧深四尺四寸

轂

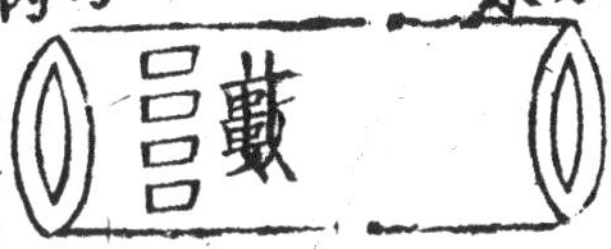

一分

一分

賢

軹

大穿曰賢

小穿曰軹

轂

轂長三尺二寸徑一尺輻三十湊於轂中大小穿皆以金錮其內

輪

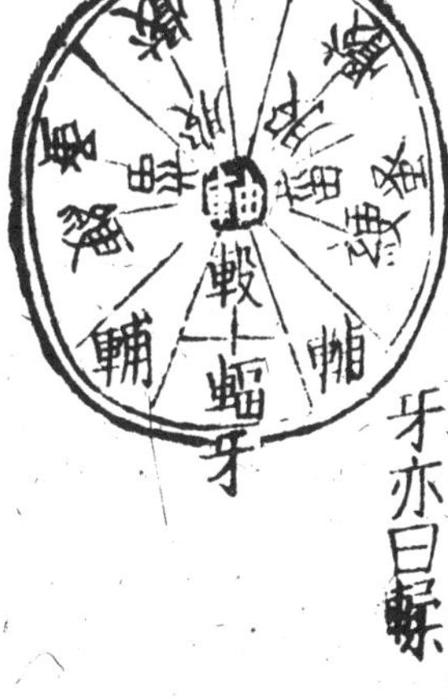

轐

輪崇六尺六寸外在輿之外小亦曰輮牙

一名曰𨍏杖車者也

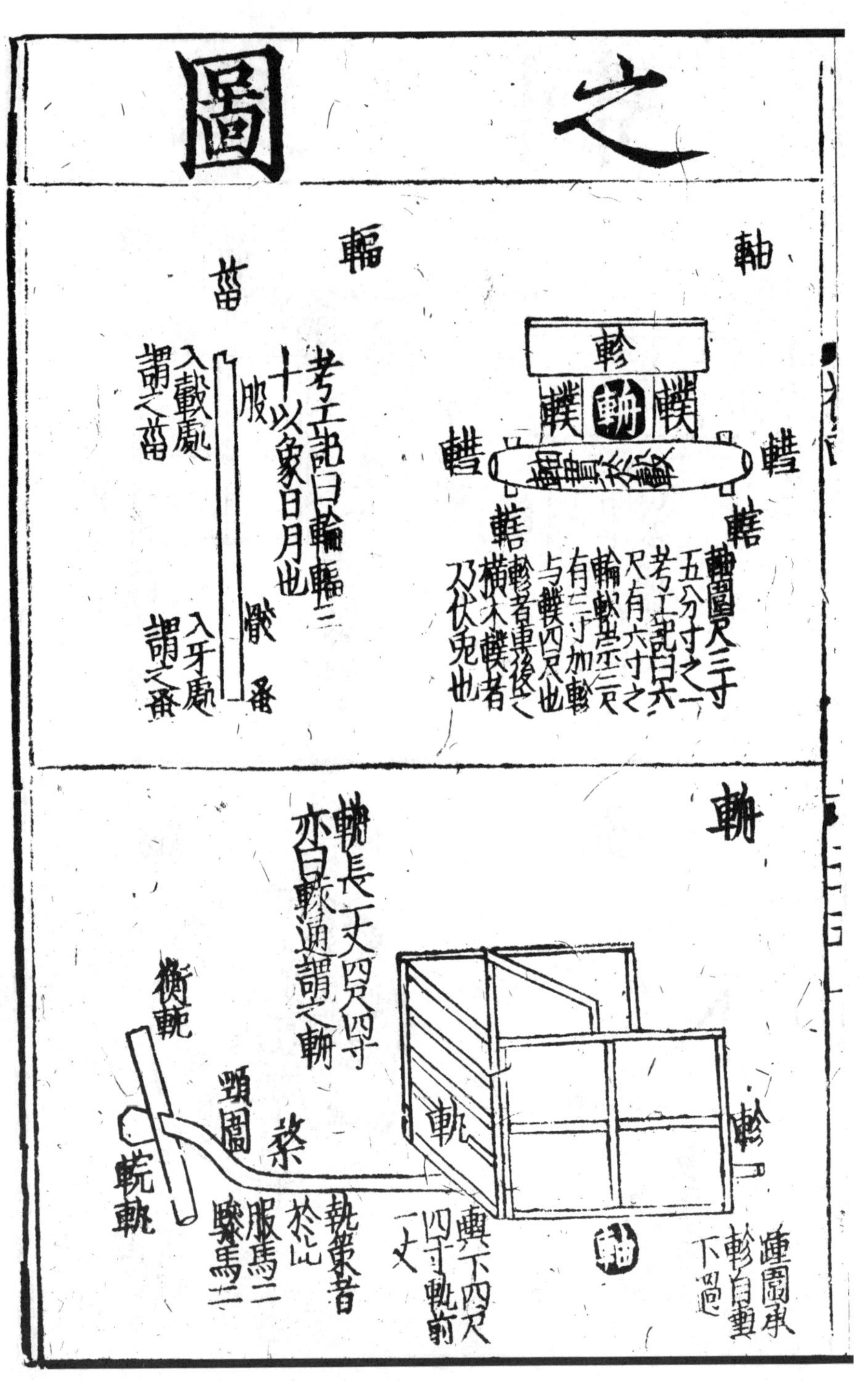
之圖
軸
軫
轐
轐
輈
轊
轊
轄
轄
轂圍尺三寸五分寸之一
考工記曰兵車六尺有六寸之輪軹崇三尺有三寸加軫與轐四尺也
軫者車後之橫木轐者乃伏兔也
輻
菑
考工記曰輪輻三十以象日月也
股
骹
蚤
入轂處謂之菑
入牙處謂之蚤
輈
輈長一丈四尺四寸亦曰轅通謂之輈
衡
軏
頸
圍
蔾
軛
軏
執策者於此
服馬二
驂馬二
輿下四尺四寸軌前一丈
軫
軌
軸
通圍承軫自重下過

五〇

蓋耒圖

王昭禹云輪人為輪而亦為蓋者蓋輪輻三十以象日月蓋之弓二十有八以象星其形圓其數耦此輪人之所以為蓋也

蓋

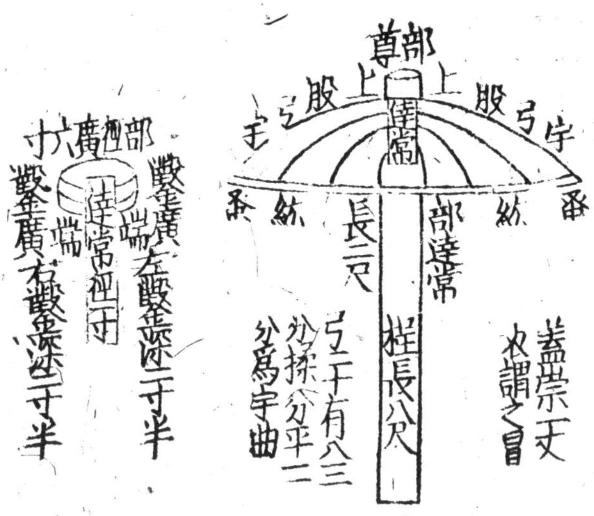

部尊
上股 弓 宇
上股 弓 宇
達常
蚤 紘
蚤 紘
長二尺
部達常
桯長八尺
弓二十有八三分揉一分平二分為宇曲
蓋崇十尺必謂之冒
部徑廣六寸
鑿廣端左鑿深二寸半
達常徑二寸
鑿廣端右鑿深二寸半

車人為耒按王昭禹解云車人為車而亦為耒者易曰揉木為耒蓋耒之為物其體曲其用利而車之為物或揉曲木以為轑或資利轉以為用器殊而事類此車人所以為耒也由此注云自其庇緣其外遂曲量之以至於首得三尺三寸自首遂曲量之以至於庇亦三尺三寸合之為六尺六寸若從上下兩曲之內相望如弦量之以得六尺與步相應故云相中餘則不應步數

耒

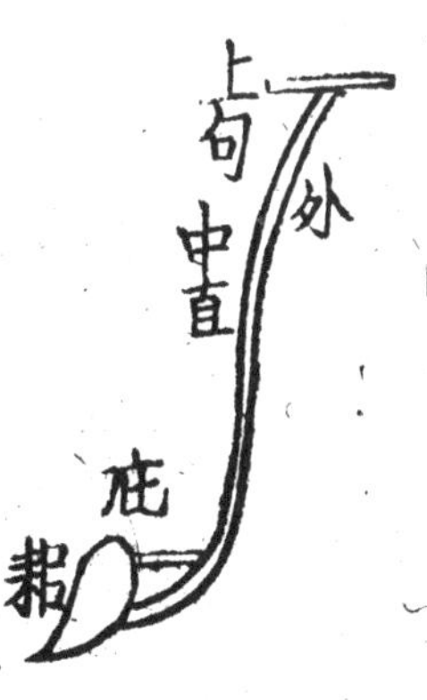

上句
外
中直
庇
耜

輂輦圖

輂

鄉師大軍旅會同正治其待役與其輂輦鄭氏曰輂駕馬輦人輓行所以載任器止所以爲營衛説文曰輂大車駕馬其轅直

輦

荀卿曰輂輿就馬則輂在人駕任馬也説文曰輦輓車也從車從扶在前引之

孔穎達曰輦謂之輜亦謂之重挽以人謂之輦司馬法曰夏后氏謂輦曰余車二十人而輦商曰胡奴車十八人而輦周曰輜輦十五人而輦一斤一斤一鑿一梩一鋤

傳授圖

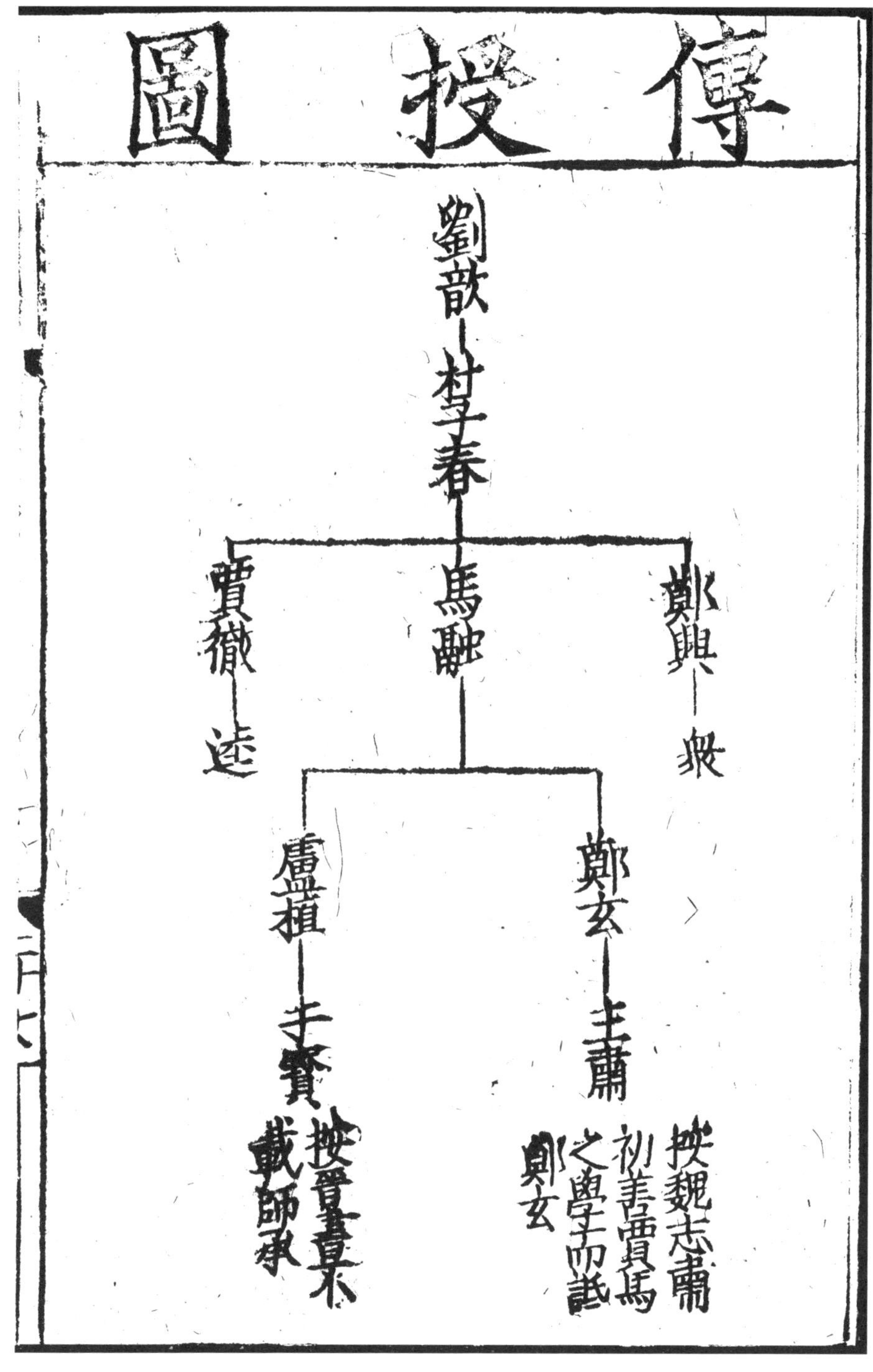

王莽時劉歆爲國師始建立周官經以爲周禮河南緱氏杜子春受業於歆還家以教門徒鄭興父子等多往師之與衆並作周禮解詁馬融作周禮傳授鄭玄亦作周禮註多引杜子春鄭大夫鄭司農之義其後又有王肅註十二卷干寶註十三卷

周禮圖說終

○周禮篇目

一卷　天官冢宰上

大宰　小宰　宰夫　宮正　宮伯　膳夫

庖人　內饔　外饔　亨人音烹　甸師　獸人

𩿁人音魚　鼈人　腊人音昔

二卷　天官冢宰下

醫師　食醫　疾醫　瘍醫音羊　獸醫　酒正

酒人　漿人　凌人去聲　籩人　醢人　醯人

鹽人　冪人音密　宮人　掌舍　幕人　掌次

大府　玉府　內府　外府　司會　司書

職內　職歲　職幣　司裘　掌皮　內宰

内小臣　閽人　寺人　内竪音樹　九嬪　世婦

女御　女祝　女史　典婦功　典絲　典枲

内司服　縫人　染人　追師　屨人　夏采

三卷　地官司徒上

大司徒　小司徒　鄉師　鄉老　鄉大夫　州長

黨正　族師　閭胥　比長　封人　鼓人

舞師　牧人　牛人　充人

四卷　地官司徒下

載師　閭師　縣師　遺人　均人　師氏

保氏　司諫　司救　調人　媒氏　司市

質人　廛人　胥師　賈師音古　司虣音暴　司稽

胥　肆長　泉府　司門　司關　掌節

遂人　遂師　遂大夫　縣正　鄙師　酇長音纘

里宰　鄰長　旅師　稍人色敎　委人於偽　土均

草人　稻人　土訓　誦訓　山虞　林衡

川衡　澤虞　迹人　丱人音鯁　角人　羽人

掌葛　掌染草　掌炭　掌荼　掌蜃　囿人

場人　廩人　舍人　倉人　司祿闕　司稼

舂人　饎人　槀人

五卷　春官宗伯上

大宗伯　小宗伯　肆師　鬱人　鬯人　雞人

司尊彝　司几筵　天府　典瑞　典命　司服

三九

典祀　守祧（他彫）　世婦　内宗　外宗　冢人

墓大夫　職喪

（六卷）春官宗伯下

大司樂　樂師　大胥　小胥　大師　小師

瞽矇　眡瞭　典同　磬師　鍾師　笙師

鎛師（音博）　韎師（邁昧一音）　旄人　籥師　籥章　鞮鞻（音句）

典庸器　司干　大卜　卜師　卜人　龜人

菙氏（時軌）　占人　簭人（音誓）　占夢　眡祲　大祝

小祝　喪祝　甸祝　詛祝　司巫　男巫

女巫　大史　小史　馮相氏　保章氏　内史

外史　御史　巾車　典路　車僕　司常

齊僕　道僕　田僕　馭夫　校人　趣馬

巫馬　牧師　廋人　圉師　圉人　職方氏

土方氏　懷方氏　合方氏　訓方氏　形方氏　山師

川師　邍師音原　匡人　撢人音覃　都司馬

九卷　秋官司寇上

大司寇　小司寇　士師　鄉士　遂士　縣士

方士　訝士　朝士　司民　司刑　司刺

司約音要又如字　司盟　職金　司厲　犬人

司圜　掌囚　掌戮　司隸　罪隸　蠻隸

閩隸音民　夷隸　貉隸音陌

十卷　秋官司寇下

布憲 禁殺戮 禁暴氏 野廬氏 蜡氏（浦頭） 雍氏

萍氏 司寤氏 司烜氏（音毁） 條狼氏（音滌） 脩閭氏 冥氏

庶氏 穴氏 翨氏（音翅） 柞氏（音測） 薙氏 硩蔟氏（音敕）

翦氏 赤犮氏 蟈氏 壺涿氏 庭氏 銜枚氏

伊耆氏 大行人 小行人 司儀 行夫 環人

象胥 掌客 掌訝 掌交 掌察（闕） 掌貨賄

朝大夫 都則（闕） 都士（闕） 家士（闕）

十一卷 冬官考工記上

輪人 輿人 輈人 築氏 冶氏 桃氏

鳧氏 㮚氏（音栗） 段氏（闕） 函人 鮑人 韗人

韋氏（闕） 裘氏（闕） 鍾氏 筐人（闕） 㡛氏

十二卷

冬官考工記下

玉人　楖人闕　雕人　磬氏　矢人　陶人

旊人音做　梓人　廬人　匠人　車人　弓人

周禮篇目終

纂圖互註周禮卷第一

天官冢宰第一

陸德明音義曰本或作冢宰上非餘卷放此

周禮　鄭氏註

惟王建國　建立也周公居攝而作六典之職謂之周禮營邑於土中七年致政成王以此禮授之使居雒邑治天下。司徒職曰日至之景尺有五寸謂之地中天地之所合也四時之所交也風雨之所會也陰陽之所和也然則百物阜安乃建王國焉。陸曰王如字于貢云王天子之號三代所稱。雒音洛水名也本作洛後漢都洛陽改爲雒景京領反下皆同

辨方正位　辨別也鄭司農云別四方正君臣之位君南面臣北面之屬玄謂考工匠人建國水地以縣置槷以縣視以景爲規識日出之景與日入之景晝參諸日中之景夜考之極星以正朝夕。是別四方。召誥曰越三日戊申太保朝至于雒卜宅厥既得卜則經營越三日庚戌太保乃以庶殷攻位於雒汭越五日甲寅位成正位謂此定宮廟。辨本亦作辯徐邈劉昌宗皆方免反一音平勉反別彼列反下同縣音玄下同槷魚列反下同召誥上上詔反下古報反大音泰汭人銳反

體國經野　體猶分也經謂爲之里數鄭司農云營國方九里國中九經九緯左祖右社面朝後市野則九夫爲井四井爲邑之屬是也。體鄭云體猶分也干寶云體形體朝直遙反

設官分職　鄭司農云置冢宰司徒宗伯司馬司寇司空各有所職而百事舉

以爲民極　極中也令天下之人各得其中不失其所。令力呈反。

重言　惟王建國至以爲民極五句五處出地官春官夏官

秋官各一乃立天官冢宰使帥其屬而掌邦治以佐王均邦國掌主也邦治王所以治邦國也佐猶助也鄭司農云邦治謂揔六官之職也故大宰職曰掌建邦之六典以佐王治邦國六官皆揔屬於冢宰故論語曰君薨百官揔己以聽於冢宰言冢宰於百官無所不主爾雅曰冢大也冢宰大宰也○鄭云宰主也于一公齊其清濁和其剛柔而納之中和曰宰治音直吏反注邦治下治官皆同大宰音泰注及後倣此○【重言】使帥其屬五地官春官夏官秋官各一○而掌邦治以佐王均邦國一大宰一○【重意】地官而掌邦教以佐王擾安邦國春官而掌邦禮以佐王和邦國夏官而掌邦政以佐王平邦國秋官而掌邦禁以佐王刑邦國

治官之屬大宰卿一人小宰中大夫二人宰夫下大夫四人上士八人中士十有六人旅下士三十有二人變冢言大進退異名也百官揔焉則謂之冢列職於王則稱大冢大之上也山頂曰冢旅衆也下士治衆事者自大宰至旅下士轉相副貳皆王臣也王之卿六命其大夫四命士以三命而下爲差○貳徐音二府六人史十有二人府治藏史掌書者凡府史皆其官長所自辟除○藏才浪反下同長丁丈反下皆同辟必亦反徐方狄反胥十有二人徒百有二十人此民給徭役者若今衛士矣胥讀如諝謂其有才知爲什長○胥鄭徐劉思叙反戚思餘反下皆同徭音遥諝劉思叙反

宮正上士二人中士四人下士八人府二人史四人胥四人徒四十人正長也宮正主宮中官之長○宮正上以下鄭總列六十職序於此則各於其職首列之

宮伯中士二人下士四人府一人史二人胥二人徒二十人伯長也

膳夫上士二人中士四人下士八人府二人史四人胥十有二人徒百有二十人膳之言善也今時美物曰珍膳膳夫食官之長也鄭司農以詩說之曰仲允膳夫○膳上戰反

庖人中士四人下士八人府二人史四人賈八人胥四人徒四十人庖之言苞也裹肉曰苞苴賈主市買知物賈○庖徐扶交反賈八人鄭徐音古劉音嫁下放此裹音果苴子餘反物賈音嫁

內饔中士四人下士八人府二人史四人胥十人徒百人饔割亨煎和之稱內饔所主在內○饔鄭於容反亨戚普庚反劉普孟反稱尺證反

外饔中士四人下士八人府二人史四人胥十人徒百人（外饔所主在外）

亨人下士四人府一人史二人胥五人徒五十人（主爲外內饔煑肉者○亨劉普庚反爲于僞反下爲主同）

甸師下士二人府一人史二人胥三十人徒三百人（郊外曰甸師猶長也甸師主共野物官之長○甸田遍反共音恭下皆同）

獸人中士四人下士八人府二人史四人胥四人徒四十人

䱷人中士二人下士四人府二人史四人胥三十人徒三百人（䱷音魚本又作魚亦作𩵋同又音御）

鼈人下士四人府二人史二人徒十有六人（鼈必列反）

腊人下士四人府二人史二人徒二十人（腊之言夕也○腊音昔）

醫師上士二人下士四人府二人史二人徒二十人醫師衆醫之長○醫音意其反

食醫中士二人食有和齊藥之類○和胡卧反又音禾齊才計反

疾醫中士八人

瘍醫下士八人瘍創癰也○瘍音羊創初良反

獸醫下士四人獸牛馬之屬

酒正中士四人下士八人府二人史八人胥八人徒八十人酒正酒官之長

酒人奄十人女酒三十人奚三百人奄精氣閉藏者今謂之宦人月令仲冬其器閎以奄○女酒女奴曉酒者古者從坐男女沒入縣官爲奴其少才知以爲奚今之侍史官婢或曰奚宦女○奄於檢反劉於驗反徐於劒反奚如字又胡禮反坐才卧反

漿人奄五人女漿十有五人奚百有五十人女漿女奴曉漿者○漿子

良反

凌人下士二人府二人史二人胥八人徒八十人凌冰室也詩云二之日鑿冰沖沖三之日納于凌陰。○凌力證反字從冰或力升反

籩人奄一人女籩十人奚二十人竹曰籩女籩女奴之曉籩者

醢人奄一人女醢二十人奚四十人醢豆實也不謂之豆此主醢豆不盡于醢也。女醢女奴曉醢者。醢呼在反盡津忍反

醯人奄二人女醯二十人奚四十人女醯女奴曉醯者。醯本又作醯呼西反

鹽人奄二人女鹽二十人奚四十人女鹽女奴曉鹽者

冪人奄一人女冪十人奚二十人以巾覆物曰冪女冪女奴曉冪者。冪莫歷反

宮人中士四人下士八人府二人史四人胥八人徒八十人

掌舍下士四人府二人史四人徒四十人舍行所解止之處。解佳賣反

幕人下士一人府二人史二人徒四十人（幕帷覆上者○幕武博反）
掌次下士四人府四人史二人徒八十人（次自脩正之處）
大府下大夫二人上士四人下士八人府四人史八人
賈十有六人胥八人徒八十人（大府爲王治藏之長若今司農矣）
玉府上士二人中士四人府二人史二人工八人賈八
人胥四人徒四十有八人（工能攻玉者）
内府中士二人府一人史二人徒十人（内府主良貨賄藏在内者○賄呼罪反）
外府中士二人府一人史二人徒十人（外府主泉藏在外者）
司會中大夫二人下大夫四人上士八人中士十有六
人府四人史八人胥五人徒五十人（會大計也司會主天下之大計計官之長
若今尚書○會古外反注同尚音常）
司書上士二人中士四人府二人史四人徒八人（司書主計

會之簿書。簿步古反後簿書皆同

職內上士二人中士四人府四人史四人徒二十人職內主入也若今之泉所入謂之少內。少詩照反

職歲上士四人中士八人府四人史八人徒二十人主歲計以歲斷。斷丁亂反

職幣上士二人中士四人府二人史四人賈四人胥二人徒二十人

司裘中士二人下士四人府二人史四人徒四十人

掌皮下士四人府二人史四人徒四十人

內宰下大夫二人上士四人中士八人府四人史八人胥八人徒八十人內宰宮中官之長

內小臣奄上士四人史二人徒八人奄稱士者異其賢

閽人王宮每門四人囿游亦如之閽人司昏晨以啓閉者刑人墨者使守門囿御苑游離宮也○閽音昏囿音又游本亦作游音由

寺人王之正內五人寺之言侍也詩云寺人孟子○正內路寢

內豎倍寺人之數豎未冠者之官名○冠古亂反

九嬪嬪婦也昏義曰古者天子后立六宮三夫人九嬪二十七世婦八十一御妻以聽天下之內治以明章婦順故天下內和而家理也不列夫人於此官者夫人之於后猶三公之於王坐而論婦禮無官職○嬪符真反治直吏反

世婦不言數者君子不苟於色有婦德者充之無則闕

女御昏義所謂御妻御猶進也侍也

女祝四人奚八人女祝女奴曉祝事者○祝之六反鄭徐之又反

女史八人奚十有六人女史女奴曉書者

典婦功中士二人下士四人府二人史四人工四人賈四人徒二十人典主也典婦功者主婦人絲枲功官之長

典絲下士二人府二人史二人賈四人徒十有二人

典枲下士二人府二人史二人徒二十人枲絲里反

內司服奄一人女御二人奚八人內司服主宮中裁縫官之長有女御者以衣服進或當於王。廣其禮使無色過。○縫戚奉容反徐扶用反下同

縫人奄二人女御八人女工八十人奚三十人女工女奴曉裁縫者。○縫劉扶用反

染人下士二人府二人史二人徒二十人染如豔反劉而險反

追師下士二人府一人史二人工二人徒四人追治玉石之名。○追丁回反一曰雕

屨人下士二人府一人史一人工八人徒四人屨紀具反

夏采下士四人史一人徒四人夏采夏翟羽色禹貢徐州貢夏翟之羽有虞氏以爲綏後世或無故染鳥羽象而用之謂之夏采。○夏戶雅反注同。翟雉名。采如字或作菜翟音狄綏如誰反

大宰之職掌建邦之六典以佐王治邦國一曰治典以經邦國以治官府以紀萬民二曰教典以安邦國以教官府以擾萬民三曰禮典以和邦國以統百官以諧萬民四曰政典以平邦國以正百官以均萬民五曰刑典以詰邦國以刑百官以糾萬民六曰事典以富邦國以任百官以生萬民大曰邦小曰國邦之所居亦曰國典常也經也法也王謂之禮經常所秉以治天下也邦國官府謂之禮法常所守以爲法式也常者其上下通名擾猶馴也統猶合也詰猶禁也書曰度作詳刑以詰四方任猶傳也生猶養也鄭司農云治典冢宰之職故立其官曰使帥其屬而掌邦治以佐王均邦國教典司徒之職故立其官曰使帥其屬而掌邦教以佐王安擾邦國禮典宗伯之職故立其官曰使帥其屬而掌邦禮以佐王和邦國政典司馬之職故立其官曰使帥其屬而掌邦政以佐王平邦國刑典司寇之職故立其官曰使帥其屬而掌邦禁以佐王刑邦國此三時皆有官唯冬無官又無司空以三隅反之則事典司空之職也司空之篇亡小宰職曰六曰冬官其屬六十掌邦事○邦國于云國天子諸侯所理也邦疆國之境治典直吏反注下治典邦治治官治職之治皆同擾而小反鄭而昭反徐字尋倫反諧戶皆反詰起一反禁也于云彈正糾察也馴似倫反

度待洛反事側吏反下同猶立也○重言掌建邦之六典二春官十八史一以佐王治邦國二天官序一以安邦國三小宰夏官大司馬各一以平邦國以詰邦國各二下篇一以均萬民以糾萬民二下篇一以和邦國四小宰大司馬大司樂各一以諧萬民四小宰大司樂一大宗伯各一重意書周官冢宰掌邦治統百官均四海司徒掌邦教敷五典擾兆民宗伯掌邦礼治神人和上下司馬掌邦政統六師平邦國司寇掌邦禁詰姦慝刑暴亂司空掌邦土居四民時地利

以八灋治官府一曰官屬以舉邦治二曰官職以辨邦治三曰官聯以會官治四曰官常以聽官治五曰官成以經邦治六曰官灋以正邦治七曰官刑以糾邦治八曰官計以弊邦治

百官所居曰府弊斷也鄭司農云官屬謂六官其屬各六十若今博士大史大宰大祝大樂屬大常也小宰職曰以官府之六屬舉邦治一曰天官其屬六十是也官職謂六官之職小宰職曰以官府之六職辨邦治一曰治職二曰教職三曰禮職四曰政職五曰刑職六曰事職官聯謂國有大事一官不能獨共則六官共舉之聯讀爲連古書連作聯聯謂連事通職相佐助也小宰職曰以官府之六聯合邦治一曰祭祀之聯事二曰賓客之聯事三曰喪荒之聯事四曰軍旅之聯事五曰田役之聯事六曰斂弛之聯事官常謂各自領其官之常職非連事通職所共也官成謂官府之成事品式也小宰職曰以官府之八成經邦治一曰聽政役以比居二曰

聽師田以簡稽三曰聽閭里以版圖四曰聽稱責以傅別五曰聽祿位以禮命六曰聽取予以書契七曰聽賣買以質劑八曰聽出入以要會○官法謂職所主之法度官職主祭祀朝覲會同賓客者則皆自有其法度小宰職曰以法掌祭祀朝覲會同賓客之戒具官刑者司刑所掌墨辠劓辠宮辠刖辠殺辠也官計謂三年則大計羣吏之治而誅賞之玄謂官刑司寇之職五刑其四曰官刑上能糾職官計謂小宰之六計所以斷羣吏之治○灋古法字聯音連弊必世反鄭補計反徐劉附世反斷丁亂反下同弛尸氏反比毗志反鄭芳利反稽古奚反鄭又音啓版音板傅音附下彼列反契苦計反劑子隨反爾雅云劑翦齊也要於妙反徐於召反後不音者放此朝直遥反凡言朝覲皆同辠古罪字劓魚冀反刖音月又五刮反

以八則治都鄙一曰祭祀以馭其神二曰灋則以馭其官三曰廢置以馭其吏四曰祿位以馭其士五曰賦貢以馭其用六曰禮俗以馭其民七曰刑賞以馭其威八曰田役以馭其衆都之所居曰都鄙則亦法也典法則所用異其名也都鄙公卿大夫之采邑王子弟所食邑周召毛聃畢原之屬在畿内者祭祀其先君社稷五祀法則其官之制度廢猶退也退其不能者舉賢而置之祿若今月奉也位爵次也賦口率出泉也貢功也九職之功所稅也禮俗昏姻喪紀舊所行也鄭司農云士謂學士○馭魚據反賦貢于云賦出之所求於下貢下之所納於上采音菜召音上照反聃

乃甘反奉芳用反本或作俸率徐劉音類戚音律一音所律反下同稍所教反以八柄詔王馭羣臣一曰爵以馭其貴二曰祿以馭其富三曰予以馭其幸四曰置以馭其行五曰生以馭其福六曰奪以馭其貧七曰廢以馭其罪八曰誅以馭其過柄所秉執以起事者也詔告也助也爵謂公侯伯子男卿大夫士也詩云誨爾序爵言教王以賢否之第次也班祿所以富臣下書曰凡厥正人既富方穀幸謂言行偶合於善則有以賜予之以勸後也生猶養也賢臣之老者王有以養之成王封伯禽於魯曰生以養周公死以為周公後是也五福一曰壽奪謂臣有大罪沒入家財者六極四曰貧廢猶放也舜殛鯀于羽山是也誅責讓也曲禮曰齒路馬有誅凡言馭者所以敺之內之於善。柄兵命反行下孟反匡同殛紀力反鯀古本反敺起俱反。重言四曰置二春官太史以八統詔王馭萬民一曰親親二曰敬故三曰進賢四曰使能五曰保庸六曰尊貴七曰達吏八曰禮賓統所以合牽以等物也親親若堯親九族也敬故不慢舊也晏平仲久而敬之賢有善行也能多才藝者保庸安有功者尊貴尊天下之貴者孟子曰天下之達尊者三曰爵也德也齒也祭義曰先王之所以治天下者五貴有德貴貴貴老敬長慈幼達吏察舉勤勞之小吏也禮賓賓客諸侯所以示民親仁善也鄰以九職任萬民一曰三農生九穀二曰園圃毓草木三曰虞衡作山澤之材四曰藪牧養蕃鳥獸五曰百工飭化八材六曰商賈阜通貨賄七曰嬪婦化治絲枲八曰臣妾聚斂疏材九曰閒民無常職轉移執事任猶倳也鄭司農云三農平地山澤也九穀黍稷秫稻麻大小豆大小麥八材珠曰切象曰瑳玉曰琢石曰磨木曰刻金曰鏤革曰剝羽曰析閒民謂無事業者轉移為人執事若今傭賃也玄謂三農原隰及平地九穀無秫大麥而有粱苽樹果蓏曰圃園其樊也虞衡掌山澤之官主山澤之民者澤無水曰藪牧牧田在遠郊皆畜牧之地行曰商處曰賈阜盛也金玉曰貨布帛曰賄嬪婦人之美稱也堯典曰釐降二女于媯汭嬪于虞臣妾男女貧賤之稱晉惠公卜懷公之生曰將生一男一女男為人臣女為人妾生而名其男曰圉女曰妾及懷公質於秦妾為宦女焉疏材百草根實可食者疏不孰曰饉○圃布古反又音布毓古育字藪速苟反牧牧養之牧徐音目劉音茂番扶元反飭音勑賈音古下注同閒音閑秫音述瑳七何反琢陟角反鏤婁豆反為人于偽反傭音容賃女鴆反苽音孤彫胡也字或作菰蓏力果反樊如字又方元反畜許又反又許六反稱尺證反下同釐力之反圉魚呂反養馬曰圉質貲二反疏音色居反菜也劉音蘇饉其靳反以九賦斂財賄一曰邦中之賦二曰四郊之賦

三曰邦甸之賦四曰家削之賦五曰邦縣之賦六曰邦都之賦七曰關市之賦八曰山澤之賦九曰幣餘之賦財泉穀也鄭司農云邦中之賦二十而稅一各有差也幣餘百工之餘玄謂賦口率出泉也今之筭泉民或謂之賦此其舊名與鄉大夫以歲時登其夫家之衆寡辨其可任者國中自七尺以及六十野自六尺以及六十有五皆征之遂師之職亦云以徵其財征皆謂此賦也邦中在城郭者四郊去國百里邦甸二百里家削三百里邦縣四百里邦都五百里此平民也關市山澤謂占會百物幣餘謂占賣國中之斥幣皆末作當增賦者若今賈人倍筭矣自邦中以至幣餘各入其所有穀物以當賦泉之數毋處為一書所待異也○削本音作稍又作鄁所教反徐所召反幣婢世反子必世反名與音餘鄉大夫劉音香處昌慮反後可以意求○重言邦中之賦四郊之賦邦甸之賦家削之賦邦縣之賦邦都之賦關市之賦山澤之賦幣餘之賦後見下卷太府以九式均節財用一曰祭祀之式二曰賓客之式三曰喪荒之式四曰羞服之式五曰工事之式六曰幣帛之式七曰芻秣之式八曰匪頒之式九曰好用之式式謂用財之節度荒凶年也羞飲食之物也工作器物者幣帛所以贈勞賓客者芻秣養牛馬禾穀也鄭司農云匪分也頒讀為班布之班謂班賜也玄謂王所分

賜羣臣也。好用，燕好所賜予。○羞服，于亡云：羞，飲食也；服，車服也。服或
作膳。芻，音初俱反。頒，鄭音班，徐音墳。好，呼報反，注同。勞，力報反。
以九貢致邦國之用：一曰祀貢，二曰嬪貢，三曰器貢，四
曰幣貢，五曰材貢，六曰貨貢，七曰服貢，八曰斿貢，九曰
物貢。嬪，故書作賓。鄭司農云：祀貢，犧牲包茅之屬。賓貢，皮帛之屬。器貢，宗廟之器。幣貢，繡帛。材貢，木材也。貨貢，珠貝自然之物
也。服貢，祭服。斿貢，羽毛。物貢，九州之外各以其所貴為摯，肅慎氏貢楛矢之屬是也。玄謂嬪貢，絲枲。器貢，銀鐵石磬丹漆也。幣貢，玉
馬皮帛也。材貢，櫄榦栝柏篠簜也。貨貢，金玉龜貝也。服貢，絺紵也。斿讀如囿游之游，斿貢，燕好珠璣琅玕也。物貢，雜物魚鹽橘柚。○
嬪，鄭音賓，司農音頻。摯音至，本亦作贄。楛音戶。櫄，勅倫反。榦，古旦反。篠，西了反。簜，大黨反。絺，勅其反。紵，直呂反。璣，徐音機，劉音其既
反，一音機。琅音郎。玕音干。柚，羊救反，一音由，羊受反，或音俞。以九兩繫邦國之民：一曰牧，以
地得民。二曰長，以貴得民。三曰師，以賢得民。四曰儒，以
道得民。五曰宗，以族得民。六曰主，以利得民。七曰吏，以
治得民。八曰友，以任得民。九曰藪，以富得民。兩猶耦也，所以協耦萬民。
繫，聯綴也。牧，州長也。九州各有封域，以居民也。長，諸侯也。一邦之貴，民之所仰也。師，諸侯師氏，有德行以教民者。儒，諸侯保氏，有六藝

以教民者宗繼別為大宗收族者鄭司農云主謂公卿大夫世世食采不絕民税薄利之玄謂利讀如上思利民之利謂以政教利之吏小吏在鄉邑者友謂同井相合耦耡作者孟子曰鄉田同井出入相友守望相助疾病相扶持則百姓親睦藪亦有虞掌其政令為之厲禁使其地之民守其材物以時入于玉府頒其餘於萬民富謂藪中材物○繫音計治直吏反下注王治凡治眡治皆同藪于二反宜作叟行下孟反又耡音助

正月之吉始和布治于邦國都鄙乃縣治象之灋于象魏使萬民觀治象挾日而斂之

正月周之正月吉謂朔日大宰以正月朔日布王治之事於天下至正歲又書而縣于象魏振木鐸以徇之使萬民觀焉小宰亦帥其屬而往皆所以重治法新王事也凡治有故言始和者若改造云爾鄭司農云象魏闕也故魯災季桓子御公立于象魏之外命藏象魏曰舊章不可忘從甲至甲謂之挾日凡十日○縣音玄注同挾子協反字又作浹同于本作帀子合反鐸待洛反徇辭俊反○【重言】正月之吉始和挾日而斂之四大司徒大司馬大司寇各一【重意】布治于邦國都鄙至治象重見大司徒大司馬大司寇

乃施典于邦國而建其牧立其監設其參傅其伍陳其殷置其輔

乃者更申勑之以侯伯有功德者加命作州長謂之牧所謂八命作牧者監謂公侯伯子男各監一國書曰王啓監厥亂為民參謂卿三人伍謂大夫五人鄭司農云殷治律輔為民之平也玄謂殷眾也謂眾士也王制諸侯上士二十七人其中士下士

各居其上之二八丁輔府史庶人在官者○參七南反下云二八公也傳直戀反肯附徐方慕反監古銜反爲于僞反下皆同【重言】陳其殷置其輔二下文

乃施則于都鄙而建其長立其兩設其伍陳其殷置其輔長謂公卿大夫王子弟食采邑者兩謂兩卿不言三卿者不足于諸侯鄭司農云兩謂兩丞○乃施灋于官府而建其正立其貳設其攷陳其殷置其輔正謂冢宰司徒宗伯司馬司寇司空也貳謂小宰小司徒小宗伯小司馬小司寇小司空也考成也佐成事者謂宰夫鄉師肆師軍司馬士師也司空亡未聞其考○凡治以典待邦國之治以則待都鄙之治以灋待官府之治以官成待萬民之治以禮待賓客之治成八成禮賓禮也祀五帝則掌百官之誓戒與其具脩祀五帝謂四郊及明堂誓戒要之以刑重失禮也明堂位所謂各揚其職百官廢職服大刑是其辭之畧也具所當共脩埽除糞洒○要一遙反糞弗運反洒色賣反前期十日帥執事而卜日遂戒前期前所諏之日也十日容散齊七日致齊三日執事宗伯大卜之屬既卜又戒百官以始齊○前如字劉本同徐昨見反本或作先如字又悉薦反諏子須反謀也散齊西但反下側皆反下同【重言】帥執事而卜日一　春官大宗伯及執事眡滌濯執事初為祭事前祭日之夕滌濯謂溉祭器及甑甗之屬○眡音視

本又作視後皆同滌直歷反濯直角反溉古愛反甗魚善反徐音彥一音言本又作甗音歷○【重言】及執事眡滌濯一一見小宗伯

又下句見下篇小宰春官肆師

及納亨贊王牲事納亨納牲將告殺謂鄉祭之晨既殺以授亨人凡大

祭祀君親牽牲大夫贊之○亨普庚反注同劉音普孟反鄉許亮反○【重言】贊王牲事一見夏官大僕

及祀之日贊玉幣爵之事日旦明也玉幣所以禮神玉與幣各如其方之色爵所以獻齊酒不用玉爵尚質也三者執以從王

至而授之○齊才計反【重言】贊玉幣爵之事一小宰一

祀大神示亦如之大神祇謂天地○示本又作祇音祇

享先王亦如之贊玉几玉爵玉几所以依神天子左右玉几宗廟獻用玉爵○享許兩

反劉音向注享幣同○【重言】享先王亦如之二云後見大司徒凡九人

大朝覲會同贊玉幣玉獻玉几玉爵助王受此四者時見曰會殷見曰同大會同或於春朝或於秋覲舉春秋則冬夏可知玉幣諸侯享幣也

其合亦如小行人所合六幣云玉獻獻國珍異亦執玉以致之玉几玉所依也立而設几優尊者玉爵王禮諸侯之酢爵王朝諸侯

立依前南面其禮之於阼階上○見賢遍反下同朝直遙反下文同酢音昨依於豈反本亦作扆

大喪贊贈玉含玉助王為之也贈玉既窆所以送先王含玉死者口實天子以玉雜記曰含者執璧將命曰寡君使某含則諸侯含以璧鄭

司農云含玉璧琮○含本又作唅戶暗反後同窆彼驗反徐補贈反琮才宗反

作大事則戒于百官

贊王命。（助王爲教令。春秋傳曰：國之大事在祀與戎。）王眂治朝，則贊聽治。（治朝在路門外，羣臣治事之朝。王視之，則助王平斷。）眂四方之聽朝，亦如之。（謂王巡守在外時。○守，音狩，本亦作狩，後巡守皆放此。）凡邦之小治，則冢宰聽之。待四方之賓客之小治。（大事決於王，小事冢宰專平。）歲終，則令百官府各正其治，受其會，聽其致事，而詔王廢置。（正，正處也。會，大計也。平其事來至者之功狀而奏白王。）三歲，則大計羣吏之治，而誅賞之。（事久則聽之大，無功不徒廢，必罪之；大有功不徒置，必賞之。鄭司農云：三載考績。○重言：三歲則大計羣吏之治，二見下卷司書。）

小宰之職，掌建邦之宮刑，以治王宮之政令，凡宮之糾禁。（杜子春云：宮，皆當爲官。玄謂宮刑，在王宮中者之刑。建，明布告之。糾，猶割也，察也。若今御史中丞。○宮刑，鄭如字，下同，杜作官。）掌邦之六典、八灋、八則之貳，以逆邦國都鄙官府之治。（逆，迎受之。鄭司農云：貳，副也。○治，直吏反，下及注皆同。○重言：掌邦之六典八法之貳以逆邦國都鄙官府之治，二見下卷司會。）

執邦之九貢、九賦、九式之貳，以均財節邦用。以官府之六叙正羣吏一曰以叙正其位二曰以叙進其治三曰以叙作其事四曰以叙制其食五曰以叙受其會六曰以叙聽其情叙秩次也謂先尊後卑也○治功狀也○長禄之多少○情争訟之辭○争争鬬之争以官府之六屬舉邦治一曰天官其屬六十掌邦治大事則從其長小事則專達二曰地官其屬六十掌邦教大事則從其長小事則專達三曰春官其屬六十掌邦禮大事則從其長小事則專達四曰夏官其屬六十掌邦政大事則從其長小事則專達五曰秋官其屬六十掌邦刑大事則從其長小事則專達六曰冬官其屬六十掌邦事大事則從其長小事則專達大事從其長○若庖人○内外饔與膳夫共王之食○小事專達若宮人○掌舍各爲一官○六官之屬三百六十象天地四時日月星辰之度數天道備焉前此者成王作周官其志有述天授位之義故周公設官分職以法之○達于云達決也【重言】其屬六十大事則從其長小事則專達六並見本章以官府之

六職辨邦治一曰治職以平邦國以均萬民以節財用二曰教職以安邦國以寧萬民以懷賓客三曰禮職以和邦國以諧萬民以事鬼神四曰政職以服邦國以正萬民以聚百物五曰刑職以詰邦國以糾萬民以除盜賊六曰事職以富邦國以養萬民以生百物懷亦安也賓客來共其委積所以安之。聚百物者司馬主九畿職方制其貢各以其所有。○委於偽反下賙委同積子賜反○【重言】以平邦國以詰邦國以富邦國二前見太宰○以均萬民以糾萬民一前見太宰○以安邦國二以和邦國四以諧萬民四並附前篇以官府之六聯合邦治一曰祭祀之聯事二曰賓客之聯事三曰喪荒之聯事四曰軍旅之聯事五曰田役之聯事六曰斂弛之聯事凡小事皆有聯。鄭司農云。大祭祀。大宰贊玉幣。司徒奉牛牲。宗伯視滌濯。涖玉鬯。省牲鑊。奉玉齍。司馬羞魚牲。奉馬牲。司寇奉明水火。大喪。大宰贊贈玉。含玉。司徒帥六鄉之衆庶。屬其六引。宗伯為上相。司馬平士大夫。司寇前王。此所謂官聯。杜子春讀弛為施。玄謂荒政弛力役。及國中貴者賢者服公事者老者疾者皆舍不以力役之事奉牲者其司空奉豕與○弛尸氏反劉本作施音弛杜作施泚音和又音顛鬯敕亮反鑊戶郭反齍音資鄉音香屬其音燭紖余音紖劉音引本或作引相息亮反豕與音餘

以官府之八成經邦治一曰聽政役以比居二曰聽師田以簡稽三曰聽閭里以版圖四曰聽稱責以傳別五曰聽祿位以禮命六曰聽取予以書契七曰聽賣買以質劑八曰聽出入以要會

鄭司農云政謂軍政也役謂發兵起徒役也比居謂伍籍也比地為伍因內政寄軍令以伍籍發軍起役者平而無遺脫也簡稽士卒兵器薄書簡猶閱也稽猶計也合也合計其士之卒伍閱其兵器為之要簿也故遂人職曰稽其人民簡其兵器國語曰黃池之會吳陳其兵皆官師擁鐸拱稽版戶籍圖地圖也聽人訟地者以版圖決之司書職曰邦中之版土地之圖稱責謂貸予傳別謂券書也聽訟責者以券書決之傳傳著約束於文書別別為兩兩家各得一也禮命謂九賜也書契符書也質劑謂市中平賈今時月平是也要會謂計最之簿書月計曰要歲計曰會故宰夫職曰歲終則令羣吏正歲會月終則令正月要傳別故書作傅辨鄭大夫讀為符別杜子春讀為傳別玄謂政謂賦也凡其字或作政或作正或作征以多言之宜從征如孟子交征利云傳別謂為大手書於一札中字別之書契謂出予受入之凡要凡簿書之最目獄訟之要辭皆曰契春秋傳曰王叔氏不能舉其契質劑謂兩書一札同而別之長曰

質短曰劑傳別質劑皆今之券書也事異異其名耳禮命禮之九
命之差等。○政役鄭音征注同農如字比毗志反注同傅音附注同
別彼列反注同要會古外反凡要會會計之字皆放此卒子
忽反下同閲音悦貸他代反著直略反賈音嫁月平劉音病以聽
官府之六計弊羣吏之治一曰廉善二曰廉能三曰廉
敬四曰廉正五曰廉灋六曰廉辨聽平治也平治官府之計有六事弊斷也既斷
以六事。又以廉為本。善善其事有辭譽也。能政令行也。敬不解于
位也。正行無傾邪也。法守法不失也。辨辨然不疑惑也。杜子春云
廉辨或為廉端。○弊必世反治也如字下文治其弛舍同斷丁亂反下同解佳買反邪似嗟反以灋掌祭祀朝
覲會同賓客之戒具軍旅田役喪荒亦如之法謂其禮法也戒具戒官
有事者所當共七事者令百官府共其財用治其施舍聽其治
訟七事謂先四如之者三也施舍不給役者七事故書為小事杜子春云當為七事書亦為七事。○共音恭本或作供字皆依共可
以意求之○重言聽其治訟三地官遂大夫春官樂師凡祭祀贊王幣爵之事祼將之
事又從大宰助王也將送也祼送送祼謂贊王酌鬱鬯以獻尸謂之祼祼之言灌也明不為飲主以祭祀唯人道宗廟有祼天地
大神至尊不祼莫稱焉凡鬱鬯受祭之啐之奠之。○祼古亂反為于偽反稱尺證反啐寸內反○重言贊王幣爵之事一前見太宰

凡賓客贊祼凡受爵之事凡受幣之事唯祼助宗伯其餘皆助大宰王不酌賓客而有受酢。大宗伯職曰。大賓客則攝而載祼。喪荒受其含襚幣玉之事春秋傳曰。口實曰含。衣服曰襚。以凶荒有幣玉者賓客所賙委之禮。○襚音遂賙音周月終則以官府之敘受羣吏之要主每月之小計贊冢宰受歲會歲終則令羣吏致事使齎歲盡文書來至若今上計。○齎子兮反上時掌反下同正歲帥治官之屬而觀治象之灋徇以木鐸曰不用灋者國有常刑正歲謂夏之正月得四時之正以出教令者審也。古者將有新令。必奮木鐸以警眾。使明聽也。木鐸木舌也。文事奮木鐸。武事奮金鐸。○夏戶雅反後放此。○【重言】徇以木鐸曰不用法者國有常刑二小司徒小司寇各一　小司寇徇字作令字乃退以宮刑憲禁于王宮憲謂表縣之若今新有法令云令于百官府曰各脩乃職攷乃灋待乃事以聽王命其有不共則國有大刑乃猶女也○【重言】以聽王命二地官大司徒正人各一

宰夫之職掌治朝之灋以正王及三公六卿大夫羣吏之位掌其禁令治朝在路門之外。其位司士掌焉。宰夫察其不如儀。○治直吏反注及下之治贊治官掌其治

皆同。朝，直遥反，後皆同。○春官典祀，地官土均、遂師，夏官辨節，各一。【重言】掌其禁令五

叙群吏之治，以待賓客之令、諸臣之復、萬民之逆。所以叙諸吏之職事。三者之來，則應使辨理之。鄭司農云：復，請也。逆，迎受王命者。宰夫主諸臣萬民之復逆，故詩人重之曰：家伯維宰。玄謂復之言報也，反也，反報於王，謂於朝廷奏事。自下而上曰逆，逆謂上書。

掌百官府之徵令，辨其八職：一曰正，掌官灋以治要；二曰師，掌官成以治凡；三曰司，掌官灋以治目；四曰旅，掌官常以治數；五曰府，掌官契以治藏；六曰史，掌官書以贊治；七曰胥，掌官叙以治叙；八曰徒，掌官令以徵令。別異諸官之八職，以備王之徵召所為。正辟於治官則冢宰也。治要，若歲計也。師辟小宰、宰夫也。治凡，若月計也。司辟上士、中士。治目，若今日計也。旅辟下士也。治數，每事多少異也。治藏，藏文書及器物。贊治，若今起文書草也。治叙，次序官中，如今侍曹伍伯傳吏朝也。徵令，趨走給召呼。○藏，才浪反，注治藏同。別，彼列反。辟，於益譬，本亦作譬，下皆同。傳，直專反。

掌治灋以攷百官府、群都縣鄙之治，乘其財用之出入。凡失財用物辟名者，以官刑詔冢宰而誅之。其足用長財善

物者賞之羣都諸縣采邑也六遂五百家為鄙五鄙為縣言縣鄙而六鄉州黨亦存焉乘猶計也財泉穀也用貨賄也物畜獸也辟名詐為書以空作見文書與實不相應也官刑在司寇五刑第四者○辟名婢亦反劉芳石反劉芳益反于云不當也畜許又反見賢遍反以式灋掌祭祀之戒具與其薦羞從大宰而眡

滌濯薦脯醢也羞庶羞內羞凡禮事贊小宰比官府之具比校次之○比如字注同戚眡志反凡朝覲會同賓客以牢禮之灋掌其牢禮委積膳

獻飲食賓賜之飧牽與其陳數牢禮之法多少之差及其時也三牲牛羊豕具為一牢委積謂牢米薪芻給賓客道用也膳獻禽羞俶獻也飲食燕饗也鄭司農云飧夕食也春秋傳曰飧有陪鼎牽牲牢可牽而行者春秋傳曰餼牽竭矣玄謂飧客始至所致禮凡此禮陳數存可見者唯有行人掌客及聘禮公食大夫○委積上於偽反下子賜反此一字相連皆同此音飲鄭於鴆反注同食音嗣注飲食公食同飧音孫牽一本作賓賜掌其飧牽于本同俶昌六反凡邦

之弔事掌其戒令與其幣器財用凡所共者弔事弔諸侯諸臣幣所用賻也器所致明器也凡喪始死弔而含襚葬而賵贈其間加恩厚則有賻焉春秋譏武氏子來求賻○賻音附賵芳仲反○重言掌

其戒令二地官州長夏官諸子各一大喪小喪掌小官之戒令帥執事而治

之大喪王后世子也。小喪夫人以下。小官士也。其大官則冢宰掌其戒令。治謂共辦。○辦蒲莧反三公六卿之喪，與職喪帥官有司而治之。凡諸大夫之喪，使其旅帥有司而治之。旅冢宰下士歲終則令羣吏正歲會，月終則令正月要，旬終則令正日成，而以攷其治。治不以時舉者，以告而誅之。歲終自周季冬。正猶定也。旬十日也。治不時舉者謂違時令失期會。○會如字正歲則以灋警戒羣吏，令脩宮中之職事。警敕戒之言。鄭司農云正歲之正月。以法戒勑羣吏。○警京領反書其能者與其良者，而以告于上。良猶善也。上謂小宰、大宰也。鄭司農云若今時舉孝廉、賢良方正、茂才異等。

宮正掌王宮之戒令糾禁。糾猶割也，察也。以時比宮中之官府次舍之衆寡。時四時。比，校次其人之在不在。官府之在宮中者，若膳夫、玉府、內宰、內史之屬。次，諸吏直宿，若今部署諸廬者。舍，其所居寺。○比徐方寢反，一音毗志反，注下並同。宿戚如字，劉息就反，下同爲之版以待。鄭司農云爲官府次舍之版圖也。待，待比也。玄謂版其人之名籍，待戒令及比。夕擊柝而比之。夕，莫也。莫莫行夜以比直宿者爲其有解惰離部署鄭司農云柝戒守者所擊也易曰重門擊柝以待暴客春秋傳曰魯擊柝聞於邾○柝吐各反莫音暮本亦作暮行下孟反爲于僞反下注皆同解佳買反惰徒卧反離力智反重直龍反聞音問又如字

國有故則令宿其比亦如之鄭司農云故謂禍災令宿宿衛王宮春秋傳曰忘守必危况有災乎玄謂故凡非常也文王世子曰公有出疆之政庶子以公族之無事者守於公宮正室守大廟諸父守貴宮貴室諸子諸孫守下宮下室此謂諸侯也王之庶子職掌國子之倅國有大事則帥國子而致於大子唯所用之者令宿伯之事蓋亦存焉○守手又反又音手下文同疆居良反倅七内反○【重言】國有故一夏官司事一

辨外内而時禁鄭司農云分别外人内人禁其非時出入○别彼列反

稽其功緒糾其德行稽猶考也計也功吏職也緒其志業○行下孟反○【重意】下卷内宰展其功緒

幾其出入均其稍食鄭司農云幾其出入若今時宮中有罪禁止不能出亦不得入及無引籍不得入宮司馬殿門也玄謂幾荷其衣服持操及疏數者稍食祿禀○荷呼何反又音何操七曹反數音朔禀彼錦反○【重言】均其稍食二下卷内宰夏官掌固各一

去其淫怠與其奇衺之民民宮中吏之家人也淫放溢也怠解慢也奇衺譎觚非常○去起吕反奇音羈徐去宜反衺似嗟反又亦作邪譎古穴反觚音孤○【重言】與其奇衺之民大宰禁其奇衺

會其什伍而教之道藝五人爲伍二伍爲什會之者使之輩作輩學相勸帥且寄宿衛

之令鄭司農云道謂先王所以教道民者藝謂禮樂射御書數○會如字注同教道徒報反下道道字同 月終則會

其稍食歲終則會其行事行事吏職也 凡邦之大事令于王

宮之官府次舍無去守而聽政令使居其處待所為重言凡邦之大事四秋官討

士布憲司烜又野廬氏舍人凡國之大事各一 春秋以木鐸脩火禁火星以春出以秋入因天時而

以戒 凡邦之事蹕宮中廟中則執燭鄭司農讀火絕之云禁凡邦之事蹕國有事王

當出則宮正主禁絕行者若今時衛士填街蹕也宮中廟中則執燭宮正主為王於宮中廟中執燭○玄謂事祭事也邦之祭社稷七

祀於宮中祭先公先王於廟中○隸僕掌蹕止行者宮正則執燭以為明春秋傳曰有大事於大廟又曰有事於武宮○蹕音畢徐又

音痺讀戚如字徐音一旦填音田街音佳 大喪則授廬舍辨其親疏貴賤之居

廬倚廬也舍堊室也親者貴者居倚廬疏者賤者居堊室雜記曰大夫居廬士居堊室○倚於綺反

宮伯掌王宮之士庶子凡在版者鄭司農云庶子宿衛之官○版名籍也以版為之

今時鄉戶籍謂之戶版玄謂王宮之士謂王宮中諸吏之適子也庶子其支庶也○適丁歷反 掌其政令行其

秩叙作其徒役之事秩祿稟也叙才等也作徒役之事大子所用○重言掌其政令凡十大宰春獸人

𢿱人春官小宗伯樂師地官稍人夏官大司馬右牧部秋官[illegible]氏各一○行其秋敘二一見地官里宰

授八次八舍之職事。衛王宮者必居四角四中於徼候便也鄭司農云庶子衛王宮在內為次在外為舍玄謂次其宿衛所在舍其休沐之處○徼古弔反便婢面反

若邦有大事作宮衆則令之。謂王宮之士庶子於邦有大事或當選行　若邦有大事二秋官象遂士一

重言　月終則均秩歲終則均敘以時頒其衣裘掌其誅賞。頒讀為班班布也衣裘若今賦冬夏衣○頒音班

膳夫掌王之食飲膳羞以養王及后世子。食飲也飲酒漿也膳牲肉也羞有滋味者凡養之具大略有四○食音嗣注及下食用公食同飲於鴆反依字亦作飤

凡王之饋食用六穀膳用六牲飲用六清羞用百有二十品珍用八物醬用百有二十甕。進物於尊者曰饋此饋之盛者王舉之饌也六牲馬牛羊豕犬雞也羞出於牲及禽獸以備滋味謂之庶羞公食大夫禮內則下大夫十六上大夫二十其物數備焉天子諸侯有其數而物未得盡聞珍謂淳熬淳毋炮豚炮牂擣珍漬熬肝膋也醬謂醯醢也王舉則醢人共醢六十甕以五齊七醢七菹三臡實之醯人共齊菹醯物六十甕鄭司農云羞進也六穀稌黍稷粱麥苽苽彫胡也六清水漿醴涼醫酏○甕[illegible]徐劉音公奄呈貢反饌仕眷反又尺津忍反淳之純反下同熬五刀反毋莫胡反一

音武由反〇炮步交反〇并作郎反〇壽丁老反〇骨乃歷反〇齏作西反〇劉郊交反〇徐丑亦反〇徐音杜〇徐他古反〇又忒〇古吳反〇鄭本又作〇涼力

羊干反徐力救反〇醫於美反徐音詞反〇飴以支反〇劉書支反王日一舉鼎十有二物皆有俎殺牲盛饌曰舉王日一舉以朝食也后與王同庖鼎十有二牢鼎九陪鼎三物謂牢鼎之實亦九俎〇朝如字下奉朝同陪徐蒲來反以樂侑食膳夫授祭品嘗食王乃食侑猶勸也祭謂刌肺脊也禮飲食必祭示有所先品者每物皆嘗之道尊者也〇授祭品于一公祭云於六陰之神與民逮居刌寸本反劉音村沙寸沒反徐息倉典反卒食以樂徹于造造作也鄭司農云造謂食之故所居處也已食徹置故處王齊日三舉鄭司農云齊必變食大喪則不舉大荒則不舉大札則不舉天地有烖則不舉邦有大故則不舉大荒凶年大札疫癘也天烖日月晦食也烖崩動也大故寇戎之事鄭司農云大故刑殺也春秋傳曰司寇行戮君為之不舉〇札側八反徐音截杜注左傳大死曰札烖音災疫音役癘音厲為于僞反王燕食則奉膳贊祭燕食謂日中與夕食奉膳奉朝之餘膳所祭者牢肉凡王祭祀賓客食則徹王之胙俎膳夫親徹胙俎胙俎最尊也其餘則其屬徹之賓客食而王有胙俎王與賓客禮食主人飲食之俎皆爲胙俎見於此矣〇見賢遍反下文及注同凡王之稍事設薦脯

醢鄭司農云稍事爲非日中大舉時而間食謂之稍事膳夫代王設薦脯醢玄謂稍事有小事而飲酒○間劉古莧反戚如字王燕飲酒則爲獻主鄭司農云主人當獻賓則膳夫代王爲主君不敵臣也燕義曰使宰夫爲獻主臣莫敢與君亢禮掌后及世子之膳羞亦主其饌之數不饋之耳凡肉脩之頒賜皆掌之鄭司農云脩脯也凡祭祀之致福者受而膳之致福謂諸臣祭祀進其餘肉歸胙于王鄭司農云膳夫受之以給王膳以摯見者亦如之鄭司農云以羔鴈雉爲摯見者亦受以給王膳歲終則會唯王及后世子之膳不會不會計多少優尊者其頒賜諸臣則計之○重言歲終則會凡五下篇庖人酒正外府司裘○重意下篇唯王及后世子之膳禽不會酒正唯王及后之飲酒不會外府唯王及后之服不會

庖人掌共六畜六獸六禽辨其名物六畜六牲也始養之曰畜將用之曰牲春秋傳曰卜日曰牲鄭司農云六獸麋鹿熊麕野豕兎六禽鴈鶉鷃雉鳩鴿玄謂獸人冬獻狼夏獻麋又內則無熊則六獸當有狼而熊不屬六禽於禽獸及六摯宜爲羔豚犢麛雉鴈凡鳥獸未孕曰禽司馬職曰大獸公之小禽私之○畜許又反注同六獸司農云麋鹿熊麕野豕兎鄭玄云有狼無熊于注麋若於六麋熊作貆六禽鄭云羔豚犢麛雉鴈也司農及子頭鴈鶉雉鳩鴿鷃麛本又作麑亦作

天官七　卷十七

居倫反鷽學也鶉音純鷃於諫反鴿古合反麛音米豎子孕以盜豆反一音宗○重言辨其名物八獸人春官小宗伯典路司服凡以神仕者司弓矢

凡其死生鱻薧之物以共王之膳與其薦羞之物及后世子之膳羞物言數之薦亦進也備品物曰薦致滋味乃爲羞王言薦者味以不褻爲尊鄭司農云鮮謂生肉薧謂乾肉○鱻悉然反薧苦老反數色主反下救數同褻息列反

共祭祀之好羞謂四時所爲膳食若荆州之鱃魚青州之蟹胥雖非常物進之孝也○好呼報反鱃側雅反蟹戶買反胥息徐反劉思呂素字林先於反蟹胥醬也

共喪紀之庶羞賓客之禽獻喪紀喪事之祭謂虞祔也禽獻獻禽於賓客獻古文爲獸杜子春云當爲獻

凡令禽獻以灋授之其出入亦如之令令獸人也禽獸不可久處賓客至將獻之庖人乃令獸人取之必書所當獻之數與之及其來致禽亦以此書校數之至于獻賓客反以此書付使者展而行之掌客乘禽於諸侯各如其命之數聘禮乘禽於客日如其饔餼之數士中日則一雙○令力呈反使所吏反乘繩證反下同

凡用禽獻春行羔豚膳膏香夏行腒鱐膳膏臊秋行犢麛膳膏腥冬行鱻羽膳膏羶用禽獻謂煎和之以獻王鄭司農云膏香牛脂也以牛脂和之腒乾雉鱐乾魚膏臊豕膏也以豕膏和之杜子春云膏臊犬膏膏腥豕膏也鱻魚也羽鴈也膏羶羊脂也玄謂膏腥雞膏也羔

豚物生而肥犢與麛物成而充腒鱐暵熱而乾魚鴈水涸而性定此八物者得四時之氣尤盛為人食之弗勝是以用休廢之脂膏煎和膳之○牛屬司徒土也雞屬宗伯木也犬屬司寇金也羊屬司馬火也○膏香礼記作鄉音同腒其居反鱐所留反臊素刀反杜云犬膏也司農及干云豕膏也腥音星杜云豕膏也鄭干云雞膏也或作雞膏鱻羽鄭干云鱻魚也羽鴈也杜云鮮羽鴈也羶書然反羊脂也和胡臥反下文同暵呼旦反劉呼旦反涸胡洛反徐戶格反為于偽反【互注】記內則篇春宜羔豚膳膏薌夏宜腒鱐膳膏臊秋宜犢麛膳膏腥冬宜鮮羽膳膏羶注此八物四時肥美也為其太盛煎以休廢之膏膏薌其氣也牛膏薌犬膏臊雞膏腥羊膏羶腒乾雉也鱐乾魚也鮮生魚也羽鴈也

歲終則會唯王及后之膳禽不會膳禽四時所膳禽獸加世子可以會之【重言】歲終則會五膳夫酒正外府司裘各一

內饔掌王及后世子膳羞之割亨煎和之事辨體名肉物辨百品味之物割肆解肉也亨煮也煎和齊以五味體名脊脅肩臂臑之屬肉物胾燔之屬百品味庶羞之屬言百品舉成數○亨普庚反注及下同肆託歷反齊才細反胾側吏反臑音而燔本亦作膰王舉則陳其鼎俎以牲體實之取於鑊以實鼎取於鼎以實俎實鼎曰脀實俎曰載○脀職升反選百羞醬物珍物以俟饋先進食之時怕選擇其中御者共后及世子之膳羞膳夫掌之

是乃共之辨腥臊羶香之不可食者牛夜鳴則庮羊泠毛
而毳羶犬赤股而躁臊鳥皫色而沙鳴貍豕盲眡而交
睫腥馬黑脊而般臂螻腥臊羶香可食者是別其不可食者則所謂者皆自臭味也泠毛毛長
總結也皫失色不澤美也沙澌也交睫腥腥當為星聲之誤也肉有如米者似星般臂臂毛有文鄭司農云庮朽木臭也螻螻蛄臭
也杜子春云盲眡當為望視○庮音由徐餘救反于云病也泠音零徐郎年反躁早到反皫本又作䴈芳表反又符表反又芳老反
徐又乎趙反沙如字一音所嫁反或蘇他反貍音鬱徐於弗反盲亡晃反眡視二反又音視睫音接一音將業反般音班臂如字徐
本作髀音方紙反螻音樓如螻蛄蟲臭也于音漏肉病也此依礼記文別彼列反澌音西蛄音姑【互註】記內則篇牛夜鳴則庮羊
泠毛而毳羶狗赤股而躁臊鳥皫色而沙鳴鬱豕望視而交睫腥馬黑脊而般臂漏注亦皆為不利人也庮惡臭也春秋傳曰一薰
一蕕令毛毳別聚於不解者也亦股股裏無毛也皫色毛變色也沙嘶也鬱腐臭也望視之遠也腥當為星聲之誤也星肉中如米
者般臂前脛般般然也漏當為螻如螻蛄臭也凡宗廟之祭祀掌割亨之事凡燕
飲食亦如之凡掌共羞脩刑膴胖骨鱐以待共膳掌共共當
為具羞庶羞也脩鍛脯也胖如脯而腥者鄭司農云刑膴謂夾脊肉或曰膺肉也骨鱐謂骨有肉者玄謂刑鉶羹也膴牒肉大臠所

九九

以祭者胃骨牲體也鱐乾魚○共羞共依注音恭膴火吳反徐凶武反胖普半反鍛丁亂反腜直輒反又之涉反鉶音刑肉之轉反

凡王之好賜肉脩則饔人共之好賜王所善而賜也○好呼報反注同

外饔掌外祭祀之割亨共其脯脩刑膴陳其鼎俎實之牲體魚腊凡賓客之飧饔饔食之事亦如之飧客始至之禮饔食既將幣之禮致禮於客莫盛於饔○食音嗣邦饗耆老孤子則掌其割亨之事饗士庶子亦如之孤子者死王事者之子也士庶子衛王宮者若今時之饗衛士矣王制曰周人養國老於東膠養庶老於虞庠師役則掌共其獻賜脯肉之事獻謂酌其長帥○帥色類反凡小喪紀陳其鼎俎而實之謂喪事之奠祭

亨人掌共鼎鑊以給水火之齊鑊所以煮肉及魚腊之器既孰乃脀於鼎齊多少之量○齊才細反注同職外內饔之爨亨煮辨膳羞之物職主也爨今之竈主於其竈煮物○爨七亂反祭祀共大羹鉶羹賓客亦如之大羹肉湆鄭司農云大羹不致五味也鉶羹加鹽菜矣○羹音庚又音衡下同湆去及反賓客亦如之四鹽也地官舍人夏官司士各一閽人凡賓客亦如之

甸師掌帥其屬而耕耨王藉以時入之以共齍盛其屬府史
胥徒也耨芸芓也王以孟春躬耕帝藉天子三推三公五推卿諸
侯九推庶人終於千畝庶人謂徒三百人藉之言借也王一耕之
而使庶人芸芓終之齍盛祭祀所用穀也粢稷也穀者稷爲長是
以名云在器曰盛○耨乃豆反齍音資芸音云徐音運本或作耘
芓音子徐音茲推出佳反又他回反○
重言以時入之二也宮正山虞掌炭各一祭祀共蕭茅鄭大夫云蕭字或爲
莤莤讀爲縮束茅立之祭前沃酒其上酒滲下去若神飲之故謂
之縮縮浚也故齊桓公責楚不貢苞茅王祭不共無以縮酒杜子
春讀爲蕭蕭香蒿也玄謂詩所云取蕭祭脂郊特牲云蕭合黍稷
臭陽達於墻屋故既薦然後焫蕭合馨香合馨香者是蕭之謂也
茅以共祭之苴亦以縮酒苴以藉祭縮酒泲酒也醴齊縮酌○莤音
所六反滲所鴆反滲蔭明反劉思鴆反焫如悅反苴音租又子餘
反藉在夜反泲子
禮反齊才細反共野果蓏之薦甸在遠郊之外郊外曰野
果桃李之屬蓏瓜瓞之屬
○蓏力果反
瓞大結反喪事代王受眚烖粢盛者祭祀之主也今國遭大
喪若云此黍稷不馨使鬼神不
逞于王既殯大祝作禱辭授甸人使以禱
藉田之神受眚烖弭後殃○眚生景反王之同姓有辠則死
刑焉鄭司農云王同姓有罪當刑者斷其獄於甸師之官也文王
世子曰公族有死罪則磬于甸人又曰公族無宮刑獄成致
刑于甸人又曰公族無宮刑不踐其類也刑于
隱者不與國人慮兄弟○斷丁亂反踐音翦帥其徒以薪蒸

役外内饔之事役爲給役也大曰新小曰鮮。

獸人掌罟田獸辨其名物罟罔也以罔搏所當田之獸。罟音古搏音博劉音付後同。重言辨其名物八前見包人後見小宗伯典瑞典路司服凡以神仕者司弓矢冬獻狼夏獻麋春秋獻獸物狼膏聚麋膏散聚則溫散則涼以救時之苦也獸物凡獸皆可獻也及狐狸時田則守罟備獸觸攫攫俱縛反又俱碧反又作擭擭華霸反及弊田令禽注于虞中弊仆也仆而田止鄭司農云弊田謂春火弊夏車弊秋羅弊冬徒弊虞中謂虞人釐所田之野及弊田植虞旗於其中。致禽而珥焉。鬭入主令田衆得禽者置虞人所立虞旗之中當以給四時社朝之祭故曰春獻禽以祭社夏獻禽以享禴秋獻禽以祀祊冬獻禽以享烝又曰大獸公之小禽私之公之謂輸之於虞中珥焉者取左耳以致功若斬首折馘故春秋傳曰以數軍實。弊如字徐蒲計反注之樹反仆普卜反一音方豆反又音赴釐音來本亦作萊植直吏反又時力反徐音栽珥徐如志反耳音許丈反劉音向後皆放此禴由若反祊音方折之古一反馘古獲反數色主反一音所凡祭祀喪紀賓客共其死獸生獸。共音恭者重言凡祭祀喪紀賓客下篇及下卷外府序祭祀賓客喪紀凡獸入于腊人當乾之皮毛筋角入于玉府給作器物。筋音斤。重言入于玉府三獸人也官壘人洛一凡田獸者掌其政令

【重言】掌其政令十一節附前絲帛官伯

䱷人掌以時䱷爲梁月令季冬命漁師爲梁鄭司農云梁水偃也偃水爲關空以笱承其空詩曰敝笱在梁○䱷於建反徐本作䱷一返反字或音乳下同春獻王鮪王鮪鮪之大者月令季春薦鮪于寢廟○鮪位軌反辨魚物爲鱻薨以共王膳羞鱻生也薨乾也○鱻音鮮本又作鮮薨苦老反凡祭祀賓客喪紀共其魚之鱻薨凡獻者掌其政令凡獻征入于玉府鄭司農云漁征漁者之租稅漁人主收之入于玉府○【重言】凡祭祀賓客喪紀二下卷外府一上篇凡祭祀喪紀賓客又內司服春官小宗伯㡯人地官場人舍師民保氏澤虞共凡祭祀賓客○掌其政令十前附官伯○入于玉府三獸人地官廛人各一

鼈人掌取互物鄭司農云互物謂有甲𤰈胡龜鼈之屬○互戶故反于云𤰈也𤰈莫干反以時簎魚鼈龜蜃凡貍物蜃大蛤鄭司農云簎謂以杈刺泥中搏取之貍物龜鼈之屬自貍藏伏於泥中者玄謂貍物亦謂鱴刀含漿之屬○簎戚初角反劉倉伯反徐倉格反沈捨昔反李音策莊子云冬則擉鼈於江擉音捉又角反義與此同今從彼讀蜃上軫反于云鮨類貍莫皆反杈音叉春獻鼈蜃秋獻龜魚此其出在淺處可得之時魚亦

謂自鼈藏祭祀共蠯蠃蚳以授醢人蠃螔蝓鄭司農云蠯蛤也杜子春云蠯蜯也蚳蛾子國語曰蟲舍蚳蝝○蠯薄佳反徐又父幸反蠃郎戈反蚳直其反徐長梨反又蛾蝝子螔音夷又音移蝓音由又音揄蜯字又作蚌蒲項反又蒲杏反蚳宜綺反舍音捨蝝悅全反字林弋絹反掌凡邦之籍事

腊人掌乾肉凡田獸之脯腊膴胖之事大物解肆乾之謂之乾肉若今涼州烏翅矣薄析曰脯捶之而施薑桂曰鍛脩腊小物全乾○肆勑力反捶之蕊反凡祭祀共豆脯薦脯膴胖凡腊物脯非豆實豆當為羞聲之誤也鄭司農云膴膺肉鄭大夫云胖讀為判杜子春讀胖為版又云膴胖皆謂夾脊肉又云禮家以胖為半體玄謂公食大夫禮曰庶羞皆有大者此據肉之所擬祭者也又引有司曰主人亦一魚加膴祭于其上此據主人擬祭者膴與大亦一也內則曰麋鹿田豕麕皆有胖足相參正也大者胾之大臠膴者魚之反覆膴又詁曰大一者同矣則是膴亦膴肉大臠胖宜為脯而腥胖之言片也析肉意也禮固有腥膴臑雖其有為臠之皆先制乃亨○豆音喜膴胖普半反桂音版夾戚古洽反劉古協反食音嗣饗京倫反覆芳服反臑而甚反爓徐廉反亨普庚反賓客喪紀共其脯腊凡乾肉之事

○纂圖互註周禮卷第一

天官上　一四之二十一

纂圖互註周禮卷第二

天官冢宰下 陸曰本亦作天官冢宰下 周禮 鄭氏註

醫師掌醫之政令，聚毒藥以共醫事。毒藥，藥之辛苦者。藥之物恒多毒。孟子曰：若藥不瞑眩，厥疾無瘳。○瞑，眠見反，徐亡千反。眩，玄見反，徐音玄，劉胡縣反。瘳，勑留反。凡邦之有疾病者、疕瘍者造焉，則使醫分而治之。疕，頭瘍，亦謂禿也。身傷曰瘍。分之者，醫各有能。○疕，[illegible]四婢反，徐芳鄙反，劉芳指反，一音芳夷反。瘍音羊，身創也。造，七報反。歲終則稽其醫事，以制其食。十全為上，十失一次之，十失二次之，十失三次之，十失四為下。食，祿也。全猶愈也。以失四為下者，五則半矣，或不治自愈。○稽，古兮反，考也。後皆放此。

食醫掌和王之六食、六飲、六膳、百羞、百醬、八珍之齊。和，調也。○食音嗣，下食齊同。齊，才細反，下皆同，徐將細反。凡食齊眡春時，飯宜溫。眡音視。○羹齊眡夏時，羹宜熱。醬齊眡秋時，醬宜涼。飲齊眡冬時。飲宜寒。凡和，春多酸，夏多苦，秋多辛，冬多鹹，調以滑甘。各尚其時味，而甘以成之，猶水火金木之載於土○則曰棗栗飴蜜以甘之堇荁枌榆免槁滫瀡以滑之○和胡卧反飴以之反堇音謹荁音桓枌符云反免音問槁苦老反滫劉思酒反徐相幼反瀡相蕊反

凡會膳食之宜牛宜稌羊宜黍豕宜犬宜粱鴈宜麥魚宜苽會成也謂其味相成鄭司農云稌稉也爾雅曰稌稻苽彫胡也○稌音杜又他杜反苽音孤稉本亦作秔音庚彫劉本作凋音彫

凡君子之食恒放焉放猶依也○放甫往反

〔原注〕記內則篇凡食齊視春時羹齊視夏時醬齊視秋時飲齊視冬時凡和春多酸夏多苦秋多辛冬多鹹調以滑甘牛宜稌羊宜黍豕宜稷犬宜粱鴈宜麥魚宜苽

疾醫掌養萬民之疾病四時皆有癘疾春時有痟首疾夏時有痒疥疾秋時有瘧寒疾冬時有嗽上氣疾癘疾氣不和之疾痟酸削也首疾頭痛也嗽欬也上氣逆喘也五行傳曰六癘作見○痟音消痒以掌反疥音介嗽西豆反本亦作欶上時掌反注同欬苦代反喘昌兗反見賢遍反下同

以五味五穀五藥養其病養猶治也病由氣勝負而生攻其羸養其不足者五味醯酒飴蜜薑鹽之屬五穀麻黍稷麥豆也五藥草木虫石穀也其治合之齊則存乎神農子儀之術云○羸音盈後不音者同合○如字又音閤下同

以五氣五聲五色眡其死生三者劉易

之微見於外者五氣五藏所出氣也肺氣熱心氣次之肝氣涼脾氣溫腎氣寒五聲言語宮商角徵羽也五色面貌青赤黃白黑也察其盈虛休王吉凶可知審用此者莫若扁鵲倉公○易以豉反藏才浪反下文及注同徵張里反王于況反扁本亦作鶣蒲典反徐扶忍反鵲漢書音義云扁鵲魏桓侯時醫人史記云姓秦名少齊越人倉公史記云姓淳于名意臨淄人爲齊太倉令漢文帝時人

兩之以九竅之變，參之以九藏之動。兩參之者以觀其死生之驗竅之變謂開閉非常陽竅七陰竅二藏之動謂脈至與不至正藏五又有胃旁胱大腸小腸脈之大候要在陽明寸口能專是者其唯秦和乎岐伯榆柎則兼彼數術者○竅苦弔反秦和左傳昭元年晉平公疾秦伯使醫和為之即此人也岐伯其宜反榆羊朱反本亦作俞柎劉音附徐音鈇岐伯榆柎皆黃帝時醫人

凡民之有疾病者，分而治之。死終，則各書其所以，而入于醫師。少者曰死老者曰終所以謂治之不愈之狀也醫師得以制其祿且爲後治之戒○少詩照反

瘍醫掌腫瘍、潰瘍、金瘍、折瘍之祝藥劀殺之齊。腫瘍癰而上生嗃創者潰瘍癰而含膿血者金瘍刃創也折瘍踠跌者祝當爲注讀如注病之注聲之誤也注謂附著藥劀刮去膿血殺謂以藥食其惡肉○折劉本作浙同時設反祝之樹反出注劀音刮徐工滑反齊才細反創初良反踠於阮反徐烏卧反跌待結反徐徒結反劉

徒沒反著徐豬略反去著呂反凡療瘍以五毒攻之止秘曰療攻治也五毒五藥之有毒者今醫方有五毒之藥作之合黃堥置石膽丹砂雄黃礜石慈石其中燒之三日三夜其煙上著以雞羽掃取之以注創惡肉破骨則盡出○堥本又作蝥劉音武又音無徐亡毋又音務沈武侯反礜音豫著直略反以五氣養之以五藥療之以五味節之既刮殺而攻盡其宿肉乃養之也五氣當爲五穀字之誤也節節成其藥之力○五氣氣音穀出注凡藥以酸養骨以辛養筋以鹹養脈以苦養氣以甘養肉以滑養竅以類相養也酸木味木根立地中似骨辛金味金之纏合異物似筋鹹水味水之流行地中似脉苦火味火出入無形似氣甘土味土含載四者似肉滑滑石也凡諸滑物通利往來似竅凡有瘍者受其藥焉

獸醫掌療獸病療獸瘍畜獸之疾病及瘍療同醫○畜許又反下同凡療獸病灌而行之以節之以動其氣觀其所發而養之療畜獸必灌行之若爲其病狀難知灌以緩之且強其氣也節趍聚之節也氣謂脉氣既行之乃以脉視之以知所病○爲于僞反聚本亦作驟同仕救反凡療獸瘍灌而劀之以發其惡然後藥之養之食之

之亦失攻之而後養之○食音嗣 凡獸之有病者有瘍者使療之死則計其數以進退之

酒正掌酒之政令以式灋授酒材 式法作酒之法式作酒既有米麴之數又有功沽之巧月令曰乃命大酋秫稻必齊麴糵必時湛饎必絜水泉必香陶器必良火齊必得鄭司農云授酒材授酒人以其材○沽音古酋將由反下同秫音述齊才細反下皆同一讀此如字糵魚列反湛接廉反饎昌志反 凡爲公酒者亦如之 謂鄉射飲酒以公事作酒者亦以式法及酒材授之使自釀之○釀女亮反 辨五齊之名一曰泛齊二曰醴齊三曰盎齊四曰緹齊五曰沈齊 泛者成而滓浮泛泛然如今宜成醪矣醴猶體也成而汁滓相將如今恬酒矣盎猶翁也成而翁翁然葱白色如今酇白矣緹者成而紅赤如今下盎酒矣沈者成而滓沈如今造清矣自醴以上尤濁縮酌者盎以下差清其象類則然古之法式未可盡聞杜子春讀齊皆爲粢又禮器曰緹酒之用玄酒之尚玄謂齊者每有祭祀以度量節作之○泛芳劍反盎烏浪反緹音體又他禮反醪勞刀反翁烏動反下同一音於勇反酇白即今之白醝酒也宜作醝作酇假借也醝在何反差初賣反 辨三酒之物一曰事酒二曰昔酒三曰清酒 鄭司農云事酒有事而飲也昔酒無事而飲也清酒祭祀之酒玄謂事酒酌有事者

之酒其酒則今之醳酒也昔酒今之酋久白酒所謂舊醳者也清酒今中山冬釀接夏而成○醳音亦徐音昔辨四飲之物一曰清二曰醫三曰漿四曰酏清謂醴之泲者醫內則所謂或以酏爲醴凡醴濁釀酏爲之則少清矣醫之字從殹從酉省也漿今之截漿也酏今之粥內則有黍酏酏飲粥稀者之清也鄭司農說以內則曰飲重醴稻醴清糟黍醴清糟粱醴清糟或以酏爲醴漿水醷后致飲于賓客之禮有醫酏糟糟音声与酒相似醫与醷亦相似文字不同記之者各異耳此皆一物○醫於已反徐於計反注同酏以支反○泲子礼反下同醷烏兮反徐烏例反本或作醫○省所景反酨昨再反○粥之六反○劉音育○稀音希○酒音糟下同沈子由反醷本又作醷於紀反徐於力反掌其厚薄之齊以共王之四飲三酒之饌及后世子之飲與其酒后世子不言饌其饋食不必具其設之五齊正用醴爲飲者取醴恬与酒味異也其餘四齊味皆似酒凡祭祀以灋共五齊三酒以實八尊大祭三貳中祭再貳小祭壹貳皆有酌數唯齊酒不貳皆有器量酌器所用注尊中者數量之多少未聞鄭司農云三貳三益副之也大祭天地中祭宗廟小祭五祀齊酒不貳爲尊者質不敢副益也杜子春云齊酒不貳謂五齊以祭不益也其三酒人所飲者益也弟子職曰周旋而貳唯嗛之視玄謂大祭者王服大裘衮冕所祭也中祭者王服鷩冕毳冕所祭也小祭者王服絺冕玄冕所祭也

三貳再貳一貳者謂就三酒之尊而益之也礼運曰玄酒在室醴醆在户粢醍在堂澄酒在下澄酒是三酒也益之者以飲諸臣若今常滿尊也祭祀必用五齊者至敬不尚味而貴多品○貳徐音二下同爲于僞反嗛苦簟反衮古本反鷩必列反徐鱉方利反毳充芮反希本又作絺同張里反醆側産反粢才計反醍音體本亦作緹飲於鴆反

共賓客之禮酒共后之致飲于賓客之禮醫酏糟皆使其士奉之礼酒王所致酒也王致酒后致飲夫婦之義糟醫酏不泲者泲曰清不泲曰糟后致飲无醴醫酏不清者与王同體屈也亦因以少爲貴士謂酒人漿人奄士○重言共賓客之礼酒二一見下篇

凡王之燕飲酒共其計酒正奉之共其計者獻酬多少度當足也故書酒正無酒字鄭司農云正奉之酒正奉之也○度待洛反

凡饗士庶子饗耆老孤子皆共其酒無酌數要以醉爲度

掌酒之賜頒皆有灋以行之法尊卑之差

凡有秩酒者以書契授之鄭司農云有秩酒者給事中亏之酒秩常也常受酒者國語曰至于今秩之玄謂所秩者謂老臣王制曰七十不俟朝八十月告存九十日有秩○朝直遥反

酒正之出日入其成月入其要小宰聽之出謂授酒材及用酒之多少也受用酒者日言其計於酒正酒正月尽言於小宰

歲終則會唯王及后之飲酒不會以

酒式誅賞誅賞作酒之善惡者。○【重言】歲終則會五膳夫庖人外府司裘各一○【重意】膳夫惟王及后之世子之膳不會庖人唯王及后之世子之膳禽不會外府惟王及后之服不會

酒人掌為五齊三酒祭祀則共奉之以役世婦世婦謂宮卿之官掌女宮之宿戒及祭祀比其具酒人共酒因留與其奚為世婦役亦官聯○比必履反又毗志反徐扶利反共賓客之禮酒飲酒而奉之酒正使之也禮酒饗燕之酒飲酒食之酒此謂給賓客之稍主王不親饗燕不親食而使人各以其爵以醻幣侑幣致之則從而以酒往○親食音嗣侑音又○【重言】共賓客之禮酒二見上篇凡事共酒而入于酒府入于酒正之府者是王燕飲之酒酒正當奉之凡祭祀共酒以往不言奉小祭祀賓客之陳酒亦如之謂若歸饔餼之酒亦自有奉之者以酒從往

漿人掌共王之六飲水漿醴涼醫酏入于酒府王之六飲以酒正當奉之醴醴清也鄭司農云涼以水和酒也玄謂涼今寒粥若糗飯雜水也酒正不辨水涼者无厚薄之齊○糗丘酉反又昌紹反共賓客之稍禮稍禮非饔餼之禮留閒王稍所給賓客者漿人所給亦六飲而已○閒如字徐音澗共夫人致飲于賓客之禮清醴醫酏糟而奉之亦酒正使之三物有清有糟

人不躰正得備之礼飲醴用柶者糟也不用柶若清也○柶音四凡飲共之謂非食時

凌人掌氷正歲十有二月令斬氷三其凌正歲季冬火星中大寒氷方盛之時春秋傳曰火星中而寒暑退凌氷室也三之者爲消釋度也故書正爲政鄭司農云掌氷政主藏氷之政也杜子春讀掌氷爲主氷也政當爲正正謂夏正三其凌三倍其氷【原註】豳七月詩一之日鑿氷沖沖二之日納于凌陰四之日其蚤獻羔祭韭春始治鑑鑑如甀大口以盛氷置食物于中以禦溫氣春而始治之爲二月將獻羔而啓氷○鑑胡暫反本或作監音同甀直僞反與縋音同盛音成爲于僞反凡外内饔之膳羞鑑焉凡酒漿之酒醴亦如之酒醴見溫氣亦失味酒漿酒人漿人也祭祀共氷鑑賓客共氷不以鑑往嫌使停膳羞大喪共夷槃氷夷之言尸也實氷于夷槃中置之尸牀之下所以寒尸尸之槃曰夷槃牀曰夷牀衾曰夷衾移尸曰夷于堂皆依尸而爲言者也漢礼器制度大槃廣八尺長丈二尺深三尺漆赤中○釋云廣八尺長丈二深三尺凡度長短○長直亮反度淺深曰深尸鴆反度廣狹曰廣光曠反度高下曰高古到反相承用此音或皆依字讀後放此漆亦中用朱漆其中夏頒氷掌事暑氣盛王以氷頒賜則主爲之春秋傳曰古者日在北陸而藏氷西陸朝覿而出之○覿直歷反秋刷刷清也鄭司農云刷除氷室當更內新氷玄謂秋涼氷不用可以清除其室○刷所劣反清如

字又方政反下同

籩人掌四籩之實。籩竹器如豆者其容實皆四升朝事之籩，其實麷、蕡、白、

黑、形鹽、膴、鮑魚、鱐。鱐音谷宲實也鄭司農云朝事謂清朝未食先進寒具口實之籩熬麥曰麷麻曰蕡稻曰白黍

曰黑。築鹽以爲虎形，謂之形鹽，故春秋傳曰：鹽虎形。玄謂以司尊

彝之職參之，朝事謂祭宗廟薦血腥之事。形鹽，鹽之似虎者。膴，牒

生魚爲大臠。鮑者，於糒室中糗乾之，出於江淮也。鱐者，析乾之，出

東海。王者備物，近者腥之，遠者乾之，因其宜也。今河間以北煮穜

麥賣之，名曰逢。燕人膾魚方寸切其腴以啗所貴。○麷，芳弓反，徐

又芳勇反，或郎學反。蕡，苻文反，徐浦悶反。膴，火吳反。鱐，所求反。枲，

思里反。牒，戚章涉反，又直輒反。福，皮逼反，本又作糒，同。糗，幹音乾，

又作乾。析，薛同。穜，直龍反，又音童。腴，音臾。啗，徒覽反，徐徒暫反。

饋食之籩，其實棗、㮚、桃、乾䕩、榛實。饋食，薦孰也。今吉礼存者，特牲、少牢，諸侯之大

夫士祭礼也，不裸不薦血腥而自薦孰始，是以皆云饋食之礼。乾

䕩，乾梅也。有桃諸、梅諸，是其乾者。榛似栗而小。○䕩，撩音老，徐力到

反。榛，側巾反，劉士臻反。少，詩詔反。兄言少牢皆放此。裸，古乱反。加籩之實，蔆、芡、㮚、脯、蔆、芡、

㮚、脯。加籩謂尸既食后亞獻尸所加之籩，重言之者，以四物爲八籩。蔆，芰也。芡，雞頭也。栗與饋食同。鄭司農云：蔆芡脯脩。○蔆，

音陵。芡，音儉。㮚，古栗字。垂，直用反。芰，其寄反。羞籩之實，糗、餌、粉、餈。羞籩謂若少牢主人酬尸，宰夫

羞，房中之羞于尸侑主人主婦，皆右之者。故書餈作茨。鄭司農云：糗，熬大豆與米也。粉，豆屑也。茨字或作餈，謂乾餌餅之也。玄謂此二物皆粉稻米、黍米所為也。合蒸曰餌，餅之曰餈。糗者，擣粉熬大豆，為餌餈之黏著，以粉之耳。餌言糗，餈言粉，互相足。○餌，而志反。餈，脐資反。餅，必領反。為餌，于僞反，下文同。黏，女廉反。著，直畧反。

凡祭祀，共其籩薦羞之實。薦羞皆進也。未食未飲曰薦，既食既飲曰羞。

喪事及賓客之事，共其薦籩羞籩。喪事之籩，謂殷奠時。

為王及后世子共其內羞。於其飲食，以共房中之羞。○【重言】為王及后世子共其內羞，二，下篇。

凡籩事掌之。

醢人掌四豆之實。朝事之豆，其實韭菹、醓醢，昌本、麋臡，菁菹、鹿臡，茆菹、麇臡。醓，肉汁也。昌本，昌蒲根，切之四寸為菹。三臡亦醢也。作醢及臡者，必先膊乾其肉，乃後莝之，雜以粱麴及鹽，漬以美酒，塗置甀中，百日則成矣。鄭司農云：麋臡，麋骭髓醢。或曰：麋臡，醬也。有骨為臡，无骨為醢。菁菹，韭菹。鄭大夫讀茆為茅。茅菹，茅初生。或曰：茆，水草。杜子春讀茆為卯。玄謂菁，蔓菁也。茆，鳧葵也。凡菹醢皆以氣味相成，其狀未聞。○韭音久。菹，莊魚反。醓，吐感反，本又作溘，或一音昌番反。臡，乃兮反，又人兮反。菁，作寧反，又音精。茆音卯，北人音柳。麇，京倫反。膊，普博反。莝，倉卧反。骭，户諫反，徐户幹反。蔓音萬，又莫干反，徐音蠻。

饋食之豆，其實葵菹、蠃醢，脾析、蠯醢，蜃蚳醢豚拍魚醢蠃螔蝓蜃大蛤蚳蛾子鄭司農云脾析牛百葉也蠯蛤也鄭大夫杜子春皆以拍爲膊謂脅也或曰豚拍肩也今河間名豚脅聲如鍛鎛○蠃力禾反脾婢支反徐蒲佳反析星歷反蠯蒲佳反徐薄維反蜃市軫反拍音博螔音移又音夷蝓音踰又音由蛤音閤蛾魚綺反膊音博下鎛同加豆之實芹菹兔醢深蒲醓醢芹楚葵也鄭司農云深蒲蒲蒻入水深故曰深蒲或曰深蒲桑耳醓醢肉醬也

箈菹鴈醢筍菹魚醢箈水中魚衣故書鴈或爲鶉杜子春云當爲鴈玄謂深蒲蒲始生水中子箈箭萌筍竹萌○芹音勤徐又音謹說文作近云菜類蒿也音蕭箈音迨尒雅作菭同司農云水中魚衣也當從來反沈云江人音充改反又丈之反未知所出筍息尹反弱音若羞豆之實酏食糝食鄭司農云酏食以酒酏爲餅糝食菜餗蒸玄謂酏籑也內則曰取稻米擧糔溲之小切狼臅膏以與稻米爲酏又曰糝取牛羊豕之肉三如一小切之與稻米稻米二肉一合以爲餌煎之○酏食音嗣下同糝素感反餗音速餈之然反糔思柳反劉相早反徐相幼反溲所柳反臅昌蜀反一音粟凡祭祀共薦羞之豆實

賓客喪紀亦如之爲王及后世子共其內羞王擧則共醢六十甕以五齊七醢七菹三臡實之齊當爲齏五齏昌本脾析蠯蜃豚拍深蒲也七醢醓蠃蠯蚳魚兔鴈醢七菹韭菁茆葵芹箈筍菹三臡麋鹿麇臡也凡醢醬所和細切爲齏全物若䐑爲菹少儀曰麋鹿爲菹野豕

天官下 二巴六

爲軒皆牒而不切麋爲辟雞兔爲宛脾皆牒而切之切葱若薤實之醢以柔之由此言之則齏菹之稱菜肉通○爲王于僞反齊徐劉子西反下同沈才細反牒直輒反少儀時照反軒音獻皆牒之涉反本或作攝下同許必亦反又音牒宛於阮反又於月反醢呼兮反稱尺證反○重言爲王及后世子共其內羞二十篇一賓客之禮共醢五十罋致饔餼時凡事共醢重言賓客之禮二下篇一○重意共醢五十罋凡事共醢下篇共醢五十罋凡事共醢

醢人掌共五齊七菹凡醢物以共祭祀之齊菹凡醢醬之物賓客亦如之齊菹醬屬醯人者皆須醢成味○齊子兮反下之齊共齊醬齊皆同○重言賓客亦如之四見亨人掌舍人夏官司士各一王舉則共齊菹醢物六十罋共后及世子之醬齊菹賓客之禮共醢五十罋凡事共醢重言賓客之禮二一見上篇○重意見前篇

鹽人掌鹽之政令以共百事之鹽政令謂受入教所處置求者所當得祭祀共其苦鹽散鹽杜子春讀苦爲盬謂出鹽直用不湅治鄭司農云散鹽湅治者玄謂散鹽鬻水爲鹽○苦音盬工戶反出法散悉但反下同湅音練下同齊才細反鬻音煮盬音古賓客共其形鹽散鹽形鹽鹽之

似虎形【互註】左僖三十年王使周公閱來聘饗有昌歜白黑形鹽辭曰國君文足昭也武可畏也則有備物之享以象其德薦五味羞嘉穀鹽虎形以獻其功吾何以堪之

王之膳羞共飴鹽后及世子亦如之飴鹽鹽之恬者今戎鹽有焉　凡齊事鬻盬以待戒令齊事和五味事鬻盬湅治之

冪人掌共巾冪共巾可以覆物○冪莫歷反　祭祀以疏布巾冪八尊以疏布者天地之神尚質　以畫布巾冪六彝宗廟可以文畫者畫其雲氣與○與音餘　凡王巾皆黼四飲三酒皆畫黼周尚武其用文德則黼可○黼音甫

宮人掌王之六寢之脩六寢者路寢一小寢五玉藻曰朝辨色始入君日出而視朝退適路寢聽政使人視大夫大夫退然後適小寢釋服是路寢以治事小寢以時燕息焉春秋書魯莊公薨于路寢僖公薨于小寢是則人君非一寢明矣○脩劉音脩本亦作修朝直遥反辨如字本又作别彼列反　爲其井匽除其不蠲去其惡臭井漏井所以受水潦蠲猶絜也詩云吉蠲爲饎鄭司農云匽路廁也玄謂匽豬謂霤下之池受畜水而流之者○匽於建反徐音偃蠲音圭又古玄反去起呂反饎尺志反霤力救反畜敕六反　共王之沐浴沐浴所以自絜

清○清戚才性反木亦作清凡寢中之事埽除執燭共鑪炭凡勞事勞事勞褻之事四方之舍事亦如之從王適四方及會同所舍

掌舍掌王之會同之舍設梐枑再重故書枑為柜鄭司農云梐梐也柜受居溜水涑櫜者也杜子春讀為梐枑梐枑謂行馬玄謂行馬再重者以周衛有內外列○梐步禮反枑戶故反重直龍反下同柜音矩下同涂胡故反鮑肯泉戚踈閲反居古牟慮反溜力救反涑徐劉色遘反戚色胄反櫜當洛反設車宮轅門謂王行止宿阻險之處備非常次車以為藩則仰車以其轅表門○藩方元反為壇壝宮棘門謂王行止宿平地築壇又委壝土起堳埒以為宮鄭司農云棘門以戟為門杜子春云棘門或為材門○壝戚唯季反劉欲鬼反徐羊誰反一音待果反又時累反○埒徐音劣為帷宮設旌門謂王行晝止有所展肆若食息張帷為宮則樹旌以表門無宮則共人門謂王行有所逢遇若住遊觀陳列周衛則立長大之人以表門○觀工喚反一音官凡舍事則掌之王行所舍止

幕人掌帷幕幄帟綬之事王出宮則有是事在旁曰帷在上曰幕幕或在地展陳於上帷幕皆以布為之四合象宮室曰幄王所居之帳也鄭司農云帟平帳也綬組綬所以繫帷也玄謂帟王在幕若幄中坐上承塵幄帟皆以

繒爲之凡四物者以綬連繫焉○幄烏學反帟音亦綬音受凡朝覲會同軍旅田役祭祀

共其帷幕幄帟綬共之者掌次當以張大喪共帷幕帟綬爲賓客飾也帷以帷掌或與幕張之於殯帟在柩上三公及卿大夫之喪共其帟唯士无帟王有惠則賜之檀弓曰君於士有賜帟

掌次掌王次之灋以待張事法大小丈尺○張事劉音帳戚如字下邦之張事同王大旅上帝則張氊案設皇邸大旅上帝祭天於圓丘國有故而祭亦曰旅此以旅見祀也張氊案以氊爲牀於幄中鄭司農云皇羽覆上邸後版也玄謂後版屛風與染羽象鳳皇羽色以爲之○邸徐當礼反一本作皇羽邸版徐音板屛薄刑反朝日祀五帝則張大次小次設重帟重案合諸侯亦如之朝日春分拜日於東門之外祀五帝於四郊次謂幄也大幄初往所止居也小幄既接祭退俟之處祭義曰周人祭日以朝及闇雖有強力孰能支之是以退俟与諸臣代有事焉合諸侯於壇王亦以時休息重帟復帟重案牀重席也鄭司農云五帝五色之帝○朝直遥反注朝日同重直龍反注下同○【重言】設重帟重案二下文師田則張幕設重帟重案不張幄者於是臨誓衆王或迴頭占察諸侯朝覲會同則張大

次小次大次亦初往所止居小次既往待事之處師田則張幕設案鄭司農云師田謂諸侯相與師田玄謂此掌次張之諸侯從王而師田者○[重言]則張幕設案二下文一孤卿有邦事則張幕設案有邦事謂以事從王若以王命出也孤王之孤三人副三公論道者不言公公如諸侯禮從王祭祀合諸侯張大次小次師田亦張幕設案凡喪王則張帟三重諸侯再重孤卿大夫不重張帟柩上承塵凡祭祀張其旅幕張尸次旅眾也公卿以下即位所祭祀之門外以待事爲之張大幕尸則有幄鄭司農云尸次祭祀之尸所居更衣帳○爲于僞反射則張耦次耦俱升射者次在洗東大射曰遂命三耦取弓矢于次掌凡邦之張事

大府掌九貢九賦九功之貳以受其貨賄之入頒其貨于受藏之府頒其賄于受用之府九功謂九職也受藏之府若內府也受用之府若職內也凡貨賄皆藏以給用耳良者以給王之用其餘以給國之用或言受藏或言受用又雜言貨賄皆互文○藏才浪反注受藏言受藏同凡官府都鄙之吏及執事者受財用焉凡頒財以式灋授之關市之賦以待王之膳服邦中之賦以待

賓客四郊之賦以待稍秣家削之賦以待匪頒邦甸之賦以待工事邦縣之賦以待幣帛邦都之賦以待祭祀山澤之賦以待喪紀幣餘之賦以待賜予待猶給也此九賦之財給九式者膳服即羞服也稍秣即芻秣也謂之稍稍用之物也喪紀即喪荒也賜予即好用也鄭司農云幣餘使者有餘來還也玄謂幣餘占賣國之斥幣○秣音末好呼報反下同使色吏反斥昌尺徐蚩石反○重言關市之賦家削之賦邦甸之賦邦都之賦山澤之賦幣餘之賦上見前卷大宰○以待賓客三地官遺人秋官掌訝各一

凡邦國之貢以待弔用此九貢之財所給也給弔用給凶禮之五事

凡萬民之貢以充府庫此九職之財充猶足

凡式貢之餘財以共玩好之用謂先給九式及弔用足府庫而有餘財乃可以共玩好明玩好非治國之用言式言貢互文

凡邦之賦用取具焉賦用用賦

歲終則以貨賄之入出會之

玉府掌王之金玉玩好兵器凡良貨賄之藏良善也此物皆式貢之餘財所作其不良又有受而藏之者○好呼報反及內府皆同藏才浪反注同

共王之服玉佩玉珠玉

佩玉者王之所帶者玉藻曰君子於玉比德焉天子佩白玉而玄組綬詩傳曰佩玉上有葱衡下有雙璜衝牙蠙珠以納其間鄭司農云服玉冠飾十二玉。蠙劉薄田反徐音嬪一音父賓反

王齊則共食玉玉是陽精之純者食之以禦水氣鄭司農云王齊當食玉屑

大喪共含玉復衣裳角枕角柶角枕以枕尸鄭司農云復招魂也衣尸生時服招魂復魄於大廟至四郊角柶角匕也以楔齒士喪禮曰楔齒用角柶楔齒者令可飯含玄謂復於四郊以綏○含戶暗反枕之鴆反楔先結反令力呈反飯扶晚反

掌王之燕衣服衽席牀笫凡褻器燕衣服者巾絮寢衣袍襗之屬皆良貨賄所成笫簀也鄭司農云衽席單席也褻器清器虎子之屬○衽而甚反又而鴆反笫側美反徐側皺反襗劉音澤徐待各反簀音責

若合諸侯則共珠槃玉敦敦槃類珠玉以爲飾古者以槃盛血以敦盛食合諸侯者必割牛耳取其血歃之以盟珠槃以盛牛耳尸盟者執之故書珠爲夷鄭司農云夷槃或爲珠槃玉敦歃血玉器○敦音對徐丁雷反注同盤音成下同歃色洽反徐霜臘反

凡王之獻金玉兵器文織良貨賄之物受而藏之謂百工爲王所作可以獻遺諸侯古者致物於人尊之則曰獻通行曰饋春秋曰齊侯來獻戎捷尊魯也文織畫及繡飾○織音志一音如字劉音至下當爲于僞反遺唯季反下同○【重言】受而藏之見春官太府

凡王之好賜共其貨賄

內府掌受九貢九賦九功之貨賄良兵良器以待邦之大用（大用朝覲之班賜○大府掌九貢九賦九功之式）重意（前）凡四方之幣獻之金玉齒革兵器凡良貨賄入焉（諸侯朝聘所獻國珍）凡適四方使者共其所受之物而奉之（王所以遺諸侯者○使所吏反）凡王及冢宰之好賜予則共之（冢宰待四方賓客之小治或有所善亦賜予之○治直吏反）

外府掌邦布之入出以共百物而待邦之用凡有灋者（布泉也布讀為宣布之布其藏曰泉其行曰布取名於水泉其流行無不徧入出謂受之復出之共百物者或作之或買之待猶給也有法百官之公用也泉始蓋一品周景王鑄大泉而有二品後數變易不復識本制至漢唯有五銖久行王莽改貨而異作泉布多至十品今存於民間多者有貨布大泉貨泉貨布長二寸五分廣寸首長八分有奇廣八分其圜好徑二分半足枝長八分其右文曰貨左文曰布重二十五銖直貨泉二十五大泉徑一寸二分重十二銖文曰大泉直十五貨泉徑一寸重五銖右文曰貨左曰泉直一也○徧古遍字下同復扶又反徐音服殺音朔奇紀宜反枝如字一音奇）共王及后世子之衣服之用凡祭祀賓客喪紀會同軍旅共其財用之幣

齎賜予之財用齎行道之財用也聘禮曰問幾月之齎鄭司農云齎或爲資今禮家定齎作資玄謂齎資同耳其字以齊次爲聲從貝變易古字亦多或○齎音咨注同一音祖係反幾徐李豈反○重言凡祭祀賓客九卷撖人下篇內司服地官師氏保氏澤虞場人春官小宗伯庖人各一凡邦之小用皆受焉皆來受歲終則會唯王及后之服不會重言歲終則會五膳夫庖人酒正司裘各一

司會掌邦之六典八灋八則之貳以逆邦國都鄙官府之治逆受而鉤考之○會古外反下同治直吏反注同○重言掌邦之六典八法八則之貳以逆邦國都鄙官府之治一二見前太宰又司書掌邦之六典八法八則以九貢之灋致邦國之財用以九賦之灋令田野之財用以九功之灋令民職之財用以九式之灋均節邦之財用掌國之官府郊野縣都之百物財用凡在書契版圖者之貳以逆羣吏之治而聽其會計郊四郊去國百里野甸稍也甸去國二百里稍三百里縣四百里都五百里書謂簿書契其最凡也版戶籍也圖土地形象田地廣狹以參互攷日成以月要攷月成以歲會攷歲成參互

謂司書之要貳與職內之入職歲之出故書互爲巨杜子春讀爲參互○互音護以周知四國之治

以詔王及冢宰廢置周猶徧也言四國者亦本逆邦國之治亦鉤考以告

司書掌邦之六典八灋八則九職九正九事邦中之版

土地之圖以周知入出百物以叙其財受其幣使入于

職幣九正謂九賦九貢正稅也九事謂九式變言之者重其職明本而掌之非徒相副貳也叙猶比次也謂鉤考其財幣所給及其餘見爲之簿書故書受爲授鄭司農云授當爲受謂受財幣之簿書也玄謂亦受録其餘幣而爲之簿書使之入于職幣幣物當以時用之久藏將朽蠹○正音征注同比毗志反見賢遍反下同簿步故反下同蠹都路反○【重言】掌邦之六典八法八則見司會太宰

凡上之用財用必攷于司會上謂王與冢宰雖不會亦當知多少而關之

司會以九式均節邦之財用三歲則大計羣吏之治以知民之財器械

之數以知田野夫家六畜之數以知山林川澤之數以

逆羣吏之徵令械猶兵也逆受而鉤考之山林川澤童枯則不稅○械戶戒反畜許又反○【重言】三歲則大計羣吏之治二見前卷太宰

凡稅斂掌事者受灋焉及事成則入要

貳焉 法猶数也應當稅者之数成猶畢也○斂力驗反 凡邦治攷焉 考其法於司書

職內掌邦之賦入辨其財用之物而執其總以貳官府都鄙之財入之數以逆邦國之賦用 辨財用之物処之使種類相從總謂簿書之種別與大凡官府之有財入若關市之屬○種章勇反 凡受財者受其貳令而書之 受財受於職內以給公用者貳令者謂若今御史所寫下本奏王所可者書之若言某月某日某甲詔書出某物若干給某官某事○寫户嫁反 及會以逆職歲與官府財用之出 亦參互鉤考之 而敘其財以待邦之移用 亦鉤考今藏中餘見為之簿移用謂轉運給他○藏才浪反

職歲掌邦之賦出以貳官府都鄙之財出賜之數以待會計而攷之 以貳者亦如職內書其貳令而編存之○編必綿反又必連反一音方千反 凡官府都鄙羣吏之出財用受式灋于職歲 百官之公用式法多少職歲掌出之舊用事存焉 凡上之賜予以敘與職幣授之 敘受賜者之尊卑 及會以式灋贊逆會 助司會鉤考羣吏之計

職幣掌式灋以斂官府都鄙與凡用邦財者之幣（幣謂給公用之餘。凡用邦財者謂軍旅）振掌事者之餘財（振猶抍也，撿也。掌事謂以王命有所作爲，先言斂後言振，財互之。○抍音拯）皆辨其物而奠其錄以書揭之以詔上之小用賜予（奠，定也。故書錄爲祿，杜子春云：錄當爲祿，定其錄籍。鄭司農云：揭之，若今時爲書以著其幣。○揭其列反，著直略反，徐張恕反。○【重言】皆辨其物二：弁師各辨其物）歲終則會其出凡邦之會事以式灋贊之（【重意】地官掌皮歲終則會其財齎，黨正歲終則會其黨政，遂大夫篇歲終則會政致事，鄙師歲終則會其鄙之政事，泉府歲終則會其出入）

司裘掌爲大裘以共王祀天之服（鄭司農云：大裘，黑羔裘，服以祀天，示質）中秋獻良裘王乃行羽物（良，善也。中秋鳥獸毨毨，因其良時而用之。鄭司農云：良裘，王所服也。行羽物，以羽物飛鳥賜羣吏。玄謂良裘，玉藻所謂黼裘與？此羽物，小鳥鶉雀之屬，鷹所擊者。中秋鳩化爲鷹，中春鷹化爲鳩，順其始殺，與其將止，而大班羽物。○中音仲，注同。毨音毛，毨先典反，與音餘，鶉音淳）季秋獻功裘以待頒賜（功裘，人功微麤，謂狐青麛裘之屬。鄭司農云：功裘，卿大夫所服。○麛音迷。○【重言】以待頒賜二：見地官委人）王大射則共虎侯熊侯豹侯設其鵠諸侯則共熊侯豹侯卿大夫則共麋侯皆設其鵠大射者謂祭祀射王將有郊廟之事以射擇諸侯及羣臣與邦國所貢之士可以與祭者射者可以觀德行其容體比於禮其節比於樂而中多者得與於祭諸侯謂三公及王子弟封於畿內者卿大夫亦皆有采地焉其將祀其先祖亦與羣臣射以擇之凡大射各於其射宮侯者其所射也以虎熊豹麋之皮飾其側又方制之以爲臯謂之鵠著于侯中所謂皮侯王之大射虎侯王所自射也熊侯諸侯所射豹侯卿大夫以下所射諸侯之大射熊侯諸侯所自射豹侯羣臣所射卿大夫之大射麋侯君臣共射焉凡此侯道虎九十弓熊八十弓豹麋五十弓列國之諸侯大射大侯亦九十參七十干五十遠尊得伸可同耳所射正謂之侯者天子中之則能服諸侯諸侯以下中之則得爲諸侯鄭司農云鵠鵠毛也方十尺曰侯四尺曰鵠二尺曰正四寸曰質玄謂侯中之大小取數於侯道鄉射記曰弓二寸以爲侯中則九十弓者侯中廣丈八尺七十弓者侯中廣丈四尺五十弓者侯中廣一丈尊卑異等此數明矣考工記曰梓人爲侯廣與崇方參分其廣而鵠居一焉然則侯中丈八尺者鵠方六尺侯中丈四尺者鵠方四尺六寸大半寸侯中一丈者鵠方三尺三寸少半寸謂之鵠者取名於鳱鵠鳱鵠小鳥而難中是以中之爲雋亦取鵠之言較較者直也射所以直己志用虎熊豹麋之皮示服猛討迷惑者射者大禮故取義衆也上下大射士无臣祭无所擇故書諸侯則共熊侯虎侯杜子春云虎當爲豹

○鵠古毒反爲祭于僞反以與音預下得與同行下孟反比皮志

反下同而中丁仲反下天子中之以下中中之而難中以中皆同所射食亦反下自射所射共射皆同𢍜諸允反本亦作準著直略反又張畧反參素感反十五五曰一反劉音爲十又作扜遠于乃反正音征下同鵠音干劉音鳴一音岸

大喪廞裘飾皮車皮車遣車之革路故書廞爲淫鄭司農云淫裘陳裘也玄謂廞興也若詩之興謂象似而作之凡爲神之偶衣物必沽而小耳○廞許金反又火飲反遣弃戰反陳直覲反下同

凡邦之皮事掌之歲終則會唯王之裘與其皮事不會【重言】歲終則會五餘附膳夫篇末

掌皮掌秋斂皮冬斂革春獻之皮革踰歲乾久乃可用獻之獻其良者於王以入司裘給王用

遂以式灋頒皮革于百工式法作物所用多少故事

共其毳毛爲氈以待邦事當用氈則共之毛毳毛毛細縟者○毳尺鋭反縟音辱○【重言】以待邦事二一見地官掌荼

歲終則會其財齎財斂財本數及餘見者齎所給予人以物曰齎今時詔書或曰齎計吏鄭司農云齎或爲資○【重意】

餘附職幣

內宰掌書版圖之灋以治王內之政令均其稍食分其人民以居之版謂宮中閽寺之屬及其子弟録籍也圖王及后世子之宮中吏官府之形象也政令謂施閽寺者

稍食吏祿禀也人民吏子弟分之使衆若就寡均宿衛○重言均其稍食上下文亦卷宮正夏官掌固各一 以陰禮

教六宮鄭司農云陰禮婦人之禮六宮後五前一王之妃百二十人后一人夫人三人嬪九人世婦二十七人女御八十一人玄謂六宮謂后也婦人稱寢曰宮宮隱蔽之言后象王立六宮而居之亦正寢一燕寢五教者不敢斥言之謂之六宮若今稱皇后爲中宮矣民皆札母戒女曰夙夜毋違宮事 以陰禮教九嬪教以婦人之禮不言教夫人世婦者舉中省文○省所景反 以婦職之灋教九御使各有屬以作二事正其服禁其奇衺展其功緒婦職謂織紝組紃縫線之事九御女御也九九而御於王因以爲號使之九九爲屬同時御又同事也正其服止踰侈奇衺若今媚道展猶錄也緒業也故書二爲三杜子春云當爲二二事謂絲枲之事○奇紀宜反衺似嗟反下亦作邪紝女金反組音祖紃似倫反線仙戰反字亦作綫○重意大宰宮正去其奇衺之民○又稽其功緒

大祭祀后祼獻則贊瑶爵亦如之謂祭宗廟王既祼而出迎牲后乃從後祼也祭統曰君執圭瓚祼尸大宗執璋瓚亞祼此大宗亞祼謂夫人不与而攝耳獻謂王薦腥薦孰后亦從後獻也瑶爵謂尸卒食王既酳尸后亞獻之其爵以瑶爲飾○祼古乱反瑶音遥不與音預酳士覲反劉侯文反又音胤 正后之服位而詔其禮樂之儀薦徹之礼當与樂相應位謂房中户内及阼所立处 贊九嬪之禮事助九

嬪贊后之事九嬪者贊后薦王齍盛薦徹豆籩○齍音咨凡賓客之祼獻瑤爵皆贊謂王同姓及二王之後來朝覲為賓客者祼之禮亞王而禮賓獻謂王享燕亞王獻賓也瑤爵所以亞王酬賓也坊記曰陽侯殺繆侯而竊其夫人故大饗廢夫人之禮致后之賓客之禮謂諸侯來朝覲以女賓之賓客凡喪事佐后使治外內命婦正其服位使使其屬之上士內命婦謂九嬪世婦女御鄭司農云外命婦卿大夫之妻王命其夫后命其婦玄謂士妻亦為命婦○【重言】正其服位一後見內小臣凡建國佐后立市設其次置其敘正其肆陳其貨賄出其度量淳制祭之以陰禮市朝者君所以建國也建國者必面朝後市王立朝而后立市陰陽相成之義次司次也敘介次也陳猶處也度丈尺也量豆區之屬鄭司農云佐后立市者始立市后立之也祭之以陰禮者市中之社先后所立社也故書淳為敦杜子春讀敦為純純謂幅廣也制謂四長玄謂純制天子巡守禮所云制幣丈八尺純四只與陰禮婦人之祭禮○淳劉諸允反注皆同徐音純朝直遥反下同介音界或作分非純諸允反下同只音紙與音餘中春詔后帥外內命婦始蠶于北郊以為祭服蠶于北郊婦人以純陰為尊郊必有公桑蠶室焉○中音仲歲終則會內人之稍食稽其功事內人主謂九御佐后而受獻功

者比其小大與其麤良而賞罰之獻功者九御之屬鄭司農云烝而獻功玄謂典婦功曰及秋獻功○重言比其小大後見典婦功○而賞罰之四脩閭氏地官林衡縣正會內宮之財用計夫人以下所用財正歲均其稍食施其功事憲禁令于王之北宮而糾其守均猶調度也施猶賦也北宮后之六宮謂之北宮者係于王言之明用王之禁令令之守宮衛者○調徒弔反下待路反或如字○重言均其稍食四餘附編首

上春詔王后帥六宮之人而生穜稑之種而獻之于王六宮之人夫人以下分居后之六宮者古者使后宮藏種以其有傳類蕃孳之祥必生而獻之示能育之使不傷敗且以佐王耕事共禘郊也鄭司農云先種後孰謂之穜後種先孰謂之稑王當以耕種于籍田玄謂詩云黍稷穜稑是也夫人以下分居后之六宮者每宮九嬪一人世婦三人女御九人其餘九嬪三人世婦九人女御二十七人從后唯其所燕息焉從后者五日而沐浴其次又上十五日而徧云夫人如三公從容論婦禮○穜直龍反本或作重音同案如字書禾旁作重是穜稑之字作童是穜殖之字今俗則反之稑音六本又作穋同之種章勇反注藏種同傳直專反下同蕃音煩孳音茲又作滋又上時掌反而徧二云音遍絶句從容如字

內小臣掌王后之命正其服位命謂使令所爲或言王后或言后通耳○令力呈反○重

首正其服位二刖見內宰后出入則前驅道之。重言則前驅二亘又宮小臣一又企掌射爲前驅若有祭祀賓客喪紀則擯詔后之禮事相九嬪之禮事正內人之禮事徹后之俎擯爲后傳辭有所求爲出內相之若其尊卑也徹謂后受尸之爵飲于房中之俎○道音導相息亮反注同爲后于僞反。○重意詩入若有喪紀賓客祭祀之事。○內豎若有祭祀賓客喪紀之事。○世婦掌祭祀賓客喪紀之事后有好事于四方則使往有好令於卿大夫則亦如之后於其族親所善若使往問遺之。好呼報反下問遺唯季反。○重言則亦如之二春宮小宗伯籥師公二掌王之陰事陰令陰事羣妃御見之事若今掖庭令晝漏不盡八刻白錄所記推當御見者陰令王所求爲於此宮。○見賢遍反下同掖劉音亦

閽人掌守王宮之中門之禁中門於外內爲中若今宮闕門鄭司農云王有五門外曰皐門二曰雉門三曰庫門四曰應門五曰路門路門一曰畢門玄謂雉門三門也春秋傳曰雉門災及兩觀。○觀古亂反喪服凶器不入宮潛服賊器不入宮奇服怪民不入宮喪服衰絰也凶器明器也潛服若衷甲者賊器盜賊之任器兵物皆有刻識奇服衣非常春秋傳曰尨奇无常怪民狂易。○衰徐音崔識式志

反又音式亮反易以戢反徐音陽凡內人公器賓客無帥則幾其出入三者之出入當須使者將節乃行鄭司農云公器將持公家器出入者幾謂無將帥引之者則苛其出入○帥色類反注同使色吏反將帥子匠反苛本又作呵呼何反又音何徐黑嗟反以時啓閉時漏盡凡外內命夫命婦出入則為之闢辟行人使无干也內命夫卿大夫士之在宮中者○為于偽反闢本又作辟婢亦反避也

伴同掌埽門庭門庭門相當之地○埽素報反大祭祀喪紀之事設門燎蹕宮門廟門燎地燭也蹕止行者廟在中門之外○燎力召反又力弔反凡賓客亦如之重意上卷饔人臨人地官舍人夏官司士賓客亦如之

寺人掌王之內人及女宮之戒令相道其出入之事而糾之內人女御也女宮刑女之在宮中者糾猶割察也○相息亮反下及注同道徒報反後同若有喪紀賓客祭祀之事則帥女宮而致於有司有司謂宮卿世婦○重意前見內小臣後見內豎佐世婦治禮事世婦二十七世婦掌內人之禁令凡內人弔臨于外則帥而往立于其前而詔相之從世婦所弔若哭其族親立其

一三五

前者賤也賤而必詔相之若出入於王宫不可以褻於礼。臨良鴆反後同

內豎掌內外之通令凡小事內后六宫外卿大夫也使童豎通王內外之命給小事者以其無與爲礼出入便疾內外以大事聞王則俟朝而自復。便婢面反朝直遥反下同若有祭祀賓客喪紀之事則爲內人蹕內人從世婦有事於廟者內豎爲六宫蹕者亦其掌內小事。爲于僞反注及下不同。【重意】前見內小臣寺人後見世婦王后之喪遷于宫中則前蹕及葬執褻器以從遣車喪遷者將葬朝于廟喪褻器振飾頮沐之器。遣棄戰反後倣遣車皆放此頮呼內反

九嬪掌婦學之灋以教九御婦德婦言婦容婦功各帥其屬而以時御叙于王所婦德謂貞順婦言謂辭令婦容謂婉娩婦功謂絲枲自九嬪以下九九而御於王所九嬪者既習於四事又備於從人之道是以教女御也教各帥其屬者使亦九九相与從於王所息之燕寢御猶進也勸也進勸王息亦相次叙凡羣妃御見之法月与后妃其象也卑者宜先尊者宜後女御八十一人當九夕世婦二十七人當三夕九嬪九人當一夕三夫人當一夕后當一夕亦十五日而徧云自望後反之孔子云日者天之明月者地之理陰契制故月上屬爲天使婦從夫放月紀。婉於阮反娩音晚見賢遍反月上時掌反放方往反【互註】記昏義古者婦人教以婦德婦言婦容婦

功叕成祭之

凡祭祀賛玉齍賛后薦徹豆籩玉齍玉敦受黍稷器后進之而不徹故書玉為王杜子春讀為玉○齍音咨劉祖稽反敦音對若有賓客則從后當贊后事大喪帥叙哭者亦如之亦從后帥猶道也后哭衆之次叙者乃哭

世婦掌祭祀賓客喪紀之事帥女宮而濯摡為齍盛摡拭也為猶差擇○摡古愛反拭音式倩也○重意見内小臣及祭之日涖陳女宮之具凡内羞之物涖臨也内羞房中之羞○涖音利又音類掌弔臨于卿大夫之喪王使往弔

女御掌御叙于王之燕寢言掌御叙防上之專妬者于王之燕寢則王不就后宮息以歲時獻功事絲枲成功之事凡祭祀賛世婦助其帥涖女宮大喪掌沐浴王及后之喪后之喪持翣翣棺飾也持而從柩車○翣所甲反從世婦而弔于卿大夫之喪從之數盡如使者之介云○使所吏反介音界

女祝掌王后之内祭祀凡内禱祠之事内祭祀六宮之中竈門戶禱疾病求瘳也祠報福○禱丁考反一音都報反掌以時招梗禬禳之事以除疾殃鄭大

夫讀梗爲亢謂招善而亢惡去之杜子春讀梗爲更玄謂梗禦未至也除災害曰禬禬猶刮去也卻變異曰禳禳攘也四禮唯禳其遺象今存○梗古猛反徐依鄭音亢禬古外反又户外反禳如羊反去起呂反下同

女史掌王后之禮職掌內治之貳以詔后治內政內治之法本在內宰書而貳之○治直吏反注同逆內宮鉤考六宮之計書內令后之令凡后之事以禮從亦如大史之從於王

典婦功掌婦式之灋以授嬪婦及內人女功之事齎婦式婦人事之模範法其用財舊數嬪婦九嬪世婦言及以殊之者容國中婦人賢善工於事者事齎謂以女工之事求取絲枲故書齎爲資杜子春讀爲資鄭司農云內人謂女御女功事資謂女功絲枲之事○齎音咨本亦作粢凡授嬪婦功及秋獻功辨其苦良比其小大而賈之物書而楬之授當爲受聲之誤也國中嬪婦所作成即送之不須獻功時賈之者物不正齊當以其泉計通功鄭司農云苦讀爲盬謂分別其縑帛與布紵之麤細皆比方其小大書其賈數而著其物若今時題署物○授音受出注苦音古賈音嫁注下同楬其列反劉彼列反紵音佇著直略反徐張慮反○【重言】比其小大前見內宰以共王及后之用頒之于內府

典絲掌絲入而辨其物以其賈楬之絲入謂九職之嬪婦所貢絲掌其藏與其出以待興功之時絲之貢少藏之出之可同官也時者若溫煖宜縑帛倩凉宜文繡頒絲于外內工皆以物授之外工外嬪婦也內工女御凡上之賜予亦如之王以絲物賜人及獻功則受良功而藏之辨其物而書其數以待有司之政令上之賜予良當爲苦字之誤受其麤盬之功以給有司之公用其良功者典婦功受之以共王及后之用鄭司農云良功絲功縑帛○良音苦出注○【重言】及獻功二下篇○辨其物十地官小司徒賈師縣師春官雞人夏官舍人小師川師秋官司厲司隸各一○以待有司之政令一地官里宰凡祭祀共黼畫組就之物以給衣服冕旒及依盥巾之屬白與黑謂之黼采色一成曰就○依於豈反盥音管喪紀共其絲纊組文之物以給線縷著旰口綦握之屬青與赤謂之文○纊音曠劉古曠反線似戰反著直略反下同徐紵略反旰香于反綦劉音其沈音忌握烏學反劉烏豆反凡飾邦器者受文織絲組焉謂若因帶畀風之屬○織音志卤音因歲終則各以其物會之稗別爲計鄭司農云各以其所飾之物計會傳著之○會舊古外反戚古外反傳音附○【重言】一見下篇

典枲掌布緦縷紵之麻草之物以待時頒功而授齎緦十五升布抽其半者白而細疏曰紵雜言此數物者以著其類衆多草葛蕡之屬故書齎作資○數色主反一音所蕡苦迴反又口潁反劉枯縈反及獻功受苦功以其賈楬而藏之以待時頒其良功亦入於典婦功以共王及后之用鄭司農云苦功謂麻功布紵○苦功音古○【重言】及獻功上篇頒衣服授之賜予亦如之授之授受班者帛言待有司之政令布言班衣服互文歲終則各以其物會之【重言】見上篇

內司服掌王后之六服褘衣揄狄闕狄鞠衣展衣緣衣素沙鄭司農云褘衣畫衣也祭統曰君卷冕立于阼夫人副褘立于東房揄狄闕狄畫羽飾展衣白衣也喪大記曰復者朝服君以卷夫人以屈狄世婦以襢衣屈者音聲與闕相似襢與展相似皆婦人之服鞠衣黄衣也素沙赤衣也玄謂狄當為翟翟雉名伊雒而南素質五色皆備成章曰翬江淮而南青質五色皆備成章曰搖王后之服刻繒為之形而采畫之綴於衣以為文章褘衣畫翬者揄翟畫搖者闕翟刻而不畫此三者皆祭服從王祭先王則服褘衣祭先公則服揄翟祭羣小祀則服闕翟今世有圭衣者蓋三翟之遺俗鞠衣黄桑服也色如麴塵象桑葉始生月令三月薦鞠衣于上帝告桑事展衣以禮見王及賓客之服字當為襢襢

之言亶亶誠也詩國風曰玼兮玼兮其之翟也下云胡然而天也胡然而帝也言其德當神明又曰瑳兮瑳兮其之展也下云展如之人兮邦之媛也言其行配君子二者之義与禮合矣雜記曰大夫以襐衣稅衣褕狄又喪大記曰士妻以褖衣言褖者甚衆字或作稅此緣衣者實作褖衣也褖衣御于王之服亦以燕居男子之褖衣黑則是亦黑也六服備於此矣褘褕狄展声相近緣字之誤也以下推次其色則闕狄赤褕狄青褘衣玄婦人尚專一德無所兼連衣裳不異其色素沙者今之白縳也六服皆袍制以白縳為裏使之張顯今世有沙縠者名出于此○褘音暉褕音遥鞠居六反又丘六反展張彥反注同緣或作褖同吐亂反卷古本反下同翺直留反和出音曰闕翟張彥反翬音暉見王賢遍反亶丁但反玼音此劉倉我反又七可反亦作瑳与下瑳字同倉我反展如字媛音援行下孟反稅劉吐亂反又緣劉音絹字又作褖以為今作絹字說文云鮮色也居援反縠胡木反沙如字徐音帳○重言鞠衣展衣緣衣素沙二二下文一

辨外內命婦之服鞠衣展衣緣衣素沙內命婦之服鞠衣九嬪也展衣世婦也緣衣女御也外命婦者其夫孤也則服鞠衣其夫卿大夫也則服展衣其夫士也則服緣衣三夫人及公之妻其闕狄以下乎侯伯之夫人揄狄子男之夫人亦闕狄唯二王後褘衣

凡祭祀賓客共其后之衣服

及九嬪世婦凡命婦共其衣服共其喪衰亦如之凡者凡女御与外命婦也言及言凡殊貴賤也春秋之義王人雖微者猶序乎諸侯之上所以尊尊也臣之命者再命以上受服則下士之妻不共

出外命婦嫡王祭祀賓客以禮佐后得服此上服自於其家則降焉○嫡丁歷反上時掌反○重言凡祭祀賓客九嬪則附外附嬪

后之喪共其衣服凡內具之物內具紛帨線纊鞶袠之屬○紛本又作帉芳云反帨始銳反佩巾帨音歲鞶步干反袠陳乙反

縫人掌王宮之縫線之事以役女御以縫王及后之衣服女御裁縫王及后之衣服則爲役助之宮中餘裁縫事則專爲焉鄭司農云線縷也

喪縫棺飾焉孝子既啟見棺猶見親之身既載飾而以行遂以葬若存時居于帷幕而加文繡喪大記曰飾棺君龍帷三池振容黼荒火三列黼三列素錦褚加僞荒纁紐六齊五采五貝黼翣二黻翣二畫翣二皆戴圭魚躍拂池君纁戴六纁披六此諸侯禮也禮器曰天子八翣諸侯六翣大夫四翣漢禮器制度飾棺天子龍火黼黻皆五列又有龍翣二其戴皆加璧故書焉爲馬杜子春云當爲焉○褚張呂反僞荒鄭注禮記改僞爲帷纁許云反翣所甲反披彼僞反

衣翣柳之材必先纏衣其木乃以張飾也柳之言聚諸飾之所聚書曰分命和仲度西曰柳穀故書翣柳作接樻鄭司農云接讀爲歰樻讀爲柳皆棺飾檀弓曰周人牆置歰春秋傳曰四歰不蹕○衣於既反注同度丏音宅古文宅字上度字相似因此而誤接樻劉上所甲反下音柳歰所甲反一音所立反

掌凡內之縫事

染人掌染絲帛凡染春暴練夏纁玄秋染夏冬獻功暴練練其素而暴之故書纁作窴鄭司農云窴讀當爲纁纁謂絳也夏大也秋乃大染玄謂纁玄者謂始可以染此色者玄纁者天地之色以爲祭服石染當及盛暑熱潤始湛研之三月而後可用考工記鍾氏則染纁術也染玄則史傳闕矣染夏者染五色謂之夏者其色以夏狄爲飾禹貢曰羽畎夏狄是其總名其類有六曰翬曰搖曰𨿸曰甾曰希曰蹲其毛羽五色皆備成章染者擬以爲深淺之度是以放而取名焉○暴步卜反劉步路反注同秋染如琰反注染夏同夏戶雅反後除春夏之字皆同可以意求不復重出纁音熏一音勳湛徐子減反劉慈鴆反畎古犬反𨿸直劉反劉音壽徐音酬蹲音存徐祖混反一音遵希如字劉張履反放方往反

掌凡染事

追師掌王后之首服爲副編次追衡笄爲九嬪及外内命婦之首服以待祭祀賓客鄭司農云追冠名士冠禮記曰委貌周道也章甫殷道也牟追夏后氏之道也追師掌冠冕之官故并主王后之首服副者婦人之首服祭統曰君卷冕立于阼夫人副褘立于東房衡維持冠者春秋傳曰衡紞紘綖玄謂副之言覆所以覆首爲之飾其遺像若今步繇矣服之以從王祭祀編編列髮爲之其遺象若今假紒矣服之以桑也次次第髮長短爲之所謂髲髢服之以見王王后之燕居亦纚笄揔而已追猶治也詩云追琢其章王后之衡笄

皆以玉爲之唯祭服有衡垂于副之兩旁當耳其下以紞縣瑱詩云玼兮玼兮其之翟也鬒髮如雲不屑髢也玉之瑱也是之謂也笄卷髮者外內命婦衣鞠衣襢衣者服編衣褖衣者服次外內命婦非王祭祀賓客佐后之礼自於其家則亦降焉少牢饋食礼曰主婦髲鬄衣移袂特牲饋食礼曰主婦纚笄宵衣是也昏礼女次純衣攝盛服耳主人爵弁以迎移袂褖衣之袂凡諸侯夫人於其國衣服与王后同○追丁回反下及注同編步典反又必先反注同冠礼古乱反後冠礼同毋追音牟卷古本反紞丁敢反紘音宏綖以然反徐羊戰反繇以招反本或作摇紒音計髲皮寄反鬄本又作髢大計反劉音地以見賢遍反纚所買反又所綺反琢丁角反縣音玄瑱吐見反鬒之忍反髢大計反下同沈音剃卷髮眷免反劉羌權反衣鞠於鬼反下衣緣同移昌氏反下同純側其反緇如字○【重言】以待祭祀賓客一見春官小宗伯

喪紀共笄絰亦如之

屨人掌王及后之服屨爲赤舄黑舄赤繶黃繶青句素屨葛屨屨自明矣必連言服者著服各有屨也複下曰舄禪下曰屨古人言屨以通於複今世言屨以通於禪俗易語反与舄屨有絇有繶有純者飾也鄭司農云赤繶黃繶以赤黃之絲爲下緣士喪礼曰夏葛屨冬皮屨皆繶緇純礼家說繶亦謂以采絲礫其下玄謂凡屨舄各象其裳之色士冠礼曰玄端黑屨青絇繶純素積白屨緇絇繶純爵弁纁屨黑絇繶純是也王吉服有九舄有三等赤舄爲上冕服之舄詩云王錫韓侯玄袞赤舄則諸侯与王同下有白舄黑舄王后吉服六唯祭服有舄玄舄爲上褘

衣之舄也下有青舄赤舄鞠衣以下皆屨耳句當爲絇聲之誤也
絇繶純者同色今云赤繶黄繶青絇雜互言之明舄屨衆多反覆
以見之凡舄之飾如繢之次赤繶者王黑舄之飾黄繶者王后玄
舄之飾青絇者王白舄之飾言繶必有絇純言絇亦有繶純三者
相將王及后之赤舄皆黑飾后之青舄白飾凡屨之飾如繡次也
黄屨白飾白屨黑飾黑屨青飾絇謂之拘著舄屨之頭以爲行戒
繶縫中紃純緣也天子諸侯吉事皆舄其餘唯服冕衣翟著舄耳
士爵弁纁屨黑絇繶純尊祭服之屨飾從繢也素屨者非純吉有
凶去飾者言葛屨明有用皮時。繶於力反句音劬一音姜踰反
著服徐丁庶反一知略反与音餘絇音劬有純章允反下同緣悅
面反下同繹音歷覆芳服反以見賢遍反之救戚如字劉音拘著
舄知略反又直略反紃音巡衣翟於既反非純如字去起呂反下
皆同 辨外内命夫命婦之命屨功屨散屨命夫之命屨纁屨命婦之命屨
黄屨以下功屨次命屨於孤卿大夫則白屨黑屨九嬪內子亦然
世婦命婦以黑屨爲功屨女御士妻命屨而已士及士妻謂再命
受服者散屨亦謂去飾。散素但反注同 凡四時之祭祀以宜服之祭祀而有素屨散屨
者唯大祥時
夏采掌大喪以冕服復于大祖以乘車建綏復于四郊
求之王平生常所有事之处乘車玉路於大廟以冕服不出宮也
四郊以綏出國門此行道也鄭司農云復謂始死招魂復魄士喪

礼曰士死于適室復者一人以爵弁服升自東榮中屋北面招以衣曰皐某復三降衣于前受用篋升自阼階以衣尸喪大記曰復男子稱名婦人稱字唯哭先復言死而哭哭而復冀其復又故擅弓曰復尽愛之道也望反諸幽求諸鬼神之道也北面求諸幽之義也擅弓又曰君復於小寢大寢小祖大祖庫門四郊喪大記又門復者朝服君以卷夫人以屈狄大夫以玄赬世婦以襢衣士以爵弁士妻以稅衣雜記曰諸侯行而死於館則其復如於其國如於道則升其乘車之左轂以其綏復大夫死於館則其復如於家死於道則升其乘車之左轂以其綏復喪大記又曰為賓則公館復私館不復夏采天子之官故以冕服復于大祖以乘車建綏復于四郊天子之礼也大祖始祖廟也故書曰綏為襚杜子春云當為緌襚非是也玄謂明堂位曰凡四代之服器魯兼用之有虞氏之旂夏后氏之緌則旌旂有是緌者當作緌字之誤也緌以旄牛尾為之綴於橦上所謂注旄於干首者王祀四郊乘玉路建大常今以之復去其旒異之於生亦因先王有徒緌者士冠礼及玉藻冠緌之字故書亦多作綏者今礼家定作蕤。乘繩證反注乘車皆同綏而誰反注下同依字作綏誤作緌耳適丁歷反榮如字劉音營衣已於既反復扶又反朝直遙反卷古本反屈音闕赬勑貞反襚音維綏音遂橦直江反

纂圖互註周禮卷第二

纂圖互註周禮卷第三

周禮　鄭氏註

地官司徒第二

惟王建國辨方正位體國經野設官分職以爲民極乃立地官司徒使帥其屬而掌邦教以佐王安擾邦國教所以親百姓訓五品有虞氏五而周十有二焉擾亦安也言饒衍之【重言】五者可見前天官【重意】五前見天官後見春官夏官秋官教官之屬大司徒卿一人小司徒中大夫二人鄉師下大夫四人上士八人中士十有六人旅下士三十有二人府六人史十有二人胥十有二人徒百有二十人師長也司徒掌六鄉鄉師分而治之二人者共三鄉之事相左右也○鄉師音香下以意求之長丁丈反後皆同左音佐右音又

鄉老二鄉則公一人鄉大夫每鄉卿一人州長每州中大夫一人黨正每黨下大夫一人族師每族上士一人閭胥每閭中士一人比長五家下士一人老尊稱也王置六鄉則公有三

人也三公者內与王論道中參六官之事外与六鄉之教其要爲民是以屬之鄉焉州黨族閭比鄉之屬別正師胥皆長也正之言政也師之言帥也胥有才知之稱載師職曰以官田牛田賞田牧田任遠郊之地司勳職曰掌六鄉之賞地六鄉地在遠郊之內則居四同鄭司農云百里內爲六鄉外爲六遂○比毗志反徐扶二反注下同稱尺證反下同爲民于僞反帥所類反知音智

封人中士四人下士八人府二人史四人胥六人徒六十人聚土曰封謂壝埒及小封疆也○壝音眉埒音劣疆居良反

鼓人中士六人府二人史二人徒二十人

舞師下士二人胥四人舞徒四十人舞徒給繇役能舞者以爲之○繇音遥

牧人下士六人府一人史二人徒六十人牧人養牲於野田者詩云爾牧來思何蓑何笠或負其餱三十維物爾牲則具○牧牧養之牧徐音目何胡可反又音何下同蓑素禾反笠音立餱音侯乾食

牛人中士二人下士四人府二人史四人胥二十人徒二百人主牧公家之牛者詩云誰謂爾无牛九十其犉犉者九十其餘多矣○犉而純反又一音而專反黃牛黑脣曰犉

充人下士二人史二人胥四人徒四十人充猶肥也養繫牲而肥之

載師上士二人中士四人府二人史四人胥六人徒六十人載之言事也事民而稅之禹貢曰冀州旣載○載師者閭師縣師遺人均人官之長

閭師中士二人史二人徒二十人主徵六鄉賦貢之稅者鄉官有州黨族閭比正言閭者徵民之稅宜督其親民者凡其賦貢入太府穀入倉人

縣師上士二人中士四人府二人史四人胥八人徒八十人主天下土地人民已下之數徵野賦貢也名曰縣師者自六鄉以至邦國縣居中焉鄭司農云四百里曰縣

遺人中士二人下士四人府二人史四人胥四人徒四十人鄭司農云遺讀如詩曰棄予如遺之遺玄謂以物有所饋遺○遺人如季反注饋遺同司農音維

均人中士二人下士四人府二人史四人胥四人徒四十人均猶平也主平土地之力政者

師氏中大夫一人上士二人府二人史二人胥十有二人徒百有二十人師教人以道者之稱也保氏司諫司救官之長鄭司農云詩云橋維師氏○橋俱禹反

保氏下大夫一人中士二人府二人史二人胥六人徒六十人保安也以道安人者也書敘曰周公爲師召公爲保相成王爲左右聖賢兼此官也。召上照反相息亮反

司諫中士二人史二人徒二十人諫猶正也以道正人行。行下孟反

司救中士二人史二人徒二十人救猶禁也以禮防禁人之過者也

調人下士二人史二人徒十人調猶和合也

媒氏下士二人史二人徒十人媒之言謀也謀合異類使和成者今齊人名麴麩曰媒。媒劉音梅麴起六反麩魚列反又五結反徐去蘖反

司市下大夫二人上士四人中士八人下士十有六人府四人史八人胥十有二人徒百有二十人司市市官之長

賈人中士二人下士四人府二人史四人胥二人徒二十人賈平也主平定物賈者。賈音嫁下物賈及賈八人同

廛人中士二人下士四人府二人史四人胥二人徒二

十人（故書壥爲壇杜子春讀壇爲壥壥謂市中空地玄謂壥民居區域之稱○壥直連反徐長戰反）胥師二十肆則一人皆二史賈師二十肆則一人皆二史司虣十肆則一人司稽五肆則一人胥二肆則一人肆長每肆則一人（自胥師以及司稽皆司市所自辟除也胥及肆長市中給繇役者胥師領羣胥賈師定物賈司虣禁暴亂司稽察留連不時去者○賈音古辟必亦反徐方歷反）

泉府上士四人中士八人下士十有六人府四人史八人賈八人徒八十人（鄭司農云故書泉或作錢）

司門下大夫二人上士四人中士八人下士十有六人府二人史四人胥四人徒四十人每門下士二人府一人史二人徒四人（司門若今城門校尉主王城十二門○校胡孝反）

司關上士二人中士四人府二人史四人胥八人徒八十人每關下士二人府一人史二人徒四人（關界上之門）

掌節上士二人中士四人府二人史四人胥二人徒二十人節猶信也行者所執之信

遂人中大夫二人遂師下大夫四人上士八人中士十有六人旅下士三十有二人府四人史十有二人胥十有二人徒二百有二十人遂人主六遂若司徒之於六鄉也六遂之地自遠郊以達于畿中有公邑家邑小都大都焉鄭司農云遂謂王国百里外

遂大夫每遂中大夫一人縣正每縣下大夫一人鄙師每鄙上士一人酇長每酇中士一人酇作管反里宰每里下士一人鄰長五家則一人縣鄙酇里鄰遂之屬別也

旅師中士四人下士八人府二人史四人胥八人徒八十人主斂縣師所徵野之賦穀者也旅猶衆也六遂之官里宰之師也止用里宰者亦斂民之税宜督其親民

稍人下士四人史二人徒十有二人主爲縣師令都鄙丘甸之政也距王城三百

百里曰稍家邑小都大都自稍以出焉。爲于僞反句畝繩正反又如字

委人中士二人下士四人府二人史四人徒四十人主斂甸稍芻薪之賦以共委積者也。委烏僞反注同

土均上士二人中士四人下士八人府二人史四人胥四人徒四十人均猶平也主平土地之政令者也

草人下士四人史二人徒十有二人草除草

稻人上士二人中士四人下士八人府二人史四人胥十人徒百人

土訓中士二人下士四人史二人徒八人鄭司農云訓讀爲馴謂以遠方土地所生異物告道王也尒雅云訓道也玄謂能訓說土地善惡之勢。訓如字司農音馴馴似遵反劉音訓徐餘倫反道音導

誦訓中士二人下士四人史二人徒八人能訓說四方所誦習及人所作爲久時事

山虞每大山中士四人下士八人府二人史四人胥八人徒八十人中山下士六人史二人胥六人徒六十人小山下士二人史一人徒二十人虞度也度知山之大小及所生者○度徒洛反下同

林衡每大林麓下士十有二人史四人胥十有二人徒百有二十人中林麓如中山之虞小林麓如小山之虞衡平也平林麓之大小及所生者竹木生平地曰林山足曰麓○麓本亦作禁音鹿

川衡每大川下士十有二人史四人胥十有二人徒百有二十人中川下士六人史二人胥六人徒六十人小川下士二人史一人徒二十人川流水也禹貢曰九川滌源○滌徒歷反

澤虞每大澤大藪中士四人下士八人府二人史四人胥八人徒八十人中澤中藪如中川之衡小澤小藪如小川之衡澤水所鍾也水希曰藪禹貢曰九澤既陂爾雅有八藪○藪素口反陂彼宜反

迹人中士四人下士八人史二人徒四十人（迹之言跡知禽獸處）

丱人中士二人下士四人府二人史二人胥四人徒四十人（丱之言礦也金玉未成器曰礦。丱徐音礦虢猛反劉侯猛反礦虢猛反）

角人下士二人府一人徒八人

羽人下士二人府一人徒八人

掌葛下士二人府一人史一人胥二人徒二十人

掌染草下士二人府一人史二人徒八人（染草藍蒨象斗之屬。蒨千見反象本或作橡音同）

掌炭下士二人史二人徒二十人

掌荼下士二人府一人史一人徒二十人（荼茅莠。荼音徒徐音餘莠劉音酉毛詩注作秀）

掌蜃下士二人府一人史一人徒八人（蜃大蛤月令孟冬雉入大水爲蜃。）

螾以忍反蛤古合反

囿人中士四人下士八人府二人胥八人徒八十人囿今之苑。囿音又

場人每場下士二人府一人史一人徒二十人場築地爲墠季秋除圃中爲之詩云九月築場圃十月納禾稼。墠音善圃音補又音布

廩人下大夫二人上士四人中士八人下士十有六人府八人史十有六人胥三十人徒三百人藏米曰廩廩人舍人倉人司祿官之長。廩力甚反倉也盛音成

舍人上士二人中士四人府二人史四人胥四人徒四十人舍猶宮也主平宮中用穀者也

倉人中士四人下士八人府二人史四人胥四人徒四十人

司祿中士四人下士八人府二人史四人徒四十人（主班祿）

司稼下士八人史四人徒四十人（種穀曰稼如嫁女以有所生）

舂人奄二人女舂抌二人奚五人（女舂抌女奴能舂与抌者抌抒臼也詩云或舂或抌○奄於檢反劉於驗反抌音由又音揄或羊笑反抒時女反）

饎人奄二人女饎八人奚四十人（鄭司農云饎人主炊官也特牲饋食禮曰主婦視饎爨故書饎作饎○饎尺志反注饎同爨七亂反）

槀人奄八人女槀每奄二人奚五人（鄭司農云槀讀爲犒師之犒主冗食者故謂之犒○槀注音犒同苦報反冗如勇反）

大司徒之職掌建邦之土地之圖與其人民之數以佐王安擾邦國（土地之圖若今司空郡國輿地圖也）（重言：以佐王安擾邦國二天官序一）○以天下土地之圖周知九州之地域廣輪之數辨其山林川澤丘陵墳衍原隰之名物（周猶徧也九州揚荊豫青兖雍幽冀并也輪從也積石曰山竹木曰林注

瀆曰川水鍾曰澤土高曰丘大阜曰陵水崖曰墳下平曰衍高平曰原下濕曰隰名物者十等之名與所生之物。廣古曠反墳扶云反原本又作邍邍偏音遍雍於用反從子容反而辨其邦國都鄙之數制其畿疆而溝封之設其社稷之壝而樹之田主各以其野之所宜木遂以名其社與其野千里曰畿疆猶界也春秋傳曰吾子疆理天下溝穿地為阻固也封起土界也社稷后土及田正之神壝壇與堳埒也田主田神后土田正之所依也詩人謂之田祖所宜木謂若松柏栗也若以松為社者則名松社之野以別方面。壝維癸反別彼列反下同以土會之灋辨五地之物生

一曰山林其動物宜毛物其植物宜皁物其民毛而方

二曰川澤其動物宜鱗物其植物宜膏物其民黑而津

三曰丘陵其動物宜羽物其植物宜覈物其民專而長

四曰墳衍其動物宜介物其植物宜莢物其民晳而瘠

五曰原隰其動物宜贏物其植物宜叢物其民豐肉而庳會計也以土計貢稅之法因別此五者也毛物貂狐貒貉之屬縟毛者也鱗物魚龍之屬津潤也羽物翟雉之屬核物李梅之屬

專圜也介物龜鼈之屬水居陸生者莢物薺莢王棘之屬皙白也
瘠臞也臝物虎豹貔貐之屬淺毛者叢物萑葦之屬豐猶厚也庳
猶短也杜子春讀爲性鄭司農云植物根生之屬早物柞栗之
屬今世間謂柞實爲早膏物謂楊柳之屬理致且白如膏玄謂
膏當爲櫜字之誤也蓮芡之實有櫜韜○會古外反注同早音早
本或作皁下注同鱗劉本作䗲音鱗洋如字一本作溓音同覈音核
專徒丸反注同長如字下注長於土主同介音界莢古協反皙音
錫白色也[illegible]臝力果反叢才東反肉如字劉而樹反辟音僻貂音彫
貒吐官反貉胡洛反依字作貈縟音辱一音如勇反圜音圓又於
丸反臞其俱反又作臞音稍與考工記臞後音同貔音毗一音庳
私反貐劉山反萑音丸葦于鬼反柞子洛反致直吉反櫜古毛反
劉古到反芡音儉韜吐刀反○【重言】其動物其植物五並李章：

因此五物者民之常而施十有二教焉一曰以祀禮教
敬則民不苟二曰以陽禮教讓則民不爭三曰以陰禮
教親則民不怨四曰以樂禮教和則民不乖五曰以儀
辨等則民不越六曰以俗教安則民不偷七曰以刑教
中則民不虣八曰以誓教恤則民不怠九曰以度教節
則民知足十曰以世事教能則民不失職十有一曰以

賢制爵，則民慎德。十有二曰以庸制祿，則民興功。陽禮謂鄉射飲酒之禮也。陰禮謂男女之禮。昏姻以時，則男不曠，女不怨。儀謂君南面，臣北面，父坐子伏之屬。俗謂土地所生習也。愉謂朝不謀夕。恤謂災危相憂。民有凶患，憂之則民不解怠。度謂宮室車服之制。世事謂士農工商之事。少而習焉，其心安焉，因教以能，不易其業。慎德謂矜其善德，勸爲善也。庸，功也。爵以顯賢，祿以賞功。故書儀或爲義，杜子春讀爲儀，謂九儀。○爭，爭鬭之爭。愉音偷，又音愉。虣，薄報反。解，佳賣反。少，詩照反。

以土宜之灋辨十有二土之名物，以相民宅而知其利害，以阜人民，以蕃鳥獸，以毓草木，以任土事。十二土分野十二邦，上繫十二次，各有所宜也。相，占視也。阜猶盛也。蕃，蕃息也。育，生也。任謂就地所生，因民所能。○相，息亮反，又如字。毓音育。分，扶問反。

辨十有二壤之物而知其種，以教稼穡樹藝。壤亦土也，變言耳。以萬物自生焉則言土，土猶吐也。以人所耕而樹藝焉則言壤，壤，和緩之貌。詩云：樹之榛栗。又曰：我藝黍稷。藝猶蒔也。○種，章勇反。榛，側人反。蒔，時至反。○重言以教稼穡二　從遂大夫一

以土均之灋辨五物九等，制天下之地征，以作民職，以令地貢，以斂財賦，以均齊天下之政。均，平也。五物，五地之物也。九等，騂剛赤緹之屬。征，稅也。民職，民九職也。地貢，貢地所生，謂九穀。

財謂泉穀賦謂九賦及軍賦○斛猶營反縛音低○重意以令地貢小司徒遂人以令賦貢

以土圭之灋測土深，正日景，以求地中。日南則景短多暑，日北則景長多寒，日東則景夕多風，日西則景朝多陰。

土圭所以致四時日月之景也測猶度也不知廣深故曰測故書求爲救杜子春云當爲求鄭司農云測土深謂南北東西之深也日南謂立表處大南近日也日北謂立表處大北遠日也景夕謂日昳景乃中立表處大東近日也景朝謂日未中而景中立表處大西遠日也玄謂晝漏半而置土圭表陰陽審其南北景短於土圭謂之日南是地於日爲近南也景長於土圭謂之日北是地於日爲近北也東於土圭謂之日東是地於日爲近東也西於土圭謂之日西是地於日爲近西也如是則寒暑陰風偏而不和是未得其所求凡日景於地千里而差一寸○深尸鴆反景如字本或作影非下及注同度待洛反下同近附近之近下同遠于万反昳待結反

日至之景尺有五寸，謂之地中，天地之所合也，四時之所交也，風雨之所會也，陰陽之所和也。然則百物阜安，乃建王國焉，制其畿方千里而封樹之。

景尺有五寸者南戴日下万五千里地與星辰四游升降於三万里之中是以半之得地之中也畿方千里取象於日一寸爲正封樹木溝上所以表助阻固也鄭司農云土圭之長尺有五

寸以夏至之日立八尺之表其景適與土圭等謂之地中今潁川陽城地為然[illegible]詩商頌玄鳥篇邦畿千里維民所止肇域彼四海

凡建邦國以土圭土其地而制其域諸公之地封疆方五百里其食者半諸侯之地封疆方四百里其食者參之一諸伯之地封疆方三百里其食者參之一諸子之地封疆方二百里其食者四之一諸男之地封疆方百里其食者四之一土其地猶言度其地鄭司農云土其地但為正四方耳其食者半公所食租稅得其半耳其半皆附庸小國也屬天子參之一者亦然故魯頌曰錫之山川土地附庸奄有龜蒙遂荒大東至于海邦論語曰季氏將伐顓臾孔子曰先王以為東蒙主且在邦域之中是社稷之臣此非七十里所能容然則方五百里四百里合於魯頌論語之言諸男食者四之一適方五十里獨此與今五經家說合耳玄謂其食者半參之一四之一者土均邦國地貢輕重之等其率之也公之地以一易侯伯之地以再易子男之地以三易必足其國禮俗喪紀祭祀之用乃貢其餘若今度支經用餘為司農穀矣大國貢重正之也小國貢輕字之也凡諸侯為牧正帥長及有德者乃有附庸為其有祿者當取焉公無附庸侯附庸九同伯附庸七同子附庸五同男附庸三同進則取焉退則歸焉魯於周法不得有附庸故言錫之也地方七百里者包附庸以大言之也附庸

二十四言得兼此一等矣。疆居良反下同溝古侯反由臾音揄率音律又音類後注同正之音征與字如字一音餘為其于僞反凡造都鄙制其地域而封溝之以其室數制之不易之地家百晦一易之地家二百晦再易之地家三百晦都鄙王子弟公卿大夫采地其界曰都鄙所居也王制曰天子之縣内方百里之國九七十里之國二十有一五十里之國六十有三此蓋夏時采地之數周未聞矣春秋傳曰迁鄭焉而鄙留城郭之宅曰室詩云嗟我婦子曰為改歲入此室處以其室數制之謂制丘甸之屬王制曰凡居民量地以制邑度地以居民地邑民居必參相得鄭司農云不易之地歲種之地美故家百晦一易之地休一歲乃復種地薄故家二百晦再易之地休二歲乃復種故家三百晦。畝本亦作古畮字同劉常證反復扶又反下同乃分地職奠地守制地貢而頒職事焉以為地灋而待政令分地職分其九職所宜也定地守謂衡麓虞候之屬制地貢謂九職所稅也頒職事者分命使各為其所職之事。奠劉音定以荒政十有二聚萬民一曰散利二曰薄征三曰緩刑四曰弛力五曰舍禁六曰去幾七曰眚禮八曰殺哀九曰蕃樂十曰多昏十有一曰索鬼神十有二曰除盜賊荒凶年也鄭司農云救飢之政十有二品散利貸種食也薄征輕租稅也弛力息繇役也去幾關市不幾也眚禮掌客職所謂凶荒殺禮者也多昬不備禮而娶昬者多也索鬼神求廢祀而脩之雲漢之詩所謂靡神不舉靡愛斯牲者也除盜賊急其刑以除之飢饉則盜賊多不可不除也杜子春讀蕃樂爲藩樂謂閉藏樂器而不作玄謂去幾去其稅耳舍禁若公無禁利眚禮謂殺吉禮也殺哀謂省凶禮。弛式氏反舍音捨注同去起呂反注及下注去譏同眚所景反注省同殺所界反徐所例反注同蕃方袁反注同藩音文注皆音煩種章勇反

以保息六養萬民一曰慈幼二曰養老三曰振窮四曰恤貧五曰寬疾六曰安富

保息謂安之使蕃息也慈幼謂愛幼少也産子三人與之母二人與之餼十四以下不從征養老七十養於鄉五十異粻之屬振窮捄天民之窮者也窮者有四曰矜曰寡曰孤曰獨恤貧貧無財業稟貸之寬疾若今癃不可事不筭卒可事者半之也安富平其繇役不專取。少詩照反捄音救本亦作捄救矜古頑反癃音隆卒子忽反

以本俗六安萬民一曰媺宮室二曰族墳墓三曰聯兄弟四曰聯師儒五曰聯朋友六曰同衣服

本猶舊也美善也謂約椓攻堅風雨攸除各有攸宇族猶類也同宗者生相近死相迫連猶合也兄弟昬姻嫁娶也師儒鄉里教以道藝者同師曰朋同志曰友同猶齊也民雖有富者衣服不得獨異。媺音美聯兄弟一本作聯兄弟椓陟角反

正月

之吉始和布教于邦國都鄙乃縣教象之灋于象魏使
萬民觀教象挾日而斂之乃施教灋于邦國都鄙使之
各以教其所治民正月之吉周正月朔日也司徒以布五教至正歲又書教法而縣焉○縣音玄注同挾子
協反○【重言】正月之吉始和挾日而斂之四太宰大司馬大司各一○【重意】布教于邦國都鄙至使民觀刑家重見太宰大司馬
大司寇令五家爲比使之相保五比爲閭使之相受四閭
爲族使之相葬五族爲黨使之相救五黨爲州使之相
賙五州爲鄉使之相賓此所以勸民者也使之者皆謂立其長而教令使之保猶任也救救凶災
也賓賓客其賢者故書受爲授杜子春云當爲受謂民移徙所到則受之所去則出之又云賙當爲糾謂糾其惡玄謂受者宅舍有
故相受寄託也賙者謂礼物不備相給足也閭二十五家族百家黨五百家州二千五百家鄉萬二千五百家○比毗志反下同賙
音周足劉子喻反○【重言】五家爲比四閭爲族一一後見族師頒職事十有二于邦國都鄙
使以登萬民一曰稼穡二曰樹藝三曰作材四曰阜蕃
五曰飭材六曰通財七曰化材八曰斂材九曰生材十

曰學藝十有一曰世事十有二曰服事鄭司農云稼穡謂三農生九穀也樹藝謂園圃毓草木作材謂虞衡作山澤之材阜蕃謂藪牧養蕃鳥獸飭材謂百工飭化八材通財謂商賈阜通貨賄化材謂嬪婦化治絲枲斂材謂臣妾聚斂疏材生材謂閒民无常職轉移執事學藝謂學道藝世事謂以世事教能則民不失職服事謂為公家服事者玄謂生材養竹木者。飭音勑注同賈音古閒音閑

以鄉三物教萬民而賓興之一曰六德知仁聖義忠和二曰六行孝友睦婣任恤三曰六藝禮樂射御書數物猶事也興猶舉也民三事教成鄉大夫舉其賢者能者以飲酒之禮賓客之既則獻其書於王矣知明於事仁愛人以及物聖通而先識義能斷時宜忠言以中心和不剛不柔善於父母為孝善於兄弟為友睦親於九族婣親於外親任信於友道恤振憂貧者禮五禮之義樂六樂之歌舞射五射之法御五御之節書六書之品數九數之計。行下孟反婣音因

以鄉八刑糾萬民一曰不孝之刑二曰不睦之刑三曰不婣之刑四曰不弟之刑五曰不任之刑六曰不恤之刑七曰造言之刑八曰亂民之刑糾猶割察也不弟不敬師長造言訛言惑衆亂民亂名改作執左道以亂政也鄭司農云任謂朋友相任恤謂相憂。弟音悌注同

以五禮防

萬民之僞而教之中禮所以節止民之侈僞使其行得中鄭司農云五禮謂吉凶賓軍嘉以六樂防萬民之情而教之和樂所以蕩正民之情思使其心應和也鄭司農云六樂謂雲門咸池大韶大夏大濩大武○思悉吏反應應對之應招上韶反本亦作磬濩音護本亦作護凡萬民之不服教而有獄訟者與有地治者聽而斷之其附于刑者歸于士不服教不厭服於十二教貪冒者也爭罪曰獄爭財曰訟有地治者謂鄉州及治都鄙者也附麗也士司寇士師之屬鄭司農云与有地治者聽而斷之与其地部界所屬吏共聽斷之士謂主斷刑之官春秋傳曰士榮為大士或謂歸于士圜土圜土謂獄也獄城闕○治直吏反及下正治注治同斷丁乱反注同厭於涉反或於驗反○【重言】其附于刑者歸于士三後媒氏司市各一祀五帝奉牛牲羞其肆牛能任載地類也奉猶進也鄭司農云羞進也肆陳骨體也玄謂進所肆解骨躰士喪礼曰肆解去蹄○肆託歷反注肆解肆去同司農音四注肆陳同○【重言】奉牛牲羞其肆一小司徒一享先王亦如之大賓客令野脩道委積令令遺人使為之也少曰委多曰積皆所以給賓客○【重言】享先王亦如之天官大宰本卷充人各一大喪帥六鄉之衆庶屬其六引而治其政令衆庶所致役也鄭司農云六引謂引喪車索也六鄉主六引六遂主六紼○引如字又音胤紼音弗【重言】

而治其政令鄉師縣正里宰稍人治其政令 大軍旅大田役以旗致萬民而治其徒庶之政令 旗畫熊虎者也徵衆刻日樹旗期於其下 若國有大故則致萬民於王門令無節者不行於天下 大故謂王崩及寇兵也節六節有節乃得行防姦私

大荒大札則令邦國移民通財舍禁弛力薄征緩刑 大荒大凶年也大札大疫病也移民辟災就賤其有守不可移者則輸之穀春秋定五年夏歸粟於蔡是也○札側八反 歲終則令教官正治而致事 歲終自周季冬也教官其屬六十正治明處其文書致事上其計簿○上時掌反簿蒲下及注同 正歲令于教官曰各共爾職脩乃事以聽王命其有不正則國有常刑 正歲夏正月朔日 〔互注〕周書曰費誓言汝則有常刑

小司徒之職掌建邦之教灋以稽國中及四郊都鄙之夫家九比之數以辨其貴賤老幼癈疾凡征役之施舍與其祭祀飲食喪紀之禁令 稽猶考也夫家猶言男女也鄭司農云九比謂九夫爲井玄謂九比者冢宰職出九賦者之人數也貴謂爲卿大夫賤謂占會販賣者癈疾謂癃病也施讀爲弛○比毗志反注下皆同施式氏反

乃頒比灋于六鄉之大夫使各登其鄉之衆寡六畜車
輦辨其物以歲時入其數以施政教行徵令登成也成猶定也衆寡民
之多少物家中之財歲時入其數若今四時言事○畜許又反後六畜皆同○重言辨其物凡下卷縣師貴師春官雞人夏官舍人
山師川師秋官司隷司厲各一及三年則大比大比則受邦國之比要大比
謂使天下更簡閱民數及其財物也受邦国之比要則亦受鄉遂矣鄭司農云五家爲比故以比爲名今時八月案比是也要謂其
簿○重言及三年則大比一秋官司民一又鄉大夫一三年則大比州長縣師均人三年大比乃會萬民之卒
伍而用之五人爲伍五伍爲兩四兩爲卒五卒爲旅五
旅爲師五師爲軍以起軍旅以作田役以比追胥以令
貢賦用謂使民事之伍兩卒旅師軍皆衆之名兩二十五人卒百人旅五百人師二千五百人軍萬二千五百人此皆先王所
因農事而定軍令者也欲其恩足相恤義足相救服容相別音声相識作爲也役功力之事追逐寇也春秋莊十八年夏公追戎于
濟西胥伺捕盜賊也貢嬪婦百工之物賦九賦也鄉之田制与遂同○卒子忽反注及下皆同別彼列反○重言五人爲伍二族師
夏官序各一大以令貢賦二遂人一下文而令貢賦大司徒以令地賦一乃均土地以稽其人民

而周知其數上地家七人可任也者家三人中地家六人可任也者二家五人下地家五人可任也者家二人均平也周猶徧也一家男女七人以上則授之以上地所養者衆也男女五人以下則授之以下地所養者寡也正以七人六人五人爲率者有夫有婦然後爲家自二人以至於十爲九等七六五者爲其中可任謂丁強任力役之事者出老者一人其餘男女強弱相半其大數○徧音遍七人以上時掌反

凡起徒役毋過家一人以其餘爲羨唯田與追胥竭作鄭司農云羨饒也田謂獵也追追寇賊也竭作盡行○毋音無羨錢面反

凡用衆庶則掌其政教與其戒禁聽其辭訟施其賞罰誅其犯命者命所以誓告之

凡國之大事致民大故致餘子大事謂戎事也大故謂災寇也鄭司農云國有大事當徵召會聚百姓則小司徒召聚之餘子謂羨也玄謂餘子卿大夫之子當守於王宮者也○重言凡国之大事四下卷倉人秋官大司寇四閭氏各一

乃經土地而井牧其田野九夫爲井四井爲邑四邑爲丘四丘爲甸四甸爲縣四縣爲都以任地事而令貢賦凡稅斂之事此謂造都鄙也采地制井田異於鄉遂重立國

小司徒爲經之立其五溝五塗之界其制似井之字因取名焉孟子曰夫仁政必自經界始經界不正井地不鈞穀祿不平是故暴君汙吏必慢其經界經界既正分田制祿可坐而定也鄭司農云井牧者春秋傳所謂井衍沃牧隰皋者也玄謂隰皋之地九夫爲牧二牧而當一井今造都鄙授民田有不易有一易有再易通率二而當一是之謂井牧昔夏少康在虞思有田一成有衆一旅一旅之衆而田一成則井牧之法先古然矣九夫爲井者方一里九夫所治之田也此制小司徒經之匠人爲之溝洫相包乃成耳邑丘之屬相連比以出田稅溝洫爲除水害四井爲邑方二里四邑爲丘方四里四丘爲甸甸之言乘也讀如衷甸之甸甸方八里旁加一里則方十里爲一成積百井九百夫其中六十四井五百七十六夫出田稅三十六井三百二十四夫治洫四甸爲縣方二十里四縣爲都方四十里四都方八十里旁加十里乃得方百里爲一同也積万井九万夫其四千九十六井三万六千八百六十四夫出田稅二千三百四井二万七百三十六夫治洫三千六百井三万二千四百夫治澮井田之法備於一同今止於都者采地食者皆四之一其制三等百里之國凡四都一都之田稅入於王五十里之國凡四縣一縣之田稅入於王二十五里之国凡四甸一甸之田稅入於王地事謂農牧衡虞也貢謂九穀山澤之材也賦謂出車徒給繇役也○司馬法曰六尺爲步步百爲畮畮百爲夫夫三爲屋屋三爲井井十爲通通爲匹馬三十家士一人徒二人通十爲成成百井三百家革車一乘士十人徒二十人十成爲終終千井三千家革車十乘士百人徒二百人十終爲同同方百里万井三万家革車百乘士千人徒二千人○甸繩證反出注同六仁音

扶必反。東詩照反。盈兒九遍反。爲除于僞反。乘繩證反。下同。澮古外反。○【重言】九夫爲井，二見冬官匠人。乃分地域，而辨其守，施其職，而平其政。分地域，謂建邦国，造都鄙，制鄉遂也。辨其守，謂衡虞之屬。職謂九職也。政，稅也。政當作征，故書域爲邦，杜子春云當爲域。○政依注作征。凡小祭祀，奉牛牲，羞其肆。小祭祀，王玄冕所祭。○肆音剔歷反。【重言】奉牛牲，羞其肆，二見上篇。小賓客，令野脩道委積。小賓客，諸侯之使臣。○使所吏反。大軍旅，帥其衆庶。帥帥而致於大司徒。小軍旅，巡役，治其政令。巡役，小力役之事，則巡行之。○行下孟反。○【重言】治其政令，五鄉師、縣正、里宰、稍人各一，前篇亦治其政令。大喪，帥邦役，治其政教。喪役，正棺引窆之役。○窆，彼驗反，劉補鄧反。復，劉音福，一音服。凡建邦國，立其社稷，正其畿疆之封。畿九畿。凡民訟，以地比正之。鄭司農云：以田畔所与生正斷其訟。○斷丁亂反。地訟，以圖正之。地訟，爭疆界者。圖謂邦国本圖。歲終，則攷其屬官之治成而誅賞。治成，治事之計。○治直吏反，注治成及下文同。令羣吏正要會而致事。正歲，則帥其屬而觀教法之象，徇以木鐸，曰：不用灋者，國有常刑。令羣吏憲禁令，脩灋糾職以待邦治遂表縣之。【重意】正歲則帥其屬而觀教法之象小宰正歲帥治官之屬而觀治象之法小司寇正歲帥其屬而觀刑象。【重言】徇以木鐸曰不用法者國有常刑二前見小宰後見小司寇及大比六鄉四郊之吏平教治正政事攷夫屋及其衆寡六畜兵器以待政令四郊之吏吏在四郊之內主民事者夫三為屋屋三為井出地貢者三三相任。【重言】以待政令二後見鄉大夫

鄉師之職各掌其所治鄉之教而聽其治聽謂平察之。治直吏反下六鄉之治同以國比之灋以時稽其夫家衆寡辨其老幼貴賤癈疾馬牛之物辨其可任者與其施舍者掌其戒令糾禁聽其獄訟施舍謂應復免不給繇役。復音福。【重言】辨其可任者二鄉大夫遂人各一。聽其獄訟四遂人鄉士亭暴大夫各一。與其施舍者二遂人一又遂大夫與其可施舍者。【重意】辨其老幼貴賤癈疾族師辨其貴賤老幼癈疾遂人辨其老幼癈疾族掌其戒令糾禁遂大夫掌其政令戒禁又下卷遂人繇使之掌其政令刑禁。以時稽其夫家衆寡遂大夫以歲時稽其夫家之衆寡遂人以歲時登其夫家之衆寡大役則帥民徒而至治其政令既役則受州里之役要以攷司空之辟以逆其役事帥而至至作

部曲也既已也役要所遣民徒之數辟功作章程逆猶鉤考也鄭
司農云辟法也○辟婢亦反○【重意】治其政令五小司徒縣正里
宰稍人各一**凡邦事令作秩叙**事功力之事秩常也叙猶次也事有常次則不偪匱○偪鄙力反匱
其位反**大祭祀羞牛牲共茅蒩**杜子春云蒩當為菹以茅為菹若葵菹也鄭大夫讀蒩爲藉謂
祭前藉也易曰藉用白茅无咎玄謂蒩士虞禮所謂苴刌茅長五
寸束之者是也祝設于几東席上命佐食取黍稷祭于苴三取膚
祭祭如初此所以承祭既祭蓋束而去之守祧職云既祭藏其隋
是与○蒩子都反一音子餘反或云杜側魚反鄭將呂反菹側魚
反藉如字下皆慈夜反苴子都反又將呂反刌音忖而去羌呂反祧他彫反隋許規反劉相恚反与音餘**大軍旅**
會同正治其徒役與其輂輦戮其犯命者輂駕馬輦人輓行所以載任器
也止以爲蕃營司馬法曰夏后氏謂輦曰余車殷曰胡奴車周曰
輜輦輦一斧一斤一鑿一梩一鋤周輦加二版二築又曰夏后氏
二十人而輦殷十八人而輦周十五人而輦輦故書輦作連
鄭司農云連讀爲輦○輂九玉反人輓音晚梩里其反**大喪**
用役則帥其民而至遂治之治謂監督其事**及葬執纛以與匠師**
御匶而治役匠師事官之屬其於司空若鄉師之於司徒也鄉師主役匠師主衆匠共主葬引雜記曰升正柩諸
侯執綍五百人四綍皆銜枚司馬執鐸左八人右八人匠人執纛
以御柩天子六引禮依此云鄭司農云纛羽葆幢也尒雅曰纛翳

地官七　二巳十四

也以指麾輓柩之役正其行列進退○纛桃報反劉音毒纛音導紼音弗翿劉音挑戚徒報反羽首兩幢直江反行戶剛反下行列同

及窆執斧以涖匠師匠師士豐碑之事執斧以涖之使戒其事故書涖作立鄭司農云窆謂葬下棺也春秋傳曰日中而堋禮記所謂封者立讀爲涖涖謂臨視也堋補[illegible]鄧反封彼驗反

凡四時之田前期出田灋于州里簡其鼓鐸旗物兵器脩其卒伍田法人徒及所當有

及期以司徒之大旗致衆庶而陳之以旗物辨鄉邑而治其政令刑禁巡其前後之屯而戮其犯命者斷其爭禽之訟司徒致衆庶者以熊虎之旗也又以之明爲司徒致之大夫致衆當以鳥隼之旗陳之以旗物以表正其行列辨別異也故書巡作述屯或爲臀鄭大夫讀屯爲課殿杜子春讀爲在後曰殿謂前後屯兵也玄謂前後屯車徒異部也今書多爲屯從屯○斷丁亂反明爲于僞反下爲州長爲御大夫爲州黨同隼雖允反旟音餘別彼列反殿都遍反下同○【重意】秋官鄉士遂士縣士士則戮其犯命者

凡四時之徵令有常者以木鐸徇於市朝徵令有常者謂田狩及正月命修封疆二月命雷且發聲○朝直遙反下同

以歲時巡國及野而賙萬民之囏阨以王命施惠歲時者隨其事之時不必四時也囏阨飢乏也鄭司農云賙讀

爲周急之周○齎古艱字本亦作艱歲終則攷六鄉之治以詔廢置正歲稽其鄉器比共吉凶二服閭共祭器族共喪器黨共射器州共賓器鄉共吉凶禮樂之器吉服者祭服也凶服者弔服也比長主集爲之祭器者簠簋鼎俎之屬閭胥主集爲之喪器者夷槃素俎楬豆輁軸之屬族師主集爲之此三者民所以相共也射器者弓矢楅中之屬黨正主集爲之爲州長或時射於此黨也賓器若尊俎笙瑟之屬州長主集爲之爲鄉大夫或時賓賢能於此州也吉器若閭祭器者也凶器若族喪器者也禮樂之器若州黨族閭有故而不共也此鄉器者旁使相共則民無廢事上下相補則禮行而教成○楬苦瞎反輁九勇反軸音逐楅音福又音逼○【重言】以詔廢置二一見司諫若國大比則攷教察辭稽器展事以詔誅賞考教視賢能以知道藝與不察辭視吏言事知其虛實不展備整具

鄉大夫之職各掌其鄉之政教禁令鄭司農云万二千五百家爲鄉正月之吉受教灋于司徒退而頒之于其鄉吏使各以教其所治以攷其德行察其道藝其鄉吏州長以下○治直吏反下考治下治所治處同行下孟反下及注德行之行六行皆同○【重言】附下篇云以歲時登其夫家之衆寡辨其可

任者國中自七尺以及六十野自六尺以及六十有五

皆征之其舍者國中貴者賢者能者服公事者老者疾

者皆舍以歲時入其書登成也定也國中城郭中也晚賦稅而早免之以其所居復多役少野早

賦稅而晚免之以其復少役多鄭司農云征之者給公上事也舍者謂有復除舍不收役事也貴者謂若今宗室及關內侯皆復也

服公事者謂若今吏有復除也老者謂若今八十九十復羨卒也疾者若今癃不可事者復之玄謂入其書者言於大司徒○復

音福下同○重言以歲時登其夫家之衆寡二後見遂人○辨其可任者二前見鄉師後見遂人三年則大比

攷其德行道藝而興賢者能者鄉老及鄉大夫帥其吏

與其衆寡以禮禮賓之賢者有德行者能者有道藝者衆寡謂鄉人之善者無多少也鄭司農云

因賢者謂若今舉孝廉因能者謂若今舉茂才賓敬也敬所舉賢者能者玄謂變舉言興者謂合衆而尊寵之以鄉飲酒之禮禮而

賓之○重言三年則大比小司徒司民及三年則大比州長縣師州人三年大比○攷其德行道藝下篇以攷其德行道藝而勸之

司諫以時書其德行道藝厥明鄉老及鄉大夫羣吏獻賢能之書于王

王再拜受之登于天府內史貳之厥其也其賓之明日也獻猶進也王拜受之重

得賢者王上其書於天府天府掌祖廟之寶藏者內史副寫其書
者當詔王爵祿之時○上其時掌反藏才浪反○【重言】王再拜受
之登于天府○三秋官小
司寇司民各一無冊字退而以鄉射之禮五物詢衆庶一
曰和二曰容三曰主皮四曰和容五曰興舞以用也行鄉
射之禮而以
五物詢於衆民鄭司農云詢謀也問於衆庶寧復有賢能者和謂
閭門之內行也容謂容貌也主皮謂善射射所以擇士也故書舞
爲無杜子春讀和爲和容爲和頌謂能爲樂也無讀爲舞舞謂能爲六舞
玄謂和載六德容包六行也庶民無射禮因田獵分禽則有主皮
主皮者張皮射之無侯也主皮和容興舞則六藝之射與禮樂與
當射之時民必觀焉因詢之也孔子射於矍相之圃蓋觀者如堵
墻射至於司馬使子路執弓矢出誓射者又使公罔之裘序點揚
觶而語詢衆庶之儀若是乎○寧復扶又反下猶復同皮射之食
亦反樂與音餘矍俱縛反本或作瞿
音同相息亮反堵丁古反觶支豉反此謂使民興賢出使長
之使民興能入使治之言是乃所謂使民自舉賢者因出之
而使之長民教以德行道藝於外也
使民自舉能者因入之而使之治民之貢賦田役之事於內也言
爲政以順民爲本也書曰天聰明自我民聰明天明威自我民明
威老子曰聖人無常心以百姓心爲
心如是則古今未有遺民而可爲治歲終則令六鄉之吏皆
會政致事會計也致事言
其歲盡文書正歲令羣吏攷灋于司徒以退

各憲之於其所治■國大詢于衆庶則各帥其鄉之衆寡而致於朝大詢者詢國危詢國遷詢立君鄭司農云大詢于衆庶洪範所謂謀及庶民國有大故則令民各守其閭以待政令使民皆聚於閭胥所治處○重言國有大故四宗伯肆師都宗人○以待政令二前見小司徒以旌節輔令則達之民雖以徵令行其將之者無節則不得通

州長各掌其州之教治政令之灋鄭司農云二千五百家為州論語曰雖州里行乎哉春秋傳曰鄉取人焉以歸謂之夏州正月之吉各屬其州之民而讀灋以攷其德行道藝而勸之以糾其過惡而戒之屬猶合也聚也因聚衆而勸戒之名欲其善○屬音燭注下皆同○重言正月之吉已見鄉大夫布憲各一又大宰司徒司馬司寇云正月之吉始和○以攷其德行道藝而勸之上篇攷其德行道藝若以歲時祭祀州社則屬其民而讀灋亦如之春秋以禮會民而射于州序序州黨之學也會民而射所以正其志也射義曰射之為言繹也繹者各繹己之志○會如字注同凡州之大祭祀大喪皆涖其事大祭祀謂州社稷也大喪鄉老鄉大夫於是卒者也涖臨也若國作民而師田行役

之事則帥而置之掌其戒令與其賞罰(致之致之於司徒也掌其戒令賞罰則是於軍因爲師帥。重言掌其戒令三天官宰夫夏官諸子各一)歲終則會其州之政令正歲則讀教灋如初(雖以正月讀之亦正此歲猶復讀之因此四時之正重申之。重直用反)三年大比則大攷州里以贊鄉大夫廢興(廢興所廢退所興進也鄭司農云贊助也。重言三年大比二縣師均人各一又小司徒鄉大夫二年則大比)

黨正各掌其黨之政令教治(鄭司農云五百家爲黨論語曰孔子於鄉黨又曰闕黨童子。治直吏反族師治令同)及四時之孟月吉日則屬民而讀邦灋以糾戒之(以四孟之月朔日讀灋者彌親民者於數亦彌數。數所角反)春秋祭禜亦如之(禜謂雩禜水旱之神蓋亦爲壇位如祭社稷云。禜榮敬反)國索鬼神而祭祀則以禮屬民而飲酒于序以正齒位壹命齒于鄉里再命齒于父族三命而不齒(國索鬼神而祭祀謂歲十二月大蜡之時建亥之月也正齒位者鄉飲酒義所謂六十者坐五十者立侍六十者三豆七十者四豆八十者五豆九十者六豆是也必正之者爲民三時務農將闕於禮至此農隙而教之尊長養老見孝弟)

之道也黨正飲酒禮亡以此事屬於鄉飲酒之義微失少矣凡射
飲酒比鄉民雖爲鄉大夫必來觀禮鄉飲酒鄉射記大夫樂作不
入凡既旅不入是也齒于鄉里者以年與衆賓相次也齒于父族
者父族有爲賓者以年與之相次異姓雖有老者居於其上不齒
者席于尊東所謂遵。蜡仕詐反依字作䄍
爲于僞反除去起呂反本又作郤乎音俠下同
紀昏冠飲酒教其禮事掌其戒禁其黨之民。冠古亂反凡其黨之祭祀喪
凡作民而
師田行役則以其灋治其政事亦於軍因爲旅師歲終則會其黨
政帥其吏而致事正歲屬民讀灋而書其德行道藝書記
之。【重言】歲終則會黨政見天官職幣以歲時涖校比涖臨也鄭司農云校比族師職所謂以時屬民而校
登其族之夫家衆寡辨其貴賤老幼廢疾可任者及其六畜車輦如今小案比及大比亦如之
族師各掌其族之戒令政事政事邦政之事鄭司農云百家爲族月吉則屬
民而讀邦灋書其孝弟睦婣有學者月吉每月朔日也故書上句或無事字杜
子春云當爲正月吉書亦或爲戒令政事月吉則屬民而讀邦法春秋祭酺亦如之酺者爲人物災害之
神也故書酺或爲步杜子春云當爲酺玄謂校人職又有冬祭馬
步則未知此世所云蝝螟之酺與人鬼之步與蓋亦爲壇位如雩

禜云族長無飲酒之礼因祭酺而與其民以長幼相獻酬焉。酺音步或音蒲救于救反蝝悅全反螟覓經反酺與音餘下宗與同禜榮敬反本亦作禜下黨禜同以邦比之灋帥四閭之吏以時屬民而校登其族之夫家衆寡辨其貴賤老幼癈疾可任者及其六畜車輦登成也定也。重意辨其貴賤老幼廢疾前見鄉師後見遂人五家爲比十家爲聯五人爲伍十人爲聯四閭爲族八閭爲聯使之相保相受刑罰慶賞相及相共以受邦職以役國事以相葬埋相共猶相救相賙。○葬如字劉才郎反埋本或作貍莫皆反。重言五家爲比四閭爲族二一見大司徒。五人爲伍二一見小司徒夏官序各一若作民而師田行役則合其卒伍簡其兵器以鼓鐸旗物帥而至掌其治令戒禁刑罰。亦於軍因爲卒長重言簡其兵器一見遂人歲終則會政致事重意見天官職幣閭胥各掌其閭之徵令鄭司農云二十五家爲閭以歲時各數其閭之衆寡辨其施舍凡春秋之祭祀役政喪紀之數聚衆庶既比則讀灋書其敬敏任恤者。祭祀謂州社黨禜族酺也。役田役也。政若州射黨飲酒也。喪紀大喪之事也。四者及比，皆會聚衆民，因以讀法以勑戒之。故書既爲暨，杜子春讀政爲征，暨爲既。○數色主反。政役如字，杜音征。會如字，下會同。暨其器反，又斤乙反。

凡事掌其比觵撻罰之事。觵撻者，失禮之罰也。觵用酒，其爵以兕角爲之。撻，扑也。故書或言觵撻之罰事。杜子春云：當言觵撻罰之事。○觵古橫反。撻吐達反。扑普卜反。

比長各掌其比之治，五家相受相和親，有辠奇衺則相及。衺猶惡也。○治直吏反。辠本亦作罪。衺似嗟反。

徙于國中及郊，則從而授之。徙謂不便其居也。或國中之民出徙郊，或郊民徙國中，皆從而付所處之吏，明無罪惡。○便婢面反。

若徙于他，則爲之旌節而行之。徙於他，謂出居異鄉也。授之者，有節乃達。

若無授無節，則唯圜土內之。鄉中無授，出鄉無節，過所則呵問，繫之圜土，考辟之也。圜土者，獄城也。獄必圜者，規主仁，以仁心求其情，古之治獄閔於出之。○呵呼何反，又音何。

封人掌設王之社壝，爲畿封而樹之。壝謂壇及堳埒也。畿上有封，若今時界矣。不言稷者，稷，社之細也。

凡封國，設其社稷之壝，封其四疆，封國，建諸侯，立其國之封造都邑之封域者亦如之令社稷之職將祭之時令諸有職事於社稷者也郊特牲曰唯爲社事單出里唯爲社田國人畢作唯爲社丘乘共粢盛所以報本反始也○唯爲于僞反下同單音丹乘繩證反

凡祭祀飾其牛牲設其楅衡置其絼共其水槀飾謂刷治絜清之也鄭司農云楅衡所以楅持牛也絼著牛鼻繩所以牽牛者今時謂之雉與古者名同皆謂夕牲時也杜子春云楅衡所以持牲令不得抵觸人玄謂楅設於角衡設於鼻如椵狀也水槀給殺時洗薦牲也絼字當以豸爲聲○楅音福絼本又作紖持忍反槀古老反請如字又才性反著直略反令力呈反抵丁礼反椵音加沈一音暇豸直氏反

歌舞牲及毛炮之豚謂君牽牲入時隨歌舞之言其肥香以歆神也毛炮豚者爓去其毛而炮之以備八珍鄭司農云封人主歌舞其牲云博碩肥腯○炮薄交反爓似鹽反去起呂反腯徒忽反

凡喪紀賓客軍旅大盟則飾其牛牲大盟會同之盟

鼓人掌教六鼓四金之音聲以節聲樂以和軍旅以正田役音聲五聲合和者教爲鼓而辨其聲用教爲鼓教擊鼓者大小之數又別其聲所用之事○別彼列反以雷鼓鼓神祀雷鼓八面鼓也神祀祀天神也以靈鼓鼓社祭[illegible]

六面鼓也社祭祭地祇也以路鼓鼓鬼享路鼓四面鼓也鬼享享宗廟也○享許丈反劉虛讓反牛人職同○
以鼖鼓鼓軍事大鼓謂之鼖鼖鼓長八尺○鼖扶云反以鼛鼓鼓役事鼛鼓長丈
二尺○鼛音羔以晉鼓鼓金奏晉鼓長六尺六寸金奏謂樂作擊編鍾○編必先反以金錞
和鼓錞錞于也圜如碓頭大上小下樂作鳴之與鼓相和○錞音淳碓音對本又作椎直追反以金鐲節鼓
鐲鉦也形如小鍾軍行鳴之以爲鼓節司馬職曰軍行鳴鐲○鐲直角反鉦音征以金鐃止鼓鐃如鈴無舌有秉執
而鳴之以止擊鼓司馬職曰鳴鐃且卻○鐃女交反秉兵政反本又作柄下同卻起略反以金鐸通鼓鐸大鈴也
振之以通鼓司馬職曰司馬振鐸○鐸待洛反鈴音零凡祭祀百物之神鼓兵舞帗舞
者兵謂干戚也帗列五采繒爲之有秉皆舞者所執○帗音拂劉音弗凡軍旅夜鼓鼜鼜夜戒守鼓也
司馬法曰昏鼓四通爲大鼜夜半三通爲晨戒旦明五通爲發昫○鼜千歷反昫本又作昫亦作煦休具反劉休武反或孔冢反
軍動則鼓其衆動且行田役亦如之救日月則詔王鼓救日
月食王必親擊鼓者聲大異春秋傳曰非日月之眚不鼓○眚生領反大喪則詔大僕鼓始崩及窆
時也

舞師掌教兵舞，帥而舞山川之祭祀；教帗舞，帥而舞社稷之祭祀；教羽舞，帥而舞四方之祭祀；教皇舞，帥而舞旱暵之事。羽，析白羽爲之，形如帗也。四方之祭祀，謂四望也。旱暵之事，謂雩也。暵，熱氣也。鄭司農云：皇舞，蒙羽舞。書或爲䍿，或爲義。玄謂皇，析五采羽爲之，亦如帗。○暵，呼但反。䍿，音皇。凡野舞，則皆教之。野舞，謂野人欲學舞者。凡小祭祀，則不興舞。小祭祀，王玄冕所祭者。興猶作也。

牧人掌牧六牲而阜蕃其物，以共祭祀之牲牷。六牲，謂牛馬羊豕犬雞。鄭司農云：牷，純也。玄謂牷，體完具。○蕃音煩。牷音全。凡陽祀，用騂牲毛之；陰祀，用黝牲毛之；望祀，各以其方之色牲毛之。騂牲，赤色。毛之，取純毛也。陰祀，祭地北郊及社稷也。望祀，五嶽、四鎮、四瀆也。鄭司農云：陽祀，春夏也。黝讀爲幽。幽，黑也。玄謂陽祀，祭天於南郊及宗廟。○黝，於糾反，司農音幽。凡時祀之牲，必用牷物。時祀，四時所常祀，謂山川以下至四方百物。凡外祭毀事，用尨可也。外祭，謂表貉及王行所過山川用事者。故書毀爲毇，尨作龍。杜子春云：毇當爲毀，龍當爲尨。尨謂雜色不純。毀謂副辜侯禳，毀除殃咎之屬。○尨，亡江反。毇，莫[illegible]反，毇竹例反。副，普逼反，又孚逼反。禳，如羊反。○【重言】用尨可也，二見。

秋官犬人　凡祭祀共其犧牲以授充人繫之犧牲毛羽完具也授充人者當殊養之周景王時賓起見雄雞自斷其尾曰雞憚其為犧○憚待旦反　凡牲不繫者共奉之謂非時而祭祀者

牛人掌養國之公牛以待國之政令公猶官也　凡祭祀共其享牛求牛以授職人而芻之鄭司農云享牛前祭一日之牛也求牛禱於鬼神祈求福之牛也玄謂享獻也獻神之牛謂所以祭者也求終也終事之牛謂所以繹者也宗廟有繹者孝子求神非一處職讀為樴樴謂之杙可以繫牛職人者謂牧人充人與芻牲之芻牛人擇於公牛之中而以授養之○職鄭音特或餘式反劉之式反注同繹音亦徐音夕杙餘式反劉餘則反　凡賓客之事共其牢禮積膳之牛牢礼飧饔也積所以給賓客之用若司儀職曰主國五積者也膳所以間礼賓客若掌客云殷膳太牢○積子賜反注同飧音孫　饗食賓射共其膳羞之牛羞進也所進賓之膳燕礼小臣請執冪者與羞膳者是王獻賓而膳宰設折俎王之膳羞亦猶此○食音嗣下文同冪民狄反折之設反　軍事共其犒牛鄭司農云犒師之牛○犒苦報反注同　喪事共其奠牛謂殷奠遣奠也喪所薦饋曰奠○遣棄戰反　凡會同軍旅行役共

其兵車之牛與其牽徬以載公任器牽徬在轅外輓牛也人御之居其前曰牽居其旁曰徬任猶用也○徬薄浪反注同凡祭祀共其牛牲之互與其盆簝以待事鄭司農云互謂福衡之屬盆簝皆器名盆所以盛血簝受肉籠也玄謂互若今屠家縣肉格○互劉音護徐音牙簝音老劉魯討反盛音成縣音玄

充人掌繫祭祀之牲牷祀五帝則繫于牢芻之三月牢閑也必有閑者防禽獸觸齧養牛羊曰芻三月一時節氣成享先王亦如之凡散祭祀之牲繫于國門使養之散祭祀謂司中司命山川之屬國門謂城門司門之官鄭司農云使養之使守門者養之○散素但反注同○重言享先王亦如之天官太宰大司徒各一展牲則告牷鄭司農云展具也具牲若今時選牲也充人主以牲牷告展牲者也玄謂展牲若今夕牲也特牲饋食之禮曰宗人視牲告充舉獸尾告備近之○近附近之近碩牲則贊贊助也君牽牲入將致之助持之也春秋傳曰故奉牲以告曰博碩肥腯

纂圖互註周禮卷第二

纂圖互註周禮卷第四

地官司徒下　周禮　鄭氏註

載師掌任土之灋以物地事授地職而待其政令任土者任其力勢所能生育且以制貢賦也物物色之以知其所宜之事而授農牧衡虞使職之【重意】而待其政令下篇以待其政令小司徒鄉大夫以待政令以廛里任國中之地以場圃任園地以宅田士田賈田任近郊之地以官田牛田賞田牧田任遠郊之地以公邑之田任甸地以家邑之田任稍地以小都之田任縣地以大都之田任畺地故書廛或作壇郊或爲蒿稍或作削鄭司農云壇讀爲廛廛里市中空地未有肆城中空地未有宅者民宅曰宅宅田者以備益多也士田者士大夫之子得而耕之田也賈田者吏爲縣官賣財与之田官田者公家之所耕田牛田者以養公家之牛賞田者賞賜之田牧田者牧六畜之田司馬法曰王国百里爲郊二百里爲州三百里爲野四百里爲縣五百里爲都杜子春云蒿讀爲郊五十里爲近郊百里爲遠郊玄謂廛里者若今云邑里居矣廛民居之區域也里居也圃樹果蓏之屬季秋於中爲場樊圃謂之園宅田致仕者之家所受田也士相見禮曰宅者在邦則曰市井之

臣在野則曰皇帝之臣士讀爲仕仕者亦受田所謂圭田也孟子曰自卿以下必有圭田圭田五十畮賈田在市賈人其家所受田也官田庶人在官者其家所受田也牛田牧田畜牧者之家所受田也公邑謂六遂餘地天子使大夫治之自此以外皆然二百里三百里其上大夫如州長四百里五百里其下大夫如縣正是以或謂二百里爲州四百里爲縣云遂人亦監焉家邑大夫之采地小都卿之采地大都公之采地王子弟所食邑也畺五百里王畿界也皆言任者地之形實不方平如圖受田邑者遠近不得尽如制其所生育賦貢取正於是耳以廛里任國中而遂人職受民田夫一廛田百畮是廛里不謂民之邑居在都城者與凡王畿內方千里積百同九百萬夫之地也有山陵林麓川澤溝瀆城郭宮室除巷三分去一餘六百万夫又以田不易一易再易上中下相通定受田者三百万家也遠郊之內地居四同三十六万夫之地也三分去一其餘二十四万夫六鄉之民七万五千家通不易一易再易一家受二夫則十五万夫之地其餘九万夫廛里也場圃也宅田也士田也賈田也官田也牛田也賞田也牧田也九者亦徧受一夫焉則半農人也定受田十二万家也食貨志云農民户一人已受田其家衆男爲餘夫亦以口受田如比士工商家受田五口乃當農夫一人今餘夫在遂地之中如此則士工商以事入在官而餘夫以力出耕公邑甸稍縣都合居九十六同八百六十四萬夫之地城郭宮室涂巷又狹於三分所去六而存焉以十八分之十三率之則其餘六百二十四万夫之地通上中下六家而受十三夫定受田二百八十八万家也其在甸七万五千家爲六遂餘則公邑○廛直連反場直良反圃布古反又音布賈音古

古注同畺居良反吏爲于僞反忘力果反州長丁丈反後皆同監古銜反尽津忍反者与音餘蘼音鹿涂音徒去起吕反下同如比徐方二反率音律又音類凡任地國宅無征園廛二十而一近郊十一遠郊二十而三甸稍縣都皆無過十二唯其漆林之征二十而五征稅也言征者以共国政也鄭司農云任地謂任土地以起稅賦也国宅城中宅也无征无稅也故書漆林爲桼林杜子春云當爲膝林玄爲国宅凡官所有宮室吏所治者也周稅輕近而重遠近者多役也園廛亦輕之者廛无穀園少利也古之宅必樹而畺場有瓜桼本又作漆音七劉本字作桼字之変也音同場音亦凡宅不毛者有里布凡田不耕者出屋粟凡民無職事者出夫家之征鄭司農云宅不毛者謂不樹桑麻也里布者布参印書廣二寸長二尺以爲幣貿易物詩云抱布貿絲抱此布也或曰布泉也春秋傳曰買之百兩一布又廛人職掌斂市之次布儳布質布罰布廛布孟子曰廛无夫里之布則天下之民皆說而願爲其民矣故曰宅不毛者有里布民无職事出夫家之征欲令宅樹桑麻民就四業則无稅賦以勸之也故孟子曰五畝之宅樹之以桑則五十者可以衣帛不知言布参印書者何見舊時說也玄謂宅不毛者罰以一里二十五家之泉空田者罰以三家之稅粟以共吉凶二服及喪器也民雖有閒无職事者猶出夫稅家稅也夫稅者百畝之稅家稅者出士徒車輦給繇役○儳劉音讒徐才監反音悅下音悅令力呈反

以衣於既反下同閭音閑以時徵其賦重言以時徵其賦二後見閭師

閭師掌國中及四郊之人民六畜之數以任其力以待其政令以時徵其賦國中及四郊是所主數六鄉之中自廛里至遠郊也掌六畜數者農事之本也賦謂九賦及九貢。重言以時徵其賦二前篇一。重意前篇不待其政令又小司徒鄉大夫以待政令凡任民任農以耕事貢九穀任圃以樹事貢草木任工以飭材事貢器物任商以市事貢貨賄任牧以畜事貢鳥獸任嬪以女事貢布帛任衡以山事貢其物任虞以澤事貢其物貢草木謂葵韭果蓏之屬飭音勑以畜許又反下同凡無職者出夫布獨言无職者掌其九職凡庶民不畜者祭無牲不耕者祭無盛不樹者無椁不蠶者不帛不績者不衰掌罰其家事也盛黍稷也椁周棺也不帛不得衣帛也不共丧不得衣衰也皆所以耻不勉。衰七回反下同

縣師掌邦國都鄙稍甸郊里之地域而辨其夫家人民

田萊之數，及其六畜車輦之稽。三年大比，則以攷羣吏而以詔廢置。郊里，郊所居也。自邦國以及四郊之內，是所主數周天下也。萊，休不耕者。郊內謂之易，郊外謂之萊。羞吉言近，比毗志反，後放此。〔重言〕三年大比，二見後篇。若將有軍旅、會同、田役之戒，則受灋于司馬，以作其衆庶及馬牛、車輦，會其車人之卒伍，使皆備旗鼓兵器，以帥而至。受法於司馬者，知所當徵衆寡。卒，子忽反。凡造都邑，量其地，辨其物，而制其域。物謂地所有也。名山大澤不以封。○量音良。〔重言〕辨其物，九附小司徒；而制其域，又見大司徒。以歲時徵野之賦貢。野謂甸稍縣都也。所徵賦貢，与閭師同。

遺人掌邦之委積，以待施惠；鄉里之委積，以恤民之囏阨；門關之委積，以養老孤；郊里之委積，以待賓客；野鄙之委積，以待羈旅；縣都之委積，以待凶荒。委積者，廩人倉人計九穀之數足國用，以其餘共之，所謂餘法用也。職內邦之移用亦如此也。皆以餘財共之。少曰委，多曰積。鄉里，鄉所居也。艱阨猶困乏也。門關以養老孤，以所出入易以取饒廩也。羈旅，過行寄止者。待凶荒，謂邦國所當通給者也。故書艱阨作墐挖，羈作寄。杜子春云墐阨當

爲艱阨寄當爲羈。遺唯季反劉音遂施惠式豉反後施惠皆同賑尸甚反易以豉反艱音艱又音謹【重言】以待賓客二天官大府

凡賓客會同師役掌其道路之委積凡國野之道十里有廬廬有飲食三十里有宿宿有路室路室有委五十里有市市有候館候館有積廬若今野候徒有庌也宿可止宿若今亭有室矣候館樓可以觀望者也一市之間有三廬一宿。庌劉音雅凡委積之事巡而比之以時頒之

均人掌均地政均地守均地職均人民牛馬車輦之力政政讀爲征地征謂地守地職之稅也地守衡虞之屬地職農圃之屬力征人民則治城郭涂巷溝渠牛馬車輦則轉委積之屬。政音征出注下同凡均力政以歲上下豐年則公旬用三日焉中年則公旬用二日焉無年則公旬用一日焉豐年人食四鬴之歲也人食三鬴爲中歲人食二鬴爲無歲歲无贏儲也公事也旬均也讀如㽥㽥原隰之㽥易坤爲均今書亦有作旬者。上時掌反鬴房甫反㽥田音均又縈均反又音旬聶氏常縱反凶札則無力政無財賦无力政恤其勞也无財賦恤其乏困也財賦九賦也不收地守地職不均地政不收山澤及地稅亦不平計地稅也非凶札之歲當

收稅乃均之耳三年大比則大均有年無年大平計之若久不修則數或闕○重言三年大比三州長縣師名一

師氏掌以媺詔王告王以善道也文王世子曰師也者教之以事而諭諸德者也○媺音美以三德教國子一曰至德以爲道本二曰敏德以爲行本三曰孝德以知逆惡教三行一曰孝行以親父母二曰友行以尊賢良三曰順行以事師長德行内外之稱在心爲德施之爲行至德中和之德覆燾持載含容者也孔子曰中庸之爲德其至矣乎敏德仁義順時者也説命曰敬孫務時敏厥修乃來孝德尊祖愛親守其所以生者也孔子曰武王周公其達孝矣乎夫孝者善繼人之志善述人之事者也孝在三德之下三行之上德有廣於孝而行莫尊焉國子公卿大夫之子弟師氏教之而世子小學爲文子君臣父子長幼之道○行下孟反下及注同知音智稍尺證反燾徒報反説音悦孫音遜夫音扶居虎門之左司王朝虎門路寢門也王日視朝於路寢門外畫虎焉以明勇猛於守宜也司猶察也察王之視朝若有善道可行者則當前以詔王○朝直遙反注及下皆同掌國中失之事以教國子弟教之若使識舊事也中中禮者也失失禮者也故書中爲得杜子春云當爲得記君得失若春秋是也○中丁仲

反注中中礼若同杜音得凡國之貴遊子弟學焉貴遊子弟王公之子弟遊无官司者杜子春云
遊當爲猶言雖貴猶學凡祭祀賓客會同喪紀軍旅王舉則從舉猶行也
故書舉為与杜子春云當為与謂王与會同喪紀之事才用反与音預下同重言一見下篇又附于天官外府篇聽治
亦如之謂王舉於野外以聽朝治直吏反下同○重言二見下篇使其屬帥四夷之隸各
以其兵服守王之門外且蹕兵服旃布弓劒不同也門外中門之外蹕止行人不得迫王宮
也故書隸或作肆鄭司農云讀爲隸蹕音畢朝在野外則守內列內列蕃營之在內者也其屬亦
帥四夷之隸守之如守王宮
保氏掌諫王惡諫者以礼義正之文王世子曰保也者慎其身以輔翼之而歸諸道者也而養國
子以道乃教之六藝一曰五禮二曰六樂三曰五射四
曰五馭五曰六書六曰九數乃教之六儀一曰祭祀之
容二曰賓客之容三曰朝廷之容四曰喪紀之容五曰
軍旅之容六曰車馬之容養國子以道者以師氏之德行審諭之而後教之以藝儀也力礼吉

凶賓軍嘉也六樂雲門大咸大韶大夏大濩大武也鄭司農云五射白矢參連剡注襄尺井儀也五馭鳴和鸞逐水曲過君表舞交衢逐禽左六書象形會意轉注處事假借諧聲也九數方田粟米差分少廣商功均輸方程贏不足旁要今有重差夕桀句股也祭祀之容穆穆皇皇賓客之容嚴恪矜莊朝廷之容濟濟蹌蹌喪紀之容涕涕翔翔軍旅之容闞闞仰仰車馬之容顛顛堂堂玄謂祭祀之容齊齊皇皇賓客之容穆穆皇皇朝廷之容濟濟翔翔喪紀之容纍纍顛顛軍旅之容暨暨詻詻車馬之容匪匪翼翼○馭音御德行下孟反下文及注同剡以冉反注之樹反下同襄音讓本作讓諸音非差初佳反又初宜反下同重直龍反夕桀音的沈祥易反此二字非鄭注嚴如字又音儼濟子禮反蹌七良反闞呼檻反仰本又作卬五剛反濟皇上子禮反又音濟下于況反又音往纍纍顛上律悲反下音田又如字暨其器反詻五格反匪芳非反凡祭祀賓客會同喪紀軍旅王舉則從聽治亦如之祭祀至聽治亦如之三一見上篇又見天官外府篇使其屬守王闈闈宮中之巷門○闈音韋。重言 厯

司諫掌糾萬民之德而勸之朋友正其行而強之道藝巡問而觀察之以時書其德行道藝辨其能而可任於國事者朋友相切磋以善道也強猶勸也學記曰強而弗抑則易巡問行問民間也可任於國事任吏職○強其丈反注同

易以敵反以攷鄉里之治以詔廢置以行赦宥因巡問勸強万民而考鄉里吏民罪過以知王所當罪不行下孟反注同○[重言]以詔廢置一一見下篇

司救掌萬民之衺惡過失而誅讓之以禮防禁而救之衺惡謂侮慢長老語言无忌而未麗於罪者過失亦由衺惡酗醟好訟若抽拔兵器誤以行傷害人麗於罪者誅誅責也古者重刑且責怒之未即罪也○救如字劉音拘衺似嗟反注作邪同酗況付反醟音詠好呼報反凡民之有衺惡者三讓而罰三罰而士加明刑恥諸嘉石役諸司空罰謂撻擊之也加明刑者去其冠飾而書其衺惡之狀著之背也嘉石朝士所掌在外朝之門左使坐焉以恥辱之既而役諸司空使事官作之也坐役之數存於司救○去起呂反著直略反一音丁略反○[重言]三讓而罰二下文一其有過失者三讓而罰三罰而歸于圜土圜土獄城也過失近罪昼日任之以事而收之夜藏於獄亦加明刑以恥之不使坐嘉石其罪已著未忍刑之○近附近之近凡歲時有天患民病則以節巡國中及郊野而以王命施惠天患謂烖害也節旌節也施惠賙䘏之

調人掌司萬民之難而諧和之難相與為仇讎諧猶調也○難乃旦反注及下同凡

地官下　四巳五

過而殺傷人者以民成之過無本意也成平也鄭司農云以民成之謂立證佐成其罪也一說以鄉里之民共和解之春秋傳曰惠伯成之之屬○共和並如字鳥獸亦如之過失殺傷人之畜産者○畜許六反凡和難父之讎辟諸海外兄弟之讎辟諸千里之外從父兄弟之讎不同國君之讎眡父師長之讎眡兄弟主友之讎眡從父兄弟和之使辟於此不得就而仇之九夷八蠻六戎五狄謂之四海主大夫君也春秋傳曰晉荀偃卒而視不可含宣子盥而撫之曰事吳敢不如事主○辟音避下同從才用反眡音視盥音管【互注】記曲礼上父之仇弗与共戴天兄弟之仇不反兵交游之仇不同国弗辟則與之瑞節而以執之瑞節玉節之剡圭也和之而不肯辟者是不從王命也王以剡圭使調人執之以其罪凡殺人有反殺者使邦國交讎之反復也復殺之者此欲除害弱敵也邦国交仇之明不和諸侯得者即誅之鄭司農云有反殺者謂重殺也○重直用反凡殺人而義者不同國令勿讎讎之則死義宜也謂父母兄弟師長嘗辱焉而殺之者如是爲得其宜雖所殺者人之父兄不得仇也使之不同国而已凡有鬭怒者成之不可成者則書之先動者誅之鬭怒辯訟者也不可成不可平也書

之記其姓名辨本也鄭司農云成之謂和之也和之猶今二千石
以令解仇怨後復相報移徙之此其類也玄謂上言立諸侯成其
邦以共○復扶又反下不復聽同
媒氏掌萬民之判判半也得耦為合主合其半成夫婦也喪服傳曰夫妻判合鄭司農云主萬民之判合
凡男女自成名以上皆書年月日名焉鄭司農云成名謂子生三月父名之○上時掌反
令男三十而娶女二十而嫁二三者天地相承覆之數也易曰參天兩地而奇數焉○奇於宜反
凡娶判妻入子者皆書之書之者以別未成昏禮者鄭司農云入子者謂嫁女者也玄謂言入子者容媵姪娣不聘之者○別彼列反下同
中春之月令會男女中春陰陽交以成昏禮順天時也
於是時也奔者不禁重天時權許之也
若無故而不用令者罰之无故謂无喪禍之變也有喪禍者娶得用非中春之月雜記曰已雖小功既卒哭可以冠子娶妻○冠古亂反
司男女之無夫家者而會之司猶察也无夫家謂男女之鰥寡者詩有弧岀篇古者国有凶荒則殺礼而多昏會男女之无夫家者所以育人民也
凡嫁子娶妻入幣純帛無過五兩純實緇字也古緇以才為聲納幣用緇婦人陰也凡於娶禮必用其類五兩十端也必言兩者欲得

其配合之名十者象五行十日相成也士大夫以玄纁束帛天子加以穀圭諸侯加以大璋雜記曰納幣一束束五兩兩五尋何則每端二丈○純側其反依字從系才

禁遷葬者與嫁殤者遷葬謂生時非夫婦死既葬遷之使相從也殤十九以下未嫁而死者生不以禮相接死而合之是亦亂人倫者也鄭司農云嫁殤者謂嫁死人也今時娶會是也凡

男女之陰訟聽之于勝國之社其附于刑者歸之于士陰訟爭中冓之事以觸法者勝國亡國也亡國之社奄其上而棧其下使无所通就之以聽陰訟之情明不當宣露其罪不在赦宥者直歸士而刑之不復以聽士司寇之屬詩云牆有茨不可埽也中冓之言不可道也所可道也言之醜也○冓古候反棧士板反劉才産反或上諫反茨疾私反○【重言】其附于刑者歸之于士○前見大司徒云刑後見司市並无之字

司市掌市之治教政刑量度禁令量豆區斗斛之屬度丈尺也○治直吏反下及大治小治同區烏侯反

以次敘分地而經市次謂吏所治舍思次介次也若今市亭然敘肆行列也經界也行戶剛反下行列同

以陳肆辨物而平市陳猶列也辨物物異肆也肆異則市平以政令

禁物靡而均市物靡者易售而无用禁之則市均鄭司農云靡謂侈靡也○易以豉反下之易同售受又反

以商賈阜貨而行布通物曰商居賣物曰賈阜猶盛也鄭司農云布謂泉也○賈音古注曰賈下商

賈賈音嫁皆同以量度成賈而徵價徵召也價買也物有定賈則買者來也○成賈音嫁注下不音者皆
同聶氏及沈一云成賈其定賈又與物賈其賈平大賈小賈賈賤旧賈而故賈凡十一音嫁餘音古價劉音育聶氏音留字林他竺反以
質劑結信而止訟質劑謂兩書一札而別之也若今下手書言保物要還矣鄭司農云質劑月平○劑子隨
反平史命反下月平同以賈民禁僞而除詐賈民胥師賈師之屬必以賈民爲之者知物之情僞與實
詐○賈民劉音嫁聶沈音古注賈民同以刑罰禁虣而去盜刑罰憲徇扑○虣薄報反去起呂反
扑普卜反下文同以泉府同貨而斂賒同共也同者謂民貨不售則爲斂而買之民无貨則賒貰而予
之○賒傷蛇反共如字爲于僞反下爲民同貰音世貸也劉傷夜反一時夜反大市日昃而市百族
爲主朝市朝時而市商賈爲主夕市夕時而市販夫販
婦爲主日昃昳中也市雜聚之處言主者謂其多者也百族必容來去商賈家於市城販夫販婦朝資夕賣因其便而分爲
一時之市所以了物極衆鄭司農云百族百姓也○昃音側本又作昊販方万反便皮面反凡市入則胥執
鞭度守門市之羣吏平肆展成奠賈上旌于思次以令
市市師涖焉而聽大治大訟胥師賈師涖于介次而聽

小治小訟凡市入謂三時之市市者入也胥守門察僞詐也必執鞭度以威正人衆也度謂殳也因刻丈尺耳羣吏胥師以下也平肆平賣物者之行列使之正也展之言整也成平也會平成市物者也奠讀爲定整勑會者使定物賈防誑豫也上旌者以爲衆望也見旌則知當市也思次若今市亭也市師司市也介次市亭之屬別小者也故書涖作立杜子春云奠當爲定鄭司農云思辭也次市中候樓也立當爲涖涖視也玄謂思當爲司字聲之誤也○奠音定又田見反上時掌反注同後文音殊遊九兕反

重意 小訟胥師聽其小治小訟而斷之

凡萬民之期于市者辟布者量度者刑戮者各於其地之叙期謂欲賣買期決於市也量度者若今處斗斛及丈尺也故書辟爲辟鄭司農云辟布辟以訟泉物者也玄謂辟布市之羣吏考實諸泉入及有遺忘

凡得貨賄六畜者亦如之三日而舉之得遺物者亦使置其地貨於貨之肆馬於馬之肆則主求之易也三日而無識認者舉之沒入官

凡治市之貨賄六畜珍異亡者使有利者使阜害者使亡靡者使微利利於民謂物實厚者害害於民謂物行苦者使有使阜起其賈以徵之也使亡使微抑其賈以卻之也侈靡細好使富民好奢微之而已鄭司農云亡者使有无此物則開利其道使之有○物行遐孟反又如字盬胡剛反苦音古卻起畧反反好呼報反

凡通貨賄以璽節出入之璽節印章如今斗檢封矣使人執之以通

商以出化貨賄者王之司市也以內化貨賄者邦國之司市也國凶荒札喪則市無征而作布有災害物貴市不稅爲民之困也金銅無凶年因物貴大鑄泉以饒民凡市僞飾之禁在民者十有二在商者十有二在賈者十有二在工者十有二鄭司農云所以俱十有二者工不得作賈不得粥商不得資民不得畜玄謂王制曰用器不中度不粥於市兵車不中度不粥於市布帛精麤不中數幅廣狹不中量不粥於市姦色亂正色不粥於市五穀不時果實未熟不粥於市木不中伐不粥於市禽獸魚鼈不中殺不粥於市亦其類也於四十八則未聞數十二焉○賈音古注同粥音育下同中丁仲反下同狹音洽殺色主反市刑小刑憲罰中刑徇罰大刑扑罰其附于刑者歸于士徇舉以示其地之衆也扑撻也鄭司農云憲罰播其肆也故書附爲柎杜子春云當爲附○柎劉方符反沈音附重言其附于刑者歸于士十二大司徒一縣氏一有之字國君過市則刑人赦夫人過市罰一幕世子過市罰一帟命夫過市罰一蓋命婦過市罰一帷謂諸侯及夫人世子過其國之市大夫內子過其都之市也市者人之所交利而行刑之處君子無故不游觀焉若游觀則施惠以爲說也國君則赦其刑人夫人世子命夫命婦則使之出罰異其尊卑也所罰謂憲徇扑也必罰其幕帟蓋帷市者衆也此四物者在衆

之用也此王國之市而説國君以下過市之罰從之於此國與王同以其足以互明之○幕劉音莫帟音亦聶氏亡狄反下同或音官為説如字解説也説如鋭反凡會同師役市司帥賈師而從治其市政掌其賣儥之事市司司市也儥買也會同師役有市者大衆所在來物以備之

質人掌成市之貨賄人民牛馬兵器珍異成平也會者平物賈而來主成其平也人民奴婢也珍異四時食物凡賣儥者質劑焉大市以質小市以劑鄭司農云質劑月平賈也質大賈劑小賈玄謂質劑者為之券藏之也大市人民馬牛之屬用長券小市兵器珍異之物用短券○長如字掌稽市之書契同其度量壹其淳制巡而攷之犯禁者舉而罰之稽猶考也治也書契取予市物之券也其券之象書兩札刻其側杜子春云淳當為純純謂幅廣制謂匹長也皆當中度量玄謂淳讀如淳尸盥之淳○其淳音在廣先曠反長直亮反中丁仲反淳尸劉章純反下同凡治質劑者國中一旬郊二旬野三旬都三月邦國朞期内聽期外不聽期謂齎質券契者來訟也以期内來則治之後期則不治所以絕民之好訟且息文書也郊遠郊也野甸稍也都小都大都○朞音基本或作其同好呼報反○【疏】國中一旬至期外不聽見秋官朝士

廛人掌斂市絘布緫布質布罰布廛布而入于泉府布泉也鄭司農云絘布列肆之稅布杜子春云緫當為儳謂无肆立持者之稅也玄謂緫讀如租穇之穇穇布謂守斗斛銓衡者之稅也質布者質人之所罰犯質劑者之泉也罰布者犯市令者之泉也廛布者貨賄諸物邸舍之稅○絘音次本或作次緫劉依杜音讒鄭音揔儳仕音讒穇音揔

凡屠者斂其皮角筋骨入于玉府以當稅給作器物也其无皮角及筋骨不中用亦稅之

凡珍異之有滯者斂而入于膳府故書滯或作廛鄭司農云謂滯貨不售者官為居之貨物沈滯於廛中不決民待其直以給喪疾而不可售賈賤者也廛謂市中之地未有肆而可居以畜藏貨物者也孟子曰市廛而不征法而不廛則天下之商皆說而願藏於其市矣謂貨物諸藏於市中而不租稅也故曰廛而不征其有貨物久滯於廛而不售者官以法為居取之故曰法而不廛玄謂滯讀如沈滯之滯珍異四時食物也不售而在廛久則將瘦臞腐敗為買之入膳夫之府所以紓民事而官不失實○官為于偽反下同畜勑六反說音悅諸知呂反本或作貯又作儲皆同藏如字劉本作葬音同瘦本又作膄所又反臞其俱反又作臞音衢紓音舒劉常汝反

胥師各掌其次之政令而平其貨賄憲刑禁焉憲長縣之縣音玄

察其詐偽飾行價慝者而誅罰之鄭司農云價買也慝惡也謂行且賣姦偽

惡物者玄謂飾行儥慝謂使人行賣惡物於市巧飾之令欺誑買者○行下孟反慝他得反巧苦教反又如字令力呈反下文同
聽其小治小訟而斷之治直吏反下之治同斷丁乱反○重意聽其小治小訟而斷之司市而聽小訟
賈師各掌其次之貨賄之治辨其物而均平之展
其成而奠其賈然後令市辨別也○賈音古下注賈師同奠音定別彼列反○重言辨其物凡
十并附小司徒凡天患禁貴儥者使有恒賈恒常也謂若储米穀棺木而睹久雨疫病者貴
賣之因天災害阨民使之重困○重直用反四時之珍異亦如之薦宗廟之物凡國之賣
儥各帥其屬而嗣掌其月儥買也故書賣儥爲買貴鄭司農云謂官有所斥令賣賈師帥其屬而更
相代直月爲官賣賈之均幣之說○更音庚爲官于僞反○重言各帥其屬四一天官九嬪凡師役會同亦如之
司虣掌憲市之禁令禁其鬬嚻者與其虣亂者出入相
陵犯者以屬遊飲食于市者嚻讙也鄭司農云以屬遊飲食羣飲食者嚻五羔反又許驕反
讙音歡若不可禁則搏而戮之搏音博下同
司稽掌巡市而察其犯禁者與其不物者而搏之不物衣服

視占不与衆同及所操物不如品式。操七曹反 掌執市之盜賊以徇且刑之徇辝俊反 胥各掌其所治之政執鞭度而巡其前掌其坐作出入之禁令襲其不正者作起也坐起禁令當市而不得空守之屬故書襲為習杜子春云當為襲謂掩捕其不正者 凡有罪者撻戮而罰之罰之使出布 肆長各掌其肆之政令陳其貨賄名相近者相遠也實相近者相爾也而平正之爾亦近也俱是物也使惡者遠善善自相近鄭司農云謂若珠玉之屬俱名為珠俱名為玉而賈或百万或數万恐農夫愚民見欺故別異令相遠使賈人不得雜乱以欺人。近附近之近下及注同遠于万反注同數色主反別彼列反令力呈反賈音古 斂其總布掌其戒禁杜子春云總當為儳。重言掌其戒禁二一見賈正 泉府掌以市之征布斂市之不售貨之滯於民用者以其賈買之物楬而書之以待不時而買者買者各從其抵都鄙從其主國人郊人從其有司然後予之故杜子為癉杜子春一云揗當爲㦃鄭司農云物揭而書之物物爲揃書書其賈揭著其物也不時買者謂急求者也抵故賈也上者别治大夫也然後予之爲封符信然後予之玄謂抵實柢字柢本也本謂所屬吏主有司是也。揭音竭柢音帝又都礼反㦃音旦又丁左反揃音箋又舍善廉反著直略反治直吏反

凡賒者祭祀無過旬日喪紀無過三月鄭司農云賒貰也以祭祀喪紀故從官貰買物

凡民之貸者與其有司辨而授之以國服爲之息有司其所屬吏也与之别其貸民之物定其賈以与之鄭司農云貸者謂從官借本賈也故有息使民弗利以其所賈之國所出爲息也假令其國出絲絮則以絲絮償其國出絺葛則以絺葛償玄謂以國服爲之息以其於國服事之税爲息也於國事受園廛之田而貸万泉者則朞出息五百王莽時民貸以治産業者但計贏所得受息無過歲什一。貸音特注不出者同别彼列反貸民吐代反本賈音嫁一音古所賈音古令力呈反償時亮反

凡國事之財用取具焉歲終則會其出入而納其餘會計也納入也入餘於職幣。會古外反後放此。

【重意】歲終則會其出入并見天官職幣

司門掌授管鍵以啓閉國門鄭司農云鍵讀爲蹇管謂籥也鍵謂牡。鍵其展反又其偃反鄭司農音蹇居免反籥羊略反幾出入不物者正其貨賄凡財物犯禁者舉

之不物衣服視古不与衆同及所操物不如品式者正讀爲征征税也犯禁謂商所不資者舉之没入官。征音征。重意幾出

入不物者司稽与其不物者、以其財養死政之老與其孤財所謂門關之委積也死政之

老死國事者之父母也孤其子祭祀之牛牲繫焉監門養之監門門徒。繫本又作毄音計

監古銜反生同凡歲時之門受其餘鄭司農云受祭門之餘凡四方之賓客

造焉則以告告謂至也告呈見於王而上客以俟造。造七到反注同

司關掌國貨之節以聯門市貨節謂商本所發司市之璽節也自外來者則案其節而書其

貨之多少通之國門國門通之司市自内出者司市爲之璽節通之國門國門通之關門參相聯以檢猾商。猾音滑司貨

賄之出入者掌其治禁與其征廛征廛者貨賄之税与所止邸舍也關下亦有邸

客舍其出布如市之廛。廛直吏反凡貨不出於關者舉其貨罰其人不出於關

謂從私道出辟税者則没其財而撻其人。辟音避一音芳益反凡所達貨賄者則以節傳

出之商或取貨於民間无璽節者至關關爲之璽節及傳出之其有璽節亦爲之傳傳如今移過所文書。傳張戀反注下皆

同國凶札則無關門之征猶幾鄭司農云凶謂凶年飢荒也札謂疾疫死亡也越人謂死

爲札春秋傳曰札瘥夭昬无關門之征若出入關門无租稅猶幾謂无租稅猶苛察不得令奸人出入孟子曰關譏而不征則天下之行旅皆說而願出於其塗○札側八反又音截瘥才何反疒病也苛呼多反又音何令力呈反說音悅凡四方之賓客敂關則爲之告謂朝聘者也敂關猶謁關人也鄭司農說以國語曰周之秩官有之曰敵國賓至關尹以告行理以節逆之○敂音叩苦狗反爲于僞反朝直遥反有外內之送令則以節傳出內之自外來者謂奉貢獻及文書以常事往來環人之職所送逆通賓客來至關則爲之節与傳以通之

掌節掌守邦節而辨其用以輔王命邦節者珍圭牙璋穀圭琬圭琰圭也王有命則別其節之用以授使者輔王命者執以行爲信○別彼列反下相別同使所吏反下之使往使節使者同守邦國者用玉節守都鄙者用角節謂諸侯於其國中公卿大夫王子弟於其采邑有命者亦自有節以輔之玉節之制如王爲之以命數爲小大角用犀角其制未聞凡邦國之使節山國用虎節土國用人節澤國用龍節皆金也以英蕩輔之使節使卿大夫聘於天子諸侯行道所執之信也土平地也山多虎平地多人澤多龍以金爲節鑄象焉必自以其國所多者於以相別爲信明也今漢有銅虎符杜子春云蕩當爲帑謂以函器盛此節或曰英蕩畫函○蕩如字又吐黨反帑吐黨反盛音成○重言山国用虎

節土国用人節澤国用龍節二秋官小行人一【重意】皆金也小行人皆以金爲之門關用符節貨賄用璽節道路用旌節皆有期以反節。門關司門司關也貨賄者主通貨賄之官謂司市也道路者主治五涂之官謂鄉遂大夫也凡民遠出至於邦国邦国之民若來入由門者司門爲之節由關者司關爲之節其商則司市爲之節其以徵令及家徒則鄉遂大夫爲之節唯時事而行不出關不用節也変司市言貨賄者玺節主以通貨賄貨賄非必由市或貿於民家焉変鄉遂言道路者容公邑及小都大都之吏皆主治五涂亦有民也符節者如今宫中諸官詔符也玺節者今之印章也旌節今使者所擁節是也將送者執此節以送行者皆以道里日時課如今郵行有程矣以防容奸擅有所通也凡節有法式藏於掌節。○郵音尤字從垂作郵誤。○【言】門關用符節道路用旌節二一見下行人【重】凡通達於天下者必有節以傳輔之必有節言遠行无有不得節而出者也輔之以傳者節爲信耳傳說所齎操及所適無節者有幾則不達國土内之遂人掌邦之野郊外曰野此野謂甸稍縣都以土地之圖經田野造縣鄙形體之灋五家爲鄰五鄰爲里四里爲酇五酇爲鄙五鄙爲縣五縣爲遂皆有地域溝樹之使各掌其政令

刑禁以歲時稽其人民而授之田野簡其兵器教之稼
穡經形體皆謂制分界也鄰里鄼鄙縣遂猶郊內比閭族黨州鄉也鄭司農云田野之居其比伍之名與國中異制故五家爲鄰
玄謂異其名者示相變耳遂之軍法追胥起徒役如六鄉○酇作管反後同分扶問反又如字下分制同比毗志反下同追如字劉
張類反○重言簡其兵器二前見旅師○重意使各掌其政令刑禁鄉師掌其戒令糾禁遂人亦掌其政令戒禁凡治野
以下劑致甿以田里安甿以樂昏擾甿以土宜教甿稼
穡以興鋤利甿以時器勸甿以彊予任甿以土均平政
變民言甿異外內也甿猶懵懵无知貌也致猶會也民雖受上田中田下田及會之以下劑爲率謂可任者家二人樂昏勸其昏姻
如媒氏會男女也擾順也時器鑄作耒耜錢鎛之屬彊予謂民有餘力復予之田若餘夫然政讀爲征土均掌均平其稅鄭大夫讀
鋤爲藉杜子春讀鋤爲助謂起民人令相佐助○甿亡耕反鋤音助李又音鉏強其良反懵本又作懜莫崩反又音蒙李武冰反猶
會古外反下一字同率音律又音類錢音翦劉音踐鎛音博復扶又反辨其野之土上地中地
下地以頒田里上地夫一廛田百晦萊五十晦餘夫亦
如之中地夫一廛田百晦萊百晦餘夫亦如之下地夫

一廛田百畮萊二百畮餘夫亦如之萊謂休不耕者鄭司農云戶計一夫一婦而賦之田其一戶有數口者餘夫亦受此田也廛居也揚子雲有田一廛謂百畮之居也玄謂廛城邑之居孟子所云五畮之宅樹之以桑麻者也六遂之民奇受一廛雖上地猶有萊皆所以饒遠也王莽時城郭中宅不樹者為不毛出三夫之布○令力呈反畮音畝萊音來數色主反奇居宜反○重言以頒田里二縣正一田百畮三餘夫亦如之二並見本章凡治野夫間有遂遂上有徑十夫有溝溝上有畛百夫有洫洫上有涂千夫有澮澮上有道萬夫有川川上有路以達于畿十夫二鄰之田百夫一酇之田千夫二鄙之田萬夫四縣之田遂溝洫澮皆所以通水於川也遂廣深各二尺溝倍之洫倍溝澮廣二尋深二仞徑畛涂道路皆所以通車徒於國都也徑容牛馬畛容大車涂容乘車一軌道容二軌路容三軌都之野涂與環涂同可也乃夫若方三十三里少半里九而方一同以南畮圖之則遂從溝橫洫從澮橫九澮而川周其外焉去山陵林麓川澤溝瀆城郭宮室涂巷三分之制其餘如此以至于畿則中雖有都鄙遂人盡主其地○畛之忍反酇音贊洫況域反澮古外反乘繩證反從子容反下同去起呂反盡津忍反以歲時登其夫家之衆寡及其六畜車輦辨其老幼廢疾與其施舍者以頒職作事以令貢賦

以令師田以起政役登成也猶定也夫家猶言男女也施讀為弛職謂民九職也分其農牧衡虞之職使民為其事也載師職云以物地事授地職互言矣貢九貢也賦九賦也政役出土徒役○施式氏反下施舍皆同政音征注同○【重言】與其施舍者三前見鄉師後見遂人大以令貢賦一小司徒一又而令貢賦大司徒以令地貢○【重意】以歲時登其夫家之衆寡遂大夫以歲時稽其夫家之衆寡人司徒以時稽其夫家衆寡辨其老幼廢疾見鄉師篇若起野役則令各帥其所治之民而至以遂之大旗致之其不用命者誅之役謂師田若有功作也遂之大旗熊虎凡國祭祀共野牲令野職共野牲入於牧人以待事也野職薪芻炭之屬凡賓客令脩野道而委積委積於廬宿市大喪帥六遂之役而致之掌其政令及葬帥而屬六綍及窆陳役致役致於司徒給墓上事及窆執綍者也綍舉棺索也葬舉棺者謂載與說時也用綍旁六執之者天子千人其千人陶陳役者主陳列之耳匠師帥監之鄉師以斧涖焉大喪之比棺殯啓朝及引六鄉役之載及窆六遂役之亦即遠相終始也鄭司農云窆謂下棺時遂人主陳役也禮記謂之封春秋謂之堋皆葬下棺也聲相似○屬音燭綍音弗窆籠劉音呂絹反窆也本作窆戚彼驗反與注相應與說始銳反人與音餘朝直遥反下同封彼驗反或如字堋補鄧反凡事致野役而師田作野民帥而

至掌其政治禁令治直吏反下治訟皆同

遂師各掌其遂之政令戒禁以時登其夫家之衆寡六畜車輦辨其施舍與其可任者經牧其田野辨其可食者周知其數而任之以徵財征作役事則聽其治訟施讀亦弛也經牧制田界與井也可食謂今年所當耕者也財征賦稅之事巡其稼穡而移用其民以救其時事移用其民使轉相助救時急事也四時耕耨歛艾發地之宜晚早不同又有天期地澤風雨之急○耨奴豆反艾音刈凡國祭祀審其誓戒共其野牲審亦聽也入野職野賦于玉府民所入貢賄以當九職九賦中玉府之用者賓客則巡其道脩庀其委積巡其道脩行治道路也故書庀為比鄭司農云比讀為庀庀具也○庀又作庀匹尔反具也劉畐美反一音方美反脩行下孟反大喪使帥其屬以幄帟先道野役及窆抱磨共丘籠及蜃車之役使以幄帟先者太宰也其餘司徒也幄帟先所以為葬窆之間先張神坐也道野役帥以至墓也丘籠之役窆器復土也其器曰籠蜃車柩路也柩路載柳四輪迫地而行有似於蜃因取名焉行至壙乃說更復載以龍輴蜃礼說

或作摶或作輇役謂執綍者鄭司農云抱磨磨下車也玄謂磨者適歷執綍者名也遂人主陳之而遂師以名行校之。磨劉音歷籠力董反蜃市軫反以為于偽反坐才卧反復音服或音福乃說始銳反或叶活反更復扶又反輴敕倫反傳市專反柔徒官反輇市專反適音的又音釋。重言使帥其屬六見天官地官春官夏官秋官序軍旅田獵平野民掌其禁令比敘其事而賞罰平謂正其行列部伍也鄭司農云比讀為庀。比敘匹小反出注行列戶剛反。重言掌其禁令五後見士均天官宰夫春官典祀夏官司弁師各一

遂大夫各掌其遂之政令以歲時稽其夫家之衆寡六畜田野辨其可任者與其可施舍者以教稼穡以稽功事掌其政令戒禁聽其治訟施讀為弛功事九職之事民所以為功業。重言辨其可任者二前見鄉師鄉大夫與其可施舍者四二前見鄉師遂人无可字以名稼穡二前見大司徒聽其獄訟五鄉師春官墓大夫秋官鄉士遂士各一。重言掌其政令戒禁鄉師掌其戒令糾禁遂人掌其戒令刑禁以歲時稽其夫家之衆寡前見大司徒遂人令為邑者歲終則會政致事不言其遂之吏而言為邑者容公邑及鄉大夫王子弟之采邑政令戒禁遂大夫亦施焉。重言歲終則會政致事二又見天官職幣正歲簡稼器脩稼政簡猶閱也

稼器耒耜鎡其之屬稼政孟春之月令所云皆脩封疆審端徑術善相丘陵阪險原隰土地所宜五穀所殖以教道民必躬親之。術音遂相息亮反道音導三歲大比則帥其吏而興甿明其有功者屬其地治者因甿率民賢者能者如六鄉之爲也興猶舉也屬猶聚也又因率吏治有功者白■聚勑其餘以戢事。比甿亡忘反下徵比及注同屬音燭聚也注同治直吏反凡爲邑者以四達戒其功事而誅賞廢興之四達者治民之事大通者有四夫家衆寡也六畜車輦也稼穡耕耨也旗鼓兵革也縣正各掌其縣之政令徵比以頒田里以分職事掌其治訟趨其稼事而賞罰之徵徵召也比案比○趣如字李倉句反本又作趨音促○重言以頒田里二一前見遂人而賞罰之四大宫內宰司閽氏本卷林衡各一若將用野民師田行役移執事則帥而至治其政令移執事移用其民鄭司農云耕耨相佐助。重言治其政令五小司徒鄉師里宰稍人各一既役則稽功會事而誅賞鄙師各掌其鄙之政令祭祀祭祀祭禁也○禁音詠凡作民則掌其戒令作民謂起役也。重言則掌其政令二一見夏官大司馬以時數其衆■而察其媺

地官下　四之十五

罰而誅賞。時，四時也。○數，色主反，下同。媺，音美。歲終則會其鄙之政而致事。重意見大宰、職幣。

酇長各掌其酇之政令，以時校登其夫家，比其衆寡，以治其喪紀祭祀之事。校，猶數也。若作其民而用之，則以旗鼓兵革帥而至。若歲時簡器，與有司數之。簡器，簡閱家器也。兵器亦存焉。有司，遂大夫。凡歲時之戒令皆聽之，趨其耕耨，稽其女功。聽之，受而行之也。女功，絲枲之事。○重言皆聽之一，後見稍師。趨其耕耨二，下篇。

里宰掌比其邑之衆寡與其六畜兵器，治其政令。邑，猶里也。○重言治其政令五，大司徒、鄉師、縣正、稍人各一。以歲時合耦于耡，以治稼穡，趨其耕耨，行其秩叙，以待有司之政令，而徵斂其財賦。考工記曰：耜廣五寸，二耜爲耦。此言兩人相助，耦而耕也。鄭司農云：耡讀爲藉。杜子春云：耡讀爲助，謂相佐助也。玄謂耡者，里宰治處也，若今街彈之室，於此合耦，使相佐助，因放而爲名。季冬之月令，命農師計耦耕事，脩耒耜，具田器，是其歲時與合人耦，則牛耦亦可知也。

秩敘受耦相佐助之次第。治處直吏反街音佳彈如字一音丹故譌方往反。重言趁其耕耨二上篇一行其秩敘二一見天官宮伯以待有司之政一令二一見天官典絲

鄰長掌相糾相受相糾相牽察凡邑中之政相贊長猶使相補助徙于他邑則從而授之從猶隨也授猶付也

旅師掌聚野之鋤粟屋粟閒粟野謂遠郊之外也鋤粟民相助作一井之中所出九夫之稅粟也屋粟民有田不耕所罰三夫之稅粟閒粟閒民無職事者所出一夫之征粟。閒音閑注同而用之以質劑致民平頒其興積施其惠散其利而均其政令而讀為若聲之誤也若用之謂恤民之艱阨委積於野如遺人於鄉里也以質劑致民案入稅者名會而貸之興積所興之積謂三年之粟也平頒之不得偏頗有多少野官徵聚物曰因與今云軍因是也是粟縣師徵之旅師斂之而用之以賙衣食曰惠以作事業曰利均其政令者皆以國服為之息。而用而音若出注積子賜反注同凡用粟春頒而秋斂之困時施之饑時收之凡新甿之治皆聽之使無征役以地之媺惡為之等新甿新徙來者也治謂有所求乞也使無征役復之也王制曰自諸侯來徙家期不從政以地美惡為之等十人以上授以上

地六口授以中地五口以下授以下地與舊民同旅師掌歛地之稍而又施惠散利以僑用新民焉。治內亦反注同復音福期音基上時掌反。重言皆聽之二　前見賈師

稍人掌令丘乘之政令丘乘四丘為甸甸讀與維禹敶之之敶同其訓曰乘由是改云是掌令都鄙修治井邑丘甸縣鄙之備除云丘甸者舉中言之備除之人名井別邑異則民之家數有焉。丘乘繩證反注丘乘曰乘丘甸井為甸甸讀禹敶之敶皆同音

若有會同師田行役之事則以縣師之灋作其同徒輂輦帥而以至治其政令以聽於司馬有軍旅會同田役之戒縣師受法於司馬邦國都鄙稍甸郊里唯司馬所調以其法作其眾庶及馬牛車輦會其車人之卒伍使皆備旗鼓兵器以帥而至是以書令之曰其所調若在家邑小都大都則稍人用縣師所受司馬之法作之以帥之以致於司馬也司徒司馬所調之同凡用役者不必一時皆徧以人數調之使勞逸遞焉。輂居録反卒伍子忽反調徒弔反下同徧音遍遞徒礼反又音弟本又作遞音釋。重言治其政令五大司徒鄉師縣正里宰各一

大喪帥蜃車與其役以至掌其政令以聽於司徒蜃車及役遂人共之稍人若野監是以帥而致之既夕礼曰既正柩賓出遂匠納車于階間則天子以至于士柩路皆從遂來。重言掌其政令十天官宮正宮伯職人酒人漿人春官小宗伯樂師夏官大司馬司右牧師

二二一

委人掌斂野之賦斂薪芻凡疏材木材凡畜聚之物野謂遠郊以外也所斂野之賦謂野之園圃山澤之賦也凡疏材草木有實者也凡畜聚之物瓜瓠葵芋禦冬之具也野之農賦遂師斂之工商嬪婦遂師以入王府其牧則遂師又以共野牲○斂力豔反畜許六反注同芋于附反以稍聚待賓客以甸聚待羇旅聚凡畜聚之物也故書甸作奇杜子春云奇當爲甸○聚俗裕反下文同凡其余聚以待頒賜○【重言】余當爲餘餘謂縣都畜聚之物以待頒賜凡二又見天官司裘篇以式灋共祭祀之薪蒸木材賓客共其芻薪喪紀共其薪蒸木材軍旅共其委積薪芻凡疏材共其野委兵器與其野囿財用式法故事之多少也薪蒸給炊及燎麄者曰薪細者曰蒸木材給張事委積薪芻者委積之薪芻也軍旅又有疏材以助禾粟野委謂廬宿止之薪芻也其兵器謂守禦陳兵之器也野囿之財用者苑囿藩羅之材○蘿音羅本亦作羅凡軍旅之賓客館焉館舍也必舍此者就牛馬之用

土均掌平土地之政以均地守以均地事以均地貢故讀

為征所平之稅邦國都鄙也地守虞衡之屬地事農圃之職地貢諸侯之九貢○之政音征出仕以和邦國都

鄙之政令刑禁與其施舍禮俗喪紀祭祀皆以地媺惡

為輕重之灋而行之掌其禁令施讀為弛也礼俗邦國都鄙民之所行先王舊礼也

君子行礼不求变俗隨其土地厚薄為之制豐省之節耳礼器曰礼也者合於天時設於地財順於鬼神合於人心理於万物○為

于偽反省所景反○重言掌其禁令四前見遂師天官宰夫春官典祀夏官弁師各一重意以大宰小宰大司徒大司樂以和邦國

草人掌土化之灋以物地相其宜而為之種土化之法化之使美若氾

勝之術也以物地占其形色為之種黄白宜以種禾之屬○相息亮反種章勇反注除種禾以外並同氾芳劍反李又音凡凡

糞種騂剛用牛赤緹用羊墳壤用麋渴澤用鹿鹹潟用

貆勃壤用狐埴壚用豕彊㯺用蕡輕爂用犬凡所以糞種者皆謂煑取

汁也赤緹縓色也渴澤故水處也潟鹵也貆貒也勃壤粉解者埴壚黏疏者彊㯺強堅者輕爂輕脆者故書騂為挈墳作盆杜子春

挈讀為騂謂地色赤而土剛強也鄭司農云用牛以牛骨汁漬其種也謂之糞種墳壤多盆鼠也壤白色蕡麻也玄謂墳壤潤解○

糞粉運反本亦作𡊅緹音低李他奚反又吐弟反墳扶粉反麋音眉渴其列反潟音昔一音鵲貆呼丸反又音丸李一音喜元反埴

時力反一音職壚音盧李一音閭彊其兩反注同檕本又作墍呼覽反劉音濫墳扶云反一音浦悶反爂孚照反李音婦堯反縓七絹反劉音鼻貒他官反貆胡貫反下同蚠符粉反

稻人掌稼下地以水澤之地種穀也謂之稼者有似嫁女相生以瀦畜水以防止水以溝蕩水以遂均水以列舍水以澮寫水以涉揚其芟作田鄭司農說豬防以春秋傳曰町原防規偃豬以列舍水列者非一道以去水也以涉揚其芟以其水寫故得行其田中舉其芟鉤也杜子春讀蕩為和蕩謂以溝行水也玄謂偃豬者畜流水之陂也防豬旁隄也遂田首受水小溝也列田之畦畤也澮田尾去水大溝作猶治也開遂舍水於列中因涉之揚去前年所芟之草而治田種稻○畜勑六反注同蕩如字李吐黨反列祿計反注同會古外反寫如字劉傷故反芟所銜反町徒頂反去起呂反下同畦劉音圭又下圭反畤音步

凡稼澤夏以水殄草而芟荑之殄病也絕也鄭司農說芟荑以春秋傳曰芟夷薀崇之今時謂禾下麥為荑下麥言芟刈其禾於下種麥也玄謂將以澤地為稼者必於夏六月之時大雨時行以水病絕草之後生者至秋水涸芟之明年乃稼○荑音夷薀紆粉反或憂羣反涸胡洛反

澤草所生種之芒種鄭司農云澤草之所生其地可種芒種芒種稻麥也○芒種章勇反注芒種同

旱暵共其雩斂稻人共雩斂稻急水者也鄭司農云雩事所發斂○暵呼

任反斂斂戚力歛反注同喪紀共其葦事葦以闉壙禦濕之物。闉音因

土訓掌道地圖以詔地事道說也說地圖九州形埶山川所宜告王以施其事也若云荊揚地宜稻幽并地宜麻。埶如字一本作槷李音及其氏三年反劉沈皆作褻音紀論反案注辨土所宜荊揚皆言穀幽并不應論獸紀倫之言恐非道地慝以辨地物而原其生以詔地求地慝若障蠱然也辨其物者別其所有所無原其生生有時也以此二者告王之求也地所無及物未生則不求也鄭司農云地慝地所生惡物害人者若虺蝮之屬。慝他得反別彼列反虺許鬼反蝮芳目反王巡守則夾王車巡循行視所守也天子以四海為守○行下孟反。【重言】王巡守則夾王車二下篇

誦訓掌道方志以詔觀事說四方所識久遠之事以告王觀博古所識若魯有大庭氏之庫殽之二陵掌道方慝以詔辟忌以知地俗方慝四方言語所惡也不辟其忌則其方以為苟於言語也知地俗博事也鄭司農云以詔辟忌不違其俗也曲禮曰君子行禮不求變俗。辟音避注同惡烏路反王巡守則夾王車【重言】見上篇

山虞掌山林之政令物為之厲而為之守禁物為之厲每物有蕃界也

爲之守禁爲守者設禁令也守者謂其地之民占伐林木者也鄭司農云厲遮列守之○爲守者于僞反下爲之同仲冬斬
陽木仲夏斬陰木鄭司農云陽木春夏生者陰木秋冬生者松栢之屬玄謂陽木生山南者陰木生山北
者冬斬陽夏斬陰堅濡調○濡如兗反又音需凡服耜斬季材以時入之季猶穉也服與耜宜
用穉材尚柔忍也服牝服車之材○忍音刃【重言】以時入之二後見掌炭天官甸師令萬民時斬材有
期日時斬材斬材之時也有期日入出有日數爲久尽物凡邦工入山林而掄材不禁
掄猶擇也不禁者山林國之有不拘日也○掄憎門反又音倫拘音俱本亦作枸音同春秋之斬木不入
禁非冬夏之時不得入所禁之中斬木也斬四野之木可凡竊木者有刑罰也竊音切若祭
山林則爲主而脩除且蹕爲主主辦護之也脩除治道路場壇○壇徒丹反或音禪若大
田獵則萊山田之野及弊田植虞旗于中致禽而珥焉
萊除其草萊也弊田田者止也植猶樹也田止樹旗令獲者皆致其禽而校其耳以知獲數也山虞有旗以其主山得畫熊虎其仞
數則短也鄭司農云珥者取禽左耳以效功也大司馬職曰獲者取左耳○植時力反又音值珥如志反又音耳○【重言】若大田獵及
弊田二見澤虞

林衡掌巡林麓之禁令而平其守平其守者平其地之民守林麓之部分。麓音鹿。分扶問反下同。重言而平其守二一見下篇以時計林麓而賞罰之計林麓者計其守之功也林麓蕃茂民不盜竊則有賞不則罰之。蕃扶袁反。重言而賞罰之四前見縣正天官内宰脩閭氏若斬木材則受灋于山虞而掌其政令法乃民入出時日之期。重言而掌其政令二一見秋官司隸

川衡掌巡川澤之禁令而平其守以時舍其守犯禁者執而誅罰之舍其守者時案視守者於其舍申戒之。重言而平其守二一上篇一祭祀賓客共川奠川奠籩豆之實魚鱐蜃蛤之屬。奠音電下同鱐所留反蜃上忍反蛤古合反

澤虞掌國澤之政令為之厲禁使其地之人守其財物以時入之于玉府頒其餘于萬民其地之人占取澤物者因以部分使守之以時入之于玉府謂皮角珠貝也入之以當邦賦然後得取其餘以自為也入出亦有時日之期。當丁浪反後文皆同為于偽反下注同。重言為之禁厲二下見迹人卝人凡祭祀賓客共澤物之奠澤物之奠亦籩豆之實芹茆菱芡之屬。芹音勤茆音卯菱音陵芡音儉。重言凡祭祀賓客九場人師氏保氏天官獻人外府内司服春官小宗伯喪

紀其葦蒲之事葦以闔廧蒲以爲席若大田獵則萊澤野及弊田植虞旌以屬禽屬禽猶致禽而珥焉澤虞有旌以其主澤澤鳥所集故得注析羽。重言若大田獵及弊田二前見山虞

迹人掌邦田之地政爲之厲禁而守之田之地若今苑也。重言爲之厲禁而守之二下篇一又上篇爲之厲禁凡田獵者受令焉令謂時與處也禁麛卵者與其毒矢射者爲其夭物且害心多也麛弭麛藥彈子。麛音迷卵力管反

丱人掌金玉錫石之地而爲之厲禁以守之錫鈏也。丱華猛反又號猛反劉侯猛反又江猛反錫星歷反鈏以忍反劉常忍反。重言而爲之禁厲以守之二一見上篇以作而若以時取之則物其地圖而授之物地占其形色知鹹淡也授之教取者之處。啖直覽反本亦作淡巡其禁令行其禁明其令

角人掌以時徵齒角凡骨物於山澤之農以當邦賦之政令山澤出齒角骨物大者犀象其小者麋鹿。重言以當邦賦之政令二角人掌葛各一以度量受之

以共財用謂入染染者受之以量其餘以度度所中○染戶瞰反度度上如字下待洛反

羽人掌以時徵羽翮之政于山澤之農以當邦賦之政令翮羽本○翮戶革反○邦賦之政令二前篇後篇各一重言以當凡受羽十羽爲審百羽爲摶十摶爲縳審摶縳羽數束名也尔雅曰一羽謂之箴十羽謂之縳百羽謂之緷其名音相近也一羽有名蓋失之矣○摶除轉反注同劉徒端反縳劉古本反沈除轉反箴之林反緷古本反及劉音渾一音戶本反李又其逺反近附近之近

掌葛掌以時徵絺綌之材于山農凡葛征徵草貢之材于澤農以當邦賦之政令草貢出澤萯紵之屬可緝績者○萯苦迥反緝七入反○重言以當邦賦之政令前見角人羽人以權度受之以知輕重長短也故書受或爲授杜子春云當爲受○重言以權度受之二後見掌染草掌炭

掌染草掌以春秋斂染草之物染草茅蒐橐蘆豕首紫茢之屬○茅如字劉音妹蒐所留反茅蒐蒨也橐音託又音如茢音列劉閭計反或音例以權量受之以待時而頒之權量以知輕重多少時染夏之時○染夏如琰反○重言以權量受之二上篇下篇各一

掌炭掌灰物炭物之徵令以時入之灰炭皆山澤之農所出也灰給澣練炭之所共多○重言以時入之前見山虞天官甸人以權量受之以共邦之用凡炭灰之事重言以權量受之三一見上篇

掌荼掌以時聚荼以共喪事共喪事者以著物也既夕禮曰茵著用荼徵野疏材之物以待邦事凡畜聚之物荼茅莠疏材之類也因使掌焉徵若徵於山澤入於委人○畜勑六反莠音秀劉音酉○重言以待邦事凡一前見天官掌皮篇

掌蜃掌斂互物蜃物以共闉壙之蜃互物蚌蛤之屬闉猶塞也將井椁先塞下以蜃御溼也鄭司農說以春秋傳曰始用蜃炭言僭天子也○互户故反蚌蒲項反御魚呂反本亦作禦祭祀共蜃器之蜃飾祭器之屬也鬯人職曰凡四方山川用蜃器春秋定十四年秋天王使石尚來歸蜃蜃之器以蜃飾因名焉鄭司農云蜃可以白器令色白○白器如字劉蒲薄反共白盛之蜃盛猶成也謂飾牆使白之蜃也今東萊用蛤謂之叉灰云

囿人掌囿遊之獸禁囿遊囿之離宮小苑觀處也養獸以宴樂視之禁者其蕃衛也鄭司農云囿游

之獸游牧之獸。觀古乱反樂音洛牧百獸。備養衆物也。今掖庭有鳥獸，自熊虎孔雀至於狐狸鳬鶴備焉。○鶴戶各反，又作鸖。古乱反。祭祀、喪紀、賓客，共其生獸、死獸之物。

場人掌邦國之場圃，而樹之果蓏珍異之物，以時斂而藏之。果，棗李之屬。蓏，瓜瓠之屬。珍異，蒲桃、枇杷之屬。○枇，蒲梨反，或房迷反。杷，白加反。凡祭祀、賓客，共其果蓏，享亦如之。享納牲。○享，許丈反，劉凡享皆音向，後放此。重言凡祭祀賓客九，詳見天官外府篇。

廩人掌九穀之數，以待國之匪頒、賙賜、稍食。匪讀爲分。分頒謂委人之職諸委積也。賙賜謂王所賜予給好用之式也。稍食，祿廩。○匪，劉上音分，亦如字，下皆放。食音嗣，注同。好，呼報反。以歲之上下數邦用，以知足否，以詔穀用，以治年之凶豐。數猶計也。○上下，時掌反，同蒙職同。數，色主反，注同。凡萬民之食食者，人四鬴，上也；人三鬴，中也；人二鬴，下也。此皆謂一月食米也。六斗四升曰鬴。若食不能人二鬴，則令邦移民就穀，詔王殺邦用。就穀，就都鄙之有者。殺猶減也。○殺，所界反，下注同。凡邦有會同師役之事，則治其糧與其食。行道曰糧，謂糒也。止居曰食，謂米也。糒音備大祭祀則共其接盛接讀爲壹扱再祭之扱扱以受舂人舂之大祭祀之穀藉田之收藏於神倉者也不以給小用。接依注音扱扱初洽反劉初輒反又差及反李音臿創洽反

舍人掌平宮中之政分其財守以灋掌其出入政謂用穀之政也分其財守者計其用穀之數分送宮正內宰使守而領之也而行出於廩入其有空缺則計之還送入凡祭祀共簠簋實之陳之。方曰簠圓曰簋盛黍稷稻粱器簠音甫或音蒲李又方于反賓客亦如之共其禮車米筥米芻禾禮致饔餼之禮。筥居吕反又音吕喪紀共飯米熬穀飯所以實口不忍虛也君用粱大夫用稷士用粱皆四升實者唯盈熬穀者錯于棺旁所以惑蚍蜉也喪大記曰熬君四種八筐大夫三種六筐士二種四筐加魚腊焉。飯扶晚反注同熬五羔反錯七故反蚍鼻夷反蜉音浮種章勇反以歲時縣種稑之種以共王后之春獻種縣之若欲其風氣燥達也鄭司農云春王當耕于藉則后獻其種也后獻其種見內宰職。縣音玄注上下同種稑直龍反下音六司稼職同見賢遍反掌米粟之出入辨其物九穀六米別爲書。辨其物十餘見小司徒【重言】歲終則會計其政政用穀之多少

倉人掌粟入之藏（九穀盡藏焉以粟爲主○辨）辨九穀之物以待邦用若穀不足則止餘灋用有餘則藏之以待凶而頒之（止猶殺也殺餘法用謂道路之委積所以豐優賓客之屬）凡國之大事共道路之穀積食飲之具（大事謂喪戎○【重言】凡國之大事見小司徒秋官大司寇野廬氏各）

司祿（闕）

司稼掌巡邦野之稼而辨穜稑之種周知其名與其所宜地以爲灋而縣于邑閭（閭猶徧也徧知種所宜之地縣以示民後年種穀用爲法也○穜章勇反注种種同徧音遍下同）巡野觀稼以年之上下出斂灋（斂法者豐年從正凶荒則損若今十傷二三實除減半○斂力驗反注同）掌均萬民之食而賙其急而平其興（均謂度其多少賙稟其艱阨興所徵賦○度待洛反）

舂人掌共米物（米物言非一米）祭祀共其齍盛之米（齍盛謂黍稷稻粱之屬可盛以爲簠簋○齍音咨資注同本亦作粢）賓客共其牢禮之米（謂可以實筐筥）凡饗食共其

其食米饗食有食米則饗禮兼燕與食饗食音嗣注燕與食及饎人職同。掌凡米事

饎人掌凡祭祀共盛炊而共之○饎昌志反。共王及后之六食六食六穀之飯凡賓客共其簠簋之實○謂致飱饔飱音孫饗食亦如之

槁人掌共內外朝冗食者之食外朝司寇斷獄弊訟之朝也今司徒府中有百官朝會之殿云天子與丞相舊決大事焉是外朝之存者與內朝路門外之朝也冗食者謂留治文書若今尚書之屬諸直上者○槁苦報反朝直遙反注同冗如勇反之食音嗣斷丁亂反弊必世反相息亮反者與音餘尚音常又時掌反直上時掌反若饗耆老孤子士庶子共其食士庶子卿大夫士之子弟宿衛王宮者

掌豢祭祀之犬養犬豕曰豢不於饎人言其共至尊雖其潘瀾戔餘不可褻也○豢音患潘芳袁反本或作藩音同瀾郎旦反戔音賤本亦作殘褻息列反

纂圖互註周禮卷第四

纂圖互註周禮卷第五

春官宗伯第三　　周禮　　鄭氏註

惟王建國辨方正位體國經野設官分職以爲民極乃立春官宗伯使帥其屬而掌邦禮以佐王和邦國禮謂曲禮五吉凶賓軍嘉其別三十有六鄭司農云宗伯主禮之官故書堯典曰帝曰咨四岳有能典朕三禮僉曰伯夷帝曰俞咨伯汝作秩宗宗官又主鬼神故國語曰使名姓之後能知四時之生犧牲之物玉帛之類采服之儀彝器之量次主之度屏攝之位壇場之所上下之神祇氏姓之所出而率舊典者爲之宗春秋禘于大廟躋僖公而傳曰夏父弗忌爲宗人又曰使宗人釁夏獻其禮禮特牲曰宗人升自西階視壺濯及豆籩然則唐虞歷三代以宗官典國之禮與其祭祀漢之大常是也。僉七潛反皆也俞羊朱反然也李一音由毋敭音役氏姓如字劉音紙大廟音泰下放此躋本又作躋子兮反升也父音甫釁許覲反。重言五重意五前見天官地官後見夏官秋官。以佐王和邦國二　太宗伯一

禮官之屬大宗伯卿一人小宗伯中大夫二人肆師下大夫四人上士八人中士十六人旅下士三十有二

人府六人史十有二人胥十有二人徒百有二十人肆猶陳也肆師佐宗伯陳列祭祀之位及牲器粢盛

鬱人下士二人府一人史一人徒八人鬱鬱金香草宜以和鬯【鬱】於物反

鬯人下士二人府一人史一人徒八人鬯釀秬為酒芬香條暢於上下也秬如黑黍一稃二米【鬯】敕亮反【秬】其許可反及李其丕反【稃】音孚

雞人下士一人史一人徒四人

司尊彝下士二人府四人史二人胥二人徒二十人彝亦尊也鬱鬯曰彝彝法也言為尊之法也

司几筵下士二人府二人史一人徒八人筵亦席也鋪陳曰筵藉之曰席然其言之筵席通矣【鋪】普吳反又音孚【藉】在夜反

天府上士一人中士二人府四人史二人胥二人徒二十人府物所藏言天者尊此所藏若天物然

典瑞中士二人府二人史二人胥一人徒十人瑞節信也典瑞若今符璽郎

典命中士二人府二人史二人胥一人徒十人命謂王遷秩羣臣之書

司服中士二人府二人史一人胥一人徒十人

典祀中士二人下士四人府二人史二人胥四人徒四十人

守祧奄八人女祧每廟二人奚四人遠廟曰祧周為文王武王廟遷主藏焉奄如今之宦者女祧女奴有才知者天子七廟三昭三穆奚女奴也○祧他堯反奄於撿反劉於驗反為于偽反知音智昭音上招反說文作佋

世婦每宮卿二人下大夫四人中士八人女府二人女史二人奚十有六人世婦后宮官也王后六宮漢始大長秋詹事中少府大僕亦用士人女府女

史女奴有才知者。[少]詩照反

內宗凡內女之有爵者（內女王同姓之女謂之內宗有爵其嫁於大夫及士者凡無常數之言）

外宗凡外女之有爵者（外女王諸姑姊妹之女謂之外宗）

冢人下大夫二人中士四人府二人史四人胥十有二人徒百有二十人（冢封土爲丘壠象冢而爲之）

墓大夫下大夫二人中士八人府二人史四人胥二十人徒二百人（墓冢塋之地孝子所思慕之處塋音營）

職喪上士二人中士四人下士八人府二人史四人胥四人徒四十人（職主也）

大司樂中大夫二人樂師下大夫四人上士八人下士十有六人府四人史八人胥八人徒八十人（大司樂樂官之長○[長]丁丈反後皆放此）

大胥中士四人小胥下士八人府二人史四人徒四十人胥有才知之稱禮記文王世子曰小樂正學干大胥佐之○胥尺諸反

大師下大夫二人小師上士四人瞽矇上瞽四十人中瞽百人下瞽百有六十人眡瞭三百人府四人史八人胥十有二人徒百有二十人凡樂之歌必使瞽矇爲焉命其賢知者以爲大師小師晉杜蒯云曠也大師也眡讀爲虎眡之眡瞭目明者鄭司農云無目眹謂之瞽有目眹而無見謂之矇有目無眸子謂之瞍○矇音蒙眡音視鄭常至反瞭音了又力小反字林同云明也杜蒯如字劉音苦怪反眹直忍反本又作䏚或作眣劉又音䏲瞍本又作叟素口反說文云無目也字林云目有眹無珠子也沂幺反

典同中士二人府一人史一人胥二人徒二十人同陰律也不以陽律名官者因其先言耳書曰協時月正日同律度量衡大師職曰執同律以聽軍聲

磬師中士四人下士八人府四人史二人胥四人徒四十人

鍾師中士四人下士八人府二人史二人胥六人徒六十人

笙師中士二人下士四人府二人史二人胥一人徒十人

鎛師中士二人下士四人府二人史二人胥二人徒二十人。鎛如鍾而大 鎛音博

韎師下士二人府一人史一人舞者十有六人徒四十人 鄭司農說以明堂位曰韎東夷之樂讀如味食飲之味杜子春讀韎爲味菋荎著之菋玄謂讀如韎韐之韎。韎莫拜反劉音妹 味食飲之味如字又莫介反 菋莫戒反又音味 荎直基反劉直梨反李音姪 著直居反李張慮反 韐古洽反又音閤

旄人下士四人舞者衆寡無數府二人史二人胥二人徒二十人 旄旄牛尾舞者所持以指麾

籥師中士四人府二人史二人胥二人徒二十人 籥舞者所

以春秋宣八年壬午猶繹萬入去籥傳曰去其有聲者廢其無聲者詩云左手執籥右手秉翟。〔籥〕餘若反〔繹〕音亦祭之明日又祭也字書作襗〔去〕起呂反下同

籥章中士二人下士四人府一人史一人胥二人徒二十人籥章吹籥以爲詩章

鞮鞻氏下士四人府一人史一人胥二人徒二十人鞻讀如屨也鞮屨四夷舞者所扉也今時倡蹋鼓沓行者自有扉。〔鞮〕丁兮反許慎云履也〔鞻〕九具反又力具反呂忱云鞮革履也鞻者鞮鞻〔扉〕房味反〔蹋〕徒臘反李雪臘反〔沓〕他荅反又如字

典庸器下士四人府四人史二人胥八人徒八十人庸功也鄭司農云庸器有功者鑄器銘其功春秋傳曰以所得於齊之兵作林鍾而銘魯功焉

司干下士二人府二人史二人徒二十人干舞者所持謂楯也春秋傳曰萬者何干舞也。〔楯〕食允反又音允

大卜下大夫二人卜師上士四人卜人中士八人下士

十有六人府二人史二人胥四人徒四十人〔問龜曰卜大卜卜筮官之長〕

龜人中士二人府二人史二人工四人胥四人徒四十人〔工取龜攻龜〕

菙氏下士二人史一人徒八人〔燋焌用荆菙之類。菙時髓反燋哉灼反焌音俊又子寸反〕

占人下士八人府一人史二人徒八人〔占蓍龜之卦兆吉凶。蓍音尸〕

簭人中士二人府一人史二人徒四人〔問蓍曰簭其占易〕

占夢中士二人史二人徒四人

眡祲中士二人史二人徒四人〔祲陰陽氣相侵漸成祥者。魯史梓慎云吾見赤黑之祲。祲子鴆反李且荏反〕

大祝下大夫二人上士四人小祝中士八人下士十有六人府二人史四人胥四人徒四十人〔大祝祝官之長〕

喪祝上士二人中士四人下士八人府二人史二人胥

四人徒四十人

甸祝下士二人府一人史一人徒四人甸之言田也田狩之祝○甸音電後不音者同

詛祝下士二人府一人史一人徒四人詛謂祝之使沮敗也○詛側慮反祝之又反沮在呂反沈音叙

司巫中士二人府一人史一人胥一人徒十人司巫巫官之長

男巫無數女巫無數其師中士二人府二人史四人胥四人徒四十人巫能制神之處位次主者

大史下大夫二人上士四人小史中士八人下士十有六人府四人史八人胥四人徒四十人大史史官之長

馮相氏中士二人下士四人府二人史四人徒八人馮乘也相視也世登高臺以視天文之次序天文屬大史月令曰乃命大史守典奉法司天日月星辰之行宿離不貸○馮音憑相息亮反

保章氏中士二人下士四人府二人史四人徒八人保守也世守天文之變（反注同宿劉息就反一音夙　離力計反貸吐得反或音二）

内史中大夫一人下大夫二人上士四人中士八人下士十有六人府四人史八人胥四人徒四十人

外史上士四人中士八人下士十有六人胥二人徒二十人

御史中士八人下士十有六人其史百有二十人府四人胥四人徒四十人御猶侍也進也其史百有二十人以掌贊書人多也

巾車下大夫二人上士四人中士八人下士十有六人府四人史八人工百人胥五人徒五十人巾猶衣也巾車車官之長○車如字劉居轝反衣於既反

典路中士二人下士四人府二人史二人胥二人徒二十人路王之所乘車

車僕中士二人下士四人府二人史二人胥二人徒二十人

司常中士二人下士四人府二人史二人胥四人徒四十人司常主旌旗

都宗人上士二人中士四人府二人史四人胥四人徒四十人都謂王子弟所封及公卿所食邑

家宗人如都宗人之數家謂大夫所食采邑

凡以神士者無數以其藝爲之貴賤之等以神士者男巫之俊有學問才知有藝謂禮樂射御書數高者爲上士次之爲中士又次之爲下士

大宗伯之職掌建邦之天神人鬼地示之禮以佐王建

保邦國建立也立天神地祇人鬼之禮者謂祀之祭之享之禮吉禮是也保安也所以佐王立安邦國者主謂凶禮賓禮軍禮嘉禮也自吉禮於上承以立安邦國者互以相成明尊鬼神重人事。示音祇本或作祇下神示地示之例皆倣此下卷亦然。佐本或作左音同。享許丈反又後不音者同以吉禮事邦國之鬼神示事謂祀之祭之享之故書吉或爲告杜子春云書爲告礼者非是當爲吉礼書亦多爲吉禮吉禮之別十有二以禋祀祀昊天上帝以實柴祀日月星辰以槱燎祀司中司命飌師雨師禋之言煙周人尚臭煙氣之臭聞者槱積也詩曰芃芃棫樸薪之槱之三祀皆積柴實牲體焉或有玉帛燔燎而升煙所以報陽也。鄭司農云昊天天也上帝玄天也昊天上帝樂以雲門實柴實牛柴上也故書實柴或爲賓柴司中三能三階也司命文昌宮星風師箕也雨師畢也。玄謂昊天上帝冬至於圓丘所祀天皇大帝星謂五緯辰謂日月所會十二次司中司命文昌第五第四星或曰中能上能也。祀五帝亦用實柴之禮云。【禋】音因李又音煙【槱】羊九反本亦作楢音同積也【燎】良召反【飌】音風【芃】薄工反一音房逢反【棫】音域【樸】音卜【能】他來反下同圜于權反。【重言】祀昊天上帝二司服一。祀日月星辰二典瑞冬官玉人各一以血祭祭社稷五祀五嶽以貍沈祭山林川澤以疈辜祭四方百物不言祭地此皆地祇祭地可知也陰祀自血起貴氣臭也社稷土穀之神有德者配食焉共工氏之子曰句龍

食於社。有厲山氏之子曰柱，食於稷。湯遷之而祀棄。故書祀作禩，
䵠爲罷。鄭司農云：禩當爲祀，書亦或作祀。五祀，五色之帝於王者
宮中曰五祀。罷辜，披磔牲以祭，若今時磔狗祭以止風。玄謂此五
祀者，五官之神在四郊，四時迎五行之氣於四郊，而祭五德之帝，
亦食此神焉。少昊氏之子曰重，爲句芒，食於木；該爲蓐收，食於金；
脩及熙爲玄冥，食於水。顓頊氏之子曰黎，爲祝融、后土，食於火土。
五嶽，東曰岱宗，南曰衡山，西曰華山，北曰恒山，中曰嵩高山。不見
四竇者，四竇，五嶽之匹，或省文。祭山林曰埋，川澤曰沈，順其性之
含藏。䴗，䴗牲胷也。䴗而磔之，謂磔攘及蜡祭。郊特牲曰：八蜡以記
四方。四方年不順成，八蜡不通，以謹民財也。又曰：蜡之祭也，主先
嗇而祭司嗇也。祭百種以報嗇也。享農及郵表畷、禽獸，仁之至，義
之盡也。○貍，亡皆反，劉莫拜反。沈，如字，劉直蔭反。䴗，孚逼反，一音
方麥反。共，音恭。句，古侯反，下同。屬，如字，本或作烈。禩，音祀，又作祀。
罷，如字，一音芳皮反。磔，張格反。食，音嗣，下食宗族同。少，詩照
反，下少昊同。重，直龍反。該，古來反。蓐，音辱，等同。不見，賢遍反，此內不
音者同。竇，音獨，今亦作瀆，下同。省，所景反。磔攘，如羊反。蜡，士詐反。
種，章勇反。郵，有牛反。畷，音綴，井田間道，
左思吳都賦云畛畷無數，又陟劣反。以肆獻祼享先王，以
饋食享先王，以祠春享先王，以禴夏享先王，以嘗秋享
先王，以烝冬享先王。宗廟之祭，有此六享。肆獻祼、饋食在四
時之上，則是祫也，禘也。肆者，進所解牲
體，謂薦孰時也。獻，獻醴，謂薦血腥也。祼之言灌，灌以鬱鬯，謂始獻
尸求神時也。郊特牲曰：魂氣歸于天，形魄歸于地，故祭所以求諸

陰陽之義也。殷人先求諸陽，周人先求諸陰，灌是也。祭必先灌，乃後薦腥薦孰。於祫逆言之者，與下共文，明六享俱然。祫言肆獻祼，禘言饋食者，著有黍稷，互相備也。魯礼，三年喪畢而祫於大祖，明年春禘於羣廟。自尒以後，率五年而再殷祭，一祫一禘。○肆，他歷反。解骨體。祼，古亂反。瀹，餘若反。烝，之承反。祫，户夾反。率五，音律，又音類。

以凶禮哀邦國之憂，哀謂救患分烖。凶禮之別有五。

以喪禮哀死亡，哀謂親者服焉，疏者含襚。○含，户暗反，本亦作唅。襚音遂。

以荒禮哀凶札，荒，人物有害也。曲禮曰：歲凶，年穀不登，君膳不祭肺，馬不食穀，馳道不除，祭事不縣，大夫不食粱，士飲酒不樂。札讀爲截謂疫厲。○札，如字，又音截。縣音玄。

以弔禮哀禍烖，禍烖，謂遭水火。宋大水，魯莊公使人弔焉，曰：天作淫雨，害於粢盛，如何不弔。廐焚，孔子拜鄉人爲火來者，拜之，士一，大夫再，亦相弔之道。○爲火，于僞反。下荀偃爲同。

以禬禮哀圍敗，同盟者合會財貨，以更其所喪。春秋襄三十年冬，會于澶淵，宋災故，是其類。○禬，劉户外反，徐古外反。更音庚，下同。喪，息浪反。澶，善然反。

以恤禮哀寇亂，恤，憂也。鄰國相憂。兵作於外爲寇，作於內爲亂。

以賓禮親邦國，親謂使之相親附。賓礼之別有八。

春見曰朝，夏見曰宗，秋見曰覲，冬見曰遇，時見曰會，殷見曰同，此六禮者，以諸侯見王爲文。六服之內，四方以時分來，或朝春，或宗夏，或覲秋，或遇冬，名殊禮異，更遞而徧。朝猶朝也，欲其來之早。宗，尊也，欲其尊王。覲之言勤也，欲其勤王之事。

遇偶也欲其若不期而俱至時見者言無常期諸侯有不順服者王將有征討之事則既朝覲王爲壇於國外合諸侯而命事焉春秋傳曰有事而會不協而盟是也殷猶衆也十二歲王如不巡守則六服盡朝朝禮既畢王亦爲壇合諸侯以命政焉所命之政如王巡守殷見四方四時分來終歲以徧○曰朝直遥反注下不出者皆同遍音守徧音遍下同猶朝張遥反時聘曰問殷覜曰視時聘者亦無常期天子有事乃聘之焉竟外之臣既非朝歲不敢瀆爲小禮殷覜謂一服朝之歲以朝者少諸侯乃使卿以大禮衆聘焉一服朝在元年七年十一年○覜他弔反一音他堯反竟音境以軍禮同邦國同謂威其不協僭差者軍禮之別有五○僭子念反沈創林反差初佳反沈初宜反大師之禮用衆也用其義勇大均之禮恤衆也均其地政地守地職之賦所以憂民大田之禮簡衆也古者因田習兵閱其車徒之數○閱音悅大役之禮任衆也築宮邑所以事民力强弱大封之禮合衆也正封疆溝涂之固所以合聚其民○疆居良反以嘉禮親萬民嘉善也所以因人心所善者而爲之制嘉禮之別有六以飲食之禮親宗族兄弟親者使之相親人君有食宗族飲酒之禮所以親之也文王世子曰族食世降一等大傳曰繫之以姓而弗別綴之以食而弗殊百世而昏姻不通者周道然也○不別音彼列反以昏冠之禮親成男女親其恩成其性○冠古亂反以賓

射之禮親故舊朋友射禮雖王亦立賓主也王之故舊朋友爲世子時共在學者天子亦有友諸侯
之義武王誓曰我友邦冢君是也司寇職有議故之辟議賓之辟以饗燕之禮親四方之賓
客賓客謂朝聘者以脤膰之禮親兄弟之國脤膰社稷宗廟之肉以賜同姓之國同福
祿也兄弟有共先王者魯見定公十四年天王使石尚來歸脤。脤上忍反膰音煩以賀慶之禮親異姓
之國異姓王昏姻甥舅以九儀之命正邦國之位每命異儀貴賤之位乃正春秋傳曰
名位不同禮亦異數壹命受職始見命爲正吏謂列國之士於子男爲大夫王之下士亦一命鄭司農云受職治職
事。見命如字下士相見同再命受服鄭司農云受服受祭衣服爲上士玄謂此受玄冕之服列國之大夫再命
於子男爲卿卿大夫自玄冕而下如孤之服王之中士亦再命則爵弁服三命受位鄭司農云受下大夫之位玄謂
此列國之卿始有列位於王爲王之臣也王之上士亦三命四命受器鄭司農云受祭器爲上大夫玄謂此公之
孤始得有祭器者也禮運曰大夫具官祭器不假聲樂皆具非禮也王之下大夫亦四命五命賜則鄭司農云則者
法也出爲子男玄謂則地未成國之名王之下大夫四命出封加一等五命賜之以方百里二百里之地者方三百里以上爲成國王
莽時以二十五城爲則方五十里合今俗說子男之地獨劉子駿等識古有此制焉。以上時掌反六命賜官鄭司

農云子男入爲卿治一官也玄謂此王之六命之卿賜官者使得自置其臣治家邑如諸侯春秋襄十八年冬晉侯以諸侯圍齊荀偃
爲君禱河既陳齊侯之罪而曰曾臣彪將率諸侯以討焉其官臣偃實先後之○彪甫休反先悉薦反下先時同後胡豆反　七
命賜國王之卿六命出封加一等者鄭司農云出就侯伯之國　八命作牧謂侯伯有功德者加命得
專征伐於諸侯鄭司農云州之牧王之三公亦八命　九命作伯上公有功德者加命爲二伯得征五侯九伯者
鄭司農云長諸侯爲方伯　以玉作六瑞以等邦國等猶齊等也○重言以等邦國一見大司馬
○重意下文以玉作六器　王執鎮圭鎮安也以安四方鎮圭者蓋以四鎮之山爲瑑飾圭長尺有二寸○瑑直轉反
○重意典瑞王晉大圭執鎮圭秋官小行人王用鎮圭　公執桓圭公二王之後及王之上公雙植謂之桓桓宮室
之象所以安其上也桓圭蓋亦以桓爲瑑飾圭長九寸　侯執信圭伯執躬圭信當爲身聲之誤也
身圭躬圭蓋皆象以人形爲瑑飾文有麤縟耳欲其愼行以保身圭皆長七寸○信音身縟音辱行下孟反　子執穀
璧男執蒲璧穀所以養人蒲爲席所以安人二玉蓋或以穀爲飾或以蒲爲瑑飾璧皆徑五寸不執圭者未成国
也○重言公執桓圭侯執信圭伯執躬圭子執穀璧男執蒲璧二處見典瑞又見秋官小行人執字作用字○重意見大行人　以
禽作六摯以等諸臣摯之言至所執以自致○摯音至本或作贄　孤執皮帛卿

執羔大夫執鴈士執雉庶人執鶩工商執雞皮帛者束帛而表以皮為之飾皮虎豹皮帛如今璧色繒也羔小羊取其群而不失其類鴈取其候時而行雉取其守介而死不失其節鶩取其不飛遷雞取其守時而動曲禮曰飾羔鴈者以繢謂衣之以布而又畫之者自雉以下執之無飾士相見之禮卿大夫飾摯以布不言繢此諸侯之臣與天子之臣異也然則天子之孤飾摯以虎皮公之孤飾摯以豹皮與此孤卿大夫士之摯皆以爵不以命數凡摯無庭實○鶩音木介音界或作分扶問反繢胡對反衣於既反○重言孤執皮帛卿執羔大夫執鴈一見官射人

以玉作六器以禮天地四方禮謂始告神時薦於神坐書曰周公植璧秉圭是也○坐才卧反後神坐放此植音值又時力反又音置

以蒼璧禮天以黃琮禮地以青圭禮東方以赤璋禮南方以白琥禮西方以玄璜禮北方此禮天以冬至謂天皇大帝在北極者也禮地以夏至謂神在崐崘者也禮東方以立春謂蒼精之帝而大昊句芒食焉禮南方以立夏謂赤精之帝而炎帝祝融食焉禮西方以立秋謂白精之帝而少昊蓐收食焉禮北方以立冬謂黑精之帝而顓頊玄冥食焉禮神者必象其類璧圜象天琮八方象地圭銳象春物初生半圭曰璋象夏物半死琥猛象秋嚴半璧曰璜象冬閉藏地上無物唯天半見○琮才宗反璋音章琥音虎璜音黃崐戶本反本又作崑音昆崘音倫本又作崙盧門反

皆有牲幣各放其器之色

幣以從爵若人飲禮有酬幣○放方往反以天產作陰德以中禮防之以地產

作陽德以和樂防之鄭司農云陰德謂男女之情天性生而自然者過時則奔隨先時則血氣未定

聖人為制其中令民三十而娶二十而嫁以防其淫泆令无失德情性隱而不露故謂之陰德陽德謂分地利以致富富者之失

不驕奢則吝嗇故以和樂防之樂所以滌蕩邪穢道人之正性者也一說地產謂土地之性各異若齊性舒緩楚性急悍則以和樂

防其失令无失德樂所以移風易俗者也此皆露見於外故謂之陽德陰德不失其正則民和而物各得其理故曰以諧萬民以致

百物玄謂天產者動物謂六牲之屬地產者植物謂九穀之屬陰德陰氣在人者陰氣虛純之則劣故食動物作之使動過則傷性

制中禮以節之陽德陽氣在人者陽氣盈純之則躁故食植物作之使靜過則傷性制和樂以節之如是然後陰陽平情性和而能

育其類○為制于偽反其中丁仲反又如字令力呈反下同淫失如字本亦作泆滌徒歷反邪似嗟反道音導悍戶幹反劉音旱

減胡板反以禮樂合天地之化百物之產以事鬼神以諧萬

民以致百物禮濟虛樂損盈並行則四者乃得其和能生非類曰化生其種曰產○種章勇反○[illegible]以諧萬民

四大司樂天宮大宰小宰各一凡祀大神享大鬼祭大示帥執事而卜日

宿眡滌濯涖玉鬯省牲鑊奉玉齍詔大號治其大禮詔

相王之大禮執事諸有事於祭者宿申戒也滌濯溉祭器也玉禮神之玉也始涖之祭又奉之鑊亨牲器也大號
六號之大者以詔大祝以爲祝辭治猶簡習也豫簡習大禮至祭當以詔相王羣臣禮爲小禮故書涖作立鄭司農讀爲涖涖視也
○（省）李又作青同息井反後皆同（鑊）戶郭反齍音咨下同（詔）相息亮反注下同後詔相皆放此（溉）古愛反本或作漑（亨）普庚反
○〔重言〕帥執事而卜日一天官大宰若王不與祭祀則攝位王有故代行其祭事○（與）音預
下同凡大祭祀王后不與則攝而薦豆籩徹薦徹豆籩王后之事大
賓客則攝而載果載爲也果讀爲祼祼代王祼賓客以鬯君無酌臣之禮言爲者攝酌獻耳拜送則王也
鄭司農云王不親爲主○（果）音祼古乱反出注小宗伯職放此朝覲會同則爲上相大喪亦
如之王哭諸侯亦如之相詔王禮也出接賓曰擯入詔禮曰相相者五人卿爲上擯大喪王后及
世子也哭諸侯者謂薨於國爲位而哭之檀弓曰天子之哭諸侯也爵弁絰紂衣曰（儐）必刃反本或作賓同（紂）側其反○〔重言〕大喪
亦如之四夏官虎賁氏秋官小司寇士師各一○〔重意〕內宗哭諸侯亦如之王命諸侯則儐儐進之也王將
出命假祖廟立依前南鄉儐者進當命者延之命使登內史由王右以策命之降再拜稽首登受策以出此其略也諸侯爵祿其臣
則於祭焉○（假）音格至也（依）於豈反（鄉）許亮反（策）初革反國有大故則旅上帝及四望故謂

春官上　五卷十

凶裁旅陳也陳其祭事以祈焉禮不如祀之備也上帝五帝也鄭司農云四望日月星海玄謂四望五嶽四鎮四瀆○重言因有大故六也旨鄉大夫下篇四師下卷六祝都宗人家宗人各一　王大封則先告后土后土土神也黎所食者　乃頒祀于邦國都家鄉邑頒讀為班班其所當祀及其禮都家之鄉邑謂王子弟及公卿大夫所食采地○(頒)音班

小宗伯之職掌建國之神位右社稷左宗廟庫門內雉門外之左右故書位作立鄭司農云立讀為位古者立位同字古文春秋經公即位為公即立　兆五帝於四郊四望四類亦如之兆為壇之營域五帝蒼曰靈威仰太昊食焉赤曰赤熛怒炎帝食焉黃曰含樞紐黃帝食焉白曰白招拒少昊食焉黑曰汁光紀顓頊食焉黃帝亦於南郊鄭司農云四望道氣出入四類三皇五帝九皇六十四民咸祀之玄謂四望五嶽四鎮四竇四瀆四類日月星辰運行無常以氣類為之位兆日於東郊兆月與風師於西郊兆司中司命於南郊兆雨師於北郊○(招)如字劉五召反(熛)必消反(樞)昌朱反(紐)女九反(拒)居禹反沈又音巨(汁)音叶劉子集反　兆山川丘陵墳衍各因其方順其所在　掌五禮之禁令與其用等用等牲器尊卑之差鄭司農云五禮吉凶軍賓嘉　辨廟祧之昭穆祧遷主所藏之廟自始祖之後父曰昭子曰穆○(昭)常遙反　辨吉

凶之五服車旗宮室之禁五服王及公卿大夫士之服掌三族之別以辨親疏其正室皆謂之門子掌其政令三族謂父子孫人屬之正名喪服小記曰親親以三為五以五為九正室適子也將代父當門者也政令謂役守之事○適丁歷反○重言掌其政令十下卷樂師天官宮伯獸人牲宮稍人夏官大司馬司右牧師秋官柞氏各一毛六牲辨其名物而頒之于五官使共奉之毛擇毛也鄭司農云司徒主牛宗伯主雞司馬主馬及羊司寇主犬司空主豕○毛六牲如字劉莫報反○重言辨其名物八典瑞典路司服凡以神士者天官庖人獸人夏官司弓矢各一辨六齍之名物與其用使六宮之人共奉之齍讀為粢六粢謂六穀黍稷稻粱麥苽○苽音孤辨六彝之名物以待果將六彝雞彝鳥彝斝彝黃彝虎彝蜼彝果讀為祼○斝音假又音嫁蜼音誄又以水反辨六尊之名物以待祭祀賓客待者有事則給之鄭司農云六尊獻尊象尊壺尊著尊大尊山尊○獻素何反著直略反大音泰○重言以待祭祀賓客凡一天官追師一掌衣服車旗宮室之賞賜王以賞賜有功者書曰車服以庸掌四時祭祀之序事與其禮序事卜日省牲視滌濯饔爨之事次序之時若國大貞則奉玉帛以詔號號神號幣號鄭司農

云大貞謂卜立君卜大封大祭祀省牲眡滌濯祭之日逆齍省鑊告時于王告備于王逆齍受饎人之盛以入省鑊視亨腥孰時薦陳之晚早備謂饌具○饎昌志反亨普庚反劑曾子豎反○【重言】眡滌濯二下篇肆師大宗伯太宰各一凡祭祀賓客以時將瓚果將送也猶奉也祭祀以時奉而授王賓客以時奉而授宗伯天子圭瓚諸侯璋瓚○瓚才但反○【重言】凡祭祀賓客九天官外府內司服屬人地官場人師氏保氏遺虞下篇旗人各詔相祭祀之小禮凡大禮佐大宗伯小禮君羣臣之禮○【重言】佐大宗伯下文一小篇賜卿大夫士爵則儐賜猶命也儐之如命諸侯之儀春秋文元年天王使毛伯來錫公命傳曰錫者何賜也命者何加我服也小祭祀掌事如大宗伯之禮大賓客受其將幣之齎謂所齎來貢獻之財物○齎子兮反本又作資○【重意】篇末如大宗伯之儀下篇如宗伯之禮若大師則帥有司而立軍社奉主車有司大祝也王出軍必先有事於社及遷廟而以其主行社主曰軍社遷主曰祖春秋傳曰軍行祓社釁鼓祝奉以從曾子問曰天子巡狩以遷廟主行載于齊車言必有尊也書曰用命賞于祖不用命戮于社之主蓋用石爲之奉謂將行○祓孚物反劉音廢從才用反齊側皆反若軍將有事則與祭有司將事于四望軍將有事將與敵合戰也

鄭司農云則與祭謂軍祭表禡軍社之屬小宗伯與其祭事玄謂與祭有司謂大祝之屬盡司馬之官實典焉○與音預注則與與其祭下與祭與觀事同**若大甸則帥有司而饁獸于郊遂頒禽**甸讀曰田有司大司馬之屬饁饋也以禽饋四方之神於郊郊有羣臣之兆頒禽謂以予羣臣詩傳曰禽雖多擇取三十焉其餘以予大夫士以習射於澤宮而分之○甸音田出注下甸役同饁于輒反劉于法反**大烖及執事禱祠于上下神示**執事大祝及男巫女巫也求福曰禱得求曰祠讄曰禱爾于上下神祇鄭司農云小宗伯與執事共禱祠○讄讄音誄○

重言及執事二下文一天官大宰一

王崩大肆以秬鬯渳鄭司農云大肆大浴也杜子春讀渳為泯以秬鬯浴尸玄謂大肆始陳尸伸之○渳亡婢反杜音泯亡忍反李亡辨反**及執事涖大斂小斂帥異族而佐**執事大祝之屬涖臨也親斂者蓋事官之屬爲之喪大記曰小斂衣十九稱君大夫士一也大斂君百稱大夫五十稱士三十稱異族佐斂疏者可以相助○斂力驗反下及注同稱尺證反**縣衰冠之式于路門之外**制色宜齊同○縣音玄衰七雷反**及執事眡葬獻器遂哭之**執事蓋梓匠之屬至將葬獻明器之材又獻素獻成皆於殯門外王不親哭有官代之**卜葬兆甫竁亦如之**兆墓塋域甫始也鄭大夫讀竁皆爲穿杜子春讀竁爲毳皆謂穿壙也今南陽名穿地爲竁聲如腐脃之脃○竁昌絹反李依

昌銳反鄭大夫音穿膴房甫反脃之脃七歲反舊作脃說劉清劣反或倉假反字書无此字但有膬字音千劣反今注本或有作膬字者則与劉音為協沈云字林有脺音卒脺若牛羊脂也膬者耎易破恐字書誤案如沈解義則可通声恐未協脺已下皆非鄭義

既葬詔相喪祭之禮喪祭虞祔也檀弓曰葬日虞弗忍一日離也是日也以虞易奠卒哭曰成事是日也以吉祭易喪祭明日祔于祖父○離力知反成葬而祭墓為位成葬丘已封也天子之冢蓋不一日而畢位壇位也先祖形體託於此地祀其神以安之冢人職曰大喪既有日請度甫竁遂為之尸凡王之會同軍旅甸役之禱祠肄儀為位肄習也故書肄為肆儀為義杜子春讀肆當為肄義為儀若今時肄司徒府也小宗伯主其位○肄以志反習也沈音肆李以二反國有禍烖則亦如之謂有所禱祈○重言則亦如之二下卷篇肆師天官內小臣各一凡天地之大烖類社稷宗廟則為位禱祈禮輕類者依其正禮而為之○重言則為位二下篇一凡國之大禮佐大宗伯凡小禮掌事如大宗伯之儀重言掌事四後見外宗喪祝夏官司士各一

肆師之職掌立國祀之禮以佐大宗伯佐助也○重言以佐大宗伯二上春官二無以字立大祀用玉帛牲牷立次祀用牲幣立小祀用牲

鄭司農云大祀天地次祀日月星辰小祀司命已下玄謂大祀又有宗廟次祀又有社稷五祀五嶽小祀又有司中風師雨師山川百物○牷音全○重言用牲幣二大祀一

以歲時序其祭祀及其祈珥序第次其先後大小故書祈爲幾杜子春讀幾當爲祈珥當爲餌玄謂祈當爲進禨之禨珥當爲衈禨衈者釁禮之事雜記曰成廟則釁之雍人舉羊升屋自中中屋南面刲羊血流于前乃降門夾室皆用雞其衈皆於屋下割雞門當門夾室中室然則是禨謂羊血也小子職曰掌珥于社稷祈于五祀是也亦謂其宮兆始成時也春秋僖十九年夏邾人執鄫子用之傳曰用之者何蓋叩其鼻以衈社也○刃珥祈及注禨同巨既反或巨依反衈而志反注衈同刲苦圭反夾室古洽反劌古恊反

大祭祀展犧牲繫于牢頒于職人繫省閑也職讀爲樴樴可以繫牲者此職人謂充人及監門人○樴劉之弋反樴音弋杙樴同監古銜反

凡祭祀之卜日宿爲期詔相其禮眂滌濯亦如之宿先卜祭之夕○重言眂滌濯三小宗伯大官大宰各一

祭之日表齍盛告絜展器陳告備及果築鬻相治小禮誅其慢怠者粢六穀也在器曰盛陳陳列也果築鬻者所築鬻以祼也故書表爲剽剽表皆謂徽識也鄭司農云築者築香草煮以爲鬯○果音古亂反下同鬻音煮相息亮反下相其禮及注同剽芳遥反或方遥反識式志反又昌志反

掌兆中廟中之禁令兆壇塋域凡祭

祀禮成則告事畢大賓客涖筵几築鬻王所以禮賓客贊果將酌鬱鬯授大宗伯載祼大朝覲佐儐爲承儐共設匪罋之禮設於賓客之館公食大夫禮曰若不親食使大夫以侑幣致之豆實實于罋簋實實于筐匪其筐字之誤与礼不親饗則以酬幣致之或者匪以致饗食○罋於貢反食音嗣下同羽與音餘下侯與同饗食授祭授賓祭肺與祝侯禳于畺及郊侯禳小祝職也畺五百里遠郊百里近郊五十里大喪大渳以鬯則築鬻築香草煮以爲鬯以浴尸香草鬱也令外内命婦序哭序使相次秩禁外内命男女之衰不中灋者且授之杖外命男六鄉以出也内命男朝廷卿大夫士也其妻爲外命女喪服爲夫之君齊衰不杖内命女王之三夫人以下不中法違升數与裁制者鄭司農云三日授子杖五日授大夫杖七日授士杖此舊說也喪大記曰君之喪三日子夫人杖五日既殯授大夫世婦杖無七日授士杖文玄謂授杖日数王喪依諸侯与七日授士杖四制云○衰七雷反注同中丁仲反注同爲去于僞反下爲取同凡師甸用牲于社宗則爲位社軍社也宗遷主也尚書傳曰王升舟入水鼓鍾亞觀臺亞將舟亞宗廟亞故書位爲涖杜子春云涖當爲位書亦或爲位宗謂宗廟○甸音田下大甸同○重言則爲位二上篇一下文一類造上帝封于大神祭兵于山川

亦如之造猶即也爲兆以類禮即祭上帝也類禮依郊祀而爲之者封謂壇也大神社及方嶽也山川蓋軍之所依止大傳曰牧之野武王之大事也既事而退柴於上帝祈于社設奠于牧室○造七報反注造猶同伐戚音日鉤音伐

凡師不功則助牽主車助助大司馬也故書功爲工鄭司農工讀爲功古者工与功同字謂師無功肆師助牽之恐爲敵所得

凡四時之大甸獵祭表貉則爲位貉師祭也貉讀爲十百之百於所立表之處爲師祭造軍法者禱氣勢之增倍也其神蓋蚩蚘或曰黃帝○貉莫駕反鄭音陌後表貉皆同蚘音尤

嘗之日涖卜來歲之芟芟芟草除田也古之始耕者除田種穀嘗者嘗新穀此芟之功也卜者問後歲宜芟不詩云載芟載柞其耕澤澤○芟色銜反柞側百反

獮之日涖卜來歲之戒秋田爲獮始習兵戒不虞也卜者問後歲兵寇之備○獮思淺反

社之日涖卜來歲之稼社祭土爲取財焉卜者問後歲稼所宜

若國有大故則令國人祭大故謂水旱凶荒所令祭者社及禜酺○禜音詠酺音蒲又音步○重言國有大故六餘附大宗伯

歲時之祭祀亦如之月令仲春命民社此其一端

凡卿大夫之喪相其禮相其適子

凡國之大事治其禮儀以佐宗伯治謂如今每事者更奏白王可也故書儀爲義鄭司農云義讀爲儀古者書儀但爲義今時所謂義爲誼○重

【音】凡國之大事二 秋官野廬氏倉人名 治其礼儀二 下又一 凡國之小事治其禮儀而掌

其事如宗伯之禮【重意】上篇如太宗伯之儀

鬱人掌祼器祼器謂彝及舟與瓚凡祭祀賓客之祼事和鬱鬯以

實彝而陳之築鬱金煑之以和鬯酒鄭司農云鬱草名十葉為貫百二十貫為築以煑之鐎中停於祭前鬱為草

若蘭○【音】鐎中子遥反劉似消反本又作鐎音同李又即消反凡祼玉濯之陳之以贊祼事

祼玉謂圭瓚璋瓚詔祼將之儀與其節節謂王奉玉送祼早晏之時凡祼事沃

盥大喪之渳共其肆器肆器陳尸之器喪大記曰君設大盤造冰焉大夫設夷盤造冰焉士併瓦

盤無冰設牀襢第有枕此之謂肆器天子亦用夷盤○【音】造七報反下同併薄令反襢章善反沈又音但【音】第側几反及葬共

其祼器遂貍之遣奠之彝與瓚也貍之於祖廟階間明奠終於此○【音】貍亡皆反【音】遣棄戰反大祭祀

與量人受舉斝之卒爵而飲之斝受福之嘏聲之誤也王酳尸尸嘏王此其卒爵也

少牢饋食禮主人受嘏詩懷之卒爵執爵以興出宰夫以籩受嗇黍主人嘗之乃還獻祝此鬱人受王之卒爵亦王出房時也必与

量人者鬱人贊祼尸量人制從獻之脯燔事相成○【音】斝古雅反嘏古雅反【音】酳俟吝反又音胤燔音煩

鬯人掌共秬鬯而飾之秬鬯不和鬱者飾之謂設巾凡祭祀社壝用大罍壝謂委土為墠壇所以祭也大罍瓦罍○壝唯癸反劉欲鬼反罍音雷或郎追反墠音善又音禪禜門用瓢齎禜謂營酇所祭門國門也春秋傳曰日月星辰之神則雪霜風雨之不時於是乎禜之山川之神則水旱癘疫之不時於是乎禜之魯莊二十五年秋大水鼓用牲于門故書瓢作剽鄭司農讀剽為瓢杜子春讀齎為粢瓢謂瓠蠡也粢盛也玄謂齎讀為齊取甘瓠割去柢以齊為尊○禜音詠瓢婢遙反齎音齊在兮反杜音資鄭作管反剽四召反蠡力兮反或郎戈反去起呂反柢音帝

廟用脩凡山川四方用蜃凡祼事用概凡疈事用散祼當為埋字之誤也故書蜃或為謨杜子春云謨當為蜃書亦或為蜃蜃水中蜃也鄭司農云脩謨概散皆器名玄謂廟用脩者謂始禘時自饋食始脩蜃概散皆漆尊也脩讀曰卣卣中尊謂獻象之屬尊者彝為上罍為下蜃畫為蜃形蚌曰合漿尊之象概尊以朱帶者無飾曰散○脩音卣卣羊久反又音由中鐏也祼音埋出注概古愛反疈孚逼反散素旱反注及下注同獻素何反蚌步項反曰合音含本亦作含漿如字本又作漿

大喪之大渳設斗共其釁鬯斗所以沃尸也釁尸以鬯酒使之香美者鄭司農云釁讀為徽○斗或斗依注音主凡王之齊事共其秬鬯給淬浴○淬七內反

凡王弔臨共介鬯以尊適卑曰臨春秋傳曰照臨弊邑鄭司農云鬯香草王行弔喪被之故曰介

玄謂曲礼曰擎大子卷王云予尊介爲執政之以礼於鬼神与檀弓曰臨諸侯畛於鬼神曰有天王某父此王適四方舍諸侯祖廟祝告其神之辭介於是進卷○介音界【被】普皮反又皮寄反【爲】執于僞反【上】音餘【畛】之忍反致也【又】音甫本又作甫

雞人掌共雞牲辨其物物謂毛色也辨之者陽祀用騂陰祀用黝○黝於糾反○【重言】辨其物十餘附地官小司徒大祭祀夜嘑旦以嘂百官夜夜漏未盡雞鳴時也呼旦以警起百官使夙興○嘑火吳反本又作呼嘂古弔反警音景凡國之大賓客會同軍旅喪紀亦如之凡國事爲期則告之時象雞知時也告其有司主事者少牢曰宗人朝服北面曰請祭期主人曰比於子宗人曰旦明行事告時者至此旦明而告之○朝直遥反【比】必志反凡祭祀面禳釁共其雞牲釁謂釁廟之屬釁廟以羊門夾室皆用雞鄭司農云面禳四面禳也釁讀爲徽○禳如羊反

司尊彝掌六尊六彝之位詔其酌辨其用與其實位所陳之處酌泲之使可酌各異也用四時祭祀所用亦不同實鬱及醴齊之屬○【泲】子禮反下同【齊】才計反下文注除齊語齊人並同○【重言】辨其用二後見司几筵巾車春祠夏禴祼用雞彝鳥彝皆有舟其朝踐用兩獻尊其再獻用兩象尊皆有罍諸臣之所昨也秋

嘗冬烝祼用斝彝黃彝皆有舟其朝獻用兩著尊其饋獻用兩壺尊皆有罍諸臣之所昨也凡四時之間祀追享朝享祼用虎彝蜼彝皆有舟其朝踐用兩大尊其再獻用兩山尊皆有罍諸臣之所昨也祼謂以圭瓚酌鬱鬯始獻尸也后於是以璋瓚酌亞祼郊特牲曰周人尚臭灌用鬯臭鬱合鬯臭陰達於淵泉灌以圭璋用玉氣也既灌然後迎牲致陰氣也朝踐謂薦血腥酌醴始行祭事后於是薦朝事之豆籩既又酌獻其變朝踐為朝獻者尊相因也朝獻謂尸卒食王酳之再獻者王酳尸之後后酌亞獻諸臣為賓又次后酌盎齊備卒食三獻也於后亞獻內宗薦加豆籩其變再獻為饋獻者亦尊相因饋獻謂薦孰時后於是薦饋食之豆籩此凡九酌王及后各四諸臣一祭之正也以今祭礼特牲少牢言之二祼為奠而尸飲七矣王可以獻諸臣祭統曰尸飲五君洗玉爵獻卿是其差也明堂位曰灌用玉瓚大圭爵用玉琖加用璧角璧散又鬱人職曰受舉斝之卒爵而飲之則王酳尸以玉爵也王酳尸用玉爵而再獻者用璧角璧散可知也雞彝鳥彝謂刻而畫之為雞鳳皇之形皆有舟皆有罍言春夏秋冬及追享朝享有之同昨讀為酢字之誤也諸不獻者酌罍以自酢不敢与王之神靈共尊鄭司農云舟尊下臺若今時承槃獻讀為犧犧尊飾以翡翠象尊以象鳳皇之或曰以象骨飾尊明堂位曰犧象周尊春秋傳曰犧象不出門尊以祼神罍神之所飲也詩曰缾之

斝鄭云大雉斝之器斝讀爲稼稼彝畫禾稼也黃彝黃目尊也明堂位
曰夏后氏以雞彝殷以斝周以黃目爾雅曰彝卣罍器也著尊者
著略尊也或曰著尊著地無足明堂位曰著殷尊也壺者以壺爲
尊春秋傳曰尊以魯壺追享朝享謂禘祫也在四時之間故曰閒
祀蜼讀爲蛇虺之虺或讀爲公用射隼之隼大尊太古之瓦尊山
尊山罍也明堂位曰泰有虞氏之尊也山罍夏后氏之尊故書踐
作餞杜子春云餞當爲踐玄謂黃目以黃金爲目郊特牲曰黃目
鬱氣之上尊也黃者中也目者氣之清明者也言酌於中而清明
於外追享謂追祭遷廟之主以事有所請禱朝享謂朝受政於廟
春秋傳曰閏月不告朔猶朝于廟蜼禺屬卬鼻而長尾山罍亦刻
而畫之爲山雲之形○兩獻本或作戲注作犧同素何反注及下
注獻同斝音嫁著直略反注同朝直遥反注朝享朝受政猶
朝及下注朝用同蜼音誄又以水反兩太音泰注同盎烏浪反琖
莊產反酢才洛反卣音酉又音由本亦作攸蛇虺上音蛇下許偉
反射食亦反下皆同又禺音遇劉音偶卬魚丈反又五剛
反○【重言】諸臣之所昨也○皆有罍○皆有舟二並本章　凡六

彝六尊之酌鬱齊獻酌醴齊縮酌盎齊涗酌凡酒脩酌

故書縮爲數齊爲粢鄭司農云獻讀爲儀儀酌有威儀多也涗酌
者捝拭勺而酌也脩酌者以水洗勺而酌也齊讀皆爲齊和之齊
杜子春云數當爲縮齊讀皆爲粢玄謂禮運曰玄酒在室醴醆在
户粢醍在堂澄酒在下以五齊次之則醆酒盎齊也郊特牲曰縮
酌用茅明酌也醆酒涗于清汁獻涗于醆酒猶明清與醆酒于舊
澤之酒也此言轉相沛成也獻讀爲摩莎之莎齊語聲之誤也煑

鬱鬯和秬鬯以醆酒摩莎泲之出其香汁也醴齊尤濁和以明酌泲之以茅縮去滓也盎齊差清和以清酒泲之而已其餘三齊泛從醴緹沈從盎凡酒謂三酒也脩讀如滌濯之滌滌酌以水和而泲之今齊人命浩酒曰滌明酌酌取事酒之上也澤讀曰醳明酌清酒醆酒泲之皆以舊醳之酒凡此四者裸用鬱齊朝用醴齊饋用盎齊諸臣自酢用凡酒唯大事于大廟備五齊三酒○獻酌素何反司農音儀涚舒銳反李一音雪脩直歷反注同数音朔下同為齊子兮反涚飾舒銳反劭或作拭勺上酌反下同齊和胡卧反醆莊産反劉才計反記作齊音同緹音體舊澤音亦下曰醳音同摩莎素何反去滓起呂反浩胡老反或古老反大喪存奠彝存省也謂大遣時奠者朝夕乃徹也大旅亦如之旅者國有大故之祭也亦存其奠彝則陳之不即徹○【重言】大旅亦如之二後見眡瞭

司几筵掌五几五席之名物辨其用與其位五几左右玉彫彤漆素五席莞繅次蒲熊用位所設之席及其處○彤徒冬反莞音官又音九繅本又作繅音早○【重言】辨其用二前見司尊彝後見巾車凡大朝覲大饗射凡封國命諸侯王位設黼依依前南鄉設莞筵紛純加繅席畫純加次席黼純左右玉几斧謂之黼其繡白黑采以絳帛為質依其制如屏風然於依前為王設席左右有几優至尊也鄭司農云紛讀為豳又讀為和粉之粉謂

白繡也純讀爲均服之均純緣也繅讀爲藻率之藻次席虎皮爲席書顧命曰成王將崩命太保芮伯畢公等被冕服憑玉几玄謂紛如綬有文而狹者繅席削蒲蒻展之編以五采若今合歡矣畫謂雲氣也次席桃枝席有次列成文○朝覲直遥反下注來朝覲若同後朝覲朝見之類故此黼音甫依於豈反下及注同鄉許亮反下及注同純章允反劉之閏反司農音均下同爲王于僞反下爲布同幽彼貧反緣悅絹反率音律下同憑皮冰反蒻音弱編必緜反○重言紛純加繅席一下文一

祀先王昨席亦如之鄭司農云昨席於主階設席王所坐也玄謂昨讀曰酢謂祭祀及王受酢之席尸卒食王醑之卒爵祝受之又酌授尸尸酢王於是席王於戶內后諸臣致爵乃設席

諸侯祭祀席蒲筵繢純加莞席紛純右彫几繢畫文也不莞席加繅者繅柔繻不如莞清堅又於鬼神宜○繢胡內反繻本或作儒又作擩同如莞官反

昨席莞筵紛純加繅席畫純筵國賓于牖前亦如之左彤几昨讀亦曰酢鄭司農云禮記曰國賓老臣也爲布筵席於牖前玄謂國賓諸侯來朝孤卿大夫來聘後言几者使不蒙如也朝者彫几聘者彤几

甸役則設熊席右漆几謂王甸有司祭表貉所設席○甸音田注同

凡喪事設葦席右素几其柏席用萑黼純諸侯則紛純每敦一几喪事謂奠也萑如葦而細者鄭司農云柏席柏地之席葦居其上或曰柏席載黍稷之席玄

謂柏椁字磨滅之餘椁席藏中神坐之席也敦讀曰燾燾覆也棺
在殯則椁燾既窆則加見皆謂覆之周禮雖合葬及同時在殯皆
異几躰實不同祭於廟同几精氣合○柏鄭音椁劉依
司農音迫萑音丸敦音道劉音疇藏才浪反燾音導 凡吉事
變几凶事仍几 故書仍為乃鄭司農云變几變更其質謂有飾
也乃讀為仍仍因也因其質謂無飾也尒雅曰
仍因也書顧命曰翌日乙丑成王崩癸酉牖間南嚮西序東嚮
東序西嚮皆仍几玄謂吉事王祭宗廟祼於室饋食於堂繹於祊
每事易几神事文示新之也凶事謂凡奠几朝
夕相因喪禮略○翌音翼劉音育祊補耕反
天府掌祖廟之守藏與其禁令 祖廟始祖后稷之廟其寶
物世傳守之若魯寶玉大
弓者○守藏上手又反
下才浪反傳直專反 凡國之玉鎮大寶器藏焉若有大祭
大喪則出而陳之既事藏之 玉鎮大寶器玉瑞玉器之美者
禘祫及大喪陳之以華国也故
書鎮作瑱鄭司農云瑱讀為鎮書顧命曰翌日乙丑王崩丁卯命
作冊度越七日癸酉陳寶赤刀大訓弘璧琬琰在西序大玉夷玉
天球河圖在東序胤之舞衣大貝鼖鼓在西房兌之戈和之弓垂
之竹矢在東房此其行事見於經○鎮珍忍反又音珍瑱他見反
琬於阮反琰以冉反球音求鼖扶云反
兌徒外反垂如字劉音瑞見賢遍反 凡官府鄉州及都鄙
之治中受而藏之以詔王察羣吏之治 察察其當黜陟者
鄭司農云治中謂

其治職簿書之要。○治直吏反下及注同中丁仲反下注同 上春

○重言受而藏之一 下見天官玉府又篇末則受而藏之

釁寶鎮及寶器上春孟春也釁謂殺牲以血血之鄭司農云釁讀爲徽或曰釁釁鼓之釁 凡吉凶之事祖廟之中沃盥執燭吉事四時祭也凶事后王喪朝于祖廟之奠。○盥古管反朝直遥反 季冬陳玉以貞來歲之媺惡問事之正曰貞問歲之美惡謂問於龜大卜職大貞之屬陳玉陳禮神之玉凡卜筮實問於鬼神龜筮能出其卦兆之占耳卦亦有天地四方則玉有六器者與言陳者既事藏之不必埋之也鄭司農云貞問也易曰師貞丈人吉問於丈人國語曰貞於陽卜。○與音餘 若遷寶則奉之奉猶送也 若祭天之司民司祿而獻民數穀數則受而藏之司民軒轅角也司祿文昌第六星或曰下能也祿之言穀也年穀登乃後制祿祭此二星者以孟冬既祭之而上民穀之數於天府。○數穀數上所主反下所具反下能奴來反上時掌反。○重言受而藏之二前見天官玉府

典瑞掌玉瑞玉器之藏辨其名物與其用事設其服飾人執以見曰瑞禮神曰器瑞符信也服飾服玉之飾謂繅藉。○藏才浪反見賢遍反下見於時見殷見同藉在夜反下同。○重言辨其名物八餘附小宗伯辨其名物與其用事重見下篇 王晉大圭執鎮圭繅藉五采五

就以朝日繅有五采文所以薦玉木為中榦用韋衣而畫之就成也王朝日者示有所尊訓民事君也天子常春分朝日秋分夕月覲禮曰拜日於東門之外故書鎮作瑱鄭司農云晉讀為搢搢紳之搢謂插於紳帶之閒若帶劍也瑱讀為鎮玉人職曰大圭長三尺杼上終葵首天子服之鎮圭尺有二寸天子守之繅讀為藻率之藻五就五帀也一帀為一就○以朝直遥反注及後放此韋衣於既反薦申如字下同一音箭插初洽反或初輒反杼除波反

公執桓圭侯執信圭伯執躬圭繅皆三采三就子執穀璧男執蒲璧繅皆二采再就以朝覲宗遇會同于王三采朱白蒼二采朱綠也鄭司農云以圭璧見于王覲禮曰侯氏入門右坐奠圭再拜稽首侯氏見于天子春曰朝夏曰宗秋曰覲冬曰遇時見曰會殷見曰同○信音身○重言公執桓圭侯執信圭伯執躬圭子執穀璧男執蒲璧三小宗伯一又秋官小行人一執字依用字

諸侯相見亦如之鄭司農云亦執圭璧以相見故邾隱公朝於魯春秋傳曰邾子執玉高其容仰

瑑圭璋璧琮繅皆二采一就以覜聘璋以聘后夫人以琮享之也大夫眾來曰覜寡來曰聘鄭司農云瑑有圻鄂瑑起○瑑直轉反覜他弔反圻魚斤反鄂魚各反

四圭有邸以祀天旅上帝鄭司農云於中央為璧圭著其四面一玉俱成尔雅曰邸本也圭本著於璧故四圭有邸圭末四出故也或說四圭有邸有四角也邸讀為抵欺之抵上帝玄天玄謂祀天夏正郊

天也上帝五帝所郊亦猶五帝殊言天者尊異之也大宗伯職曰國有大故則旅上帝及四望。邸丁礼反又音帝著直略反兩圭有邸以祀地旅四望兩圭者以象地數二也僢而同邸祀地謂所祀於北郊神州之神。僢昌絹反抵音帝。【重意】玉人兩圭五寸有邸以祀地以旅四望祼圭有瓚以肆先王以祼賓客鄭司農云於圭頭爲器可以挹鬯祼祭謂之瓚故詩曰卹彼玉瓚黄流在中國語謂之鬯圭以肆先王祼先王祭也玄謂肆解牲體以祭因以爲名爵行曰祼漢禮瓚槃大五升口徑八寸下有槃口徑一尺。肆如字又他歷反注同挹於十反又於集反卹音瑟又作鄉。【重意】玉人祼圭有瓚以祀廟圭璧以祀日月星辰圭其邸爲璧取殺於上帝。殺色界反劉色例反下同。【重意】玉人圭璧五寸以祀日月星辰以大宗伯祀日月星辰璋邸射以祀山川。以造贈賓客璋有邸而射取殺於四望鄭司農云射剡也。射食亦反注同造七報反剡以冉反或因冉反。【重言】璋邸射以祀山川二十一見玉人土圭以致四時日月封國則以土地以致四時日月者度其景至不至以知其行得失也冬夏以致日春秋以致月土地猶度地也封諸侯以土圭度日景觀分寸長短以制其域所封也鄭司農說以玉人職曰土圭尺有五寸以致日以土地以求地中故謂之土圭。度待洛反下度地度日並同中如字劉丁仲反。【重意】玉人土圭尺有五寸以致日以土地珍圭以徵守以恤凶荒杜子春云珍當爲鎮書亦或爲鎮以徵守者以徵召守國諸侯若今時徵郡守以竹使符也鎮者國之鎮諸侯亦一國之鎮故以鎮圭徵之也凶荒則民有遠志不安其土故以鎮圭鎮安之玄謂珍圭王使之瑞節制大小當與琬琰相依王使人徵諸侯憂凶荒之國則授之執以往致王命焉如今時使者持節矣恤者闓府庫振救之凡瑞節歸又執以反命。守劉守又反注徵守同使之所吏反下今使者亦王使於使若皆同闓音開

牙璋以起軍旅以治兵守鄭司農云牙璋瑑以爲牙牙齒兵象故以牙璋發兵若今時以銅虎符發兵玄謂牙璋亦王使之瑞節兵守用兵所守若齊人戍遂諸侯戍周。**重言**牙璋以起軍旅以治兵守二一見玉人

璧羨以起度鄭司農云羨長也此璧徑長尺以起度量玉人職曰璧羨度尺以爲度玄謂羨不圜之貌蓋廣徑八寸袤一尺。袤音茂。**重意**玉人璧羨度尺好三寸以爲度

駔圭璋璧琮琥璜之渠眉疏璧琮以斂尸鄭司農云駔外有捷盧也駔讀爲駔疾之駔疏讀爲沙讀主璋璧琮琥璜皆爲開渠爲眉瑑沙除以斂尸令汁得流去也玄謂以斂尸者於大斂焉加之也駔讀爲組與組馬同聲之誤也渠眉玉飾之溝瑑也以組穿聯六玉溝瑑之中以斂尸圭在左璋在首琥在右璜在足璧在背琮在腹蓋取象方明神之也疏璧琮者通於天地。駔音祖斂力驗反注同令汁力呈反下令爲同

穀圭以和難以聘女穀圭亦王使之瑞節穀善也其飾若粟文然難仇讎和之者若春秋宣公及齊侯平莒及郯晉侯使瑕嘉平戎于王其聘女則以納徵焉。難乃旦反注同郯音談瑕音遐本又作瑕亦作假

皆同。【重意】玉人穀圭七寸天子以聘女

琬圭以治德以結好琬圭亦王使之瑞節諸侯有德王命賜之以諸侯使大夫來聘既而爲壇會之使大夫執以命事焉大行人職曰時聘以結諸侯之好鄭司農云琬圭無鋒芒故以治德以結好。○好呼報反注同【重意】玉人琬圭以象德

琰圭以易行以除慝琰圭亦王使之瑞節鄭司農云琰圭有鋒芒傷害征伐誅討之象故以易行除慝易惡行令爲善者以此圭責讓喻告之也玄謂除慝亦於諸侯使大夫來覜既而使大夫執而命事於壇大行人職曰殷覜以除邦國之慝。○易行下孟反注同慝吐得反。【重意】玉人以除慝以易行

大祭祀大旅凡賓客之事共其玉器而奉之玉器謂四圭裸圭之屬

大喪共飯玉含玉贈玉飯玉碎玉以雜米也含玉柱左右䡇及在口中者雜記曰含者執璧將命則是璧形而小爾贈玉蓋璧也贈有束帛六幣璧以帛。○飯扶晚反注同含戶暗反注䡇張注反顛如字儀禮作顛音同

凡玉器出則共奉之玉器出謂王所好賜也奉之送以往斂則送於使者

典命掌諸侯之五儀諸臣之五等之命五儀公侯伯子男之儀五等謂孤以下四命三命再命一命不命也或言儀或言命互文也故書儀作義鄭司農義讀爲儀

上公九命爲伯其國家宮室車旗衣服禮儀皆以九爲節侯伯七命其國

家宮室車旗衣服禮儀皆以七爲節子男五命其國家宮室車旗衣服禮儀皆以五爲節上公謂王之三公有德者加命爲二伯二王之後亦爲上公國家國之所居謂城方也公之城蓋方九里宮方九百步侯伯之城蓋方七里宮方七百步子男之城蓋方五里宮方五百步大行人職則有諸侯圭藉冕服建常樊纓貳車介牢禮朝位之數焉。樊步干反介音界。重言其國家宮室車旗衣服禮儀四下文又三無國家二字王之三公八命其卿六命其大夫四命及其出封皆加一等其國家宮室車旗衣服禮儀亦如之四命中下大夫也出封出畿內封於八州之中加一等襃有德也大夫爲子男卿爲侯伯其在朝廷則亦如命數耳王之上士三命中士再命下士一命凡諸侯之適子誓於天子攝其君則下其君之禮一等未誓則以皮帛繼子男誓猶命也言誓者明天子既命以爲之嗣樹子不易也春秋桓九年曹伯使其世子射姑來朝行下國君之禮是也公之子如侯伯而執圭侯伯之子如子男而執璧子男之子與未誓者皆次小國之君執皮帛而朝會焉其賓之皆以上卿之禮焉。適丁歷反則下遐嫁反射姑音亦。公之孤四命以皮帛眡小國之君其卿三命其大夫再命其士一命其宮室車旗衣服禮儀各眡其命之數侯伯之卿大夫士亦如之子男之卿再命其大夫一命其士不命其宮室車旗衣服禮儀各眡其命之數視小國之君者列於卿大夫之位而禮如子男也鄭司農云九命上公得置孤卿一人春秋傳曰列國之卿當小國之君固周制也玄謂王制曰大國三卿皆命於天子下大夫五人上士二十七人次國三卿二卿命於天子一卿命於其君下大夫五人上士二十七人小國二卿皆命於其君下大夫五人上士二十七人

司服掌王之吉凶衣服辨其名物與其用事用事祭祀視朝甸凶弔之事衣服各有所用○【重言】辨其名物八餘附小宗伯○與其用事二前見典端王之吉服祀昊天上帝則服大裘而冕祀五帝亦如之享先王則衮冕享先公饗射則鷩冕祀四望山川則毳冕祭社稷五祀則希冕祭羣小祀則玄冕六服同冕者首飾尊也先公謂后稷之後大王之前不窋至諸盩饗射饗食賓客與諸侯射也羣小祀林澤墳衍四方百物之屬鄭司農云大裘羔裘也衮卷龍衣也鷩裨衣也毳罽衣也玄謂書曰予欲觀古人之象日月星辰山龍華蟲作繢宗彝藻火粉米黼黻絺繡此古天子冕服十二章舜欲觀焉華蟲五色之蟲繢人職曰鳥獸蛇雜四

時五色以章之謂是也希讀爲絺或作黹字之誤也王者相變至周而以日月星辰畫於旌旗所謂三辰旂旗昭其明也而冕服九章登龍於山登火於宗彝尊其神明也九章初一曰龍次二曰山次三曰華蟲次四曰火次五曰宗彝皆畫以爲繢次六曰藻次七曰粉米次八曰黼次九曰黻皆希以爲繡則袞之衣五章裳四章凡九也鷩畫以雉謂華蟲也其衣三章裳四章凡七也毳畫虎蜼謂宗彝也其衣三章裳二章凡五也希刺粉米無畫也其衣一章裳二章凡三也玄者衣無文裳刺黻而已是以謂玄焉凡冕服皆玄衣纁裳○鷩必滅反劉音鼈毳昌銳反劉清歲反下希本又作絺陟里反劉豬履反注下皆同黹張律反又藍直留反或音胄貍狸支反又方支反劉居例反繢胡對反黹張里反刺七亦反劉七賜反洸比擊反下同

重言祀昊天上帝一太宗伯一

凡兵事韋弁服韋弁以韎韋爲弁又以爲衣裳春秋傳曰晉郤至衣韎韋之跗注是也今時伍伯緹衣古兵服之遺色○韎劉音妹又莫拜反衣於既反跗方付反又音附注之樹反緹音躰戚音提

眡朝則皮弁服視朝視內外朝之事皮弁之服十五升白布衣積素以爲裳王受諸侯朝覲於廟則袞冕○眡音視

凡甸冠弁服甸田獵也冠弁委貌其服緇布衣亦積素以爲裳諸侯以爲視朝之服詩國風曰緇衣之宜兮謂王服以田王卒食而居則玄端○甸音田注同

凡凶事服弁服服弁喪冠也其服斬衰齊衰○衰七雷反下皆同齊音咨

凡弔事弁経服弁経者如爵弁而素加環経論語曰羔裘玄冠不以弔経大如緦之経其服錫衰緦衰疑衰諸侯及卿大夫亦以錫衰爲弔服

喪服小記曰諸侯弔必皮弁錫衰則變其冠耳喪服舊說以為士弔服素委貌冠朝服此近庶人弔服而衣猶非也士當事弁經疑衰變其裳以素耳國君於其臣弁經他國之臣則皮弁大夫士有朋友之恩亦弁經故書弁作絻鄭司農絻讀為弁弁而加環絰環絰即弁絰服○近附近之近絻音弁

凡喪爲天王斬衰爲王后齊衰王后小君也諸侯爲之不杖期○爲于偽反下及注除爲害一字皆同王爲三公六卿錫衰爲諸侯緦衰爲大夫士疑衰其首服皆弁絰君爲臣服弔服也鄭司農云錫麻之滑易者十五升去其半有事其布無事其縷緦亦十五升去其半有事其縷無事其布疑衰十四升玄謂無事其縷哀在內無事其布哀在外疑之言擬也擬於吉○易以豉反去起呂反下同

大札大荒大烖素服大札疫病也大荒饑饉也大烖水火爲害君臣素服縞冠若晉伯宗哭梁山之崩○縞古老反劉剛操反

公之服自袞冕而下如王之服侯伯之服自鷩冕而下如公之服子男之服自毳冕而下如侯伯之服孤之服自希冕而下如子男之服卿大夫之服自玄冕而下如孤之服其凶服加以大功小功士之服自皮弁而下如大夫之服其凶服亦如之

其齊服有玄端素端自公之衮冕至卿大夫之玄冕皆其朝聘天子及助祭之服諸侯非二王後其餘皆玄冕而祭於已雜記曰大夫冕而祭於公弁而祭於已士弁而祭於公冠而祭於已大夫爵弁自祭家廟唯孤尔其餘皆玄冠與士同玄冠自祭其朝者其服朝服玄端諸侯之自相朝聘皆皮弁服此天子日視朝之服喪服天子諸侯齊斬而已卿大夫加以大功小功士亦如之又加緦焉士齊有素端者亦爲札荒有所禱請变素服言素端者明異制鄭司農云衣有襦裳者爲端玄謂端者取其正也士之衣袂皆二尺二寸而屬幅是廣袤等也其袪尺二寸大夫已上侈之侈之者蓋半而益一焉半而益一則其袂三尺三寸袪尺八寸○其齊側皆反注士齊同有襦音儒本亦作襦屬音燭廣古曠反後廣袤同袪起呂反上時掌反侈昌氏反凡大祭祀大賓客共其衣服而奉之奉猶送也送之於王所大喪共其復衣服斂衣服奠衣服廞衣服皆掌其陳序奠衣服今坐上魂衣也故書廞爲淫鄭司農云淫讀爲廞廞陳也玄謂廞衣服所藏於椁中○斂力驗反廞許金反

典祀掌外祀之兆守皆有域掌其政令外祀謂所祀於四郊者域兆表之塋域○【重言】掌其禁令並天官宰夫地官士均遂師夏官弁師又墓大夫而掌其禁令若以時祭祀則帥其屬而脩除徵役于司隸而役之屬其屬胥徒也脩除芟埽之徵召也役之作使也及

祭帥其屬而守其厲禁而蹕之鄭司農云遮列禁人不得令入○蹕音畢遮章奢反令力呈反

守祧掌守先王先公之廟祧其遺衣服藏焉廟謂大祖之廟及三昭三穆遷主所藏曰祧先公之遷主藏于后稷之廟先王之遷主藏于文武之廟遺衣服大斂之餘也故書祧作濯鄭司農濯讀爲祧此王者之宮而有先公謂大王以前爲諸侯若將祭祀則各以其服授尸尸當服卒者之上服以象生時其廟則有司脩除之其祧則守祧黝堊之廟祭此廟也祧祭遷主有司宗伯也脩除黝堊互言之有司恒主脩除守祧恒主黝堊鄭司農云黝讀爲幽幽黑也堊白也爾雅曰地謂之黝牆謂之堊○黝於糾反司農音幽堊烏路反或烏路反本或作惡同既祭則藏其隋與其服鄭司農云隋謂神前所沃灌器名玄謂隋尸所祭肺脊黍稷之屬藏之以依神○隋許恚反劉相恚反

世婦掌女宮之宿戒及祭祀比其具女宮刑女給宮中事者宿戒當給事豫告之齊戒也比次也具所濯摡及粢盛之爨鄭司農比讀爲庀庀具也○比本亦作庀鄭毗志反注及下同司農匹氏反劉芳美反沈又上二反詔王后之禮事薦徹之節帥六宮之人共齍盛帥世婦女御○

盝音洛下文同相外內宗之禮事同姓異姓之女有爵佐后者。相息亮反大賓客之饗食亦如之比帥詔相其事同。重言賓客之饗食亦如之二一見下篇大喪比外內命婦之朝莫哭不敬者而苛罰之苛譴也。莫音暮下同苛胡何反譴棄戰反凡王后有撡事於婦人則詔相鄭司農云謂爵婦人玄謂拜拜謝之也喪大記曰夫人亦拜寄公夫人於堂上凡內事有達於外官者世婦掌之主通之使相共授

內宗掌宗廟之祭祀薦加豆籩加爵之豆籩故書爲籩豆鄭司農云謂婦人所薦杜子春云當爲豆籩。重言掌宗廟之祭祀二一見下篇及以樂徹則佐傳豆籩佐傳佐外宗。傳直專反注同。重言及以樂徹二一見下篇賓客之饗食亦如之王后有事則從大喪序哭者次序外內宗及命婦哭王。從才用反。重言賓客之事亦如之見下篇哭諸侯亦如之凡卿大夫之喪掌其弔臨王后弔臨諸侯而已是以言掌卿大夫云。重言哭諸侯亦如之二一下篇一又大宗伯王哭諸侯亦如之

外宗掌宗廟之祭祀佐王后薦玉豆眡豆籩及以樂徹

亦如之（視視其寶○鬯掌宗廟見上篇）重言 王后以樂羞齍則贊（贊猶佐也○齍音咨）

凡王后之獻亦如之（獻獻酒于尸）王后不與則贊宗伯（后有故不與祭宗伯攝其事○與音預注同）小祭祀掌事賓客之事亦如之（小祭祀謂在宮中）

重言 掌事凡四小宗伯內史夏官同下各一

大喪則叙外內朝莫哭者哭諸侯亦如之（內內外宗及外命婦○與諸侯亦如之二見上篇）重言

冢人掌公墓之地辨其兆域而爲之圖先王之葬居中以昭穆爲左右（公君也圖謂畫其地形及丘壟所處而藏之先王造塋者昭居左穆居右夾處東西○夾古洽反劉古協反）凡諸侯居左右以前卿大夫士居後各以其族（子孫各就其所出王以尊卑處其前後而亦並昭穆○併步頂反）凡死於兵者不入兆域（戰敗無勇投諸塋外以罰之）凡有功者居前（居王墓之前處昭穆之中央）以爵等爲丘封之度與其樹數（別尊卑也王公曰丘諸臣曰封漢律曰列侯墳高四丈關內侯以下至庶人各有差○別彼列反）大喪既有日請度甫竁遂爲之尸（甫始也請量度所始竁之處地爲尸者成

兆爲祭墓地之尸也鄭司農云既有日既有葬日也始竁時祭以告后土冢人爲之尸○度待洛反注量度同及竁以
度爲丘隧共喪之窆器隧羨道也度丘與羨道廣袤所至窆器下棺豐碑之屬喪大記曰凡封用
綍去碑負引君封以衡大夫以咸○窆彼驗反又補鄧反去起呂反咸本又作緘同古咸反及葬言鸞車象
人鸞車巾車所飾遣車也亦設鸞旗鄭司農云象人謂以芻爲人言言問其不如法度者玄謂言猶語也語之者告當行若於生
存者於是巾車行之孔子謂爲芻靈者善謂爲俑者不仁非作象人者不殆於用生乎○巾如字劉居覲反語魚據反下同俑音勇
及窆執斧以涖涖臨也○涖音利又音類遂入藏凶器凶器明器正墓位
蹕墓域守墓禁位謂丘封所居前後也禁所爲塋限凡祭墓爲尸祭墓爲尸或禱祈焉鄭司
農云爲尸冢人爲尸凡諸侯及諸臣葬於墓者授之兆爲之蹕均
其禁
墓大夫掌凡邦墓之地域爲之圖凡邦中之墓地萬民所葬地也令國民
族葬而掌其禁令【重言】族葬各從其親○前見典祀正其位掌其度數位謂
昭穆也度數爵等之大小○【重言】正其位二一見夏官諸子、【重意】使皆有私地域古者萬民墓地同處分其地使

各有區域得以族葬後相容

凡爭墓地者聽其獄訟爭墓地相侵區域〇重言聽其獄訟凡四地官鄉師秋官鄉士遂士各一

帥其屬而巡墓厲居其中之室以守之墓厲塋限遮列處鄭司農云居其中之室有官寺在墓中

職喪掌諸侯之喪及卿大夫士凡有爵者之喪以國之喪禮涖其禁令序其事國之喪禮喪服士喪既夕士虞今存者其餘則亡事謂小斂大斂葬也

凡國有司以王命有事焉則詔贊主人有事謂含襚贈賵之屬詔贊者以告主人佐其受之鄭司農云凡國謂諸侯國有司謂王有司也以王命有事職喪主詔贊主人玄謂凡國有司有司從王國以王命往〇賵芳鳳反

凡其喪祭詔其號治其禮鄭司農云號謂謚號玄謂告以牲號齍號之屬當以詔祝之〇齍音咨

凡公有司之所共職喪令之趣其事令令其當共物者給事之期也有司或言公或言國言國者由其君所來居其官曰公謂王遣使奉命有贈之物各從其官出職喪當催督也

纂圖互註周禮卷第五

宋本纂圖互注周禮

第二册

漢 鄭玄注 唐 陸德明釋文

中國國家圖書館藏宋刻本

山東人民出版社·濟南

纂圖互註周禮卷第六

春官宗伯下　　周禮　　鄭氏註

大司樂掌成均之灋以治建國之學政而合國之子弟焉

鄭司農云均調也樂師主調其音大司樂主受此成事已調之樂玄謂董仲舒云成均五帝之學成均之法者其遺禮可法者國之子弟公卿大夫之子弟當學者謂之國子文王世子曰於成均以及取爵於上尊然則周人立此學之宮

互註

記文王世子篇凡大合樂必遂養老凡語于郊者必取賢斂才焉或以德進或以事舉或以言揚曲藝皆誓之以待又語三而一有焉乃進其等以其序謂之郊人遠之於成均以及取爵於上尊也註董仲舒曰五帝名大學曰成均則虞庠近是也天子飲酒于虞庠則郊人亦得酌于上尊以相旅近附近之近

凡有道者有德者使教焉死則以為樂祖祭於瞽宗

道多才藝者德能躬行者若舜命夔典樂教胄子是也死則以為樂之祖神而祭之鄭司農云瞽樂人樂人所共宗也或曰祭於瞽宗祭於廟中明堂位曰瞽宗殷學也泮宮周學也以此觀之祭於學宮中○瞽音古夔求龜反胄子音胄本亦作冑泮音判本亦作頖同

以樂德教國子中和祗庸孝友

中猶忠也和剛柔適也祗敬庸有常也善父母曰孝善兄弟曰友

以樂語教國子興道諷誦言語

興者

以善物喻善事道讀曰導導者言古以剴今也倍文曰諷以聲節之曰誦發端曰言答述曰語○與道許應反劉虛豔反注同下音導諷方鳳反剴古愛反劉古哀反倍音佩

以樂舞教國子舞雲門大卷大咸大磬大夏大濩大武

此周所存六代之樂黃帝曰雲門大卷黃帝能成名萬物以明民共財言其德如雲之所出民得以有族類大咸咸池堯樂也堯能禪均刑法以儀民言其德無所不施大磬舜樂也言其德能紹堯之道也大夏禹樂也禹治水傅土言其德能大中國也大濩湯樂也湯以寬治民而除其邪言其德能使天下得其所也大武武王樂也武王伐紂以除其害言其德能成武功○大卷卷大劉皆音泰咸如字卷音權又春勉反又居遠反沈又居勉反磬上昭反濩戶故反共音恭禪時戰反傳音孚或音附邪似嗟反○重言舞雲門二下文一

以六律六同五聲八音六舞大合樂以致鬼神示以和邦國以諧萬民以安賓客以說遠人以作動物

六律合陽聲者也六同合陰聲者也此十二者以銅為管轉而相生黃鍾為首其長九寸各因而三分之上生者益一分下生者去一焉國語曰律所以立均出度也古之神瞽考中聲而量之以制度律均鍾言以中聲定律以律立鍾之均大合樂者謂徧作六代之樂以冬日至作之致天神人鬼以夏日至作之致地祇物鬽動物羽臝之屬虞書云夔曰戛擊鳴球搏拊琴瑟以詠祖考來格虞賓在位羣后德讓下管鼗鼓合止柷敔笙鏞以閒鳥獸蹌蹌簫韶九成鳳皇來儀夔又曰於予擊石拊

石百獸率舞庶尹允諧此其於宗廟九奏效應。○說音悅長如字上丈特掌反後上生皆同去一起呂反下丈去樂及注同度待洛反徧音遍肸眉異反贏力果反下贏物同戛居八反劉古八反擊音吉求搏音博拊方甫反鼗徒刀反柷昌六反敔本又作梧魚呂反閒間廁之閒瑲本又作鎗七羊反於于上如字劉音烏下羊改反應應應對之應後皆同不更音。重言以和邦國四天官太宰小宰夏官大司馬各一。以諧萬民四前卷大宗伯天官太宰小宰各一乃分樂而序之以祭以享以祀分謂各用一代之樂乃奏黃鍾歌大呂舞雲門以祀天神以黃鍾之鍾大呂之声爲均者黃鍾陽声之首大呂爲之合奏之以祀天神尊之也天神謂五帝及日月星辰也王者又各以夏正月祀其所受命之帝於南郊尊之也孝經說曰祭天於南郊就陽位是也。○正音征乃奏大蔟歌應鍾舞咸池以祭地示大蔟陽声第二應鍾爲之合咸池大咸也地祇所祭於北郊謂神州之神及社稷。○大蔟音太下七豆反下同乃奏姑洗歌南呂舞大磬以祀四望姑洗陽声第三南呂爲之合四望五嶽四鎮四竇此言祀者司中司命風師雨師或亦用此樂與。○竇本又作瀆同音獨與音餘乃奏蕤賓歌函鍾舞大夏以祭山川蕤賓陽声第四函鍾爲之合函鍾一名林鍾。○蕤人誰反函胡南反函鍾林鍾也乃奏夷則歌小呂舞大濩以享先妣夷則陽声第五小呂爲之合小吕一名中吕先妣姜嫄也姜嫄履大人跡感神靈而生后稷是周之先母也周立廟自后稷爲始祖姜嫄無所妃是以特立廟而祭之謂之閟宫閟神之○中音仲亦如字後同嫄音元本亦作原妃音配本亦作配閟音秘 乃奏無射歌夾鍾舞大武以享先祖 無射陽聲之下也夾鍾爲之合夾鍾一名圜鍾先祖謂先王先公○射音亦注下同夾古洽反圜于權反 凡六樂者文之以五聲播之以八音 六者言其均皆待五聲八音乃成也播之言被也故書播爲藩杜子春云藩當爲播讀如后稷播百穀之播○被皮寄反 凡六樂者一變而致羽物及川澤之示再變而致蠃物及山林之示三變而致鱗物及丘陵之示四變而致毛物及墳衍之示五變而致介物及土示六變而致象物及天神 變猶更也樂成則更奏也此謂大蜡索鬼神而致百物六奏樂而禮畢東方之祭則用大蔟姑洗南方之祭則用蕤賓西方之祭則用夷則無射北方之祭則用黄鍾爲均焉每奏有所感致和以來之凡動物敏疾者地祇高下之甚者易致羽物既飛又走川澤有孔竅者蛤蟹走則遲墳衍孔竅則小矣是其所以舒疾之分土祇原隰及平地之神也象物有象在天所謂四靈者天地之神四靈之知非德至和則不至禮運曰何謂四靈麟鳳龜龍謂之四靈龍以爲畜故魚鮪不淰鳳以爲畜故鳥不獝麟以爲畜故獸不狘龜以爲畜故人情不失

○介音界蜡士家反易以豉反敫若弔反給古荅反分扶問反又如首智反畜許又反下同鮪于軌反除音審禽休律反本又作獝亦作矞同狘休越反

凡樂圜鍾爲宮黃鍾爲角大蔟爲徵姑洗爲羽靁鼓靁鼗孤竹之管雲和之琴瑟雲門之舞冬日至於地上之圜丘奏之若樂六變則天神皆降可得而禮矣凡樂函鍾爲宮大蔟爲角姑洗爲徵南呂爲羽靈鼓靈鼗孫竹之管空桑之琴瑟咸池之舞夏日至於澤中之方丘奏之若樂八變則地示皆出可得而禮矣凡樂黃鍾爲宮大呂爲角大蔟爲徵應鍾爲羽路鼓路鼗陰竹之管龍門之琴瑟九德之歌九磬之舞於宗廟之中奏之若樂九變則人鬼可得而禮矣此三者皆禘大祭也天神則主北辰地祇則主崐崘人鬼則主后稷先奏是樂以致其神礼之以玉而祼焉乃後合樂而祭之大傳曰王者必禘其祖之所自出祭法曰周人禘嚳而郊稷謂此祭天圜丘以嚳配之圜鍾夾鍾也夾鍾生於房心之氣房心爲大辰天帝之明堂函鍾林鍾也林鍾生於未之氣未坤之位或

曰天社在東井輿鬼之外天社地神也黃鍾生於虛危之氣虛危爲宗廟以此三者爲宮用聲類求之天宮夾鍾陰聲其相生從陽數其陽無射無射上生中呂中呂與地宮同位不用也中呂上生黃鍾黃鍾下生林鍾林鍾地宮又不用林鍾上生大蔟大蔟下生南呂南呂與無射同位又不用南呂上生姑洗地宮林鍾林鍾上生大蔟下生南呂南呂上生姑洗人宮黃鍾黃鍾下生林鍾林鍾地宮又辟之林鍾上生太蔟太蔟下生南呂南呂與天宮之陽同位又辟之南呂上生姑洗姑洗南呂之合又辟之姑洗下生應鍾應鍾上生蕤賓蕤賓地宮林鍾之陽也又辟之蕤賓上生大呂凡五聲宮之所生濁者爲角清者爲徵羽此樂無商者祭尚柔商堅剛也鄭司農云雷鼓雷鼗皆謂六面有革可擊者也雲和地名也靈鼓靈鼗四面路鼓路鼗兩面九德之歌春秋傳所謂水火金木土穀謂之六府正德利用厚生謂之三事六府三事謂之九功九功之德皆可歌也謂之九歌也玄謂雷鼓雷鼗八面靈鼓靈鼗六面路鼓路鼗四面孤竹竹特生者孫竹竹枝根之末生者陰竹生於山北者雲和空桑龍門皆山名九磬讀當爲大韶字之誤也。角如字古音鹿徵張里反下同靁音雷九磬依字九音大諸書所引皆依字嶇崘本又作崐崘名依字讀祼古亂反[illegible]古篤反大宗姤字劉音泰与鬼首萌本亦作輿辟音避下同。【重言】可得而禮矣二並末音。冬日至夏日至四秋官柿氏雜氏凡以神士者名

凡樂事大祭祀宿縣遂以聲展之叩聽其聲具陳次之以知完不。縣音玄下樂縣之類皆放此王出入則令奏王夏尸出入則令奏肆夏牲出

入則令奏昭夏三夏皆樂章名。屍音尸本亦作尸。于出入五下文夏官大僕道右秋官條狼氏各一【重言】帥國子而舞當用舞者帥以往大饗不入牲其他皆如祭祀大饗饗賓客也不入牲牲不入亦不奏昭夏也其他謂王出入賓客出入亦奏王夏肆夏大射王出入令奏王夏及射令奏騶虞騶虞樂章名在召南之卒章王射以騶虞爲節。騶側留反召上照反下召南同詔諸侯以弓矢舞。舞請執弓挾矢揖讓進退之儀。挾子協反又音協王大食三宥皆令奏鍾鼓大食朔月月半以樂宥食時也宥猶勸也。宥音又王師大獻則令奏愷樂大獻獻捷於祖愷樂獻功之樂鄭司農說以春秋晉文公敗楚於城濮傳曰振旅愷以入于晉。敗必邁反濮音卜凡日月食四鎮五嶽崩大傀異烖諸侯薨令去樂四鎮山之重大者謂揚州之會稽青州之沂山幽州之醫無閭冀州之霍山五嶽岱在兖州衡在荊州華在豫州嶽在雍州恒在并州傀猶怪也大怪異烖謂天地奇變若星辰奔霣及震裂爲害者去樂藏之也春秋傳曰壬午猶繹万入去籥万言入則去者不入藏之可知。傀劉力罪反舊音怪說文以爲傀偉之字解引此文字林公回反李一音杜回反會古外反近魚依反雍於用反霣于敏反繹音亦大札大凶大烖大臣死凡國之大憂令弛縣札疫癘也凶凶年也烖水火也弛釋下之若今休兵鼓之爲。○杌側八反鄭音截𢧵式氏反凡建國禁其淫聲過聲凶聲慢聲淫聲若鄭衛也過聲失哀樂之節凶聲亡國之聲若桑間濮上慢聲惰慢不恭。○樂音洛大喪涖廞樂器涖臨也廞興也臨笙師鎛師之屬興樂器也興謂作之也。○廞許金反興許應反後皆放此鎛音博及葬藏樂器亦如之

樂師掌國學之政以教國子小舞謂以年幼少時教之舞內則曰十三舞勺成童舞象二十舞大夏。○少詩照反勺章略反凡舞有帗舞有羽舞有皇舞有旄舞有干舞有人舞故書皇作𦏲鄭司農云帗舞者全羽羽舞者析羽皇舞者以羽冒覆頭上衣飾翡翠之羽旄舞者氂牛之尾干舞者兵舞人舞者手舞社稷以帗宗廟以羽四方以皇辟廱以旄兵事以干星辰以人舞𦏲讀爲皇書亦或爲𦏲玄謂帗析五采繒今靈星舞子持之是也皇雜五采羽如鳳皇色持以舞人舞無所執以手袖爲威儀四方以羽宗廟以人山川以干旱暵以皇。○帗音拂一音弗𦏲音皇析星歷反下同氂舊音毛劉音來沈音狸或音茅字或作犛或作氂音同暵呼旦反教樂儀行以肆夏趨以采薺車亦如之環拜以鍾鼓爲節教樂儀教王以樂出入於大寢朝廷之儀故書趨作跢鄭司農云跢當爲趨書亦或爲趨肆夏采薺皆樂名或曰皆逸詩謂人君行步以

肆夏爲節，趨疾於步則以采薺爲節。若今時行礼於大學罷出以鼓陔爲節。環謂旋也，拜直拜也。玄謂行者謂於大寢之中，趨謂於朝廷。尔雅曰：堂上謂之行，門外謂之趨。然則王出既服至堂而肆夏作，出路門而采薺作，其反入至應門路門亦如之，此謂步迎賓客。王如有車出之事，登車於大寢西階之前，反降於阼階之前。尚書傳曰：天子將出，撞黄鍾之鐘，右五鍾皆應；入則撞蕤賓之鍾，左五鍾皆應。大師於是奏樂。○趨，劉清須反。齊，本又作薺，徐私反。朝，直遥反，下同。路，倉付反。陔，改才反。撞，直江反。○重言 行以肆夏，趨以采薺。二 一見大馭

凡射，王以騶虞爲節，諸侯以貍首爲節，大夫以采蘋爲節，士以采蘩爲節。騶虞、采蘋、采蘩皆樂章名，在國風召南。唯貍首在樂記。射義曰：騶虞者，樂官備也；貍首者，樂會時也；采蘋者，樂循法也；采蘩者，樂不失職也。是故天子以備官爲節，諸侯以時會爲節，卿大夫以循法爲節，士以不失職爲節。鄭司農說以大射礼曰：樂正命大師曰：奏貍首，間若一。大師不興，許諾。樂正反位，奏貍首以射。貍首，曾孫。○蘋音頻，蘩音煩。○重意 後鍾師篇：凡射，王奏騶虞，諸侯奏貍首，卿大夫奏采蘋，士奏采蘩。互注 記射義篇：其節，天子以騶虞爲節，諸侯以貍首爲節，卿大夫以采蘋爲節，士以采蘩爲節。騶虞者，樂官備也；貍首者，樂會時也；采蘋者，樂循法也；采蘩者，樂不失職也。是故天子以備官爲節，諸侯以時會爲節，卿大夫以循法爲節，士以不失職爲節。故明乎其節之志，以不失其事，則功成而德行立。德行立，則無暴亂之禍矣。功成則國安。故曰：射者，所以觀盛德也。

凡樂，掌其序事，治其樂

政序事次序用樂之事凡國之小事用樂者令奏鍾鼓小事小祭祀之事。◯重言令奏鍾鼓二下文二凡樂成則告備成謂所奏一竟書曰簫韶九成燕禮曰大師告于樂正曰正歌備詔來瞽皋舞鄭司農云瞽當爲鼓皋當爲告呼擊鼓者又告當舞者持鼓與舞俱來也鼓字或作瞽詔來瞽或曰來敕也敕爾瞽率爾衆工奏爾悲誦肅肅雍雍毋怠毋凶玄謂詔來瞽詔視瞭扶瞽者來入也皋之言號告國子當舞者舞。◯毋音無下同瞭音了及徹帥學士而歌徹學士國子也鄭司農云謂將徹之時自有樂故帥學士而歌徹玄謂徹者歌雍雍在周頌臣工之什令相令視瞭扶工鄭司農云告當相瞽師者言當罷也瞽師盲者皆有相道之者故師冕見及階曰階也及席曰席也皆坐曰某在斯某在斯曰相師之道與。◯相息亮反注及下同冕音免見賢遍反下注同饗食諸侯序其樂事令奏鍾鼓令相如祭之儀燕射帥射夫以弓矢舞射夫衆耦也故書燕爲舞帥爲率射夫爲射矢鄭司農云舞當爲燕率當爲帥射矢書亦或爲射夫。◯食音嗣下注疏食同凡言饗食皆放此樂出入令奏鍾鼓樂出入謂笙歌舞者及其器凡軍大獻教愷歌遂倡之故書倡爲昌鄭司農云樂師主倡也昌當爲倡書亦或爲倡。◯倡昌亮反凡喪陳樂器則帥樂官帥樂官往陳之及序哭亦如之哭此樂器亦帥之凡樂官掌

其政令聽其治訟。治直吏反。○重言掌其政令十餘見小宗伯聽其治訟三天官小宰地官遂大夫各一

大胥掌學士之版以待致諸子鄭司農云學士謂卿大夫諸子學舞者版籍也今時鄉戶籍世謂之戶版大胥主此籍以待當召聚學舞者卿大夫之諸子則案此籍以召之漢大樂律曰卑者之子不得舞宗廟之酎除吏二千石到六百石及關內侯到五大夫子先取適子高七尺已上年十二到年三十顏色和順身體脩治者以為舞人與古用卿大夫子同義。○版音板。酎直救反。適丁歷反。上時掌反。下六上同

春入學舍采合舞春始以學士入學宮而學之合舞等其進退使應節奏鄭司農云舍采謂舞者皆持芬香之采或曰古者士見於君以雉為摯見於師以菜為摯菜直謂疏食菜羹之菜或曰學者皆人君卿大夫之子衣服采飾舍采者減損解釋盛服以下其師也月令仲春之月上丁命樂正習舞釋采仲丁又命樂正入學習樂玄謂舍即釋也采讀為菜始入學必釋菜禮先師也菜蘋蘩之屬。○舍采上音釋下音菜注同疏所居反劉音蘇戶嫁反

秋頒學合聲春使之學秋頒其才藝所為合聲亦等其曲折使應節奏。○折之設反

以六樂之會正舞位大同六樂之節奏正其位使相應也言為大合樂習之。○為于偽反

以序出入舞者以長幼次之使出入不紕錯。○紕匹毗反劉博雞反

比樂官比猶校也杜子春云次比樂官也鄭大夫讀比為庀庀具也錄具樂官。○比鄭如字下同杜毗志反次比也庀匹婢反

展樂器展謂陳數之。○數所主反

凡

祭祀之用樂者以鼓徵學士擊鼓以召之文王世子曰大昕鼓徵所以警衆○昕音欣序

宮中之事

小胥掌學士之徵令而比之觵其不敬者比猶校也不敬謂慢期不時至也觵罰爵也詩云兕觵其觩○觵古橫反本亦作觥同兕徐履反觩巨樛反巡舞列而撻其怠慢者撻猶抶也抶以荊扑○撻吐達反抶勑乙反又勑栗反扑普卜反正樂縣之位王宮縣諸侯軒縣卿大夫判縣士特縣辨其聲樂縣謂鍾磬之屬縣於筍虡者鄭司農云宮縣四面縣軒縣去其一面判縣又去其一面特縣又去其一面四面象宮室四面有牆故謂之宮縣軒縣三面其形曲故春秋傳曰請曲縣繁纓以朝諸侯之禮也故曰唯器與名不可以假人玄謂軒縣去南面辟王也判縣左右之合又空北面特縣縣於東方或於階間而已○植音特本亦作特筍息允反虡音巨去起呂反又下同繁步干反朝直遥反辟音避凡縣鍾磬半為堵全為肆鍾磬者編縣之二八十六枚而在一虡謂之堵鍾一堵磬一堵謂之肆半之者謂諸侯之卿大夫士也諸侯之卿大夫半天子之卿大夫西縣鍾東縣磬士亦半天子之士縣磬而已鄭司農云以春秋傳曰歌鍾二肆○堵丁古反

大師掌六律六同以合陰陽之聲陽聲黃鍾大蔟姑洗

蕤賓夷則無射陰聲大呂應鍾南呂函鍾小呂夾鍾皆文之以五聲宮商角徵羽皆播之以八音金石土革絲木匏竹以合陰陽之聲者聲之陰陽各有合黃鍾子之氣也十一月建焉而辰在星紀大呂丑之氣也十二月建焉而辰在玄枵大蔟寅之氣也正月建焉而辰在娵訾應鍾亥之氣也十月建焉而辰在析木姑洗辰之氣也三月建焉而辰在大梁南呂酉之氣也八月建焉而辰在壽星蕤賓午之氣也五月建焉而辰在鶉首林鍾未之氣也六月建焉而辰在鶉火夷則申之氣也七月建焉而辰在鶉尾中呂巳之氣也四月建焉而辰在實沈無射戌之氣也九月建焉而辰在大火夾鍾卯之氣也二月建焉而辰在降婁辰與建交錯貿處如表裏然是其合也其相生則以陰陽六體爲之黃鍾初九也下生林鍾之初六林鍾又上生太族之九二大族又下生南呂之六二南呂又上生姑洗之九三姑洗又下生應鍾之六三應鍾又上生蕤賓之九四蕤賓又上生大呂之六四大呂又下生夷則之九五夷則又上生夾鍾之六五夾鍾又下生無射之上九無射又上生中呂之上六同位者象夫妻異位者象子母所謂律取妻而呂生子也黃鍾長九寸其實一籥下生者三分去一上生者三分益一五下六上乃一終矣大呂長八寸二百四十三分寸之一百四大蔟長八寸夾鍾長七寸二千一百八十七分寸之千七十五姑洗長七寸九分寸之一中呂長六寸萬九千六百八十三分寸之萬二千九百七十四蕤賓長六寸八十一分寸之二十六林鍾長六寸夷則長五寸七百二十九分寸之四

百五十一南呂長五寸三分寸之一無射長四寸六千五百六十一分寸之六千五百二十四應鍾長四寸二十七分寸之二十之者以調五聲使之相次如錦繡之有文章播猶揚也揚之以八音乃可得而觀之矣金鍾鎛也石磬也土塤也革鼓鼗也絲琴瑟也木柷敔也匏笙也竹管簫也○匏白交反栲虛驕反㪺羊揄反訾子斯反又入梁如字劉音泰洛戶江反又音貫音茂取七喻反嗔虛陵反

教六詩曰風曰賦曰比曰興曰雅曰頌教教瞽矇也風言賢聖治道之遺化也賦之言鋪直鋪陳今之政教善惡比見今之失不敢斥言取比類以言之興見今之美嫌於媚諛取善事以喻勸之雅正也言今之正者以為後世法頌之言誦也容也誦今之德廣以美之鄭司農云古而自有風雅頌之名故延陵季子觀樂於魯時孔子尚幼未定詩書而曰為之歌邶鄘衛曰是其衛風乎又為之歌小雅大雅又為之歌頌論語曰吾自衛反魯然後樂正雅頌各得其所時禮樂自諸侯出頗有謬亂不正孔子正之曰比曰興比者比方於物也興者託事於物○興虛應反注皆同治直吏反下治功皆同鋪普吳反又芳吳反為之于偽反下為之為作皆同邶步內反詩關雎篇故詩有六義焉一曰風二曰賦三曰比四曰興五曰雅六曰頌

以六德為之本所教詩必有知仁聖義忠和之道乃後可教以樂歌○知音智以六律為之音以律視其人為之音知其宜何歌子貢見師乙而問曰賜也聞樂歌各有宜若賜者宜何歌此問人性也本人之性其善於律

大祭祀帥瞽登歌令奏擊拊擊拊瞽乃歌也故書拊為付鄭司農云登

歌歌者在堂也付字當爲拊書亦或爲拊樂或當擊或當拊登歌下管貴人聲也玄謂拊形如鼓以韋爲之著之以糠。拊音撫

下管播樂器令奏鼓朄鼓朄管乃作也特言管者貴人氣也鄭司農云下管吹管者在堂下朄小鼓也先擊小鼓乃擊大鼓小鼓爲大鼓先引故曰朄朄讀爲道引之引玄謂鼓朄猶言擊朄詩云應朄縣鼓。朄音胤道音導引之引也朄音胤

大饗亦如之大射帥瞽而歌射節【重言】射節王歌騶虞。大饗亦如之

斡師小師各一

大師執同律以聽軍聲而詔吉凶大師大起軍師兵書曰王者行師出軍之日授將弓矢士卒振旅將張弓大呼大師吹律合音商則戰勝軍士強角則軍擾多變失士心宮則軍和士卒同心徵則將急數怒軍士勞羽則兵弱少威明鄭司農說以師曠曰吾驟歌北風又歌南風南風不競多死声楚必無功。將子匠反下同卒子忽反下同呼火故反數所角反

大喪帥瞽而廞作匶謚廞興也興言王之行謂諷誦其治功之詩故書廞爲淫鄭司農云淫陳也陳其生時行迹爲作謚。行下孟反下同

凡國之瞽矇正焉從大師之政教

小師掌教鼓鞉柷敔塤簫管弦歌教教鼓矇也出音曰鼓鞉如鼓而小持其柄搖之旁耳還自擊塤燒土爲之大如鴈卵簫編小竹管如今賣飴餳所吹者弦謂琴瑟也歌依詠詩也鄭司農云柷如漆筩中有椎敔

木虎也塤六孔管如篪六孔玄謂管如篴而小併兩而吹之今大予樂官有焉○摇音遥本亦作摇飴以之反餳辝盈反李音唐音動椎直追反空音孔篪音馳篴音狄併薄冷反大祭祀登歌擊拊亦自有拊擊之佐太師令奏鄭司農云拊者擊石○令力呈反下管擊應鼓應鼙也應與朄及朔皆小鼓也其所用別未聞○鼙薄西反徹歌於有司徹而歌雍大饗亦如之大喪與廞從大師○與音預○【重言】大饗亦如之二大師眡瞭一各凡小祭祀小樂事鼓朄如大師鄭司農云朄小鼓名掌六樂聲音之節與其和和錞于○和戶卧反注同錞音淳本或作淳

瞽矇掌播鼗柷敔塤簫管弦歌播謂發揚其音諷誦詩世奠繫鼓琴瑟諷誦詩謂闇讀之不依詠也故書奠或為帝鄭司農云諷誦詩主誦詩以刺君過故國語曰瞍賦矇誦謂詩也杜子春云帝讀為定其字為奠書亦或為奠世奠繫謂帝繫諸侯卿大夫世本之屬是也小史主次序先王之世昭穆之繫述其德行瞽矇主誦詩并誦世繫以戒勸人君也故國語曰教之世而為之昭明德而廢幽昏焉以怵懼其動玄謂諷誦詩主謂廞作柩諡時也諷誦王治功之詩以為諡世之而定其繫謂書於世本也雖不歌猶鼓琴瑟以播其音美之○奠音定繫戶計反注同刺七賜反瞍素口反行下孟反怵勑律反尤本作休掌九德六詩之歌以役大師役為之使

眡瞭掌凡樂事播鼗擊頌磬笙磬眡瞭播鼗又擊磬在東方曰笙笙生也在西
方曰頌頌或作庸庸功也大射禮曰樂人宿縣于阼階東笙磬西面其南笙鍾其南鑮皆南陳又曰西階之西頌磬東面其南鍾其
南鑮皆南陳○頌樂家不音當依字戚音容掌大師之縣大師掌縣則為之凡樂事相瞽
相謂扶工○相息亮反注同大喪廞樂器大旅亦如之旅非常祭於時乃興造其樂器重言
大旅亦如之二前見司尊彝賓射皆奏其鍾鼓擊朄以奏之其登歌大師自奏之鼜愷獻
亦如之愷獻獻功愷樂也杜子春讀鼜為憂戚之戚謂戒守鼓也擊鼓聲疾數故曰戚○鼜音戚樂音洛數音朔
典同掌六律六同之和以辨天地四方陰陽之聲以為
樂器陽声屬天陰声屬地天地之声布於四方為作也故書同作銅鄭司農云陽律以竹為管陰律以銅為管竹陽也銅陰也
各順其性凡十二律故大師職曰執同律以聽軍声玄謂律述氣者也同助陽宣氣与之同皆以銅為凡聲高聲
碨正聲緩下聲肆陂聲散險聲斂達聲贏微聲韽回
聲衍侈聲筰弇聲鬱薄聲甄厚聲石故書碨作硍杜子春讀碨為鏗鎗之鏗高
謂鍾形容高也韽讀為闇不明之闇筰讀為行笮之笮石如磬石之声鄭大夫讀碨為衮冕之衮陂讀為人短罷之罷韽讀為

鶗籥之籥鄭司農云鐘形下當踦正者不高不下鐘形上下正傭
玄謂高鐘形大上上大也高則声上藏衮然旋如裏正謂上下直
正則声緩无所動下謂鐘形大下下大也下則声出去放肆陂讀
為險陂之陂陂謂偏侈陂則声離散也險謂偏弇也險則声斂不
越也達謂其形微大也達則声有餘若大放也微謂其形微小也
籥讀為飛鉆涅韽之韽韽声小不成也回謂其形微圜也回則其
声淫衍无鴻殺也侈謂中央約也侈則声迫窄出去疾也弇謂中
央寬也弇則声鬱勃不出也甄讀為甄燿之甄甄猶掉也鐘微薄
則声掉鐘大厚則如石叩之无声○碮古本反或胡本反陂彼義反
籥劉音闇又於贍反鄭於貪反歛於感反李烏南反侈昌氏反又
式氏反窄側百反弇沈感音掩劉於驗反甄音震注同哀音鏗又
苦耕反字林音限云石声鏗古耕反鎗初衡反劉初耕反嘈側百
反罷皮買反字或作燿音同桂林之間謂人短為燿雉雉音古買
反籥烏南反蹕音婢李反又乎羨反一音嘈巳反或音補年反傭
敕龍反形大大音泰下形大下大厚同舊弟佐反又上時掌反鉆
張林反又其廉反歛或音治劉又渠金反說文云鐘歛也一曰膏
車鐵鉆鍼音竹瀸反涅乃結反劉其隸反殺色介反舊色例反約舊如字戚於教反掉徒弔反劉效較反凡為樂器
以十有二律為之數度以十有二聲為之齊量數度廣長也齊
量其侈弇之所容○齊才計反注同廣古曠反長直亮反凡和樂亦如之和謂調其故器也
磬師掌教擊磬擊編鐘教教視瞭也磬亦編於鍾言之者鍾有不編不編者鍾師擊之杜子春讀

春官下　六七九

編名爲編書之編
教縵樂燕樂之鍾磬杜子春讀縵爲怠慢之慢玄謂縵讀爲縵錦之縵謂雜聲之和
樂者也學記曰不學操縵不能安弦燕樂房中之樂所謂陰聲也二樂皆教其鍾磬○縵莫半反杜音慢操七曹反凡祭祀
奏縵樂
鍾師掌金奏金奏擊金以爲奏樂之節金謂鍾及鎛凡樂事以鍾鼓奏九夏
王夏肆夏昭夏納夏章夏齊夏族夏祴夏驁夏以鍾鼓者先擊
鍾次擊鼓以奏九夏夏大也樂之大歌有九故書納作内杜子春
云内當爲納祴讀爲陔鼓之陔王出入奏王夏尸出入奏肆夏牲
出入奏昭夏四方賓來奏納夏臣有功奏章夏夫人祭奏齊夏族
人侍奏族夏客醉而出奏陔夏公出入奏驁夏肆夏詩也春秋傳
曰穆叔如晉晉侯享之金奏肆夏之三不拜工歌文王之三又不拜
歌鹿鳴之三三拜曰三夏天子所以享元侯也使臣不敢與聞
文王鹿鳴俱稱三謂其三章也以此知肆夏詩也國語曰金
奏肆夏繁遏渠天子所以享元侯肆夏繁遏渠所謂三夏矣呂叔
玉云肆夏繁遏渠皆周頌也肆夏時邁也繁遏執競也渠思文
遂也夏大也言遂於大位謂王位也故時邁曰肆于時夏允王保
之繁多也遏止也言福祿止於周之多也故執競曰降福穰穰降
福簡簡福祿來反渠大也言以后稷配天王道之大也故思文曰
思文后稷克配彼天故國語謂之曰皆昭令德以合好也玄謂以
文王鹿鳴言之則九夏皆詩篇名頌之族類也此歌之大者載在

樂章樂崩亦從而亡是以頌不能具○夏納本或作納夏戶雅反本又作夰奇械音陔古哀反驁五羔反劉五到反使色吏反与音頖竭於葛反說音悅詖作競㩐如羊反好呼報反凡祭祀饗食奏燕樂以鍾鼓奏之凡射

王奏騶虞諸侯奏貍首卿大夫奏采蘋士奏采蘩鄭司農云騶虞聖獸○【重意】樂師云以騶虞爲節諸侯以貍首爲節大夫以采蘋爲節士以采蘩爲節掌鼙鼓縵樂[illegible]如莊工鼓之鼓亦謂作縵樂擊鼙以和之和胡卧反

笙師掌教龡竽笙塤籥簫篪篴管舂牘應雅以教祴樂教教視瞭也鄭司農云竽三十六簧笙十三簧篪七孔舂牘以竹大五六寸長七尺短者一二尺其端有兩空髤畫以兩手築地應長六尺五寸其中有椎椎狀如漆筩而弇口大二圍長五尺六寸以羊韋鞔之有兩紐疏畫杜子春讀篴爲蕩滌之滌今時所吹五空竹篴玄謂籥如篴三空祴樂祴夏之樂牘應雅教其舂者謂以築地笙師教之則三器在庭可知矣賓醉而出奏祴夏以此三器築地爲之行節明不失礼○龡昌垂反竽音于牘音獨或大錄反篪音池髤香牛反或七利反鞔莫干反凡祭祀

饗射共其鍾笙之樂鍾笙与鍾聲相應之笙燕樂亦如之大喪廞其樂器及葬奉而藏之廞興也興謂作之奉猶送大旅則陳之陳於饌處而已不吹

其縣○【重言】大喪廞其樂器奉而藏之三後見鎛師籥師文見司干樂字作舞字

鎛師掌金奏之鼓謂主擊晉鼓以奏其鐘鎛也然則擊鎛者亦視瞭凡祭祀鼓其金奏之樂饗食賓射亦如之軍大獻則鼓其愷樂凡軍之夜三鼜皆鼓之守鼜亦如之守鼜備守鼓也鼓之以鼖鼓杜子春云一夜三擊備守鼜也春秋傳所謂賓將趨者音聲相似○鼖扶云反趨左傳作掫音莊九反杜注一公行反○【重言】饗食祀賓射亦如之二見典庸器大喪廞其樂器奉而藏之【重言】大喪廞其樂器奉而藏之二笙師鎛師籥師司干各一樂字並作舞

韎師掌教韎樂祭祀則帥其屬而舞之舞之以東夷之舞大饗亦如之【重言】大饗食亦如之二大師小師各一

旄人掌教舞散樂舞夷樂散樂野人爲樂之善者若今黃門倡矣自有舞夷樂四夷之樂亦皆有声歌及舞凡四方之以舞仕者屬焉凡祭祀賓客舞其燕樂【重言】凡祭祀賓客九餘附小宗伯

籥師掌教國子舞羽龡籥文武有持羽吹籥者所謂籥舞也文王世子曰秋冬學羽籥詩云左

手執籥右手秉翟祭祀則鼓羽籥之舞鼓之者恒為之節賓客饗食則亦如之大喪廞其樂器奉而藏之【重言】大喪廞其樂器奉而藏之三笙師鎛師各一又司干一樂字作舞字○則亦如之三小宗伯天官下內小臣

籥章掌土鼓豳籥杜子春云土鼓以瓦為匡以革為兩面可擊也鄭司農云豳籥豳國之地竹豳詩亦如之玄謂豳籥豳人吹籥之聲章明堂位曰土鼓蕢桴葦籥伊耆氏之樂○豳彼貧反注同蕢苦怪反劉苦壞反桴音孚伊耆音又依帆皆音耆中春晝擊土鼓龡豳詩以逆暑豳詩豳風七月也吹之者以籥為之聲七月言寒暑之事迎氣歌其類也此風也而言詩詩揔名也迎暑以晝求諸陽○中音仲下同○【重言】擊土鼓二下文中秋迎寒亦如之迎寒以夜求諸陰凡國祈年于田祖龡豳雅擊土鼓以樂田畯祈年祈豐年也田祖始耕田者謂神農也豳雅亦七月也七月又有于耜舉趾饁彼南畝之事是亦歌其類謂之雅者以其言男女之正鄭司農云田畯古之先教田者曰小雅云畯田夫也○樂音洛畯音俊饁于輒反劉于法反國祭蜡則龡豳頌擊土鼓以息老物故書蜡為蠹杜子春云蠹當為蜡郊特牲曰天子大蜡八伊耆氏始為蜡蜡歲十二月而合聚萬物而索饗之也蜡之祭也主先嗇而祭司嗇也黃衣黃冠而祭息田夫也既蜡而收

民息已玄謂十二月建亥之月也求萬物而祭之者萬物助天成歲事至此爲其老而勞乃祀而老息之於是國亦養老焉月令孟冬勞農以休息之是也豳頌亦七月也七月又有穫稻作酒躋彼公堂稱彼兕觥萬壽無疆之事是亦歌其類也謂之頌者以其言歲終人功之成○索色白反爲其于僞反勞力報反穫戶郭反躋子兮反強居良反

鞮鞻氏掌四夷之樂與其聲歌四夷之樂東方曰韎南方曰任西方曰株離北方曰禁詩云以雅以南是也王者必作四夷之樂一天下也言與其聲歌則云樂者主於舞○任音壬下同祭祀則龡而歌之燕亦如之吹之以管籥爲之聲

典庸器掌藏樂器庸器庸器伐國所獲之器若崇鼎貫鼎及以其兵物所鑄銘也及祭祀帥其屬而設筍虡陳庸器設筍虡視瞭當以縣樂器焉陳功器以華國也杜子春云筍讀爲博選之選橫者爲筍從者爲鐻○選胥兗反從子容反鐻音距舊本作此字今或作虡饗食賓射亦如之大喪廞筍虡廞興也興謂作之○重言饗食兵射亦如之一前見鎛師

司干掌舞器舞器羽籥之屬祭祀舞者既陳則授舞器既舞則受之既已也受取藏之賓饗亦如之大喪廞舞器及葬奉而藏之

【重言】大喪廞舞器奉而藏之四鎛師笙師鎛師籥師各一餘籥舞字作樂

大卜掌三兆之灋一曰玉兆二曰瓦兆三曰原兆兆者灼龜發於火其形可占者其象似玉瓦原之亹罅是用名之焉上古以來作其法可用者有三原原田也杜子春云玉兆帝顓頊之兆瓦兆帝堯之兆原兆有周之兆○挑音兆亦作兆璺舊音問許靳反沈依聶氏音問云依字作璺璺玉之坼也龜兆文似之占人注同罅劉火嫁反又音呼坼之呼其經兆之體皆百有二十其頌皆千有二百頌謂繇也三法體繇之數同其名占異耳百二十每體十繇體有五色又重之以墨坼也五色者洪範所謂曰雨曰濟曰圛曰蟊曰剋○繇直又反下同重直用反坼勑白反濟節細反又才計反圛音亦蟊音蒙劉莫遘反沈音謀掌三易之灋一曰連山二曰歸藏三曰周易易者揲蓍變易之數可占者也名曰連山似山出內氣也歸藏者万物莫不歸而藏於其中杜子春云連山宓戲歸藏黃帝○揲時設反劉音舌沈音服戲本又作戲音羲○【重言】一曰連山二曰歸藏三曰周易二後見筮人其經卦皆八其別皆六十有四三易卦別之數亦同其名占異也每卦八別者重之數○重直龍反掌三夢之灋一曰致夢二曰觭夢三曰咸陟夢者人精神所寤可占者致夢言夢之所至夏后氏作焉咸皆也陟之言得也讀如王德翟人之德言夢之皆

得周人作焉杜子春云觭讀爲奇偉之奇其字當爲奇玄謂觭讀如諸戎掎之之掎掎亦得也亦言夢之所得殷人作焉○觭音羈本多作夢觭居綺反注掎同又紀宜反杜其宜反奇如字或音倚

其經運十其別九十運或爲緷當爲煇是視祲所掌十煇也王者於天日也夜有夢則晝視日旁之氣以占其吉凶凡所占者十煇每煇九變此術今亡○緷胡本反字林云大束也說文音運云緯也暈音縕煇音運祲子鴆反

以邦事作龜之八命一曰征二曰象三曰與四曰謀五曰果六曰至七曰雨八曰瘳國之大事待蓍龜而決者有八定作其辭於將卜以命龜也鄭司農云征謂征伐人也象謂災變雲物如衆赤烏之屬有所象似易曰天垂象見吉凶春秋傳曰天事恒象皆是也與謂予人物也謀謂謀議也果謂事成與不也至謂至不也雨謂雨不也瘳謂疾瘳不也玄謂征亦云行巡守也象謂有所造立也易曰以制器者尚其象與謂所與共事也果謂以勇決爲之若吳伐楚楚司馬子魚卜戰令龜曰鮒也以其屬死之楚師繼之尚大克之吉是也○瘳勑留反命龜命亦作令菑音災見吉賢遍反鮒音附左傳作魴

以八命者贊三兆三易三夢之占以觀國家之吉凶以詔救政鄭司農云以此八事命卜筮蓍龜參之以夢故曰以八命者贊三兆三易三夢之占春秋傳曰筮襲於夢武王所用玄謂贊佐也詔告也非徒占其事吉則爲否則止又佐明其繇之占演其意以視國家餘事之吉凶凶則告王救其政○演以善反

二○重言以詔救政後見保章氏

凡國大貞卜立君卜大封則眡高作龜卜立君君無冢適卜可立者卜大封謂竟界侵削卜以兵征之若魯昭元年秋叔弓帥師疆鄆田是也視高以龜骨高者可灼處示宗伯也大事宗伯涖卜卜用龜之腹骨骨近足者其部高鄭司農云貞問也國有大疑問於蓍龜作龜謂鑿龜令可爇也玄謂貞之爲問問於正者必先正之乃從問焉易曰師貞丈人吉作龜謂以火灼之以作其兆也春灼後左夏灼前左秋灼前右冬灼後右士喪禮曰宗人受卜人龜示高涖卜受視反之又曰卜人坐作龜○視音示下同適丁歷反竟音境疆居良反鄆音運近附近之近令力呈反蓺人悅反

大祭祀則眡高命龜命龜告龜以所卜之事不親作龜者大祭祀輕於大貞也士喪禮曰宗人即席西面坐命龜

凡小事涖卜代宗伯

國大遷大師則貞龜正龜於卜位也士喪禮曰卜人抱龜燋先奠龜西首是也又不親命龜亦大遷大師輕於大祭祀也○燋哉約反

凡旅陳龜陳龜於饌處也士喪禮曰卜人先奠龜于西塾上南首是也不親貞龜亦以卜旅祭非常輕於大遷大師○塾音孰蔦音育

凡喪事命龜重喪禮次大祭祀也士喪禮則筮宅卜日天子卜葬兆凡大事大卜陳龜貞龜命龜視高其他以差降焉

卜師掌開龜之四兆一曰方兆二曰功兆三曰義兆四

曰弓兆開出其占書也經兆百二十躰此言四兆者分之爲四部若易之二篇書金縢曰開籥見書是謂与其云方功義弓之名未聞○与音餘凡卜事眡高示涖卜也揚火以作龜致其墨揚猶熾也致其墨者孰灼之明其兆凡卜辨龜之上下左右陰陽以授命龜者而詔相之所卜者當各用其龜也大祭祀喪事大卜命龜則大貞小宗伯命龜其他卜師命龜卜人作龜則亦辨龜以授卜師上仰者也下俯者也左左倪也右右倪也陰後弇也陽前弇也詔相告以其辭及威儀辨如字劉皮勉反倪五計反又五未反弇於撿反

龜人掌六龜之屬各有名物天龜曰靈屬地龜曰繹屬東龜曰果屬西龜曰靁屬南龜曰獵屬北龜曰若屬各以其方之色與其體辨之屬言非一也色謂天龜玄地龜黃東龜青西龜白南龜赤北龜黑龜俯者靈仰者繹前弇果後弇獵左倪靁右倪若是其體也東龜南龜長前後在陽象經也西龜北龜長左右在陰象緯也天龜俯地龜仰東龜前南龜卻西龜左北龜右各從其耦也杜子春讀果爲贏繹音亦果魯火反注贏同○靁力胄反又如字卻起略反凡取龜用秋時攻龜用春時各以其物入于龜室六龜各異室也秋取龜及万物成也攻治也治龜骨以春是時乾解不發傷也○解音蟹一音佳買反○重言各以其物二見司弓矢上春

釁龜祭祀先卜釁者殺牲以血之神之也鄭司農云祭祀先卜者卜其日與其牲玄謂先卜始用卜筮者言祭言祀尊焉天地之也世本作曰巫咸作筮卜未聞其人也是上春者夏正建寅之月月令孟冬云釁祠龜筴相互矣秦以十月建亥爲歲首則月令秦世之書亦或欲以歲首釁龜耳○釁許靳反若有祭事則奉龜以往奉猶送也送之所當於卜旅亦如之喪亦如之

菙氏掌共燋契以待卜事杜子春云燋讀爲細目燋之燋或曰如薪樵之樵謂所爇灼龜之木也故謂之樵契謂契龜之鑿也詩云爰始爰謀爰契我龜玄謂士喪禮曰楚焞置于燋在龜東楚焞即契所用灼龜也燋謂炬其存火○菙氏本又作垂同時髓反燋哉約反李子又粗堯反一音哉益反契苦計反劉苦結反燋在消反焞吐敦反又他敦反又存悶反又祖悶反一音純李一音祖館反炬其呂反凡卜以明火爇燋遂龡其焌契以授卜師遂役之杜子春云明火以陽燧取火於日焌讀爲英俊之俊書亦或爲俊玄謂焌讀如戈鐏之鐏謂以契柱燋火而吹之也契既然以授卜師用作龜也役之使助之○焌音俊又存悶反又祖悶反李祖館反鐏存悶反劉祖悶反柱張主反○重言遂役之二一見夏官戎右

占人掌占龜以八簭占八頌以八卦占簭之八故以眡

吉凶占人亦占筮言掌占龜者筮短龜長主於長者以八筮占八頌謂將卜八事先以筮筮之言頌者同於龜占也以八卦占筮之八故謂八事不卜而徒筮之也其非八事則用九筮占人亦占焉。簭音筮長如字下同。重意以眡吉凶卜繇以辨吉凶

凡卜簭君占體大夫占色史占墨卜人占坼躰兆象也色兆氣也墨兆廣也坼兆璺也躰有吉凶色有善惡墨有大小坼有微明尊者視兆象而已卑者以次詳其餘也周公卜武王占之曰躰王其無害凡卜象吉色善墨大坼明則逢吉

凡卜簭既事則繫幣以比其命歲終則計其占之中否杜子春云繫幣者以帛書其占繫之於龜也玄謂既卜筮史必書其命龜之事及兆於策繫其禮神之幣而合藏焉書曰王與大夫盡弁開金縢之書乃得周公所自以爲功代武王之說是命龜書。繫音係比毗志反一音必履反中丁仲反

簭人掌三易以辨九簭之名一曰連山二曰歸藏三曰周易九簭之名一曰巫更二曰巫咸三曰巫式四曰巫目五曰巫易六曰巫比七曰巫祠八曰巫參九曰巫環以辨吉凶此九巫讀皆當爲筮字之誤也更謂筮遷都邑也咸猶僉也謂筮衆心歡不也式謂筮制作法式也目謂

事衆筮其要所當也易謂民衆不說筮所改易也比謂筮與民和比也祠謂筮牲与日也參謂筮御與右也環謂筮可致師不也。巫九巫皆音筮出注比毗志反注同僉七廉反說音悅下同【重言】一曰連山二曰歸藏三曰周易前見太卜。【重意】以辨吉凶上筮細以卜眡吉凶又眡祲以辨吉凶保章氏辨其吉凶

凡國之大事先簭而後卜當用卜者先筮之卽事有漸也於筮之凶則止不卜上春相簭相謂更選擇其著也著龜歲易者與○相息亮反注同簭音筮餘凡國事共簭

占夢掌其歲時觀天地之會辨陰陽之氣其歲時今歲四時也天地之會建厭所處之日辰陰陽之氣休王前後夢本又作㝱下同厭於琰反王于況反以日月星辰占六夢之吉凶日月星辰謂日月之行及合辰所在春秋昭三十一年十二月辛亥朔日有食之是夜也趙簡子夢童子倮而轉以歌旦而日食占諸史墨對曰六年及此月也吳其入郢乎終亦弗克入郢必以庚辰日月在辰尾庚午之日日始有謫火勝金故弗克此以日月星辰占夢者其術則今八會其遺象也用占夢則亡○倮魯果反轉如字又張戀反郢以井反劉餘政反適直革反

一曰正夢無所感動平安自夢二曰噩夢杜子春云噩當爲驚愕之愕謂驚愕而夢。○噩五各反注愕同三曰思夢覺時所思念之而夢○覺古孝反下同四曰寤夢覺時道之而夢。寤本又作㝲五故

反五曰喜夢喜說而夢六曰懼夢恐懼而夢季冬聘王夢獻吉夢于王王拜而受之聘問也夢者事之祥吉凶之占在日月星辰季冬日窮于次月窮于紀星廻于天數將幾終於是發幣而問焉若休慶之云爾因獻羣臣之吉夢於王歸美焉詩云牧人乃夢衆維魚矣旐維旟矣此所獻吉夢○幾如字又音祈

乃舍萌于四方以贈惡夢杜子春讀萌爲明又云其字當爲明明謂歐疫也謂歲竟逐疫置四方書亦或爲明玄謂舍讀爲釋舍萌猶釋采也古書釋采釋奠多作舍字萌菜始生也贈送也欲以新善去故惡○舍音釋注舍萌同萌亡耕反去起呂反

遂令始難歐疫令令方相氏也難謂執兵以有難卻也方相氏蒙熊皮黃金四目玄衣朱裳執戈揚盾帥百隸爲之毆疫厲鬼也故書難或爲儺杜子春儺讀爲難問之難其字當作難月令季春之月命國儺九門磔禳以畢春氣仲秋之月天子乃儺以達秋氣季冬之月命有司大儺旁磔出土牛以送寒氣○難乃多反劉依杜乃旦反注以意求之難字亦同磔陟百反禳如羊反

眡祲掌十煇之灋以觀妖祥辨吉凶妖祥善惡之徵鄭司農云煇謂日光炁也○煇音運炁音氣本亦作氣○【重言】以觀妖祥二後見保章氏一曰祲二曰象三曰鑴四曰監五曰闇六曰瞢七曰彌八曰叙九曰隮十曰想故書弥作

迷隮作資鄭司農云祲陰陽氣相侵也象者如赤烏也鑴謂日旁氣四面反鄉如煇狀也監雲氣臨日也闇日月食也瞢日月瞢瞢無光也弥者白虹弥天也敘者雲有次序如山在日上也隮者升氣也想者煇光也玄謂鑴讀如童子佩鑴之鑴謂日旁氣刺日也監冠珥也弥氣貫日也隮虹也詩云朝隮于西想雜氣有似可形想○鑴鄭許規反劉思隨反或下圭反瞢亡鄧反隮子兮反鄉許亮反如暈音運本亦作煇音同虹音洪又古巷反劉古項反

掌安宅敘降宅居也降下也人見妖祥則不安主安其居處也次序其凶禍所下謂禳移之正歲則行事占夢以季冬贈惡夢此正月而行安宅之事所以順民歲終則弊其事弊斷也謂計其吉凶然否多少○弊必世反下注同斷丁亂反

大祝掌六祝之辭以事鬼神示祈福祥求永貞一曰順祝二曰年祝三曰吉祝四曰化祝五曰瑞祝六曰筴祝永長也貞正也求多福歷年得正命也鄭司農云順祝順豐年也年祝求永貞也吉祝祈福祥也化祝弭災兵也瑞祝逆時雨寧風旱也筴祝遠罪疾○六祝之秀反後除大祝宗祝諸官皆同以意求之長如字遠于万反掌六祈以同鬼神示一曰類二曰造三曰禬四曰禜五曰攻六曰說祈嘄也謂為有災變號呼告神以求福天神人鬼地祇不和則六癘作見故以祈禮同之故書造作竈杜子春讀竈為造次之造書亦或為造

造祭於祖也鄭司農云類造禬禜攻說皆祭名也類祭于上帝詩曰是類是禡爾雅曰是類是禡師祭也又曰乃立冢土戎醜攸行
爾雅曰起大事動大衆必先有事乎社而後出謂之宜故曰大師宜于社造于祖設軍社類上帝司馬法曰將用師乃告于皇天上
帝后土四海神祇山川冢社乃造于先王然後冢宰徵師于諸侯曰某國爲不道征之以某年某月某日師至某
國禜日月星辰山川之祭也春秋傳曰日月星辰之神則雪霜風雨之不時於是乎禜之山川之神則水旱癘疫之災於是乎禜之
玄謂類造加誠肅求如志禬禜告之以時有災變也攻說則以辭責之禜如日食以朱絲縈社攻如其鳴鼓然董仲舒救日食祝曰
炤炤大明瀸滅無光奈何以陰侵陽以卑侵尊是之謂說也禬未聞焉造類禬禜皆有牲攻說用幣而已。○造七報反注下皆同禬
戚古外反劉古會反禜音詠嘄音叫劉音育嵩爲于僞反嫭戶戒反呼以敢反見賢遍反爲莫駕反縈烏營反炤章招反瀸子廉反依

六辭以通上下親疏遠近一曰祠二曰命三曰誥四曰會五曰禱六曰誄鄭司農云祠當爲辭謂辭令也命論語所謂爲命裨諶草創之誥謂康誥盤庚之誥之屬也盤庚將遷于殷誥其世臣卿大夫道其先祖之善功故曰以通上下親疏遠近會謂王官之伯命事於會胥命于蒲主爲其命也禱謂禱於天地社稷宗廟主爲其辭也春秋傳曰鐵之戰衛大子禱曰曾孫蒯聵敢昭告皇祖文王烈祖康叔文祖襄公鄭勝亂從晉午在難不能治亂使鞅討之蒯聵不敢自佚備持矛焉敢告無絕筋無破骨無面夷無作三祖羞大命不敢請佩玉不敢愛若此

之屬。誄，謂積累生時德行以賜之命，主為其辭也。春秋傳曰：孔子
卒，哀公誄之曰：閔天不淑，不憖遺一老，俾屏余一人以在位，嬛嬛
予在疚。嗚呼哀哉！尼父，無自律。此皆有文雅辭令，難為者也，故大
祝官主作六辭。或曰：誄，論語所謂誄曰禱爾于上下神祇。杜子春
云：誥當為告，書亦或為告。玄謂一曰祠者，交接之辭。春秋傳曰：古
者諸侯相見，號辭必稱先君以相接，辭之辭也。會，謂會同盟誓之
辭。禱，賀慶言福祚之辭。晉趙文子成室，晉大夫發焉，張老曰：美哉
輪焉！美哉奐焉！歌於斯，哭於斯，聚國族於斯。文子曰：武也得歌於
斯，哭於斯，聚國族於斯，是全要領以從先大夫於九京也。北面再
拜稽首。君子謂之善頌善禱。禱是之辭。○會，如字，注同。卑，婢支反。
誄，力林又。蒯，苦怪反。聵，五怪反。難，乃旦反。佚音逸。行，下孟反。閔音
旻，武巾反。憖，魚覲反。嬛，求營反。疚，九又反。父音甫。奐音煥。京音原。

辨六號：一曰神號，二曰鬼號，三曰示號，四曰牲號，五曰齍號，六曰幣號。

號，謂尊其名，更為美稱焉。神號，若云皇天上帝。
鬼號，若云皇祖伯某。祇號，若云后土地祇。幣號，
若玉云嘉玉，幣云量幣。鄭司農云：牲號為犧牲皆有名號。曲禮曰：
牛曰一元大武，豕曰剛鬣，羊曰柔毛，雞曰翰音。粢號，謂黍稷皆有
名號也。曲禮曰：黍曰香合，粱曰香萁，稻曰嘉蔬。少牢饋食禮曰：敢
用柔毛剛鬣。士虞禮曰：敢用絜牲剛鬣香合。○齍音咨。稱，尺證反。
大武，如字，劉音泰。鬣，力輒反。
其音基。蔬，所魚反，劉音蘇。

辨九祭：一曰命祭，二曰衍祭，三曰炮祭，四曰周祭，五曰振祭，六曰擩祭，七曰絕祭，八曰

繚祭九曰共祭杜子春云命祭祭有所主命也振祭振讀爲慎禮家讀振爲振旅之振擩祭擩讀爲虞芮之芮鄭司農云衍祭羨之道中如今祭殤无所主命周祭四面爲坐也炮祭燔柴也尒雅曰祭天曰燔柴擩祭以肝肺菹擩塩醢中以祭也繚祭以手從肺本循之至于末乃絕以祭也絕祭不循其本直絕肺以祭也重肺賤肝故初祭絕肺以祭謂之絕祭至祭之末礼殺之後但擩肝塩中振之擬之若祭狀弗祭謂之振祭特牲饋食礼曰取菹擩于醢祭于豆間鄉射礼曰取肺坐絕祭鄉飲酒礼曰右取肺左卻手執本坐弗繚右絕末以祭少牢曰取肝擩于塩振祭玄謂九祭皆謂祭食者命祭者玉藻曰君若賜之食而君客之則命之祭然後祭是也衍字當爲延炮字當爲包聲之誤也延祭者曲礼曰客若降等執食興辭主人興辭於客然後客坐主人延客祭是也包猶兼也兼祭於有司曰宰夫贊者取白黑以授尸尸受兼祭于豆祭是也周猶徧也徧祭者曲礼曰殽之序徧祭之是也振祭擩祭本同不食者擩則祭之將食者既擩必振乃祭也絕祭繚祭亦本同礼多者繚之礼略者絕則祭之共猶授也王祭食宰夫授祭孝經說曰共綏執授。衍音延炮百交反劉依司農白交反擩而泉反一音而劣反劉又而誰反繚音了劉音料共音恭注同芮人劣反又而歲反下同坐才臥反從持劉沈吐子容反今本或无持字從如字殺色界反劉色例反卻去逆反又起略反食音嗣徧音遍下同辨九𢷬一曰稽首二曰頓首三曰空首四曰振動五曰吉𢷬六曰凶𢷬七曰奇𢷬八曰褒𢷬九曰肅𢷬以享右祭祀稽首拜頭至地也頓首拜頭叩地也空首拜頭至手所謂拜手也吉拜拜而後稽顙謂齊衰不杖以下者言吉者此殷之凶拜周以其拜與頓首相近故謂之吉拜云凶拜稽顙而後拜謂三年服者杜子春云振讀為振鐸之振動讀為哀慟之慟奇讀為奇偶之奇謂先屈一膝今雅拜是也或云奇讀曰倚倚拜謂持節持戟拜身倚之以拜鄭大夫云動讀為董書亦或為董振董以兩手相擊也奇拜謂一拜也褒讀為報報拜再拜是也鄭司農云褒拜今時持節拜是也肅拜但俯下手今時揖拜也介者不拜故曰為事故敢肅使者玄謂振動戰栗變動之拜言曰王動色變一拜合臣下拜再拜拜神与尸享獻也謂朝獻饋獻也右讀為侑侑勸尸食而拜。稽音起下同䭫首音啓又作稽動如字李依大夫音董杜徒弄反今俗人拜以兩手相擊如鄭大夫之說蓋古之遺法奇紀宜反褒音報右音又勸也近附近之近動徒弄反倚同於綺反下同揖於至反即今之揖為事于偽反使所吏反朝直遙反凡大禋祀肆享祭示則執明水火而號祝明水火司烜所共日月之氣以給烝享執之如以六号祝明此圭絜也禋祀祭天神也肆享祭宗廟也故書祀為祊杜子春云祊當為祀。禋音因烜況彼反祊必庚反隋釁逆牲逆尸令鍾鼓右亦如之隋釁謂薦血也凡血祭曰釁既隋釁後言逆牲容逆鼎右讀亦當為侑。隋許規反又思恚反後同右音又來瞽令皋舞皋讀為卒嗥呼之嗥來嗥者皆謂呼之入。皋音高嗥戶高反刘戶報反卒刘子忽反呼火故反相尸禮延其出入詔其坐作

○振[illegible]況[illegible]既祭令徹大喪始崩以肆鬯渳尸相飯贊斂
徹奠肆鬯所爲陳尸以鬯也鄭司農云渳尸以鬯浴尸○渳亦彌反飯扶晚反斂力驗反言甸人讀禱付
練祥掌國事鄭司農云甸人主設復梯大祝主言問其具梯物玄謂言猶語也禱六辭之屬禱也甸人喪事代王
受眚災大祝爲禱辭語之使以禱於藉田之神也付當爲祔祭於先王以祔後死者掌國事辨護之○付音附出注梯他乃反語魚
據反下同國有大故天烖彌祀社稷禱祠大故兵寇也天烖疫癘水旱也彌猶徧也
徧祀社稷及諸所禱既則祠之以報焉○重言國有大故六地官鄉大夫上卷大宗伯肆師下篇都宗人家宗人各一大師
宜于社造于祖設軍社類上帝國將有事于四望及軍
歸獻于社則前祝鄭司農說設軍社以春秋傳曰所謂君以師行祓社釁鼓祝奉以從者也則前祝大祝自
前祝也玄謂前祝者王出也歸也將有事於此神大祝居前先以祝辭告之○祓芳弗反劉音發從才用反一音如字下注同大
會同造于廟宜于社過大山川則用事焉反行舍奠用事
亦用祭事告行也玉人職有宗祝以黃金勺前馬之禮是謂過大山川與曾子問曰凡告必用牲幣反亦如之○舍音釋一音赦與
音餘建邦國先告后土用牲幣后土社神也○重言用牲幣一前見肆師禁督逆

在命者督正也正王之所命諸侯之所祀有逆者則刑罰焉頒祭號于邦國都鄙祭號六號

小祝掌小祭祀將事侯禳禱祠之祝號以祈福祥順豐年逆時雨寧風旱彌烖兵遠辠疾侯之言候也候嘉慶祈福祥之屬禳禳卻以咎寧風旱之屬順豐年而順為之祝辭逆迎也彌讀曰敉敉安也○彌依注音敉亡爾反下注同遠于万反大祭祀逆齍盛逆尸沃尸盥贊隋贊徹贊奠隋尸之祭也奠奠爵也祭祀奠先徹後反言之者明所佐大祝非一凡事佐大祝唯大祝所有事大喪贊彌故書彌為攝杜子春云當為彌彌謂浴尸設熬置銘銘今書或作名鄭司農云銘書死者名於旌今謂之柩士喪禮曰為銘各以其物亡則以緇長半幅赬末長終幅廣三寸書名于末曰某氏某之柩竹杠長三尺置于西階上重木置于中庭參分庭一在南粥餘飯盛以二鬲縣于重冪用葦席取銘置于重杜子春云熬謂重也檀弓曰銘明旌也以死者為不可別故以其旗識之愛之斯錄之矣敬之斯盡其道焉爾重主道也殷主綴重焉奠以素器以生人有哀素之心也玄謂熬者棺既蓋設於其旁所以惑蚍蜉也喪大記曰熬君四種八筐大夫三種六筐士二種四筐加魚腊焉士喪禮曰熬黍稷各二筐有魚腊饌于西坫南又曰設熬旁一筐乃塗○熬五羔反為銘音名下銘同縜勑貞反杠音江重直龍反下同粥之六反又音育盛音成鬲音歷別彼列反識申識並傷志反一讀下識如字丘

洋怒反毗音毗蜉音浮種章勇反下同坫丁念反

及葬設道齎之奠分禱五祀杜子春云齎當爲粢道中祭也漢儀每街路輒祭玄謂齎猶送也送道之奠謂遣奠也分其牲體以祭五祀告王去此宮中不復反故興祭祀也王七祀祀五者司命大厲平生出入不以告○齎音咨遣弃戰反

大師掌釁祈號祝鄭司農云釁謂釁鼓也春秋傳曰君以軍行祓社釁鼓祝奉以從有寇戎之事則保郊祀于社故書祀或作禩鄭司農云謂保守郊祭諸祀及社無令寇侵犯之杜子春讀禩爲祀書亦或爲祀玄謂保祀互文郊社皆守而祀之弥兵災○禩音祀令力呈反下令可同凡外内小祭祀

小喪紀小會同小軍旅掌事焉重意後小史篇大會同大軍旅

喪祝掌大喪勸防之事鄭司農云勸防引柩也杜子春云防當爲披玄謂勸猶倡帥前引者防謂執披備傾戲○披彼寄反下同倡昌亮反戲音麾及辟令啓鄭司農云辟謂除菆塗椁也令啓謂喪祝主命役人開之也檀弓曰天子之殯也菆塗龍輴以椁加斧于椁上畢塗屋天子之禮也○菆才官反輴勑倫反及朝御匶

乃奠鄭司農云朝謂將葬朝於祖考之廟而後行則喪祝爲御柩也檀弓曰喪之朝也順死者之孝心也其哀離其室也故至於祖考之廟而後行殷朝而殯於祖周朝而遂葬故春秋傳曰凡夫人不殯于廟不祔于姑則弗致也晉文公卒將殯于曲沃就宗

廟晉宗廟在曲沃故曰曲沃君之宗也又曰丙午入于曲沃丁未朝于武宮玄謂乃奠朝廟奠○朝直遥反注皆同匶音舊離力智反下同

及祖飾棺乃載遂御鄭司農云祖謂將葬祖於庭象生時出則祖也故曰事死如事生禮也檀弓曰飯於牖下小斂於户内大斂於阼殯於客位祖於庭葬於墓所以即遠也祖時喪祝主飾棺乃載遂御之喪祝爲柩車御也或謂及祖至祖廟也玄謂祖爲行始飾棺設柳池紐之屬其序載而後飾既飾當還車鄉外喪祝御之御之者執纛居前卻行爲節度○飯扶晚反還音旋一音回鄉許亮反纛音導

及葬御匶出宮乃代喪祝二人相與更也○更音庚

及壙説載除飾鄭司農云壙謂穿中也説載下棺也除飾去棺飾也四翣之屬令可舉移安錯之玄謂除飾便其窆尔周人之葬牆置翣○説吐活反注同劉詩悦反去起呂反翣所甲反本亦作箑錯七故反便婢面反窆彼驗反劉補鄧反

小喪亦如之

掌喪祭祝號喪祭虞也檀弓曰葬日虞不忍一日離也是日也以虞易奠卒哭曰成事是日也以吉祭易喪祭

王弔則與巫前鄭司農云喪祝與巫以桃厲執戈在王前檀弓曰君臨臣喪以巫祝桃茢執戈惡之也所以異於生也春秋傳曰楚人使公親襚公使巫以桃茢先祓殯楚人弗禁既而悔之君臨臣喪之禮故悔之○厲劉音例記作茢系名禳也音例亦音列惡烏路反

掌勝國邑之社稷之祝號以祭祀禱祠焉勝國邑所誅討者社稷者若亳社是矣存之者重神也蓋奄其上而棧其下爲北牖○亳步博反棧劉材

摩反一音工諫反

凡卿大夫之喪掌事而斂飾棺焉【重意】掌事四小宗伯又小宗伯夏官司士各一

甸祝掌四時之田表貉之祝號杜子春讀貉為百爾所思之百書亦或為禡貉兵祭也甸以講武治兵故有兵祭詩曰是類是禡爾雅曰是類是禡師祭也玄謂田者習兵之禮故亦禡祭禱氣勢之十百而多獲○貉莫駕反注禡同甸音田下文同

舍奠于祖廟禰亦如之舍讀為釋釋奠者告將時田若將征伐鄭司農云禰父廟○舍音釋下同

師甸致禽于虞中乃屬禽及郊饁獸舍奠于祖禰乃斂禽禂牲禂馬皆掌其祝號師田謂起大眾以田也致禽於虞中使獲者各以其禽來致于所表之處屬禽別其種類饁饋也以所獲獸饋於郊薦于四方羣兆入又以奠于祖禰薦且告反也斂禽謂取三十入腊人也杜子春云禂禱也為馬禱無疾為田禱多獲禽牲詩云既伯既禱爾雅曰既伯既禱馬祭也玄謂禂讀如伏誅之誅今侏大字也為牲祭求肥充為馬祭求肥健○屬音燭饁于輒反禂音誅一音禱別彼列反為馬于偽反下同侏音誅字林音朱

詛祝掌盟詛類造攻說禬禜之祝號八者之辭皆所以告神明也盟詛主於要誓大事曰盟小事曰詛

作盟詛之載辭以敘國之信用以質邦國之

劑信載辭爲辭而載之於策坎用牲加書於其上也國謂王之國邦國諸侯國也質正也成也文王修德而虞芮質厥成鄭司農云載辭以春秋傳曰使祝爲載書

司巫掌羣巫之政令若國大旱則帥巫而舞雩雩旱祭也天子於上帝諸侯於上公之神鄭司農云魯僖公欲焚巫尪以其舞雩不得雨○尪烏黃反國有大烖則帥巫而造巫恒杜子春云司巫帥巫官之屬會聚常處以待命也玄謂恒久也巫久者先巫之故事造之當案視所施爲

祭祀則共匰主及道布及蒩館杜子春云蒩讀爲鉏匰器名主謂木主也道布新布三尺也鉏藉也館神所館止也書或爲蒩館或爲蒩飽或曰布者以爲席也租飽茅裹肉也玄謂道布者爲神所設巾中霤禮曰以功布爲道布屬于几也蒩之言藉也祭食有當藉者館所以承蒩謂若今筐也主先匰蒩後館互言之者明共主以匰共蒩以館大祝取其主蒩陳之器則退也士虞禮曰苴刌茅長五寸實于篚饌于西坫上又曰祝盥取苴降洗之升入設于几東席上東縮○匰音丹蒩子都反鉏子都反下同藉慈夜反下同租飽劉音紺又音卷下音旦苟又音明沈租音旦子餘反裹音果爲神于僞反刌音忖

凡祭事守瘞瘞謂若祭地祇有埋牲玉者也守之者以祭禮未畢若有事然祭禮畢則去之○瘞於例反

凡喪事掌巫降之禮降下也巫下神之禮今世或死既斂就巫下禓其遺禮○禓音傷

男巫掌望祀望衍授號旁招以茅杜子春云望衍謂衍祭也授號以所祭之名號授之旁招以茅招四方之所望祭者玄謂衍讀爲延聲之誤也望祀謂有牲粢盛者延進也謂但用幣致其神二者詛祝所授類造攻說禬禜之神號男巫爲之招○衍依注音延爲于僞反

冬堂贈無方無筭故書贈爲矰杜子春云矰當爲贈堂贈謂逐疫也無方四方爲可也無筭道里無數遠益善也玄謂冬歲終以禮送不祥及惡夢皆是也其行必由堂始巫與神通言當東則東當西則西可近則近可遠則遠無常數○贈首曾

春招弭以除疾病招招福也杜子春讀弭如彌兵之彌玄謂弭讀爲敉字之誤也敉安也安凶禍也招敉皆有祀衍之禮○弥與弭同及下敉皆亡氏反

王弔則與祝前巫祝前則王也故書前爲先鄭司農云爲先非是也○重言則與祝前二下篇

女巫掌歲時祓除釁浴歲時祓除如今三月上巳如水上之類釁浴謂以香薰草藥沐浴○巳音祀

旱暵則舞雩使女巫舞旱祭崇陰也鄭司農云求雨以女巫故檀弓曰歲旱繆公召縣子而問焉曰吾欲暴巫而奚若曰天則不雨而望之愚婦人無乃已疏乎○暵呼旱反繆音穆縣音玄暴蒲卜反

若王后弔則與祝前重言女巫與祝前后如王禮○則與祝前二下篇一

凡邦之大烖歌哭而請有歌者有哭者冀以悲哀感神靈也

大史掌建邦之六典以逆邦國之治掌灋以逆官府之治掌則以逆都鄙之治典則亦法也逆迎也六典八法八則冢宰所建以治百官大史又建焉以爲王迎受其治也大史日官也春秋傳曰天子有日官諸侯有日御日官居卿以底日礼也日御不失日以授百官于朝居猶處也言建六典以處六卿之職○治直吏反下及注其治同○爲于僞反下爲有同底音旨日朝直遥反下同○重言掌建邦之六典二又見天官太宰

凡辨灋者攷焉不信者刑之謂邦國官府都鄙以法争訟來正之者○攷音考爭爭鬭之爭○不信者刑之二下文一重言

凡邦國都鄙及萬民之有約劑者藏焉以貳六官六官之所登約劑要盟之載辭及券書也貳副也藏法與約劑之書以爲六官之副其有後事六官又登焉

若約劑亂則辟灋不信者刑之謂抵冒盟誓者辟法者考案讀其然不○辟婢亦反劉芳益反注同抵丁禮反

正歲年以序事頒之于官府及都鄙中數曰歲朔數曰年中朔大小不齊正之以閏若今時作曆日矣定四時以次序授民時之事春秋傳曰閏以正時時以作事事以厚生生民之本於是乎在○數所主反下同

頒告朔于邦國天子班朔于諸侯諸侯藏之祖廟至朔朝于廟告而受行之鄭司農云頒讀爲班班布也以十二月朔布告天下諸侯故春秋傳曰不書日官失之也

閏月詔

王居門終月門謂路寢門也鄭司農云月令十二月分在青陽明堂總章玄堂左右之位惟閏月无所居居于門故於文王在門謂之閏 大祭祀與執事卜日執事大卜之屬與之者當視墨戒及宿之日與羣執事讀禮書而協事協合也合謂習錄所當共之事也故書協作叶杜子春云叶協也書亦或爲協或爲汁○叶音協汁音執又音協劉子集反 祭之日執書以次位常謂校呼之教其所當居之處 辨事者攷焉不信者誅之謂抵冒其職事 大會同朝覲以書協禮事亦先習錄之也 及將幣之日執書以詔王將送也詔王告王以禮事 大師抱天時與大師同車鄭司農云大出師則大史主抱式以知天時處吉凶史官主知天道故國語曰吾非瞽史焉知天道春秋傳曰楚有雲如衆赤鳥夾日以飛楚子使問諸周大史大史主天道玄謂瞽即大師大師瞽官之長○大師音泰注大師同式劉音勑今俗音如字爲於僞反夾古洽反劉古協反 大遷國抱灋以前法司空營國之法也抱之以前當先王至知諸位處○先悉薦反 大喪執灋以涖勸防鄭司農云勸防引六紼 遣之日讀誄遣謂祖廟之庭大奠將行時也人之道終於此累其行而讀之大師又帥瞽廞之而作謚瞽史知天道使共其事言王之誄謚成於天道○遣棄戰反注同行下孟反 凡喪事攷焉

爲有得失小喪賜謚小喪卿大夫也凡射事飾中舍筭執其禮事舍讀曰釋鄭司農云中所以盛筭也玄謂設筭於中以待射時而取之中則釋之鄉射禮曰君國中射則皮豎中於郊則閭中於竟則虎中大夫兕中士鹿中天子之中未聞○舍音釋盛音成中丁仲反竟音境

小史掌邦國之志奠繫世辨昭穆若有事則詔王之忌諱鄭司農云志謂記也春秋傳所謂周志國語所謂鄭書之屬是也史官主書故韓宣子聘于魯觀書太史氏繫世謂帝繫世本之屬是也小史主定之瞽矇諷誦之先王死日爲忌名爲諱故書奠爲帝杜子春云帝當爲奠奠讀爲定書帝亦或爲奠玄謂王有事祈祭於其廟○奠音定繫戶計反注同大祭祀讀禮灋史以書敘昭穆之俎簋法者太史与羣執事史此小史也言讀定法者小史敘俎簋以爲節故書簋或爲几鄭司農云几讀爲軌書亦或爲簋古文也大祭祀小史主敘其昭穆以其主定繫世祭祀史主敘其昭穆次其俎簋故齊景公疾欲誅於祝史玄謂俎簋牲与黍稷以書次之校比之○昭如字或作邵音韶校比毗志反大喪大賓客大會同大軍旅佐大史凡國事之用禮灋者掌其小事卿大夫之喪賜謚讀誄其讀誄亦以大史賜謚爲節事相成

馮相氏掌十有二歲十有二月十有二辰十日二十有八星之位辯其敘事以會天位歲謂太歲歲星与日同次之月斗所建之辰樂說說歲星与日常應太歲月建以見然則今曆太歲非此也歲日月辰星宿之位謂方面所在辯其敘事謂若仲春辯秩東作仲夏辨秩南譌仲秋辯秩西成仲冬辨在朔易會天位者合此歲日月辰星宿五者以為時事之候若今曆日太歲在某月某日某甲朔日直某也国語曰王合位于三五孝經說曰故勑以天期四時節有晚早趣勑之時无失天位皆由此術云○馮相音憑下息亮反會如字注同以見賢遍反下皆同南譌五和反直音偽冬夏致日春秋致月以辨四時之敘冬至日在牽牛景丈三尺夏至日在東井景尺五寸比長短之極極則氣至冬无愆陽夏无伏陰春分日在婁秋分日在角而月弦於牽牛東井亦以其景知氣至不春秋冬夏氣皆至則是四時之敘正矣

保章氏掌天星以志星辰日月之變動以觀天下之遷辨其吉凶志古文識識記也星謂五星辰日月所會五星有贏縮圜角日有薄食暈珥月有虧盈朓側匿之變七者右行列舍天下禍福變移所在皆見焉○識音志又音試又如字下同運本又作煇又作暈音同朓他了反晦而月見西方側匿女力反劉吐則反朔而月見東方曰側匿亦名朒朒女六反以星土辨九州之地所封封域

皆有分星以觀妖祥星土星所主土也封猶界也鄭司農說星土以春秋傳曰參爲晉星商主大火國語曰歲之所在則我有周之分野之屬是也玄謂大界則曰九州州中諸国中之封域於星亦有分焉其書亡矣堪輿雖有郡国所入度非古數也今其存可言者十二次之分也星紀吳越也玄枵齊也娵訾衛也降婁魯也大梁趙也實沈晉也鶉首秦也鶉火周也鶉尾楚也壽星鄭也大火宋也析木燕也此分野之妖祥主用客星彗孛之氣爲象。分扶問反注同參所林反娵子須反下子斯反降户江反彗似歲反又息遂反孛音佩。【重言】以觀妖祥一眡瞭一

以十有二歲之相觀天下之妖祥歲謂太歲歲星与日同次之月斗所建之辰也歲星爲陽右行於天太歲爲陰左行於地十二歲而小周其妖祥之占甘氏歲星經其遺象也鄭司農云太歲所在歲星所居春秋傳曰越得歲而吳伐之必受其凶之屬是也。相息亮反下同

以五雲之物辨吉凶水旱降豐荒之祲象物色也視日旁雲氣之色降下也知水旱所下之国鄭司農云以二至二分觀雲色青爲虫白爲喪赤爲兵荒黑爲水黃爲豐故春秋傳曰凡分至啓閉必書雲物爲備故也故曰凡此五物以詔救政

以十有二風察天地之和命乖別之妖祥十有二辰皆有風吹其律以知和不其道亡矣春秋襄十八年楚師伐鄭師曠曰吾驟歌北風又歌南風南風不競多死声楚必无功是時楚師多凍其命乖別審矣

凡此五物者以詔救政訪序事

訪謀也見其象則當豫爲之備以詔王救其政且謀今歲天時占相與宜次序其事○【重言】凡此五物者三小行人一○以詔救政二大卜一

内史掌王之八枋之灋以詔王治一曰爵二曰祿三曰廢四曰置五曰殺六曰生七曰予八曰奪太宰既以詔王内史又居中貳之○柄本又作枋兵病反王治直吏反下同執國灋及國令之貳以攷政事以逆會計國法六典八法八則掌叙事之灋受納訪以詔王聽治叙六叙也納訪納謀於王也六叙六曰以叙聽其情凡命諸侯及孤卿大夫則策命之鄭司農說以春秋傳曰王命内史興父策命晉侯爲侯伯策謂以簡策書王命其文曰王謂叔父敬服王命以綏四國糾逖王慝晉侯三辭從命受策以出○父音甫逖吐歷反慝吐得反凡四方之事書内史讀之若今尚書入小省事王制祿則贊爲之以方出之贊爲之爲之辭也鄭司農云以方出之以方版書而出之上農夫食九人其次食八人其次食七人其次食六人下農夫食五人庶人在官者其祿以是爲差諸侯之下士視上農夫祿足以代其耕也中士倍下士上士倍中士下大夫倍上士卿四大夫祿君十卿祿杜子春云方直謂今時牘也玄謂王制曰王

之三公視公侯伯視伯大夫視子男元士視附庸。食音嗣下同犢音獨賞賜亦如之內史掌書王命遂貳之副寫藏之

外史掌書外令王令下畿外。下戶嫁反掌四方之志志記也謂若魯之春秋晉之乘楚之檮杌。乘繩證反檮徒刀反杌五忽反掌三皇五帝之書楚靈王所謂三墳五典。墳扶云反掌達書名于四方謂若堯典禹貢達此名使知之或曰古曰名今曰字使四方知書之文字得能讀之若以書使于四方則書其令書王令以授使者。使所吏反注同

御史掌邦國都鄙及萬民之治令以贊冢宰王所以治之令冢宰掌王治。治直吏反注及下九治同凡治者受灋令焉爲書寫其治之法令來受則授之掌贊書王有命當以書致之則贊爲辭若今尚書作詔文凡數從政者自公卿以下至胥徒凡數及其見在空缺者鄭司農讀言掌贊書曰數者經禮三百曲禮三千法度皆在玄以爲不辭故改之云。數所主反見賢遍反

巾車掌公車之政令辨其用與其旗物而等敘之以治其出入公猶官也用謂祀賓之屬旗物大常以下等敘之以封同姓異姓之次敘。重言辨其用二前卷司尊彝司几筵各

一王之五路一曰玉路錫樊纓十有再就建太常十有二斿以祀王在焉曰路玉路以玉飾諸末錫馬面當盧刻金爲之所謂鏤錫也樊讀如鞶帶之鞶謂今馬大帶也鄭司農云纓謂當胷。士喪礼下篇曰馬纓三就礼家說曰纓當胷以削革爲之三就三重三匝也玄謂纓今馬鞅玉路之樊及纓皆以五采罽飾之十二就就成也太常九旗之畫日月者正幅爲縿斿則屬焉。○錫音陽樊步干反下同斿音留鞶步干反重直龍反罽居例反縿所銜反又所廉反屬音燭

金路鉤樊纓九就建大旂以賓同姓以封金路以金飾諸末鉤婁頷之鉤也金路無錫有鉤亦以金爲之其樊及纓以五采罽飾之而九成大旂九旗之畫交龍者以賓以會賓客同姓以封謂王子母弟率以功德出封雖爲侯伯其畫服猶如上公若魯衛之屬其无功德各以親疏食采畿内而已故書鉤爲拘杜子春讀爲鉤。○旂其依反賓如字沈方刃反頷戶感反率音律又音類。【重言】以封四下文二

象路朱樊纓七就建大赤以朝異姓以封象路以象飾諸末象路无鉤以朱飾勒而已其樊及纓以五采罽飾之而七成大赤九旗之通帛以朝以日視朝異姓王甥舅以。○朝直遥反注皆同

革路龍勒條纓五就建大白以即戎以封四衛革路鞔之以革而漆之無他飾龍駹也以白黑飾韋雜色爲勒條讀爲絛其樊及纓以絛絲飾之而五成不言樊字蓋脫爾以此言絛知玉路金路象路飾樊纓皆不用金玉

象矣大白殷之旗猶周大赤蓋象正色也即戎謂兵事四衛四方諸侯守衛者蠻服以內。○龍如字戚音彳條依注作條他刀反鞔莫干反**木路前樊鵠纓建大麾以田以封蕃國**木路不鞔以革漆之而已前讀為緇翦之翦翦淺黑也木路无龍勒以淺黑飾韋為樊鵠色飾韋為纓不言就數飾与革路同大麾不在九旗中以正色言之則黑夏后氏所建田四時田獵蕃國謂九州之外夷服鎮服蕃服杜子春云鵠或為結。○前作注作翦子踐反淺也鵠古篤反**王后之五路重翟鍚面朱總厭翟勒面繢總安車彫面鷖總皆有容蓋**重翟重翟雉之羽也厭翟次其羽使相迫也勒面謂以如王龍勒之韋為當面飾也雕者畫之不龍其韋安車坐乘車凡婦人車皆坐乘故書朱總為繢鷖或作繄鄭司農云鍚馬面鍚繩當為總書亦或為總鷖讀為鳧鷖之鷖鷖總者青黑色以繒為之總著馬勒直兩耳与兩鑣容謂幨車山東謂之裳幃或曰潼容云謂朱總繢總其施之如鷖總車衡輗亦宜有焉繢畫文也蓋如今小車蓋也皆有容有蓋則重翟厭翟謂蔽也重翟后從王祭祀所乘厭翟后從王賓饗諸侯所乘安車无蔽后朝見於王所乘謂去飾也詩國風碩人曰翟蔽以朝謂諸侯夫人始來乘翟蔽之車以朝見於君盛之也此翟蔽蓋厭翟也然則王后始來乘重翟乎。○重直龍反注同總作動反厭於涉反注同繢户對反鷖烏兮反劉烏計反乘繩證反下皆坐乘同或如字緄戚云檢字林蒼雅及説文皆无此字衆家亦不見有音者非昌宗音廢以形声會意求之實所未了當是廢而不用乎非其意也

李兵發反本或作總恐是意改以繫烏亐反若著直畧各反鑣表驕反
幨昌贍反謹本亦作襜詩注作童皆音同輨劉音管一音胡瞎反
蔽劉音弗下及注並同一音必世反見於
賢遍反下同去飾起呂反下去戈去毛同
翟車貝面組總有握
翟車不重不厭以翟飾車之側爾具面貝飾勒之當面也有握則
此不蓋笄矣如今輧車是也后所乘以出桑○握劉音屋下馬皆作
幄烏學反沈云劉
音非輧薄刑反
輂車組輓有翣羽蓋
輂車不言飾后居宮
中從容所乘但漆之
而已爲輇輪人輓之以行有翣所以禦風塵以羽作小蓋爲翳日
也故書翣爲駐杜子春云當爲翣書亦或爲龍○連車音輂本亦
作輂組音祖輓音晚翣所甲反從七容反輇
市專反翳烏帝反駐龍竝音備駐或音毛
王之喪車五乘木車蒲蔽犬𧝓尾櫜疏飾小服皆疏
木車不漆者鄭司農云
蒲蔽謂藩蘭車以蒲爲
蔽天子喪服之車漢儀亦然犬𧝓以犬皮爲覆笭故書疏爲揩杜
子春讀揩爲沙玄謂蔽車旁禦風塵者犬白犬皮旣以皮爲覆笭
又以其尾爲戈戟之弢麤布飾一物之側爲之緣若攝服云服讀
爲䪅服小䪅服刀劍短兵之衣此始遭喪所乘爲君之道尚微備姦臣
也書曰以虎賁百人逆子釗亦爲備焉○五乘繩證反下五乘同
𧝓莫歷反櫜音羔劉姑道反丞羸曾火反劉又音果笭力丁反劉
又音冷揩本又作揟同思如反弢吐刀反緣悅
絹反下同箙音服賁音奔釗古堯反又音昭
素車棼蔽犬𧝓
素飾小服皆素
素車以白土堊車也棼讀爲薠薠麻以爲蔽其
𧝓服以素繒爲緣此卒哭所乘爲君之道益著

在車可以去戈戟○焚扶云反堊烏路反又烏洛反蕃頒甚文反藻車藻蔽鹿淺複革飾故書藻作
蒼杜子春蒼讀爲華藻之藻直謂華藻也玄謂藻水草蒼色以蒼工堊車以蒼繒爲蔽也鹿淺複以鹿夏皮爲覆笭又以所治去毛
者緣之此既練所乘○轈音總又音藻李一音倉會反駹車雚蔽然複髤飾故書龍髤
軟杜子春云龍讀爲駹軟讀爲漆垸之漆直謂髤漆也玄謂駹車邊側有漆飾也雚細葦席也以爲蔽若漆則成藩即吉也然果然也
髤赤多黑少之色韋也此大祥所乘○雚音丸髤香求反軟音次漆音七垸胡翫反漆車藩蔽豻複雀飾
漆車黑車也藩今時小車藩漆席以爲之豻胡犬雀黑多赤少之色韋也此禫所乘○豻五旦反禫直感反服車五
乘孤乘夏篆卿乘夏縵大夫乘墨車士乘棧車庶人乘
役車服車服事者之車故書夏篆爲夏緣鄭司農云夏赤也緣緣色或曰夏篆篆讀爲圭瑑之瑑夏篆轂有約也玄謂夏篆五
采畫轂約也夏縵亦五采畫無瑑爾墨車不畫也棧車不革輓而漆之役車方箱可載任器以共役○篆音瑑直轉反縵莫干反棧
才產反又仕板反約如字又於貌反下同箱息羊反凡良車散車不在等者其用無常
給遊燕及恩惠之賜不在等者謂若今輜車後戶之屬作之有功有沽○散素旱反輜側其反沽音古凡車之出
入歲終則會之計其完敝多少○【重意】見地官職歲終則會五勳也凡賜闕之完敗不計

春官下　六巳九十

毀折入齎于職幣。計所傷敗入其直杜子春云齎讀爲資資謂財也乘官車毀折者入財以償繕治之直○齎音咨償時讓反大喪飾遣車遂廞之行之廞興也謂陳駕之行之使人以次舉之以如墓也遣車一曰鸞車○遣棄戰反注同及葬執蓋從車持旌從車隨柩路持蓋與旌者王平生時車建旌雨則有蓋今蜃車無蓋執而隨之象生時有也所執者銘旌○從才用反下注同及墓嘑啓關陳車關墓門也車貳車也士喪禮下篇曰車至道左北面立東上小喪共匶路與其飾匶路載柩車也飾棺飾也歲時更續共其弊車故書更續爲受讀杜子春云受當爲更讀當爲續更續更受新時其弊車歸其故弊弊車也玄謂更受新耳更易其舊續續其不任用共其弊車巾車既更續之取其弊車共於車人材或有中用之○弊婢世反任音壬大祭祀鳴鈴以應雞人雞人主呼旦鳴鈴以和之声且警衆必使鳴鈴者車有和鸞相應和之象故書鈴或作軨杜子春云當爲鈴○和胡卧反下相應和同警音景軨音零劉音領

典路掌王及后之五路辨其名物與其用說用謂將有朝祀之事而駕之鄭司農云說謂舍車也春秋傳曰雞鳴而駕日中而說用謂所宜用○說書銳反舍車也注及下駕說并注同朝直遙反下同○重言辨其名物八見○附典瑞篇若有大祭祀則出路贊駕說出路王當乘駕說贊

僕賁趣馬也○趣倉口反大喪大賓客亦如之亦出路當陳之鄭司農云以書顧命曰成王崩康王既陳
先王寶器又曰大路在賓階面贅路在阼階面先路在左塾之前次路在右塾之前漢朝上計律陳屬車於庭故曰大喪大賓客亦
如之○贅章銳反又作綴張衛反塾音孰上時掌反屬音燭凡會同軍旅弔于四方以路
從王出於事无常王乘一路典路以其餘路從行亦以華國○從才用反注及下注同

車僕掌戎路之萃廣車之萃闕車之萃苹車之萃輕車
之萃萃猶副也此五者皆兵車所謂五戎也戎路王在軍所乘也廣車橫陳之車也闕車所用補闕之車也苹猶屏也所用對
敵自蔽隱之車也輕車所用馳敵致師之車也春秋傳曰公喪戎路又曰其君之戎分爲二廣則諸侯戎路廣車也又曰帥斿闕四
十乘孫子八陳有苹車之陳又曰馳車千乘五討之制又益蒸數未盡聞也書曰武王戎車三百兩故書苹作平杜子春云苹車當爲
軿車其字當爲萃書亦或爲萃○萃七內反下及注同廣古曠反注同苹薄經反又薄田反輕遣政反注同橫陳直刃反下同屏井
領反又薄經反喪息浪反四十乘繩證反下千乘乘車同軿薄經反凡師共革車各以其萃五戎
者共其一以爲王優尊者所乘也而萃各從其元焉會同亦如之巡守及兵車之會則王乘戎路乘車之會王雖
乘金路猶共以從不失備也○【重言】夏官司兵大喪廞革車言興革車則遣車不徒戎路廣闕苹輕皆有焉

大射共三乏（鄭司農云乏讀為匱乏之乏）

司常掌九旗之物名各有屬以待國事日月為常交龍為旂通帛為旜雜帛為物熊虎為旗鳥隼為旟龜蛇為旐全羽為旞析羽為旌（物名者所畫異物則異名也屬謂徽識也大傳謂之徽號今城門僕射所被及亭長著絳衣皆其舊象通帛謂大赤從周正色無飾雜帛者以帛素飾其側白殷之正色全羽析羽皆五采繫之於旞旌之上所謂注旄於干首也凡九旗之帛皆用絳○旜之然反隼息允反旟音餘旐音兆旞音遂識式志反又音志又昌志反下同被普反反又皮寄反著丁略反又直略反）

及國之大閱贊司馬頒旗物王建大常諸侯建旂孤卿建旜大夫士建物師都建旗州里建旟縣鄙建旐道車載旞斿車載旌（仲冬教大閱司馬主其禮自王以下治民者旗畫成物之象王畫日月象天明也諸侯畫交龍一象其升朝一象其下復也孤卿不畫言奉王之政教而已大夫士雜帛言以先王正道佐職也師都六鄉六遂大夫也謂之師都都民所聚也畫熊虎者鄉遂出軍賦象其守猛莫敢犯也州里縣鄙鄉遂之官互約言之鳥隼象其勇捷也龜蛇象其扞難辟害也道車象路也王以朝夕燕出入斿車木路也王以田以鄙全羽析羽五色象其文德也大

閱王乘戎路建太常焉玉路金路不出○閱音悦朝直遥反下朝各就同難乃旦反辟音避皆畫其象焉官府各象其事州里各象其名家各象其號事名號者徽識所以題別衆臣樹之於位朝各就焉覲禮曰公侯伯子男皆就其旂而立此其類也或謂之事或謂之名或謂之號異外内也三者旌旗之細也士喪禮曰爲銘各以其物亡則以緇長半幅赬末長終幅廣三寸書名於末此蓋其制也徽識之書則云某某之事某某之名某某之號今大閱禮象而爲之兵凶事若有死事者亦當以相別也杜子春云畫當爲書玄謂畫畫雲氣也異於在國軍事之飾○別彼列反下相別同亡則音無凡祭祀各建其旗王祭祀之車則玉路會同賓客亦如之置旌門賓客朝覲宗遇王乘金路巡守兵車之會王乘戎路皆建其太常掌舍職曰爲帷宮設旌門大喪共銘旌銘旌王則太常也士喪禮曰爲銘各以其物建廞車之旌及葬亦如之葬云建之則行廞車解説之○説吐活反凡軍事建旌旗及致民置旗弊之始置旗以致民民至仆之誅後至者○弊婢世反劉薄計反仆薄北反一音赴甸亦如之凡射共獲旌獲旌獲者所持旌○甸音田獲如字李一音胡霸反歲時共更旌取舊予新

都宗人掌都祭祀之禮凡都祭祀致福于國都或有山川及因國無主

九皇六十四民之祀王子弟則立其祖王之廟其祭祀王皆賜禽焉主其禮者警戒之糾其戒具其來致福則帥而以造祭僕

正都禮與其服禁督其違失者服謂衣服及宮室車旗若有寇戎之事則保羣神之壝守山川丘陵墳衍之壇域○壝唯癸反劉欲鬼反國有大故則令禱祠既祭反命于國令令都之有司也祭謂報塞也反命還白王○禂本亦作禱丁老反一音丁報反塞西代反○【重言】國有大故則令禱祠二見下篇又大宗伯肆師大祝地官鄉大夫國有大故

家宗人掌家祭祀之禮凡祭祀致福大夫采地之所祀與都同若先王之子孫亦有祖廟國有大故則令禱祠反命祭亦如之以王命令禱祠歸白王於獲福又以王命令祭之還又反命【重言】國有大故則令禱祀二見上篇掌家禮與其衣服宮室車旗之禁令掌亦正也不言寇戎保羣神之壝則都家自保之都宗人所保者謂王所祀明矣

凡以神仕者掌三辰之灋以猶鬼神示之居辨其名物猶圖也居謂坐也天者羣神之精日月星辰其著位也以此圖天神人鬼地祇之坐者謂布祭衆寡與其居句孝經說郊祀之禮曰燔燎掃地祭牲繭栗或象天酒旗坐星廚倉具黍稷布席極敬心也言郊之布席象五帝坐禮祭宗廟序昭穆亦又有似虛危則祭

天圜丘象北極祭地方澤象后妃及社稷之席皆有明法焉國語曰古者民之精爽不携貳者而又能齊肅中正其知能上下比義其聖能光遠宣明其明能光照之其聰能聽徹之如是則神明降之在男曰覡在女曰巫是使制神之處位次主而爲之牲器時服巫既知神如此又能居以天法是以聖人用之今之巫祝既闇其義何明之見何法之行正神不降或於淫厲苟貪貨食遂誣人神令此道滅痛矣。居君向紀慮反下紀具反龢工典反齊側皆反知音智覡胡歷反李音胡隔反令力呈反。重言辨其名物八餘附典瑞

以冬日至致天神人鬼以夏日至致地示物鬽以禬國之凶荒民之札喪天人陽也地物陰也陽氣升而祭鬼神陰氣升而祭地祇物鬽所以順其爲人與物也致人鬼於祖廟致物鬽於墠壇蓋用祭天地之明日百物之神曰鬽春秋傳曰螭鬽魍魎杜子春云禬除也玄謂此禬讀如潰癰之潰。鬽眉秘反禬依注胡對反劉又户外反札側八反又音截墠音善螭勑知反。重言冬日至夏日至四大司樂秋官柞氏薙氏

纂圖互註周禮卷第七

夏官司馬第四　　周禮　　鄭氏註

惟王建國辨方正位體國經野設官分職以爲民極乃立夏官司馬使帥其屬而掌邦政以佐王平邦國政正也政所以正不正者也孝經説曰政者正也正德名以行道○重言惟王建國而使帥其屬六句天官地官春官秋官名一○以佐王平邦國一一見大司馬○重意五附天官政官之屬大司馬卿一人小司馬中大夫二人軍司馬下大夫四人輿司馬上士八人行司馬中士十有六人旅下士三十有二人府六人史十有六人胥三十有二人徒三百有二十人輿衆也行謂軍行列晉作六軍而有三行取名於此○輿音餘行戶剛反注同行行列也凡制軍萬有二千五百人爲軍王六軍大國三軍次國二軍小國一軍軍將皆命卿二千有五百人爲師師帥皆中大夫五百人爲旅旅帥皆下

大夫百人爲卒卒長皆上士二十五人爲兩兩司馬皆中士五人爲伍伍皆有長軍師旅卒兩伍皆衆名也伍一比兩一閭卒一旅旅一黨師一州軍一鄉家所出一人將師長司馬者其師吏也言軍將皆命卿則凡軍帥不特置選於六官六鄉之吏自鄉以下德任者使兼官焉鄭司農云王六軍大国三軍次国二軍小国一軍故春秋傳有大国次国小国又曰成国不過半天子之軍周爲六軍諸侯之大者三軍可也詩大雅常武曰赫赫明明王命卿士南仲大祖大師皇父整我六師以脩我戎既儆既戒惠此南国大雅文王曰周王于邁六師及之此周爲六軍之見于經也春秋傳曰王使虢公命曲沃伯以一軍爲晉侯此小国一軍之見于傳也伯人爲卒二十五人爲兩故春秋傳曰廣有一卒卒偏之兩○軍將子匠反凡軍將將師之類放此帥所類反下將帥之字皆同卒子忽反後皆同卒長丁丈反卷內不出者放此比毗志反大祖音泰下大師及下文大僕同皇父音甫儆本亦作敬京領反見賢遍反下同廣光浪反○

【集說】五人爲伍二地官小司徒族師各一

一軍則二府六史胥十人徒百人

司勳上士二人下士四人府二人史四人胥二人徒二十人故書勳作勛鄭司農云勛讀爲勳勳功也此官主功賞故曰掌六鄉賞地之法以等其功○勛香云反劉音訓

馬質中士二人府一人史二人賈四人徒八人質平也主買馬平其

大小之賈賈音古○賈音嫁注及下同

量人下士二人府一人史四人徒八人量猶度也謂以丈尺度地○量音亮或音良下同度待洛反下同

小子下士二人史一人徒八人小子主祭祀之小事

羊人下士二人史一人賈二人徒八人

司爟下士二人徒六人故書爟為燋杜子春云燋當為爟書亦或為爟爟為私火玄謂爟讀如予若觀火之觀今燕俗名湯熱為觀則爟火謂熱火與○司爟古喚反燋哉約反李又音灼觀古喚反下同與音餘

掌固上士二人下士八人府二人史四人胥四人徒四十人固國所依阻者也國曰固野曰險易曰王公設險以守其國

司險中士二人下士四人史二人徒四十人

掌疆中士八人史四人胥十有六人徒百有六十人疆界也○疆居良反注及後同

候人上士六人下士十有二人史六人徒百有二十人（候候迎賓客之來者）

環人下士六人史二人徒十有二人（環猶卻也以勇力卻敵○環户關反劉户串反卻起略反下同）

挈壺氏下士六人史二人徒十有二人（挈讀如絜髮之絜壺盛水器世主挈壺水以爲漏○挈劉苦結反一音結又户結反盛音成）

射人下大夫二人上士四人下士八人府二人史四人

胥二人徒二十人

服不氏下士一人徒四人（服不服不服之獸者）

射鳥氏下士一人徒四人（射食亦反）

羅氏下士一人徒八人（能以羅罔搏鳥者郊特牲曰大羅氏天子之掌鳥獸者○搏鳥音博一音付本又作捕音步）

掌畜下士二人史二人胥二人徒二十人。畜謂斂而養之○畜許六反注同劉許又反

司士下大夫二人中士六人下士十有二人府二人史四人胥四人徒四十人

諸子下大夫二人中士四人府二人史二人胥二人徒二十人諸子主公卿大夫士之子者或曰庶子

司右上士二人下士四人府四人史四人胥八人徒八十人右謂有勇力之士充王車右

虎賁氏下大夫二人中士十有二人府二人史八人胥八十人虎士八百人不言徒曰虎士則虎士徒之選有勇力者○賁音奔下同

旅賁氏中士二人下士十有六人史二人徒八人

節服氏下士八人徒四人世為王節所衣服○為于僞反

方相氏狂夫四人方相猶言放想可畏怖之貌。○放想方丈反本或作旊音同

大僕下大夫二人

小臣上士四人

祭僕中士六人

御僕下士十有二人府二人史四人胥二人徒二十人僕侍御於尊者之名大僕其長也

隸僕下士二人府一人史二人胥四人徒四十人此吏而曰隸以其事褻。○褻息列反

弁師下士二人工四人史二人徒四人弁者古冠之大稱委貌緇布曰冠。○弁皮彥反稱尺證反

司甲下大夫二人中士八人府四人史八人胥八人徒八十人甲今之鎧也司甲兵戈盾官之長○鎧苦愛反盾常允反又音允

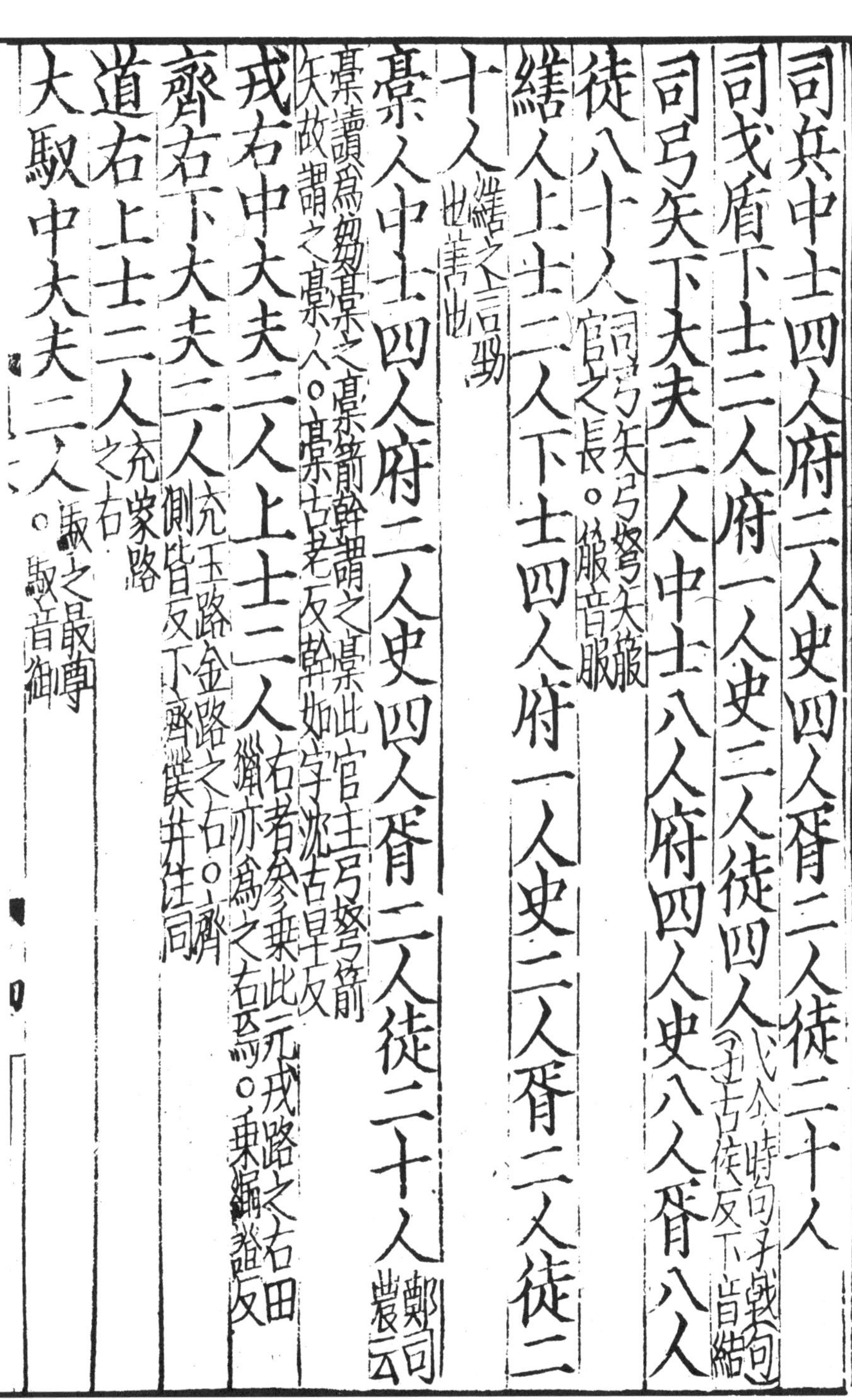

司兵中士四人府二人史四人胥二人徒二十人

司戈盾下士二人府一人史二人徒四人戈今時句孑戟○句孑古侯反下皆結

司弓矢下大夫二人中士八人府四人史八人胥八人

徒八十人司弓矢弓弩矢箙官之長○箙音服

繕人上士二人下士四人府一人史二人胥二人徒二

十人繕之言勁也善也

槀人中士四人府二人史四人胥二人徒二十人鄭司農云槀讀爲芻槀之槀箭幹謂之槀此官主弓弩箭矢故謂之槀人○槀古老反幹如字沈古旦反

戎右中大夫二人上士二人右者參乘此充戎路之右田獵亦爲之右焉○乘繩證反

齊右下大夫二人充玉路金路之右○齊側皆反下齊僕并注同

道右上士二人充象路之右

大馭中大夫二人馭之最尊○馭音御

戎僕中大夫二人馭言僕者比亦侍御於車

齊僕下大夫二人古者王將朝覲會同必齊所以敬宗廟及神明○朝直遥反後朝覲皆同

道僕上士十有二人王朝朝莫夕王御王以与諸臣行先王之道○朝朝上如字下直遥反莫音暮

田僕上士十有二人

馭夫中士二十人下士四十人

校人中大夫二人上士四人下士十有六人府四人史八人胥八人徒八十人校之爲言校也主馬者必仍校視之校人馬官之長○校户教反字從木若從手旁作是比校之字耳今人多乱之注校之校人同

趣馬下士皁一人徒四人趣馬趣養馬者也鄭司農説以詩曰蹶維趣馬○趣七口反劉清須反注同皁才早反趣養清須反又七口反一音七句反蹶居衛反

巫馬下士二人醫四人府一人史二人賈一人徒二十人巫馬知馬祖先牧馬社馬步之神者馬疾若有犯焉則知之是以使与醫同職

牧師下士四人胥四人徒四十人牧放馬而養之。牧音目劉音茂沈音木

廋人下士閑二人史二人徒二十人廋之言數。○廋所求反數色主反數之同

圉師乘一人徒二人圉人良馬匹一人駑馬麗一人養馬曰圉四馬爲乘良善也麗耦也。○圉魚呂反乘繩證反注同麗如字

職方氏中大夫四人下大夫八人中士十有六人府四人史十有六人胥十有六人徒百有六十人職主也主四方之職貢者職方氏主四方官之長

土方氏上士五人下士十人府二人史五人胥五人徒五十人土方氏主四方邦國之土地

懷方氏中士八人府四人史四人胥四人徒四十人懷來主來四方之民及其物

合方氏中士八人府四人史四人胥四人徒四十人合方

氏主合同四方之事

訓方氏中士四人府四人史四人胥四人徒四十人訓道也主教道四方之民。道音導下同

形方氏中士四人府四人史四人胥四人徒四十人形方氏主制四方邦國之形躰

山師中士二人下士四人府二人史四人胥四人徒四十人

川師中士二人下士四人府二人史四人胥四人徒四十人

邍師中士四人下士八人府四人史八人胥八人徒八十人邍地之廣平者。邍音原

匡人中士四人史四人徒八人匡正也主匡正諸侯以法則

撢人中士四人史四人徒八人撢人主撢序王意以語天下。撢他南反与探同語魚據反

都司馬每都上士二人中士四人下士八人府二人史八人胥八人徒八十人都王子弟所封及三公采地也司馬主其軍賦

家司馬各使其臣以正於公司馬家卿大夫采地正猶聽也公司馬國司馬也卿大夫之采地王不特置司馬各自使其家臣爲司馬主其地之軍賦往聽政於王之司馬王之司馬其以王命来有事則曰國司馬

大司馬之職掌建邦國之九灋以佐王平邦國平成也正也。【重言】以佐王平邦國二夏官序一

制畿封國以正邦國封謂立封於疆爲界。畿音祈

設儀辨位以等邦國儀謂諸侯及諸臣之儀辨別也別尊卑之位。別彼列反下皆同。【重言】以等邦國二春官大宰司一

進賢興功以作邦國興猶舉也作起也起其勸善樂業之心使不惰廢。樂業如字又音洛一音五教反

建牧立監以維邦國牧州牧也監監一國謂君也維猶連結也。監古銜反

制軍詰禁以糾邦國詰猶窮治也糾猶正也。詰去吉反

施貢分職以任邦國職謂賦稅也任猶事也事以其力之所堪

簡稽鄉民以用邦國簡謂比數之稽猶計也。鄉許

亮反。**均守平則以安邦國**，諸侯有土地者均之，尊者守大，卑者守小，則法也。○重言以安邦国三，天官大宰、小宰各一。**比小事大以和邦國**。比猶親，使大国親小国，小国事大国，相合和也。易比象曰：先王以建万国，親諸侯。○比，毗志反。○重言以和邦国四，大宰、小宰、大司樂各一。**以九伐之灋正邦國**，諸侯有違王命，則出兵以征伐之，所以正之也。諸侯之于国，如樹木之有根本，是以言伐云。○伐如字，劉扶發反。**馮弱犯寡則眚之**，馮猶乘陵也。言不字小而侵侮之。眚猶人眚瘦也。王覇記曰：四面削其地。○馮，皮冰反。眚，所景反。瘦，所又反。**賊賢害民則伐之**，春秋傳曰：粗者曰侵，精者曰伐。又曰：有鍾鼓曰伐。則伐者，兵入竟，鳴鍾鼓以往，所以声其罪。○粗音麤，本亦作麤。竟音境。**暴內陵外則壇之**，內謂其国，外謂諸侯。壇讀如同墠之墠。王覇記曰：置之空墠之地。鄭司農云：壇讀從墠。玄謂置之空墠，以出其君，更立其次賢者。○壇依注作墠，音善。墠之以威之。墠，書亦或為墠。**野荒民散則削之**，荒，蕪也。田不治，民不附，削其地，明其不能有。○蕪音无。**負固不服則侵之**，負猶恃也。固，险可依以固者也。不服，不事大也。侵之者，兵加其竟而已，用兵淺者。詩曰：密人不恭，敢距大邦。**賊殺其親則正之**，正之者，執而治其罪。王覇記曰：正殺之也。春秋傳：二十八年，晉人執衛侯，歸之于京師，坐殺其弟叔武。○坐，才卧反。**放弒其君則殘之**，放，逐也。殘，殺也王覇記曰殘賊其爲惡○弒本又作殺同音試犯令陵政則杜之令猶命也王覇記曰犯令者違命也陵政者輕政法不循也杜之者杜塞使不得與鄰國交通外內亂鳥獸行則滅之王覇記曰今人倫外內無以異于禽獸不可親百姓則誅滅去之也曲禮曰夫唯禽獸無禮故父子聚麀○行下孟反悖必內反又去起呂反夫音符麀於牛反牝鹿也

正月之吉始和布政于邦國都鄙乃縣政象之灋于象魏使萬民觀政象挾日而斂之以正月朔日布王政於天下至正歲又縣政法之書挾日十日也○縣音玄注同治直吏反挾子協反○重言正月之吉始和挾日而斂之四太宰司徒司寇又鄉師州長布憲正月之吉○重意見大宰大司徒大司寇

乃以九畿之籍施邦國之政職方千里曰國畿其外方五百里曰侯畿又其外方五百里曰甸畿又其外方五百里曰男畿又其外方五百里曰采畿又其外方五百里曰衛畿又其外方五百里曰蠻畿又其外方五百里曰夷畿又其外方五百里曰鎮畿又其外方五百里曰蕃畿畿猶限也自王城以外五千里爲界有分限者九藉其禮差之書也

政職所共王政之職謂賦稅也故書畿爲近鄭司農云近當言畿春秋傳曰天子一畿列國一同詩殷頌曰邦畿千里維民所止。分符問反共音恭凡供字皆作共後放此。重言 其外方五百里三下卷職方氏秋官大行人各一。重意 其外又方五百里二十二職方氏八大行人五

凡令賦以地與民制之上地食者參之二其民可用者家三人中地食者半其民可用者二家五人下地食者參之一其民可用者家二人賦給軍用者也令邦國之賦亦以地之美惡民之衆寡爲制如六遂矣鄭司農云上地謂肥美田也食者參之二假令一家有三頃歲種二頃休其一頃下地食者參之一田薄惡者所休多。令力呈反

中春教振旅司馬以旗致民平列陳如戰之陳以旗者立旗期民於其下也兵者守國之備孔子曰以不教民戰是謂棄之兵者凶事不可空設因蒐狩而習之凡師出曰治兵入曰振旅皆習戰也四時各教民以其一焉春習振旅兵入收衆專於農平猶正也。中音仲下放此陳直覲反下之陳可陳陳前偏陳東行陳孤陳陳皆同餘以意求之蒐所留反。重言 如戰之陳二下文同

辨鼓鐸鐲鐃之用王執路鼓諸侯執賁鼓軍將執晉鼓師帥執提旅帥執鼙卒長執鐃兩司馬執鐸公司馬執鐲鼓人職曰以路鼓鼓鬼享以賁鼓鼓

軍事以晉鼓鼓金奏以金鐃止鼓以金鐸通鼓以金鐲節鼓鄭司農云辨鼓鐸鐲鐃之用謂鉦鐸之屬鐲讀如濁其源之濁鐃讀如讙譊之譊提讀如攝提之提謂馬上鼓有曲木提持鼓立馬髦上者故謂之提杜子春云公司馬謂五人為伍伍之司馬也玄謂王不執賁鼓尚之於諸侯也伍長謂之公司馬者雖卑同其號。辨如字劉方免反鐸直各反鐲直角反鐃女交反賁扶云反將軍如字本或作軍將提徒兮反鼙薄兮反鉦音征讙火官反譊女交反攝提爾雅云太歲在寅曰攝提格

以教坐作進退疾徐疏數之節習戰法。疏數音朔下注疏數同

遂以蒐田有司表貉誓民鼓遂圍禁火弊獻禽以祭社春田為蒐有司大司徒也掌大田役治徒庶之政令表貉立表而貉祭也誓民誓以犯田法之罰也誓曰无干車无自後射立旌遂圍禁旌弊爭禽而不審者罰以假馬禁者虞衡守禽之厲禁也既誓令鼓而圍之遂蒐田火弊火止也春田主用火因焚萊除陳草皆殺而火止獻猶致也屬也田止虞人植旌眾皆獻其所獲禽焉詩云言私其豵獻豜于公春田主祭社者土方施生也鄭司農云貉讀為禡禡謂師祭也書亦或為禡。貉莫駕反注同弊婢世反劉薄計反射食亦反下王射同豵子工反豜古研反劉音同施式豉反禡莫駕反

中夏教茇舍如振旅之陳羣吏撰車徒讀書契辨號名之用帥以門名縣鄙各以其名家以號名鄉以州名野以邑名百官各象

其事以辨軍之夜事其他皆如振旅茇讀如萊沛之沛茇舍草止之也軍有草
止之法撰讀曰算算車徒謂數擇之也讀書契以簿書校錄軍實之
之凡要號名者徽識所以相別也鄉遂之屬謂之名家之屬謂之
號百官之屬謂之事在國以表朝位在軍又象其制而為之被之
以備死事。訃。謂軍將及師帥旅帥至伍長也以門名者所被徽識
如其在門所樹者也。凡此言以也象也皆謂其制同耳。軍將皆命
卿古者軍將蓋為營治於国門魯有東門襄仲宋有桐門右師皆
上卿為軍將者也。縣鄙謂縣正鄙師至鄰長也家謂食采地者之
臣也。鄉以州名亦謂州長至比長也。野謂公邑大夫百官以其職
從王者。此六者皆書其官与名氏焉門則襄仲右師明矣。鄉則南
鄉甀東鄉為人是也。其他象此。云某某之名。某某之號某某之事
而已。未不聞也。鄉遂大夫文錯不見以其素信于民不為軍將戊
為諸帥是以闕焉夜事戒夜守之事。草止者慎於夜於是主別其
部職。○茇蒲末反撰息轉反又仕轉反注音算息緩反沛步末反
一音貝又普貝反徽色王反又旗也被皮寄反後傳書皆放此識音志
音試下同朝位直遥反下同治直吏反比毗志反甀直
偽反見賢遍反。○重言如振旅之陳三見下文。○其他皆如振旅二下文一
遂以苗田如蒐之灋車弊獻禽以享礿夏田為苗擇取不孕
任者若治苗去不秀實者云車弊驅獸之車止也夏田主用車示
所取物希皆殺而車止王制曰天子殺則下大綏諸侯殺則下小
綏大夫殺則止佐車佐車止則百姓田獵礿宗廟之夏祭也冬夏
田主於祭宗廟者陰陽始起象神之在内。○礿餘若反孕羊證反

去起呂反綴而譴反下同中秋教治兵如振旅之陳辨旗物之用王載大常諸侯載旂軍吏載旗師都載旜鄉遂載物郊野載旐百官載旟各書其事與其號焉其他皆如振旅軍吏諸軍帥也師都遂大夫也鄉遂鄉大夫也或載旜或載物衆屬軍吏无所將也郊謂鄉遂之州長縣正以下也野謂公邑大夫載旐者以其將羨卒也百官卿大夫也載旟者以其屬衛王也凡旌旗有軍衆者畫異物无者帛而已書當爲畫事也號也皆畫以雲氣。書音畫下注同氣本或作乞同遂以獮田如蒐田之灋羅弊致禽以祀祊秋田爲祢祢殺也羅敝罔止也秋田主用罔中殺者多也皆殺而罔止祊當爲方聲之誤也秋田主祭四方報成万物詩曰以社以方。祢息淺反祊音方出注皆同殺如字劉色界反中冬教大閱春辨鼓鐸夏辨號名秋辨旗物至冬大閱簡軍實凡頒旗物以出軍之旗則如秋以尊卑之常則如冬司常左司馬時也大閱備軍禮而旌旗不如出軍之時空辟實。閱音悅辟音避前期羣吏戒衆庶脩戰灋羣吏鄉師以下虞人萊所田之野爲表百步則一爲三表又五十步爲一表田之日司馬建旗于後表之中羣吏以旗物鼓鐸鐲鐃各帥其民而致質明弊旗誅後至者乃陳車徒如戰之陳皆坐鄭司農云虞人萊所田之野芟除其草萊令車得驅馳詩曰田卒汙萊玄謂萊芟除可陳之處後表之中五十步表之中央表所以識正行列也四表積二百五十步左右之廣當容三軍步數未聞致之司馬質正也弊仆也皆坐當聽誓○芟所銜反令力呈反下令去同卒子律反汙音烏行户剛反下行列行陳皆同仆音赴○【重言】誅後至者二下文一羣吏聽誓于陳前斬牲以左右徇陳曰不用命者斬之羣吏諸軍帥也陳前南面鄉表也月令季秋天子教于田獵以習五戎司徒搢扑北面以誓之此大閱礼實正歲之中冬而説季秋之政於周為中冬為月令者失之矣斬牲者小子也凡誓之大略甘誓湯誓之屬是也○鄉許亮反搢如字又音箭一音初洽反扑普卜反甘如字劉胡甘反○【重言】斬牲以左右徇陳二下篇小子一中軍以鼙令鼓鼓人皆三鼓司馬振鐸羣吏作旗車徒皆作鼓行鳴鐲車徒皆行及表乃止三鼓摝鐸羣吏弊旗車徒皆坐中軍中軍之將也天子六軍三三而居一偏羣吏既聽誓各復其部曲中軍之將令鼓鼓以作其士衆之氣也鼓人者中軍之將師帥旅帥也司馬兩司馬也振鐸以作衆作起也既起鼓人擊鼓以行之伍長鳴鐲以節之伍長一曰公司馬及表自後表前至第二表也三鼓者鼓人也鄭司農云摝讀如弄玄謂如涿鹿之涿掩上振之為

摝擁者止行息氣也司馬法曰鼓聲不過閶鼙聲不過闒鐸聲不過琅。摝音鹿李扶表反鐸待洛反涿丁角反沇音濁劉音獨閶
吐剛反闒吐獵反劉湯答反琅音郎。【重言】中軍以鼙令鼓鼓人皆三鼓二。車徒皆作二並見下文 又三鼓振
鐸作旗車徒皆作鼓進鳴鐲車驟徒趨及表乃止坐作
如初趨者赴敵尚疾之漸也春秋傳曰先人有奪人之心及表自第一前至第三。驟仕救反劉仕溝反先悉薦反。【重言】及
表乃止四下文。坐作如初二下文一 乃鼓車馳徒走及表乃止及表自第三前至五前表
鼓戒三闋車三發徒三刺鼓戒戒攻敵鼓壹闋車壹轉徒壹刺三而止象服敵。闋苦穴反 乃
鼓退鳴鐃且卻及表乃止坐作如初鐃所以止鼓軍退卒長鳴鐃以和衆鼓人
爲止之也退自前表至後表鼓鐸則同習戰之禮出入一也異者廢鐲而鳴鐃。卻起略反和胡卧反爲于僞反下爲相爲同 遂
以狩田以旌爲左右和之門羣吏各帥其車徒以叙和
出左右陳車徒有司平之旗居卒間以分地前後有屯
百步有司巡其前後險野人爲主易野車爲主冬田爲狩言守
取之无所擇也軍門曰和今謂之壘門立兩旌以爲之叙和出用次第出和門也左右或出而左或出而右有司平之鄉師居門正

其出入之行列也旗軍吏所載分地調其部曲疏數前後有屯百
步車徒異羣相去之數也車徒畢出和門鄉師又巡其行陳鄭司
農云險野人爲主人居前易野車爲主車居前。分扶問反又如字注同易以豉反注同壘力軌反既陳乃設驅
逆之車有司表貉于陳前驅驅出禽獸使趍田者也逆逆要不得令走設此車者田僕也。驅起具反又如字要於遥反
中軍以鼙令鼓鼓人皆三鼓羣司馬振鐸車
徒皆作遂鼓行徒銜枚而進大獸公之小禽私之獲者
取左耳羣司馬謂兩司馬也枚如箸銜之有繣結項中軍法止語爲相疑惑也進行也鄭司農云大獸公之輸之於公小
禽私之以自畀也詩云言私其豵獻肩于公一歲爲豵二歲爲豝
三歲爲特四歲爲肩五歲爲慎此明其獻大者於公自取其小者
玄謂慎讀爲麎爾雅曰豕生三曰豵豕牝曰豝麋牝曰麎獲得也
得禽獸者取左耳當以計功。箸直慮反繣口卦反劉又胡麥反
或音卦畀必二反与也豝音巴本亦作巴慎如字亦音辰麎音辰
又音脣止卩反麎麋牝也豵本亦作豵子工反。【重言】中軍以鼙
令鼓鼓人皆三鼓上文及所弊鼓皆駴車徒皆譟鄭司農云及所弊至所弊之処玄謂至所
弊之処田所當於止也天子諸侯蒐狩有常至其常処吏士鼓譟
象攻敵尅勝而喜也疾雷擊鼓曰駴譟讙也書曰前師乃鼓鼖譟
亦謂喜也。駴本亦作駭胡揩反李一音亥譟素報反鼖音符又芳甫反徒乃弊致禽饁獸于郊

入獻禽以享烝。徒乃弊弊仆也冬田主用衆物多衆得取也致禽饁獸于郊聚所獲禽因以祭四方神於郊月令季秋天子既田命主祠祭禽四方是也入又以禽祭宗廟。饁于輒反劉于法反烝之升反後皆放此

及師大合軍以行禁令以救無辜伐有罪。師所謂王巡守若會同司馬起師合軍以從所以威天下行其政也不言大者未有敵不尚武。從才用反下同

若大師則掌其戒令涖大卜帥執事涖釁主及軍器。大師王出征伐也涖臨也臨大卜卜出兵吉凶也司馬法曰上卜下謀是謂參之。主謂遷廟之主及社主在軍者也軍器鼓鐸之屬凡師既受甲迎主于廟及社主祝奉以從殺牲以血塗主及軍器皆神之。【重言】則掌其戒令二地官鄉師

及致建大常比軍衆誅後至者。比或作庀鄭司農云致謂聚衆也庀具也玄謂致鄉師致民於司馬比校次之也。比必履反注同或毗志反劉芳旨反作庀匹是反劉芳美反具也沈方二反。【重言】誅後至者二上文

及戰巡陳眡事而賞罰。事謂戰功也。眡音視

若師有功則左執律右秉鉞以先愷樂獻于社。功勝也律所以聽軍聲鉞所以爲將威也先猶道也兵樂曰愷獻于社獻功于社也司馬法曰得意則愷樂愷歌示喜也鄭司農云故城濮之戰春秋傳曰振旅愷以入于晉。鉞音越道音導濮音卜

若師不功則厭而奉主車。鄭司農云厭謂厭冠

（喪服也軍敗則以喪礼故秦伯之敗於殽也春秋傳曰秦伯素服郊次鄉師而哭玄謂厭服冠也奉猶送也送主歸於廟与社○厭於涉反李一音於入反注同殽戶交反劉音豪鄉師許亮反）**王弔勞士庶子則相**（師敗王親弔士庶子之死者勞其傷者則相王之礼庶子卿大夫之子從軍者或謂之庶士○勞老報反注同相息亮反注同）**大役與慮事屬其植受其要以待攷而賞誅**（大役築城邑也鄭司農云国有大役大司馬與謀慮其事也植謂部曲將吏故宋城春秋傳曰華元爲植巡功屬謂聚會之也要者簿書也考謂考校其功玄謂慮事者封人也於有役司馬与之植築城楨也屬賦丈尺与其用人數○与慮音預又如字注与謀同屬音燭注同植直吏反注同華戶化反楨音貞）**大會同則帥士庶子而掌其政令**（帥師以從王○【重言】而掌其政令十一下又右司牧師大官獸人獻人宮人地官稍人春官小宗伯樂師秋官稌人各一）**若大射則合諸侯之六耦**（大射王將祭射于射宮以選賢也王射三侯以諸侯爲六耦）**大祭祀饗食羞牲魚授其祭**（牲魚魚牲也祭謂尸賓所以祭也鄭司農云大司馬主進魚牲○食音嗣後饗食皆放此）**大喪平士大夫**（鄭司農云平一其服也玄謂平者正其職与其位）**喪祭奉詔馬牲**（王喪之以馬祭者蓋遣奠也奉猶送也送之至墓告而藏之○遣奠棄戰反後遣奠遣車之類皆同）

小司馬之職掌（此下字脫滅札爛文闕漢興求之不得遂无識其數者）凡小祭祀會同饗射師田喪紀掌其事如大司馬之灋

軍司馬（闕）

輿司馬（闕）

行司馬（闕）

司勳掌六鄉賞地之灋以等其功（賞地賞田也在遠郊之內屬六鄉焉等猶差也以功大小爲差）王功曰勳（輔成王業若周公）國功曰功（保全國家若伊尹）民功曰庸（法施於民若后稷）事功曰勞（以勞定国若禹）治功曰力（制法成治若咎繇○治直吏反注同咎音羔繇音遥）戰功曰多（克敵出奇若韓信陳平○司馬法曰上多前虜）九有功者銘書於王之大常祭於大烝司勳詔之（銘之言名也生則書于王旌以識其人与其功也死則於烝先王祭之詔謂告其神以辭也○盤庚告其卿大夫曰○茲予大享于先王尔祖其從与享之是也○今漢祭功臣於廟庭○識音志般步干反從与音預）大功司勳藏其貳（貳猶副也功書藏於天府又副於此者以其主賞）掌賞地

之政令〔政令謂役賦〕凡賞無常輕重眡功〔无常者功之大小不可豫〕凡頒賞地參之一食〔鄭司農云不以美田爲采邑玄謂賞地之稅參分計稅王食其一也二全入於臣〕唯加田無國正〔加田既賞之又加賜以田所以厚恩也鄭司農云正謂稅也祿田亦有給公家之賦貢若今時侯國有司農少府錢穀矣獨加賞之田无正耳○正音征注同本亦作征少詩照反〕

馬質掌質馬馬量三物一曰戎馬二曰田馬三曰駑馬皆有物賈〔此三馬買以給官府之使无種也鄭司農曰皆有物賈皆有物色及賈直○賈音嫁注及下同種章勇反下同〕綱惡馬〔鄭司農云綱讀爲以亢其讎之亢書亦或爲亢亢御也禁也禁去惡馬不畜也玄謂綱綱以縻索維綱狎習之○亢苦浪反又音剛下同御魚呂反本亦作禦下同去起呂反小子注去之同縻亡皮反〕凡受馬於有司者書其齒毛與其賈馬死則旬之内更旬之外入馬耳以其物更其外否〔鄭司農云更謂償也玄謂旬之内死者償以齒毛與賈受之日淺養之恶也旬之外死入馬耳償以毛色不以齒賈任之過其任也其外否者旬之外踰二十日而死不任用非用者罪○内更音庚下及注同任用音壬又而鴆反〕馬及行則以任齊其行〔戢其所載輕重及道里齊其勞逸乃復用之○復扶又反〕

若有馬訟則聽之訟謂賣買之言相負禁原蠶者原再也天文辰爲馬蠶書蠶爲龍精

月直大火則浴其種是蠶與馬同氣物莫能兩大禁再蠶者爲傷馬與○負音佩爲于偽反

量人掌建國之灋以分國爲九州營國城郭營后宮量

市朝道巷門渠造都邑亦如之建立也立國有舊法式若匠人職云分國定天下之國分

也后君也言君容王與諸侯○朝直遥反下及注同國分扶問反營軍之壘舍量其市朝州

涂軍社之所里軍壁曰壘鄭司農云量其市朝州涂還市朝而爲道也玄謂州一州之衆二千五百人爲師每

師一處市也朝也州也皆自有道以相之軍社社主在軍者里居也○涂本又作塗還市如字劉戶串反邦國之地

與天下之涂數皆書而藏之書地謂方圓山川之廣狹書涂謂支湊之遠近○湊七豆反

凡祭祀饗賓制其從獻脯燔之數量鄭司農云從獻者肉殽從酒也玄謂燔從

於獻酒之肉炙也數多少也量長短也○炙章夜反掌喪祭奠竁之俎實竁亦有俎實謂所包遣奠

士喪禮下篇曰藏苞筲於旁○竁昌絹反筲所交反凡宰祭與鬱人受斝歷而皆飲

之言宰祭者冢宰佐王祭亦容攝祭鄭司農云斝讀如嫁娶之嫁斝器名明堂位曰爵夏后氏以琖殷以斝周以爵玄謂斝讀如

斝尸之斝宰冢宰○斝古雅反劉依司農音嫁琖側產反劉今作瀚音同斝古雅反

小子掌祭祀羞羊肆羊殽肉豆鄭司農云羞進也羊肆體薦全烝也羊殽體解節折也肉豆者切肉也玄謂肆讀爲鬄羊鬄者所謂豚解也○肆依注音鬄他歷反一音餘四反折之舌反而掌珥于社稷祈于五祀故書祀作禩鄭司農云禩讀爲祀書亦或爲祀珥社稷以牲頭祭也玄謂珥讀爲衈祈或爲刉衈者釁禮之事也用毛牲曰刉羽牲曰衈衈刉社稷五祀謂始成其宮兆時也春官肆師職祈或作幾秋官士師職曰凡刉衈則奉犬牲此刉衈正字與○珥依注音衈而志反後同一音仍祈音機禩音祀刉音機字書云劃也一曰斷也或古愛反又公內反與音餘

凡沈辜侯禳飾其牲鄭司農云沈謂祭川爾雅曰祭川曰浮沈辜謂磔牲以祭也月令曰九門磔禳以畢春氣侯禳者候四時惡氣禳去之也○侯禳如羊反磔陟格反釁邦器及軍器邦器謂禮樂之器及祭器之屬雜記曰凡宗廟之器其名者成則釁之以豭豚○豭音家凡師田斬牲以左右徇陳示犯誓必殺之○徇辭俊反○【言】斬牲以左右徇陳　大司馬

【重】祭祀贊羞受徹焉

羊人掌羊牲凡祭祀飾羔羔小羊也詩曰四之日其蚤獻羔祭韭祭祀割羊牲登其首登升也升首報陽也升首于室凡祈珥共其羊牲共猶給也○【重】【言】共其羊牲

下文賓客共其灋羊法羊飧饔積膳之羊○飧饔音嗣本又作飧饔凡沈辜侯禳釁積共其羊牲積故書爲眥鄭司農云眥讀爲漬謂釁國寶器也玄謂積積柴禋祀槱燎實柴○眥徐才賜反與漬同槱羊久反燎良召反若牧人無牲則受布于司馬使其賈買牲而共之布泉○賈音古

司爟掌行火之政令四時變國火以救時疾行猶用也變猶易也鄭司農說以鄹子曰春取榆柳之火夏取棗杏之火季夏取桑柘之火秋取柞楢之火冬取槐檀之火○楢羊久反又音由季春出火民咸從之季秋內火民亦如之火所以用陶冶民隨國而爲之鄭人鑄刑書火星未出而出火後有災鄭司農云以三月本時昏心星見于辰上使民出火九月本黃昏心星伏在戌上使民內火故春秋傳曰以自內火○見賢遍反時則施火令焚萊之時凡祭祀則祭爟報其爲明之功禮如祭爨凡國失火野焚萊則有刑罰焉野焚萊民擅放火

掌固掌脩城郭溝池樹渠之固頒其士庶子及其衆庶之守樹謂枳棘之屬有刺者也衆庶民遞守固者也鄭司農說樹以國語曰城守之木於是乎用之○枳居氏反刺七賜反遞

劉待禮反又待計反設其飾器兵甲之屬今城郭門之器亦然分其財用均其稍食財用

國以財所給守吏之用也稍食祿稟○重意合方氏通其財利○重言均其稍食二天官宮正內宰各一任其萬民

用其材器任謂以其任使之也民之材器其所用塹築及爲藩落○塹七豔反凡守者受灋焉

以通守政有移甲與其役財用唯是得通與國有司帥

之以贊其不足者凡守者士庶子及他要害之守吏通守政者兵甲役財難易多少轉移相給也其他非是

不得妄離部署國有司掌固也其移之者又與掌固帥致之贊佐也○凡守者劉收又反注凡守者下有守者同易以豉反離力智

反晝三巡之夜亦如之巡行也行守者爲衆庶之解惰○行下孟反下皆同爲于僞反解佳賣反

夜三鼜以號戒杜子春云讀鼜爲造次之造謂擊鼓行夜戒守也春秋傳所謂賓將趨者與趨與造音相近故

曰終夕與燎玄謂鼜擊鼓鼜守鼓也三巡之間又三擊鼓鼜○鼜音戚造七報反下同趨七須反劉祖侯反杜七豉反皆與音餘近附

近之近與燎音[illegible]若造都邑則治其固與其守灋都邑亦爲城郭凡國

都之竟有溝樹之固郊亦如之竟界也○竟音境注及下同民皆有職

焉職謂守與任若有山川則因之山川若嶽阜河漢

司險掌九州之圖以周知其山林川澤之阻而達其道

路周猶徧也達道路者山林之阻則開鑿之川澤之阻則橋梁之○徧音遍【重言】而達其道路二 下文一設國之

五溝五涂而樹之林以爲阻固皆有守禁而達其道路

五溝遂溝洫澮川也五涂徑畛涂道路也樹之林作藩落也○洫况域反澮古外反畛之忍反國有故則藩塞

阻路而止行者以其屬守之唯有節者達之有故喪災及兵也閉絕要

害之道備姦寇也○【重言】国有故三下文司上天官宮正各

掌疆闕

候人各掌其方之道治與其禁令以設候人道治治道也國語曰候不

在竟譏不居其方也禁令備姦寇也以設候人者選士卒以爲之

詩云彼候人兮何戈與祋○治自吏反注道治及下方治同何胡

我反又音河祋都外反劉睹律反若有方治則帥而致于朝及歸送之于

竟方治其方來治國事者也春秋傳曰晉欒盈過周王使候人出諸轘轅是其送之○朝直遥反轘户關反【互注】詩曹國風

候人刺近小人也共公遠君子而好近小人焉

環人掌致師致師者致其必戰之志古者將戰先使勇力之士犯敵焉春秋傳曰楚許伯御樂伯攝叔爲右以致晉師許伯曰吾聞致師者御靡旌摩壘而還樂伯曰吾聞致師者左射以菆代御執轡御下兩馬掉鞅而還攝叔曰吾聞致師者右入壘折馘執俘而還皆行其所聞而復之○菆側留反劉子侯反兩音兩又音亮掉徒弔反又奴孝反鞅於兩反折之設反下同馘古獲反俘音孚察軍慝慝陰姦也視軍中有爲慝者則執之○慝他得反環四方之故部其以事謀來侵伐者所謂折衝禦侮巡邦國搏諜賊諜賊反間爲國賊○搏音博又房布反劉音付諜音牒間間廁之閒訟敵國敵國兵來則往之與訟曲直若齊國佐如師揚軍旅爲之威武以觀敵詩云維師尚父時維鷹揚降圍邑圍邑欲降者受而降之春秋傳曰齊人降鄣○降戶江反注同鄣音章劉諸讓反

挈壺氏掌挈壺以令軍井挈轡以令舍挈畚以令糧鄭司農云挈壺以令軍井井謂爲軍穿井井成挈壺縣其上令軍中士眾皆望見知此下有井壺所以盛飲故以壺表井挈轡以令舍亦縣轡于所當舍止之處使軍望見知當舍止于此轡所以駕焉舍故以轡表舍挈畚以令糧亦縣畚于所當稟假之處令軍望見知當稟假于此下也畚所以盛糧之器故以畚表稟軍中人多車騎雜會讙囂號令不能相聞故各以其物爲表以有所頌趨爽于事便也○畚音本爲于僞反下爲沃同縣音玄下皆同令力呈反盛音成下同稟彼錦反劉力甚反讙呼端反囂五高反一音許驕反以首所屬爽反

便婢面反凡軍事縣壺以序聚㯉凡喪縣壺以代哭者皆以水火守之分以日夜鄭司農云縣壺以爲漏以序聚㯉以次更聚擊㯉備守也玄謂擊㯉兩木相敲行夜時也代亦更也禮未大斂代哭以水守壺者爲沃漏也以火守壺者夜則視刻數也分以日夜者異晝夜漏也漏之箭晝夜共百刻冬夏之間有長短焉大史立成法有四十八箭○㯉音託更音庚下同敲苦孝反又苦教反行下孟反共如字及冬則以火爨鼎水而沸之而沃之鄭司農云冬水凍漏不下故以火炊水沸以沃之謂沃漏也○爨七亂反

射人掌國之三公孤卿大夫之位三公北面孤東面卿大夫西面其摯三公執璧孤執皮帛卿執羔大夫鴈位將射始入見君之位不言士者此与諸侯之賓射士不与也燕礼曰公升即位于席西鄉小臣納卿大夫卿大夫皆入門右北面東上士位於西方東面北上大射亦云則凡朝燕及射臣見于君之礼同○見賢遍反下同不与音預鄉許亮反朝燕直遥反下文及注皆同○重言孤執皮帛卿執羔大夫鴈二春官大宗伯諸侯在朝則皆北面詔相其灋謂諸侯來朝而未歸王与之射於朝者皆北面從三公位法其礼儀若有國事則掌其戒令○

詔相其事謂王有祭祀之事諸侯當助其薦獻者也戒令告以齊與期○齊側皆反○【重言】則掌其戒令諸子宰夫州長掌其戒令掌其治達謂諸侯因與王射及助祭而有所治受而達之於王王有命又受而下之○治直吏反

以射灋治射儀王以六耦射三侯三獲三容樂以騶虞九節五正諸侯以四耦射二侯二獲二容樂以貍首七節三正孤卿大夫以三耦射一侯一獲一容樂以采蘋五節二正士以三耦射豻侯一獲一容樂以采蘩五節二正射法王射之禮治射儀謂肆之也鄭司農云三侯熊虎豹也容者乏也待獲者所蔽也九節拊拊九重設於長杆也正所射也詩云終日射侯不出正兮二侯熊豹也豻侯豻者獸名也獸有貙豻能虎玄謂三侯者五正三正二正之侯也二侯者三正二正之侯也一侯者二正而已此皆與賓射於朝之禮也考工梓人職曰張五采之侯則遠國屬遠國謂諸侯來朝者也五采之侯即五正之侯也正之言正也射者內志正則能中焉畫五正之侯中朱次白次蒼次黃玄居外三正損玄黃二正去白蒼而畫以朱綠其外之廣皆居侯中參分之一中二尺今儒家云四尺曰正二尺曰鵠鵠乃用皮其大如正此說失之矣大射禮豻作干讀如宜豻宜獄之豻豻胡犬也士與士射則以豻皮飾侯下大夫也大夫以上與賓射飾侯以雲氣用采各如其正九節七節五節者奏樂以

爲射節之差言節者谷侯道之數也樂記曰明乎其節之志不失
其事則功成而德行立○射三侯食亦反下及注射侯所射射牲
射豕皆同三獲胡郭反五正音征下及注同豻五旦反劉
音鴈注同肆之劉餘二反一音四九重直龍反杠音江貍力誅反
下同言正音政下志下大射正同能中丁仲反下文注射中中侯
同去白起呂反下去扑同廣古曠反鵠古毒反下大夫尸嫁反下
天子同以上時掌反下上曰以上同行下孟反
○重言一獲一容二五節二正二並見本章 互注 詩召南國風騶虞彼茁者
葭壹發五豝于嗟乎騶虞采蘩夫人不失職也采蘋大夫妻能循
法度也射義曰節天子以騶虞爲節卿大夫以采蘋爲節士以
采蘩爲節騶虞者樂官備也采蘋
者樂循法也采蘩者樂不失職也
若王大射則以貍步張三
侯鄭司農云貍步謂一舉足爲一步於今爲半步玄謂貍善搏者
也行則止而擬度焉其發必獲是以量侯道法之也侯道者各
以弓爲度九節者九十弓七節者七十弓五節者五十弓弓之下
制長六尺大射禮曰大侯九十參七十干五十是也三侯者同畏
所共兒侯熊侯豹侯也列國之君大射亦張三侯數與天子同大
侯熊侯也參讀爲糝糝雜也雜者豹鵠而麋飾下天子大夫○搏
音博劉音付擬又作儗同度待洛反參七
王射則令去侯立于
讀爲糝素感反干五旦反豻同五旦反
後以矢行告卒令取矢鄭司農云射人主令人去侯所而立
于後也以矢行告射人主以矢行高
下左右告于王也大射禮曰大射正立于公後以矢行告于公下
曰留上曰揚左右曰方杜子春說以矢行告告白射事于王王則

執矢也杜子春說不与礼經合疑非是也卒令取矢謂射卒射人令當取矢者使取矢也玄謂令去侯者命負侯者去侯也鄉射曰
司馬命獲者執旌以負侯○卒子恤反注同　祭侯則爲位祭侯獻服不服不以祭侯爲位爲服不受獻之位也
大射曰服不侯西北三步北面拜受爵　與大史數射中射中數射者中侯之筭也大射曰司射適階西釋弓
去扑襲進由中東立于中南北面視筭○數所主反注同扑普卜反劉方冓反說文父亙反　佐司馬治射正
射正射之法儀也　祭祀則贊射牲相孤卿大夫之法儀烝嘗之礼有射豕者國語
曰禘郊之事天子必自射其牲今立秋有貙劉云○貙劉力朱反一音如字　會同朝覲作大夫介
凡有爵者作讀如作止爵之作諸侯來至王使公卿有事焉則作大夫使之介也有爵者命士以上不使賤者○介
劉古拜反注及下同　大師令有爵者乘王之倅車倅車戎車之副○倅七內反劉君愛反
有大賔客則作卿大夫從作者選使從王見諸侯○從才用反注同　戒大史及
大夫介戒戒其當行若覲礼曰諸公奉篋服加命書于其上升自西階東面大史氏右　大喪與僕人
遷尸作卿大夫掌事比其廬不敬者苛罰之僕人大僕也僕人与射人
俱掌士之朝位也王崩小斂大斂遷尸于室堂朝之象也檀弓曰扶君卜人師扶右射人扶左君薨以是舉苛謂詰問之○比毗志

反苛音何又呼何反

朝直遥反下皆同

服不氏掌養猛獸而教擾之 猛獸虎豹熊羆之屬擾馴也教習使之馴服王者之教無不服○擾而小反劉音饒羆彼皮反馴似遵反一音旬

凡祭祀共猛獸 謂中膳羞者獸人冬獻狼春秋傳曰熊蹯不孰○蹯音煩掌也

賓客之事則抗皮 鄭司農云謂賓客來朝聘布皮帛者服不氏主舉藏之抗讀爲亢其讎之亢玄謂抗者若聘禮曰有司二人舉皮以東○抗注亢同苦浪反劉公郎反

射則贊張侯以旌居乏而待獲 贊佐也大射禮曰命量人巾車張三侯杜子春云待當爲持書亦或爲持乏讀爲匱乏之乏持獲者所蔽玄謂待待獲也待射者中舉旌以獲○巾如字劉居吝反中丁仲反

射鳥氏掌射鳥 鳥謂中膳羞者鳧鴈鴇鴞之屬○射食亦反下射鳥同鳧音扶鴇音保鴞于苗反

祭祀以弓矢敺鳥鳶凡賓客會同軍旅亦如之 鳶善鈔盜便汙人○敺起俱反鳶弋專反鈔初教反又初交反便婢面反劉符絹反

射則取矢矢在侯高則以并夾取之 鄭司農云王射則射鳥氏主取其矢矢在侯高者矢著侯高人手不能及則以并夾取之并夾鍼箭具夾讀爲甲故司弓矢職曰大射燕射共弓矢并夾○夾音甲著直略反鍼其炎反李其廉反沈云或作鉗

羅氏掌羅烏鳥。烏謂卑居鵲之屬卑音匹又如字蜡則作羅襦作猶用也鄭司農云蜡謂十二月大祭萬物也郊特牲曰天子大蜡八蜡謂歲十二月合聚萬物而索饗之襦細密之羅襦讀爲繻有衣襦之繻玄謂蜡建亥之月此時火伏蟄者畢矣豺既祭獸可以羅罔圍取禽也王制曰豺祭獸然後田又曰昆蟲已蟄可以火田今俗放火張羅其遺教。襦女俱反或音須注繻同索色白反絮女居反又字又作御中春羅春鳥獻鳩以養國老行羽物春鳥蟄而始出者若今南郡黃雀之屬是時鷹化爲鳩鳩與春鳥變舊爲新宜以養老助生氣行謂賦賜。中音仲

掌畜掌養鳥而阜蕃教擾之阜猶盛也蕃蕃息也鳥之可養使盛大蕃息者謂鵝鶩之屬。蕃音煩注同鵝五何反鶩音木祭祀共卵鳥其卵可薦之鳥。卵劉本作外音卵歲時貢鳥物鳧鴈鴇之屬以四時來共膳獻之鳥雉及鶉鴽之屬。鶉音純鴽音如

纂　註周禮卷第七

纂圖互註周禮卷第八

周禮　鄭氏註

夏官司馬下

司士掌羣臣之版以治其政令歲登下其損益之數辨其年歲與其貴賤周知邦國都家縣鄙之數卿大夫士庶子之數損益謂用功過黜陟者數辨鄉遂之屬故書版為班鄭司農云班書或為版版名籍○版音板以詔王治告王所當進退○治直吏反下注治處同以德詔爵以功詔祿以能詔事以久奠食德謂賢者食稍食也賢者既爵乃祿之能者事成乃食之○王制曰司馬辨論官材論進士之賢者以告於王而定其論論定然後官之任官然後爵之位定然後祿之○奠音定乃食音嗣其論盧頓反下同又如字任音壬唯賜無常賜多少由王不如祿食有常品正朝儀之位辨其貴賤之等王南鄉三公北面東上孤東面北上卿大夫西面北上王族故士虎士在路門之右南面東上大僕大右大僕從者在路門之左南面西上此王日視朝事於路門外之位王族故士故為士晚退留宿衛者未嘗仕雖同族不得在

王宮大右司右也大僕從者小臣祭僕御僕隸僕○正朝直遥反注下皆同後內朝外朝朝聘朝覲視朝朝位之類倣此以意求之○鄉許亮反下注同大音泰下倣此宿音夙劉息就反○【重言】王南鄉一見秋官小司寇司士擯詔王出揖公卿大夫以下朝者○擯必刃反孤卿特揖大夫以其等旅揖士旁三揖王還揖門左揖門右特揖一一揖之旅眾也大夫爵同者眾揖之公及孤卿大夫始入門右皆北面東上王揖之乃就位羣士及故士大僕之屬發在其位羣士位東面王西南鄉而揖之三揖者士有上中下王揖之皆逡遁既復位鄭司農云卿大夫士皆君之所揖禮春秋傳所謂三揖在下○逡遁七旬反下音巡○【重意】秋官司儀士揖庶姓時揖異姓天揖同姓大僕前前正王視朝之位王入內朝皆退王入入路門也王入路門內朝朝者皆退反其官府治處也王之外朝則朝士掌焉玉藻曰朝服以日視朝於內朝朝辨色始入君日出而視之退適路寢聽政使人視大夫大夫退然後適小寢謂諸侯也王日視朝皮弁服其禮則同掌國中之士治凡其戒令國中城中掌擯士者膳其摯擯士告見初為士者於王也鄭司農云膳其摯者王食其所執羔鴈之摯玄謂膳者入於王之膳人○見賢遍反食如字劉音嗣凡祭祀掌士之戒令詔相其灋事及賜爵呼昭穆而進之賜爵神惠及下也此所賜王之子姓兄弟祭統曰凡賜爵昭為一穆為一昭與昭齒穆與穆齒

凡君舉有司皆以齒此之謂長幼有序相息亮反昭上招反後同長丁丈反 帥其屬而割牲羞俎豆 割牲制體也羞進也○【重】【音】帥其屬七餘見秋官 凡會同作士從賓客亦如之 作上從謂司馬從於士者○從才用反注并諸子職同○【重言】賓客亦如之四天官胥以醢人地官舍人各一 作士適四方使為介 士使謂自以王命使也介大夫之介也春秋傳曰天王使石尚來歸脤○使色吏反又如字注士使命使同介音戒脤上軫反 大喪作士掌事 事謂奠斂之屬○斂力豔反○【重】【音】掌事四春官小宗伯外宗喪祝各一 作六軍之士執披 作謂使之也披柩車行所以披持棺者有紐以結之謂之戴鄭司農云披者扶持棺險也天子旁十二諸侯旁八大夫六士四玄謂結披必當棺束於束繫紐天子諸侯載柩三束大夫士二束喪大記曰君纁披六大夫披四前纁後玄士二披用纁人君禮文欲其數多圍數兩旁言六耳其實旁三○披方寄反注同 凡士之有守者令哭無去守 守官不可空也○守劉手又反下皆同 國有故則致士而頒其守 故非喪則兵災○【重言】國有故三天官宮正上卷司險各一 凡邦國三歲則稽士任而進退其爵祿 任其所掌治○【重言】凡邦國三後職方氏二 諸子掌國子之倅掌其戒令與其教治辨其等正其位

故書倅爲卒鄭司農云卒讀如物有副倅之倅國子謂諸侯卿大夫士之子也疏義曰古者周天子之官有庶子官與周官諸子職同玄謂四民之業而士者亦世焉國子者是公卿大夫士之副貳戒令致於大子之事教治脩德學道也位朝位○倅七内反治直吏反注同大子音泰下注同○重言掌其戒令三大官宰夫也宮州長各一○正其位一春官墓大夫一

國有大事則帥國子而致於大子唯所用之若有兵甲之事則授之車甲合其卒伍置其有司以軍法治之司馬弗正軍法百人爲卒五人爲伍弗不也國子屬大子司馬雖有軍事不賦之○卒子忽反前後注及下皆同正音征下國正同

凡國正弗及大祭祀正六牲之體正謂禮載之

凡樂事正舞位授舞器位佾處

大喪正羣子之服位會同賓客作羣子從從於王

凡國之政事國子存遊倅使之脩德學道春合諸學秋合諸射以攷其藝而進退之遊倅倅之未仕者文學大學也射射宮也王制曰春秋教以禮樂冬夏教以詩書王大子王子羣后之大子卿大夫元士之適子國之俊選皆造焉○適丁歷反

司右掌羣右之政令羣右戎右齊右道右○齊側皆反

凡軍旅會同合其

車之卒伍而比其乘屬其右右比皆屬謂次第相安習也車亦有卒伍○比毗志反注同乘繩證反屬音燭注皆屬同凡國之勇力之士能用五兵者屬焉掌其政令勇力之士屬焉者選右當於中司馬法曰弓矢圍殳矛守戈戟助凡五兵五當長以衛短短以救長○殳音殊○疏掌其政令十一下文牧師大司馬獸人獻人宮伯地官稍人春官小宗伯樂師秋官柞氏

虎賁氏掌先後王而趨以卒伍王出將虎賁士居前後雖羣行亦有局分○賁音奔劉方問反先後悉薦反下戶豆反及皆如字將子匠反分扶問反軍旅會同亦如之舍則守王閑舍王出所止宿處閑梐枑○梐薄禮反枑戶故反王在國則守王宮為周衛國有大故則守王門大喪亦如之非常之難要在門○難乃旦反○疏大喪亦如之四春官大宗伯秋官小司寇司民各一及葬從遣車而哭遣車王之魂魄所馮依○從才用反下并節服氏從車從尸車同馮皮冰反適四方使則從士大夫虎士從使者○使所吏反注及下同若道路不通有徵事則奉書以使於四方不通逢兵寇若泥水奉書徵師役也春秋隱七年冬戎伐凡伯于楚丘以歸

旅賁氏掌執戈盾夾王車而趨左八人右八人車止則持輪 夾王車者其下士也下士十有六人中士爲之帥焉○盾常準反又音允夾古洽反劉古協反後倣此 凡祭祀會同賓客則服而趨 服而趨夾王車趨也會同賓客王亦齊服服袞冕則此士之齊服服玄端 喪紀則衰葛執戈盾 葛葛絰武士尚輕○衰七雷反 軍旅則介而趨 介被甲○介音戒被皮僞反

節服氏掌祭祀朝覲袞冕六人維王之大常 服袞冕者從王服也維維之以縷王旌十二旒兩兩以縷綴連旁三人持之禮天子旌曳地鄭司農云維持之 諸侯則四人其服亦如之郊祀裘冕二人執戈送逆尸從車 裘冕者亦從尸服也裘大裘也凡尸服卒者之上服從車從尸車送逆之往來春秋傳曰晉祀夏郊董伯爲尸

方相氏掌蒙熊皮黃金四目玄衣朱裳執戈揚盾帥百隸而時難以索室敺疫 蒙冒也冒熊皮者以驚敺疫癘之鬼如今魌頭也時難四時作方相氏以難卻凶惡也月令季冬命國難索廋也○難乃多反注同敺起俱反魌音欺 大喪先匶 葬使之道○先匶悉薦反

下首柩道音導下同及墓入壙以戈擊四隅歐方良壙穿地中也方良罔兩也天子之椁柏黄腸為裏而表以石焉國語曰木石之怪夔罔兩○壙苦晃反又音曠方良上音罔下音兩注同又並如字歐求驅反

大僕掌正王之服位出入王之大命服王舉動所當衣也位立處也出大命王之教也入大命羣臣所奏行掌諸侯之復逆鄭司農云復謂奏事也逆謂受下奏王眡朝則前正位而退入亦如之前正位而退道王王既立退居路門左待朝畢建路鼓于大寢之門外而掌其政大寢路寢也其門外則內朝之中如今宮殿端門下矣政鼓節與早晏以待達窮者與遽令聞鼓聲則速逆御僕與御庶子鄭司農云窮謂窮寃失職則來擊此鼓以達於王若今時上變事擊鼓矣遽傳也若今時驛馬軍書當急聞者亦擊此鼓令聞此鼓聲則速逆御僕與御庶子也大僕主令此二官使速逆窮遽者玄謂達窮者謂司寇之屬朝士掌以肺石達窮民聽其辭以告於王遽令郵驛上下程品御僕御庶子直事鼓所者大僕聞鼓聲則速逆此二官當受其事以聞○遽其據反寃於元反上變時掌反傳張戀反下文同急聞如字劉音問肺芳廢反令力呈反郵音尤祭祀賓客喪紀正王之服位詔灋儀贊王牲事詔告也牲事殺割匕載之屬○【重言】贊王牲事二天官大宰一王出入則自

左馭而前驅前驅如今道引也道而居左自驅不參乘辟王也亦有車右焉○乘繩證反辟音避劉符亦反○重言王出入五下文道右秋官條狼氏各一春官大司樂二凡軍旅田役贊王鼓王通鼓佐擊其餘面救日月亦如之日月食時春秋傳曰非日月之眚不鼓○眚所景反大喪始崩戒鼓傳達于四方窆亦如之戒鼓擊鼓以警衆也故書戒爲駭鄭司農云窆謂葬下棺也春秋傳所謂日中而堋禮記謂之封皆葬下棺也音相似窆讀如慶封氾祭之氾○窆彼驗反注之封音同劉毘甫逋鄧反堋補鄧反氾芳劍反縣喪首服之法于宮門首服之法謂免髽笄總廣狹長短之數縣其書于宮門示四方○縣音玄注同免音問髽莊瓜反掌三公孤卿之弔勞王使往○勞力報反下同勞後弔勞皆同王燕飲則相其灋相左右○相息亮反注及下幷御僕職同王射則贊弓矢贊謂授之受之王眡燕朝則正位掌擯相燕朝朝於路寢之庭王圖宗人之嘉事則燕朝王不眡朝則辭於三公及孤卿辭謂以王不視朝之意告之春秋傳曰公有疾不視朝小臣掌王之小命詔相王之小灋儀小命時事所勑問也小法儀趨行拱揖之容掌三公及孤卿之復逆正王之燕服位謂燕居時也玉藻曰王卒食玄

端而居王之燕出入則前驅燕出入若今游於諸觀苑○觀古喚反○重言則前驅二見天官內小臣又秋官掌訝爲前驅大祭祀朝覲沃王盥小祭祀賓客饗食賓射掌事如大僕之灋賓射與諸侯來朝者射○盥音管掌士大夫之弔勞

凡大事佐大僕

祭僕掌受命于王以眡祭祀而警戒祭祀有司糾百官之戒具謂王有故不親祭也祭祀有司有事於祭祀者糾謂校録所當共之牲物既祭帥羣有司而反命以王命勞之誅其不敬者大喪復于小廟小廟高祖以下也始祖曰太廟春秋傳八年秋七月禘于太廟凡祭祀王之所不與則賜之禽都家亦如之鄭司農云王之所不與謂非郊廟尊祭祀則王不与也則賜之禽公卿自祭其先祖則賜之禽也玄謂王所不與同姓有先王之廟○與音預注同凡祭祀致福者展而受之臣有祭事必致祭肉於君所謂歸胙也展謂録視其牲體數體數若太牢則以牛左肩臂臑折九个少牢則以羊左肩七个特牲則以豕左肩五个○胙存故反臑奴報反字林人于反又手吕反折之舌反个古賀反下同

御僕掌羣吏之逆及庶民之復與其弔勞（羣吏府史以下）大祭祀相盥而登（相盥者謂奉槃授巾與登謂為王登牲體於俎特牲饋食禮主人降盥出舉入乃上載○奉槃芳勇反為于偽反）大喪持翣（翣棺飾也持之者夾蜃車○翣所甲反蜃辰軫反劉蒔忍反）掌王之燕令（燕居時之令）以序守路鼓（序更○更音庚）

隸僕掌五寢之埽除糞灑之事（五寢五廟之寢也周天子七廟唯祧無寢詩云寢廟繹繹相連貌也前曰廟後曰寢汜埽曰埽埽席前曰拚洒灑也鄭司農云洒當為灑玄謂論語曰子夏之門人當洒埽應對○埽素報反注汜埽洒埽同糞如字劉直庶反糞方問反洒所賣反劉霜寄反祧他彫反拚方問反本又作坋同灑所買反劉霜寄反）祭祀脩寢（於廟祭寢或有事焉月令曰凡新物先薦寢廟）王行洗乘石（鄭司農云乘石王所登上車之石也詩云有扁斯石履之卑兮謂上車所登之石○乘如字劉常承反上時掌反下同扁邊典反）掌蹕宮中之事（宮中有事則蹕鄭司農云蹕謂止行者清道若今時儆蹕○蹕音畢儆本又作警音景）大喪復于小寢大寢（小寢高祖以下廟之寢也始祖曰大寢）

弁師掌王之五冕皆玄冕朱裏延紐（冕服有六而言五冕者大裘之冕蓋无旒

不聯數也。延，冕之覆，在上，是以名焉。紐，小鼻在武上，笄所貫也。今時冠卷當簪者，廣袤以冠縱，其舊象與。○數，所主反。卷，起全反。簪，子林反。袤，音茂。縱，所買反，劉霜綺反。與，音餘。

五采繅十有二就，皆五采玉十有二，玉笄朱紘。繅，雜文之名也。合五采絲為之繩，垂於延之前後，各十二，所謂邃延也。就，成也。繩之每一帀而貫五采玉，十二斿則十二玉也。每就間蓋一寸。朱紘，以朱組為紘也。紘一條，屬兩端於武。繅不言皆，有不皆者。此為袞衣之冕十二斿，則用玉二百八十八。鷩衣之冕繅九斿，用玉二百一十六。毳衣之冕七斿，用玉百六十八。希衣之冕五斿，用玉百二十。玄衣之冕三斿，用玉七十二。○繅，音早，司農云古藻字。邃，息遂反，劉詩遂反。斿，音留，下同。屬，音燭。鷩，必滅反。希，張里反，劉豬履反。

諸侯之繅斿九就，瑉玉三采，其餘如王之事，繅斿皆就，玉瑱玉笄。侯當為公，字之誤也。三采，朱白蒼也。其餘，謂延紐皆玄覆朱裏，與王同也。出此則異。繅斿皆就，皆三采也。每繅九成，則九斿也。公之冕用玉百六十二。玉瑱，塞耳者。故書瑉作璑，鄭司農云：繅當為藻。繅，古字也；藻，今字也，同物同音。璑，惡玉名。○侯，依注音公。瑉，本又作玟，亡貧反。瑱，吐練反。璑，音無。

王之皮弁，會五采玉璂，象邸玉笄。故書會作膾。鄭司農云：讀如馬會之會，謂以五采束髮也。士喪禮曰：檜用組，乃笄。檜讀與膾同，書之異耳。說曰：以組束髮乃著笄，謂之檜。沛國人謂反紒為膾。璂讀如綦車轂之綦。玄謂：會讀如大會之會，會，縫中也。璂讀如薄借綦之綦。綦，結也。皮弁之縫中，每貫結五采

三九三

玉十二以爲飾謂之綦詩云會弁如星又曰其弁伊綦是也邸下柢也以象骨爲之○會劉古外反注同弁膾檜二字亦同或一音戶外反璂音其本亦作琪邸丁禮反著張略反紒本又作紒音計綦音其下同縫扶用反下同傳劉芳惡反抵丁禮反劉音帝

王之弁經弁而加環經弁經王弔所服也其弁如爵弁而素所謂素冠也而加環經環經者大如緦之麻經纏而不糾司服職曰凡弔事弁經服

諸侯及孤卿大夫之冕韋弁皮弁弁經各以其等爲之而掌其禁令各以其等繅斿玉璂如其命數也冕則侯伯繅七就用玉九十八子男繅五就用玉五十繅玉皆三采孤繅四就用玉三十二三命之卿繅三就用玉十八再命之大夫藻再就用玉八藻玉皆朱綠韋弁皮弁則侯伯璂飾七子男璂飾五玉亦三采孤則璂飾四三命之卿璂飾三再命之大夫璂飾二玉亦二采弁經之弁其辟積如冕繅之就然庶人弔者素委貌一命之大夫冕而無斿士變冕爲爵弁其韋弁皮弁之會無結飾弁經之弁不辟積禁令者不得相僭踰也玉藻曰君未有命不敢即乘服不言冠弁冠弁兼於韋弁皮弁矣不言服弁服弁自天子以下無飾無等○辟積必亦反劉博歷反下同○重言掌其禁令五天官宰夫典祀地官士均遂師各一

司甲闕

司兵掌五兵五盾各辨其物與其等以待軍事五盾干櫓之屬

其名未盡聞也等謂功沽上下鄭司農云五兵者戈殳戟酋矛夷矛○檜音會及授兵從司馬之灋以頒之及其受兵輸亦如之及其用兵亦如之從司馬之法令師旅卒兩人數所用多少也兵輸謂師還有司還兵也用兵謂出給衛守○卒子忽反下同祭祀授舞者兵授以朱干玉戚之屬大喪廞五兵故書廞為淫鄭司農云淫陳也淫讀為廞玄謂廞興也興作明器之役器五兵也士喪禮下篇有甲胄干笮○廞虛金反興虛應反下同笮字又作筰側白反劉州伯反軍事建車之五兵車之五兵鄭司農所云者是也步卒之五兵則無夷矛而有弓矢○〔重言〕會同亦如之二春官車僕

司戈盾掌戈盾之物而頒之分與授用祭祀授旅賁殳故士戈盾授舞者兵亦如之亦頒之也故士王族故士也與旅賁當事則衛王也殳如杖長尋有四尺軍旅會同授貳車戈盾建乘車之戈盾授旅賁及虎士戈盾貳車王所乘車也軍旅則革路會同則金路○乘繩證反後乘焉陪乘參乘皆衛也任王所乘車依字讀及舍設藩盾行則斂之舍止也藩盾盾可以藩衛者如今之扶蘇與○與音餘

司弓矢掌六弓四弩八矢之灋辨其名物而掌其守藏

與其出入法，曲直長短之數。守，劉手又反，亦如字，下攻守同。藏，才浪反，沈如字。〔重言〕辨其名物七：天官包人、獸
人，春官小宗伯、典瑞、司服、典路各一。中春獻弓弩，中秋獻矢箙。弓弩成於和，矢箙成於堅。箙，盛
矢器也，以獸皮為之。中音仲，下同。箙音服。詩云：象弭魚服。盛音成。及其頒之，王弓、弧弓以授
射甲革、椹質者，夾弓、庾弓以授射豻侯、鳥獸者，唐弓、大
弓以授學射者、使者、勞者。王弧、夾庾、唐大六者，弓異體之名也。往體寡，來體多，曰王弧；往體多，
來體寡，曰夾庾；往體、來體若一，曰唐大。甲，革，革甲也。春秋傳曰：蹲甲而射之。質，正也。樹椹以為射正。射甲與椹，試弓習武也。豻侯五
十步，及射鳥獸，皆近射也。近射用弱弓，則射大侯者用王弧，射參侯者用唐大矣。學射者弓用中，後習強弱則易也。使者、勞者弓亦
用中，遠近可也。勞者，勤勞王事，若晉文侯、文公受王弓矢之賜者。故書椹為鞎。鄭司農云：椹字或為鞎，非是也。圉師職曰：射則充椹
質。又此司弓矢職曰：澤共射椹質之弓矢。言射椹質自有弓，謂王弧弓也。以此觀之，言鞎質者非。射甲，食亦反，下以意求之。椹，張
林反。夾，古洽反，劉古協反。庾，師儒相傳讀庾，本或作庾。豻，音岸，又音鴈。使者，所吏反，注同。鵰音有，劉才官反。參，素感反。易，以豉反。鞎，
戶根反，一音魂，或胡本反，李音良，一音居言反，又音狠。其矢箙皆從其弓。從弓數也。每弓者一箙百
矢。凡弩，夾庾利攻守，唐大利車戰、野戰。攻城壘者與其自守者相迫近，弱弩

發疾也。車戰、野戰進退，非強則不及。弩無王弧，王弧恒服弦，往體少者，使之不疾。○攻，如字，劉音貢。強，其丈反，又其良反。凡矢，枉矢、絜矢利火射，用諸守城、車戰。殺矢、鍭矢用諸近射、田獵。矰矢、茀矢用諸弋射。恒矢、庳矢用諸散射。此八矢者，弓弩各有四焉。枉矢、殺矢、矰矢、恒矢，弓所用也。絜矢、鍭矢、茀矢、庳矢，弩所用也。枉矢者，取名變星，飛行有光。今之飛矛是也，或謂之兵矢。絜矢象焉。二者皆可結火以射敵，守城、車戰。前於重，後微輕，行疾也。殺矢，言中則死。鍭矢象焉。鍭之言候也。二者皆可以司候射敵之近者及禽獸。前尤重，中深而不可遠也。結繳於矢謂之矰。矰，高也。茀矢象焉。茀之言刜也。二者皆可以弋飛鳥，刜羅之也。前於重，後微輕，行不低也。詩云：弋鳧與鴈。恒矢，安居之矢也。庳矢象焉。二者皆可以散射也，謂禮射及習射也。前後訂，其行平也。凡矢之制，枉矢之屬，五分，二在前，三在後。殺矢之屬，參分，一在前，二在後。矰矢之屬，七分，三在前，四在後。恒矢之屬，軒輖中，所謂志也。鄭司農云：庳矢讀為人罷短之罷。玄謂庳讀如痺病之痺，痺之言倫比也。○枉，紆往反。絜，劉苦結反，又音結，一音戶結反，弩矢也。鍭音候，劉音侯，弩矢。矰音增。茀，劉扶弗反，李一音孚忽反，一音敷，或音弗，弩矢。庳，方二反，弩矢。散，素旦反，注同。中，丁仲反，下中深、射中同。繳，章藥反。刜，孚物反。訂，李音亭，呂、沈同，劉當定反。輖音周，一音丁二反。痺，方二反，比方二反。天子之弓合九而成規，諸侯合七而成規，大夫合五而成規，士合三而成

規句者謂之弊弓體往來之衰也往體寡來體多則合多往體多來體寡則合少而圜弊猶惡也句者惡則
直者善矣。弊，婢世反，徐扶滅反。衰，初危反。圜音圓。〔重言〕天子之弓至士合三而成規一一見冬官考工凡祭祀共
射牲之弓矢射牲示親殺也殺牲非尊者所親唯射爲可國語曰禘郊之事天子必自射其牲澤共射
椹質之弓矢鄭司農云澤澤宮也所以習射選士之處也射義曰天子將祭必先習射於澤澤者所以擇士也已
射於澤而后射於射宮射中者得與於祭。與音預大射燕射共弓矢如數并夾如數
如當射者之數也每人一弓乘矢并夾矢鏃也。夾音甲，徃同。乘，繩證反。四矢曰乘。矢鏃，劉奴斛反，又女卜反大喪共
明弓矢弓矢明器之用器也士喪禮下篇曰用器弓矢凡師役會同頒弓弩各以
其物從授兵甲之儀物弓弩矢箙之屬。從，才用反。〔重言〕各以其物一春官各龜人一田弋
充籠箙矢共矰矢籠竹箙也矰矢不在箙者爲其相繞亂將用乃共之。籠，魯東反。爲，于僞反凡
王矢者弗用則更更償也用而棄之則不償。更音庚，注同
繕人掌王之用弓弩矢箙矰弋抉拾鄭司農云抉者所以縱弦也拾者所以引
弦也詩云抉拾既次詩家說或謂抉謂引弦彄也拾謂韝扞也玄
謂抉挾矢時所以持弦飾也著右手巨指士喪禮曰抉用正王棘

若檡棘則天子用象骨與鞲扞著左臂裏以韋爲之○抉古穴反注同彄苦侯反鞲古侯反劉云彄字之異者扞胡旦反挾子協反一音戶牒反著丁略反或直略反下同釋劉音澤又音亦一音徒洛反與音餘掌詔王射告王當射之節贊王弓矢之事授之受之凡乘車充其籠箙載其弓弩充籠箙以盛矢既射則斂之斂藏之也詩云彤弓弨兮受言藏之○弨昌遙反無會計亡敗多少不計○會古外反下大會同後會計之類放此

稾人掌受財于職金以齎其工齎其工者給市財用之直○齎音咨後皆同弓六物爲三等弩四物亦如之三等者上中下人各有所宜弓人職曰弓長六尺六寸謂之上制上士服之弓長六尺三寸謂之中制中士服之弓長六尺謂之下制下士服之弩及矢箙長短之制未聞矢八物皆三等箙亦如之春獻素秋獻成矢箙春作秋成書其等以饗工鄭司農云書工功拙高下之等以制其饗食也玄謂饗食酒肴勞之也上工作上等其饗厚下工作下等其饗薄○勞力報反乘其事試其弓弩以下上其食而誅賞鄭司農云乘計也計其事之成功也故書試爲考玄謂考之而善則上其食尤善又賞之否者反此○試音考出注下上時掌反注同乃入功于司弓矢及繕人功成凡齎財與其出入皆在稾人以待會而攷之

二者闕之皆在稾人若所齎亡之財及弓弩矢箙出入其傳書稾人藏之闕猶除也弓弩矢箙亡者除之計今見在者○見賢徧反

戎右掌戎車之兵革使使謂王使以兵有所誅斬也春秋傳曰戰於殽晉梁弘御戎萊駒爲右戰之明日襄公縛秦囚使萊駒以戈斬之○使色吏反注使謂同詔贊王鼓既告王當鼓之節又助擊之傳王命于陳中爲王大言之也○傳直專反下注傳同陳直覲反劉直吝反爲于僞反下爲衆同會同充革車會同王雖乘金路猶以革路從行也充之者謂居左也曲禮曰乘君之乘車不敢曠左盟則以玉敦辟盟遂役之鄭司農云敦器名也辟法也玄謂將歃血者先執其器爲衆陳其載辭使心皆開辟也役之者傳敦血授當歃者○敦音對劉又都愛反沈都廻反注同歃所洽反徐所輒反○[重言]遂役之二春官華氏一贊牛耳桃茢鄭司農云贊牛耳春秋傳所謂執牛耳者故書茢爲滅杜子春云滅當爲厲玄謂尸盟者割牛耳取血助爲之及血在敦中以桃茢拂之又助之也耳者盛以珠盤尸盟者執之桃鬼所畏也茢苕帚所以掃不祥○茢音列沈音例盛音成苕音條帚之受反

齊右掌祭祀會同賓客前齊車王乘則持馬行則陪乘齊車金路王自整齊之車也前之者已駕王未乘之時陪乘參乘謂車右也齊右與齊僕同車而有祭祀之事則兼玉路之右然則

戎右兼田右與。齊側皆反下齊車齊僕皆同乘劉繩證反沈音繩與音餘凡有牲事則前馬王見牲則拱而式居馬前卻行備驚奔也曲禮曰國君下宗廟式齊車。拱居勇反卻音却

道右掌前道車王出入則持馬陪乘如齊車之儀道車象路也王行道德之車。【音】王出入五本卷大僕秋官條狼氏各一春官大司樂二自車上諭命于從車自由。從才用反下及注同馭夫職放此詔王之車儀頓式之屬王式則下前馬王下則以蓋從以蓋從表尊

大馭掌馭玉路以祀及犯軷王自左馭馭下祝登受轡犯軷遂驅之行山曰軷犯之者封土為山象以菩芻棘柏為神主既祭之以車轢之而去喻無險難也春秋傳曰跋涉山川自由也王由左馭禁制馬使不行也故書軷作罰杜子春云罰當為軷軷讀為别異之别謂祖道轢軷磔犬也詩云載謀載惟取蕭祭脂取羝以軷詩家說曰將出祖道犯軷之祭也聘禮曰乃舍軷飲酒于其側禮家說亦謂道祭。軷蒲末反注跋涉同祝之又反菩音負一音倍芻初俱反轢音歷難乃旦反別彼列反下同磔陟格反羝丁兮反舍音釋及祭酌僕僕左執轡右祭兩軹祭軌乃飲故書軹為軒軌為範杜子春云文當如此左不當車重非是書

亦或如子春之言又一云軒當作軓軓謂兩轉也其或言軷亦非是又云軓當為軓範軓謂車前軾也或讀軒為簪笄之笄◦軹音紙軌音犯注軓同軒劉音雞重直龍反轉音衛軓當軌美反又音犯

凡馭路行以肆夏趨以采薺 凡馭路謂五路也肆夏采薺樂章也行謂大寢至路門趨謂路門至應門◦薺才私反◦〔重言〕行以肆夏趨以采薺二春官樂師一

凡馭路儀以鸞和為節 舒疾之法也鸞在衡和在軾皆以金為鈴◦鈴音零〔重意〕記玉藻篇故君子在車則聞鸞和之聲少儀篇鸞和之儀肅肅雍雍經解篇升車則有鸞和之音◦左威二年大路越席昭其儉也鍚鸞和鈴昭其聲

戎僕掌馭戎車 戎車革路也師出王乘以自將◦將子匠反 掌王倅車之政正其服 倅副也服謂衆乘戎車者之衣服◦倅七內反劉倉愛反 犯軷如玉路之儀凡巡守及兵車之會亦如之 如在軍 掌凡戎車之儀 凡戎車衆之兵車也書序曰武王戎車三百兩

齊僕掌馭金路以賓 以待賓客◦賓如字劉方刃反 朝覲宗遇饗食皆乘金路其灋儀各以其等為車送逆之節 節謂王乘車迎賓客及送相去

遠近之數上公九十步侯伯七十步子男五十步司儀職曰車逆拜辱又曰及出車送。乘車如字

道僕掌馭象路以朝夕燕出入其灋儀如齊車朝夕朝朝莫夕。朝夕直遥反注朝夕同朝朝上如字下直遥反莫夕音暮掌貳車之政令貳亦副

田僕掌馭田路以田以鄙田路木路也田田獵也鄙循行縣鄙。行下孟反掌佐車之政佐亦副設驅逆之車驅驅禽使前趨獲逆衙還之使不出圍。驅如字又起遇反後同衙本又作御同五嫁反令獲者植旌以告獲也植樹也。植直吏反又時力反樹如字又一音豎及獻比禽田弊獲者各獻其禽比種物相從次數之。比毗志反次也注同種章勇反下同數所主反凡田王提馬而走諸侯晉大夫馳提猶舉也晉猶抑也使人叩而舉之抑之皆止奔也馳放不扣。扣音口下同

馭夫掌馭貳車從車使車貳車象路之副也從車戎路田路之副也使車驅逆之車分公馬而駕治之乘謂六種之馬

校人掌王馬之政政謂差擇養乘之數也月令曰班馬政辨六馬之屬種馬一物戎馬一物齊馬一物道馬一物田馬一物駑馬一

物［種謂上善似母者。以次差之，玉路駕種馬，戎路駕戎馬，金路駕齊馬，象路駕道馬，田路駕田馬，駑馬給宮中之役。］凡頒良馬而養乘之。乘馬一師四圉，三乘爲皁，皁一趣馬；三皁爲繫，繫一馭夫；六繫爲廄，廄一僕夫；六廄成校，校有左右。駑馬三良馬之數，麗馬一圉，八麗一師，八師一趣馬，八趣馬一馭夫。［良，善也。善馬，五路之馬。鄭司農云：四匹爲乘。養馬爲圉。故春秋傳曰：馬有圉，牛有牧。玄謂二耦爲乘。師、趣馬、馭夫、僕夫，帥之名也。趣馬下士，御夫中士，則僕夫上士也。自乘至廄，其數二百一十六匹。易乾爲馬，此應乾之策也。至校變言成者，明六馬各一廄，而王馬小備也。校有左右，則良馬一種者四百三十二匹，五種合二千一百六十匹。駑馬三之，則爲千二百九十六匹。五良一駑，凡三千四百五十六匹，然後王馬大備。詩云：騋牝三千。此謂王馬之大數與？麗，耦也。駑馬自圉至馭夫，凡馬千二十四匹，與三良馬之數不相應。八皆宜爲六字之誤也。師十二匹，趣馬七十二匹，則馭夫四百三十二匹矣。然後而三之。既三之，無僕夫者，不駕於五路，卑之也。○三乘繩證反，注及下注乘匹同。圉魚呂反。皁才早反。趣倉走反，劉清須反，下同。數音計，本又作繫。廄九又反。八麗依注八皆音六。此應，應對之應。策初革反。騋音來。牝頻忍反，劉扶忍反。與音餘，下禮與同。］天子十有二閑，馬六種；邦國六閑，馬四種；家四閑，馬二種。［降殺

之差每廄爲一閑諸侯有齊馬道馬田馬大夫有田馬各一閑其駑馬則皆分爲三焉。殺所界反 凡馬特居四
之一 欲其乘之性相似也物同氣則心一鄭司農云四之一者三牝一牡 春祭馬祖執駒 馬祖天駟也孝
經說曰房爲龍馬鄭司農云執駒無令近母猶攻駒也二歲曰駒三歲曰駣玄謂執猶拘也春通淫之時駒弱血氣未定爲其乘匹
傷之。令力呈反下令皆同近附近之近駣徐音肇劉音道李傷兆反沈徒刀反爲其于僞反下爲蹄齧同 夏祭先
牧頒馬攻特 先牧始養馬者其人未聞夏通淫之後攻其特爲其蹄齧不可乘用鄭司農云攻特謂騬之。蹄大
計反又音帝後同騬音繒又音繩 秋祭馬社臧僕 馬社始乘馬者世本作曰相土作乘馬鄭司農云臧僕謂
簡練馭者令皆善也玄謂僕馭五路之僕。臧子郎反相息亮反 冬祭馬步獻馬講馭夫 馬步
神爲災害馬者獻馬見成馬於王也馭夫馭貳車從車使車者講猶簡習。見成賢遍反下同從才用反 凡大祭祀
朝覲會同毛馬而頒之 毛馬齊其色也頒授當乘之。毛如字劉莫報反 飾幣馬
執扑而從之 鄭司農云校人主飾之也幣馬以馬遺人當幣處者也聘禮曰馬則北面奠幣于其前士喪禮下篇
曰薦馬纓三就入門北面交轡圉人夾牽之馭者執策立于馬後。扑普卜反劉方備反遺唯季反 凡賓客受其
幣馬 賓客之幣馬來朝聘而享王者 大喪飾遣車之馬及葬埋之 言埋之則是馬

輇車之翣壼。貍亡皆反本亦作埋田獵則帥驅逆之車帥猶將也凡將事于四海山川則飾黃駒四海猶四方也王巡守過大山川則有殺駒以祈沈禮與玉人職有宗祝以黃金勺前馬之禮。沈直金反劉直蔭反凡國之使者共其幣馬使者所用私覿。使所吏反注同凡軍事物馬而頒之物馬齊其力等馭夫之祿馭夫於趣馬僕夫爲中舉中見上下宮中之稍食師圉府史以下也鄭司農云稍食日稟

趣馬掌贊正良馬而齊其飲食簡其六節贊佐也佐正者謂校人職僕講馭夫之時簡差也節猶量也差擇王馬以爲六等掌駕說之頒用馬之第次。說始銳反辨四時之居治以聽馭夫居謂牧庌所處治謂執駒攻特之屬。治直吏反注同庌音雅後同

巫馬掌養疾馬而乘治之相醫而藥攻馬疾受財于校人乘謂驅步以發其疾知所疾處乃治之相助也。相息亮反注同馬死則使其賈粥之入其布于校人布泉也鄭司農云賈謂其屬官小吏賈二人粥賣也。賈音古粥音育

牧師掌牧地皆有厲禁而頒之頒馬授圉者所牧處孟春焚牧焚牧

地以除陳生新草中春通淫中春陰陽交萬物生之時可以合馬之牝牡也月令季春乃合累牛騰馬遊牝于牧

秦時書也秦地寒涼萬物後動。中音仲注同累劣追反劉音類掌其政令凡田事贊焚萊

焚萊者山澤之虞。【重言】掌其政令十一並見前篇司右

廋人掌十有二閑之政教以阜馬佚特教駣攻駒及祭

馬祖祭閑之先牧及執駒散馬耳圉馬九者皆有政教焉阜盛壯也詩云四

牡孔阜杜子春云佚當爲逸鄭司農云馬三歲曰駣二歲曰駒散

讀爲中散大夫之散謂聒馬耳毋令善驚也玄謂逸者用之不使

甚勞安其血氣也教駣始乘習之也。攻駒騬其蹄齧者閑之先牧

先牧制閑者散馬耳以竹括挿其耳頭動搖則括中物後遂卑首

不復驚。佚音逸散素但反注同聒古活反毋令音無正校人

下力呈反下使令同挿音甲中物丁仲反復扶又反

貟選校人謂師圉也上貟選者選擇可備貟者平之馬八尺以上爲龍七尺以上爲

騋六尺以上爲馬大小異名爾雅曰騋牝驪牡玄駒褭驂。鄭司農云以月令曰駕倉龍。上時掌反下同牝

騋茂巴反下力知反絕句牝玄頻忍反絕句褭奴了反劉音鐃郭璞音同劉義異鄭

圉師掌教圉人養馬春除蓐釁廐始牧夏庌馬冬獻馬

射則充椹質，茨牆則翦闔。蓐，馬茲也。馬既出而除之，新釁焉，神之也。春秋傳曰：凡馬日中而出，日中而入。故字庌爲訝。鄭司農云：當爲庌。玄謂庌，廡也。廡所以庇馬涼也。充猶居也。茨，蓋也。闔，苫也。椹質、翦闔，圉人所習也。杜子春讀椹爲齊人言鈇椹之椹。椹質，所射者習射處。○蓐音辱。茨，在私反。闔，古臘反。訝，五嫁反。廡，亡甫反。庇，必二反，又音秘。苫，傷占反。鈇，芳扶反。所射者，食亦反。

圉人掌養馬芻牧之事，以役圉師。役者，圉師使令焉。凡賓客、喪紀，牽馬而入陳。賓客之馬，王所以賜之者。詩云：雖無予之，路車乘馬。喪紀之馬，啓後所薦馬。廞馬亦如之。廞馬，遣車之馬。人捧之，亦牽而入陳。○捧，衆家並扶恭反。

職方氏掌天下之圖，以掌天下之地，辨其邦國、都鄙、四夷、八蠻、七閩、九貉、五戎、六狄之人民與其財用、九穀、六畜之數要，周知其利害。天下之圖，如今司空輿地圖也。鄭司農云：東方曰夷，南方曰蠻，西方曰戎，北方曰貉狄。玄謂閩，蠻之別也。國語曰：閩芊蠻矣。四、八、七、九、五、六，周之所服國數也。財用，泉穀貨賄也。利，金錫竹箭之屬。害，神姦鑄鼎所象百物也。爾雅曰：九夷、八蠻、六戎、五狄，謂之四海。○閩，亡巾反，又音文，又亡千反。漢書音義服虔音近蠻，應劭音近文，鄭氏眉

吳貉孟白反畜許又反下皆同羋亡氏反劉音姑羊鳴近米李云今周禮本或無此字國語則有

乃辨九州之國，使同貫利。貫事也

東南曰揚州，其山鎮曰會稽，其澤藪曰具區，其川三江，其浸五湖，其利金錫竹箭，其民二男五女，其畜宜鳥獸，其穀宜稻。鎮名山安地德者也會稽在山陰大澤曰藪具區五湖在吳南浸可以為陂灌溉者錫鑞也箭篠也鳥獸孔雀鸞鵁鶄犀象之屬故書箭為晉杜子春曰晉當為箭書亦或為箭○會古外反藪素口反區起俱反浸子鴆反本又作𣹢陂彼宜反溉古愛反鑞音臘篠素了反鵁音交鶄音精○【重言】其穀宜稻二下文一

正南曰荊州，其山鎮曰衡山，其澤藪曰雲夢，其川江漢，其浸潁湛，其利丹銀齒革，其民一男二女，其畜宜鳥獸，其穀宜稻。衡山在湘南雲夢在華容潁出陽城宜屬豫州在此非也湛未聞齒象齒也革犀兕革也杜子春云湛讀當為人名湛之湛湛或為淮○夢亡貢反劉亡鳳反李一音亡雄反湛直減反劉又音沈李音直感反

河南曰豫州，其山鎮曰華山，其澤藪曰圃田，其川滎雒，其浸波溠，其利林漆絲枲，其民二男三女，其畜宜六擾，其穀宜五種。華山在華

陰圃田在中牟濮兖水也出東垣入于河泆爲滎滎在滎陽波讀爲播禹貢曰滎播既都春秋傳曰楚子除道梁溠營軍臨隨則溠宜屬荊州在此非也林竹木也六擾馬牛羊豕犬雞五種黍稷菽麥稻。○華如字劉胡化反圃布古反滎户扃反溠音詐左傳音同李莊加反字林同劉昨雖反云與音大不同故今從舊音公宋思似反擾而小反徐劉音饒中牟上如字下莫侯反李中音仲牟又無不反泆音逸播音波下同都張魚反本或作豬。【重言】其畜宜六擾其穀宜五種一並見下文。其民二男三女二下文一

正東曰青州，其山鎮曰沂山，其澤藪曰望諸，其川淮泗，其浸沂沭，其利蒲魚，其民二男二女，其畜宜雞狗，其穀宜稻麥。沂山沂水所出也在蓋望諸明都也在睢陽沭出東莞二男二女數等似誤也蓋當與兖州同二男三女鄭司農云淮或爲睢沭或爲洙。○沂魚祈反泗音四沭音述李一音餘戌反明都禹貢作孟豬今依書讀睢音綏莞音官劉音灌洙音殊。【重言】其利蒲魚二下文一

河東曰兖州，其山鎮曰岱山，其澤藪曰大野，其川河泲，其浸盧維，其利蒲魚，其民二男三女，其畜宜六擾，其穀宜四種。岱山在博大野在鉅野盧維當爲雷雍字之誤也禹貢曰雷夏既澤雍沮會同雷夏在城陽四種黍稷稻麥。○野如字劉音與泲子禮反盧盧維上音雷下於恭反。鉅音巨沮七餘反

正西曰雍州，其山

鎮曰嶽山其澤藪曰弦蒲其川涇汭其浸渭洛其利
玉石其民三男二女其畜宜牛馬其穀宜黍稷嶽吳嶽也及弦
蒲在汧涇出涇陽汭在豳地詩大雅公劉曰汭抝之即路出懷德
鄭司農云弦或爲汧蒲或爲浦。雍於用反下注州名同汭如銳
反李又而類反汧徐口千反劉若見反李一音苦定反豳
彼貧反抝旁六反詩作鞫。重言其穀宜黍稷二下文一東北
曰幽州其山鎮曰醫無閭其澤藪曰貕養其川河泲其
浸菑時其利魚鹽其民一男三女其畜宜四擾其穀宜
三種醫無閭在遼東貕養在長廣菑出萊蕪時出般陽四擾馬牛
羊豕三種黍稷稻杜子春讀貕爲奚。貕音兮般步干反
河內曰冀州其山鎮曰霍山其澤藪曰揚紆其川漳其
浸汾潞其利松栢其民五男三女其畜宜牛羊其穀宜
黍稷霍山在彘揚紆所在未聞漳出長子汾出汾陽潞出歸德。
紆於于反汾扶文反潞音路長子丁丈反長子縣名屬上黨
正北曰并州其山鎮曰恒山其澤藪曰昭餘祁其川虖
池嘔夷其浸淶易其利布帛其民二男三女其畜宜五

擾其穀宜五種恒山在上曲陽昭餘祁在鄔虖池出鹵城嘔夷祁夷與出平舒涞出廣昌易出故安五擾馬牛羊犬豕五種黍稷菽麥稻也凡九州及山鎮澤藪言曰者以其非一曰其大者耳此州界揚荆豫兗雍冀與禹貢略同青州則徐州地也幽并則青冀之北也無徐梁○虖嘆胡反李呼可反又香刑反池徒多反李如字嘔烏侯反一音驅鄔徐於據反縣名屬太原劉烏古反鹵音魯【互注】書禹貢冀州既載濟河惟兖州海岱惟青州海岱及淮惟徐州淮海惟揚州荆及衡陽惟荆州荆河惟豫州華陽黑水惟梁州黑水西河惟雍州

乃辨九服之邦國方千里曰王畿其外方五百里曰侯服又其外方五百里曰甸服又其外方五百里曰男服又其外方五百里曰采服又其外方五百里曰衛服又其外方五百里曰蠻服又其外方五百里曰夷服又其外方五百里曰鎮服又其外方五百里曰藩服服服事天子也詩云侯服于周○【重言】其外方五百里二十一大司馬秋官大行人各一○又其外方五百里二十一本章大司馬各八秋官大行人各五【互注】禹貢五百里甸服五百里侯服五百里綏服五百里要服五百里荒服

凡邦國千里封公以方五百里則四公方四百里則六

侯方三百里則七伯方二百里則二十五子方百里則百男以周知天下以此率徧知四海九州邦國多少之數也方千里者爲方百里者百以方三百里之積以九約之得十一有奇云七伯者字之誤也周九州之界方七千里七七四十九方千里者四十九其一爲畿內餘四十八八州各有方千里者六周公變殷湯之制雖小國地皆方百里是每事言則者設法也設法者以待有功而大其封一州之中以其千里封公則可四又以其千里封侯則可六又以其千里封伯則可十一又以其千里封子則可二十五又以其千里封男則可百公侯伯子男亦不是過也州二百一十國以男備其數焉其餘以爲附庸四海之封黜陟之功亦如之雖有大國爵稱子而已鄭司農云此制亦見大司徒職曰諸公之地方五百里諸侯之地方四百里諸伯之地方三百里諸子之地方二百里諸男之地方百里○率音律又音類徧音遍奇紀宜反見賢遍反○凡邦國小大相維大國比小國小國事大國各有屬相維聯也○比毗志反下文比小國幷注同

【重言】凡邦國二三下文本卷首司士各一

王設其牧選諸侯之賢者爲牧使牧理之制其職各以其所能牧監參伍之屬用能所任秩次制其貢各以其所有國之地物所有王將巡守則戒于四方曰各脩平乃守攷乃職事無敢不敬戒國有大刑乃猶女也守謂國竟之內職事所當共具○女音汝竟音境共音恭又九

用反及王之所行先道帥其屬而巡戒令先道先由王所從道居前行其前曰所戒之令王殷國亦如之殷猶衆也十二歲王若不巡守則六服盡朝謂之殷國其戒四方諸侯與巡守同。朝直遥反

土方氏掌土圭之灋以致日景致日景者夏至景尺有五寸冬至景丈三尺其間則日有長短。景如字以土地相宅而建邦國都鄙土地猶度地知東西南北之深而相其可居者宅居也。相息亮反度待洛反深尸鴆反以辨土宜土化之灋而授任地者土宜謂九穀稙穉所宜也土化地之輕重糞種所宜用也任地者載師之屬。稙張力反穉直吏反種章勇反王巡守則樹王舍爲之藩羅

懷方氏掌來遠方之民致方貢致遠物而送逆之達之以節遠方之民四夷之民也諭德延譽以來之遠方九州之外無貢法而至者達民以旌節達貢物以璽節治其委積館舍飲食續食其往來。續食音嗣

合方氏掌達天下之道路津梁相湊不得陷絕。湊[illegible]反本或作湊。〔重意〕本卷同[illegible]險而達

其道路通其財利茂遷其有無○【重意】本卷掌固入其財用同其數器權衡不得有輕重壹
其度量尺丈釜鍾不得有大小除其怨惡怨惡邦國相侵虐同其好善所好所善
謂風俗所高尚○好呼報反注及下同高如字劉古到反
訓方氏掌道四方之政事與其上下之志道猶言也為王説之四方諸侯
也上下君臣也○為于偽反下同誦四方之傳道傳道世世所傳説往古之事也為王誦之若今論聖德堯
舜之道矣故書傳為傳杜子春云傳當作傳○亦或為傳○傳直專反注同正歲則布而訓四方
布告以教天下使知世所善惡而觀新物四時於新物出則觀之以知民志所好惡志淫行辟則當以政教化正之
○惡烏路反行下孟反下辟匹亦反
形方氏掌制邦國之地域而正其封疆無有華離之地杜子春云離當為雜書亦或為雜玄謂華讀為㼟哨之㼟正之使不㼟邪離絶○華依注音㼟苦蛙反哨劉羊佳反沈且笑反邪似
嗟反使小國事大國大國比小國比猶親也易比象曰先王以建萬國親諸侯
山師掌山林之名辨其物與其利害而頒之于邦國使

致其珍異之物（山林之名與物若岱畎絲枲嶧陽孤桐矣利其中人用者害毒物及螫噬之蟲獸○畎古犬反劉孤茲反又孤善反嶧音亦螫音釋劉呼洛反噬音逝○【重言】辨其物至使致其珍異之物二下篇川師一）

川師掌川澤之名辨其物與其利害而頒之于邦國使致其珍異之物（川澤之名與物若泗濱浮磬淮夷蠙珠暨魚澤之萑蒲○蠙薄田反劉扶忍反沈音嬪暨其器反又其氣反萑音丸○【重言】四句見上篇）

邍師掌四方之地名辨其丘陵墳衍邍隰之名（地名謂東原大陸之屬○墳扶云反）物之可以封邑者（物之謂相其土地可以居民立邑○相息亮反）

匡人掌達灋則匡邦國而觀其慝使無敢反側以聽王命（法則八法八則也邦國之官府都鄙亦用焉慝姦爲之惡也反側猶背違法度也書曰無反無側王道正直○慝他得反背音佩）

撢人掌誦王志道國之政事以巡天下之邦國而語之（道猶言也以王之志與政事諭說諸侯使不迷惑○語魚據反說如字劉尸銳反）使萬民和說而正王面（面猶鄉也使民之心曉而正鄉王○說音悅鄉許亮反下同）

都司馬掌都之士庶子及其衆庶車馬兵甲之戒令庶子卿大夫士之子車馬兵甲備軍發卒以國灋掌其政學政謂賦稅也學修德學道○政音征本亦作政音下同以聽國司馬聽者受行其所徵爲也國司馬大司馬之屬皆是家司馬亦如之大夫家臣爲司馬者春秋傳曰叔孫氏之司馬鬷戾○鬷子公反戾力計反

纂圖互註周禮卷第八

纂圖互註周禮卷第九

秋官司寇第五　周禮　鄭氏註

惟王建國，辨方正位，體國經野，設官分職，以爲民極。乃立秋官司寇，使帥其屬而掌邦禁，以佐王刑邦國。禁所以防姦者也。刑，正人之法。孝經說曰：刑者，侀也，過出罪施。○侀音刑。【重言】惟王建國至使帥其屬六句五處出天官、地官、春官、夏官各一。以佐王刑邦國二大宰、司寇一。○【重意】五附天官

刑官之屬：大司寇，卿一人。小司寇，中大夫二人。士師，下大夫四人。鄉士，上士八人，中士十有六人，旅下士三十有二人，士，察也，主察獄訟之事者。鄭司農說以論語曰：柳下惠爲士師。鄉士主六鄉之獄。○鄉音香，注同。府六人，史十有二人，胥十有二人，徒百有二十人。

遂士，中士十有二人，府六人，史十有二人，胥十有二人，徒百有二十人。遂士主六遂之獄者。

縣士中士三十有二人，府八人，史十有六人，胥十有六人，徒百有六十人。距王城三百里至四百里曰縣。縣士主縣之獄者。

方士中士十有六人，府八人，史十有六人，胥十有六人，徒百有六十人。方士主四方都家之獄者。

訝士中士八人，府四人，史八人，胥八人，徒八十人。訝，迎也。士官之迎四方賓客。○訝，五嫁反。

朝士中士六人，府三人，史六人，胥六人，徒六十人。朝士主外朝之法。○朝，直遥反，卷内同。

司民中士六人，府三人，史六人，胥三人，徒三十人。司民主民數。

司刑中士二人，府一人，史二人，胥二人，徒二十人。

司刺下士二人，府一人，史二人，徒四人。刺，殺也。三訊罪定則殺之。○刺，七賜反。訊，音信。

司約下士二人府一人史二人徒四人約言語之約束。約劉於妙反一音如字注同束劉詩樹反一音如字

司盟下士二人府一人史二人徒四人盟以約辭告神殺牲歃血明著其信也曲禮曰涖牲曰盟。約於妙反歃所洽反

職金上士二人下士四人府二人史四人胥八人徒八十人職主也

司厲下士二人史一人徒十有二人犯政爲惡曰厲厲士主盜賊之兵器及其奴者

犬人下士二人府一人史二人賈四人徒十有六人賈音嫁又音古

司圜中士六人下士十有二人府三人史六人胥十有六人徒百有六十人鄭司農云圜謂圜土也圜土謂獄城也今獄城圜司圜職中言凡圜土之刑人也以

此如圜謂圜土也又大司寇職曰以圜土聚教罷民故司圜職曰掌收教罷民。圜于權反罷音皮下同

掌囚下士十有二人府六人史十有二人徒百有二十人因拘也主拘繫當刑殺之者

掌戮下士二人史一人徒十有二人戮猶辱也既斬殺又辱之

司隸中士二人下士十有二人府五人史十人胥二十人徒二百人隸給勞辱之役者漢始置司隸亦使將徒治道溝渠之役後稍尊之使主官府及近郡

罪隸百有二十人盜賊之家爲奴者

蠻隸百有二十人征南夷所獲

閩隸百有二十人閩南蠻之別。閩亡巾反又音文

夷隸百有二十人征東夷所獲

貉隸百有二十人征東北夷所獲凡隸衆矣此其選以爲役員其餘謂之隸民。貉孟百反

布憲中士二人下士四人府二人史四人胥四人徒四

十人憲表也干表刑禁者

禁殺戮下士二人史一人徒十有二人禁殺戮者禁民不得相殺戮

禁暴氏下士六人史三人胥六人徒六十人

野廬氏下士六人胥十有二人徒百有二十人廬寄客行道所舍

蜡氏下士四人徒四十人蜡骨肉腐臭蠅蟲所蜡也月令曰掩骼埋胔此官之職也蜡讀如狙司之狙○蜡清預反注同蠅以繩反骼更白反貍亡皆反本又作埋胔本又作骴似賜反

雍氏下士二人徒八人雍謂隄防止水者也○雍於勇反劉如字注同隄丁兮反

萍氏下士二人徒八人鄭司農云萍讀爲蛢或爲萍號起雨之萍玄謂今天問萍號作萍爾雅曰萍蓱其大者蘋讀如小子言平之平萍氏主水禁萍之草無根而浮取名於其不沈溺萍音平又蒲丁反蛢蒲丁反爾雅云蛂黃蛢郭注云甲蟲大如虎豆綠色萍號蒲丁反萍蓱上音平本亦作苹同下蒲丁反蘋音頻

司寤氏下士二人徒八人寤覺也主夜覺者○覺音教下同

司烜氏下士六人徒十有二人烜火也讀如衞侯燬之燬故書燬爲垣鄭司農云垣當爲烜

○烜音毀注燬同烜劉音表

條狼氏下士六人胥六人徒六十人杜子春云條當爲滌器之滌玄謂滌除也狼狼扈道上○條音滌徒歷反注同

脩閭氏下士二人史一人徒十有二人閭謂里門

冥氏下士二人徒八人鄭司農云冥讀爲冥氏春秋之冥玄謂冥方之冥以繩繫取禽獸之名○冥如字又莫歷反繫[illegible]反

庶氏下士一人徒四人庶讀如藥煮之煮驅除毒蠱之言書不作蠱者字從聲○庶音煮又章頭反蠱音古

穴氏下士一人徒四人穴搏蟄獸所藏者○搏音博劉音付蟄直立反

翨氏下士二人徒八人翨鳥翮也鄭司農云翨讀爲翅翼之翅○翨音翅失豉反又古豉反

柞氏下士八人徒二十人柞除木之名除木者必先刊剝之鄭司農云柞讀爲音聲唶唶之唶咢柞之柞○柞側百反注唶咢柞皆同校古飽反

薙氏下士二人徒二十人書薙或作夷鄭司農云掌殺草故春秋傳曰如農夫之務去草芟夷蘊崇之又今俗間謂麥下爲夷下言芟夷其麥以其下種禾豆也玄謂薙讀如鬀小兒頭之鬀書或作夷此皆翦草也字從類耳月令曰燒薙行水謂燒所芟草乃水之○薙李或作雉同他計反徐庭計反去起呂反芟所銜反蘊紆粉反徐憂君羣反鬀他計反

硩蔟氏下士一人徒二人鄭司農云硩讀爲擿蔟讀爲爵蔟之蔟謂巢也玄謂硩古字從石折聲○硩音摘他歷反徐丈列反沈勑徹反又李又思亦反蔟倉獨反

翦氏下士一人徒二人翦斷滅之言也主除蟲蠹者詩云實始翦商○蠹都路反

赤犮氏下士一人徒二人赤犮猶言捇拔也主除蟲豸自埋者○赤如字一音采昔反犮徐音跋畔末反劉房末反捇采昔反徐呼陌反拔畔末反劉房末反或蒲八反豸直氏反

蟈氏下士一人徒二人鄭司農云蟈讀爲蜮蜮蝦蟇也月令曰螻蟈鳴故曰掌去鼃黽鼃黽蝦蟇屬書或爲掌去蝦蟇玄謂蟈今御所食蛙也字從虫國聲也蜮乃短狐與○蟈古獲反注同劉音或又音國蜮劉音或一音古獲反蝦音遐蟇音麻螻音樓鼃戶蝸反又劉胡佳反黽莫幸反蛙戶蝸反劉胡佳反沈和佳反蜮音或與音餘下官與同

壺涿氏下士一人徒二人壺謂瓦鼓涿擊之也故書涿爲獨鄭司農云獨讀爲濁其源之濁音

與豕相近書亦或爲蠲○豕陟角反又音濁近附近之近

庭氏下士一人徒二人庭氏主射妖鳥令國中絜清如庭者也○射食亦反清才性反又如字

銜枚氏下士二人徒八人銜枚止言語囂讙也枚狀如箸橫銜之爲之繣結於項○囂五高反、一音許驕反下同讙音歡箸直慮反繣古卦反又胡麥反

伊耆氏下士一人徒二人伊耆古王者號始爲蜡以息老物此主王者之齒杖後王識伊耆氏之舊德而以名官與今姓有伊耆氏○耆巨之反蜡仕詐反

大行人中大夫二人小行人下大夫四人司儀上士八人中士十有六人行夫下士三十有二人府四人史八人胥八人徒八十人行夫注國使之禮○使所吏反

環人中士四人史四人胥四人徒四十人環猶圍也王圍賓客任器爲之守衛○環戶關反劉古患反

象胥每翟上士一人中士二人下士八人徒二十人通夷

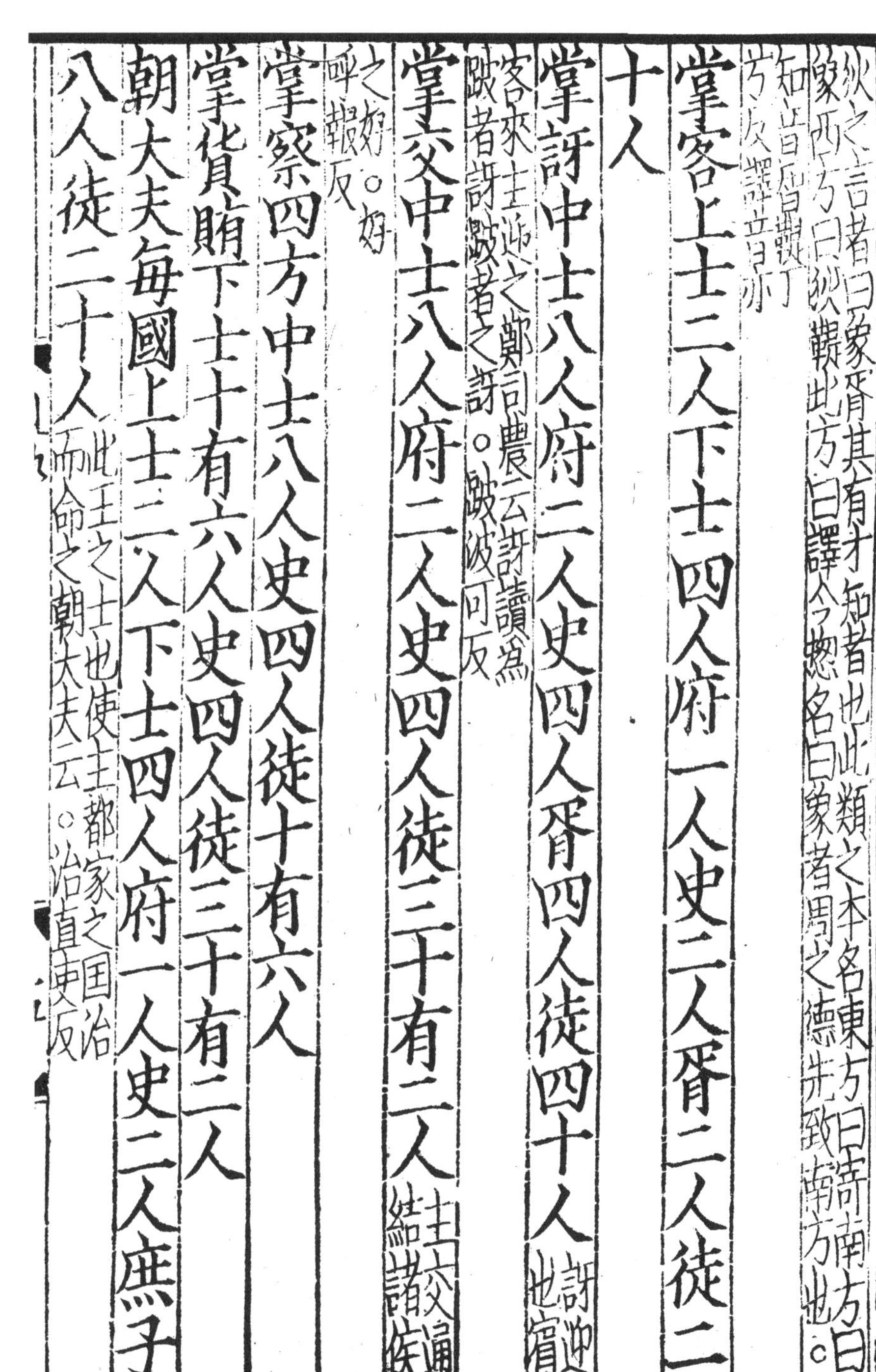

狄之言者曰象胥其有才知者也此類之本名東方曰寄南方曰象西方曰狄鞮北方曰譯今總名曰象者周之德先致南方也○知音智鞮丁兮反譯音亦

掌客上士二人下士四人府一人史二人胥二人徒二十人

掌訝中士八人府二人史四人胥四人徒四十人訝迎也賓客來主迎之鄭司農云訝讀爲跛者訝跛者之訝○跛波可反

掌交中士八人府二人史四人徒三十有二人主交通結諸侯之好○好呼報反

掌察四方中士八人史四人徒十有六人

掌貨賄下士十有六人史四人徒三十有二人

朝大夫每國上士二人下士四人府一人史二人庶子八人徒二十人此王之士也使主都家之国治而命之朝大夫云○治直吏反

都則中士二人下士二人府一人史二人庶子四人徒八十人都則主都家之八則者也當言每都如朝大夫及都司馬云

都士中士二人下士四人府二人史四人胥四人徒四十人家士亦如之都家之士主治都家吏民之獄訟以告方士者也亦當言每都

大司寇之職掌建邦之三典以佐王刑邦國詰四方典法也詰謹也書曰王旄荒度作詳刑以詰四方。詰起吉反旄莫報反度待洛反。重言以佐王刑邦國一秋官序一見。詰四方二下卷。一曰刑新國用輕典新國者新辟地立君之國用輕法者為其民未習於教。為于偽反二曰刑平國用中典平國承平守成之國也用中典者常行之法三曰刑亂國用重典亂國篡弒叛逆之國用重典者以其化惡伐滅之。○篡初患反弒音試本亦作弑以五刑糾萬民刑亦法也糾猶察異之一曰野刑上功糾力功農功力勤力二曰軍刑上命糾守命將命也守不失部伍。守劉音狩注同將子匠反。三曰鄉刑上德糾孝德六德也善父母為孝四曰官刑上能糾職能能其事也職職事脩理五曰國刑上愿糾暴

原愨慎也暴當爲恭字之誤也○原音願劉又音原依注暴作恭恭俱用反以圜土聚教罷民圜土

獄城也聚罷民其中困苦以教之爲善也民不愍作勞有似於罷○罷音皮注下皆同愍音敏劉亡鞠反尚書作暋暋音敏又作皆皆

訓強凡害人者寘之圜土而施職事焉以明刑恥之害人謂爲

邪惡已有過失麗於法者以其不故犯法寘之圜土繫教之庶其困悔而能改也寘置也施職事以所能役使之明刑書其罪惡於

大方版著其背○寘之豉反又音置邪似嗟反下同著丁略反一音直略反其能改者反于中國不

齒三年反于中國謂舍之還於故鄉里也司圜職曰上罪三年而舍中罪二年而舍下罪一年而舍不齒者不得以年

次列於平民○【重言】不齒三年○職金雖出三年不齒其不能改而出圜土者殺出謂逃亡

以兩造禁民訟入束矢於朝然後聽之訟謂以財貨相告者造至也使訟者

兩至既兩至使入束矢乃治之也不至不入束矢則是自服不直者也必入矢者取其直也詩曰其直如矢古者一弓百矢束矢其

百个與○造七報反注同个古賀反與音餘○【重言】然後聽之三下文一朝大夫一以兩劑禁民獄入鈞

金三日乃致于朝然後聽之獄謂相告以罪名者劑今券書也使獄者各齎券書既兩券書

使入鈞金又三日乃治之重刑也不券書不入金則是亦自服不直者也必入金者取其堅也三十斤曰鈞○兩劑子隨反以

嘉石平罷民嘉石文石也樹之外朝門左平成也成之使善。文石如字劉音問樹音豎。重意朝士左嘉石平罷民焉凡萬民之有罪過而未麗於灋而害於州里者桎梏而坐諸嘉石役諸司空重罪旬有三日坐朞役其次九日坐九月役其次七日坐七月役其次五日坐五月役其下罪三日坐三月役使州里任之則宥而舍之有罪過謂邪惡之人所罪過者也麗附也未附於法未著於法也木在足曰桎在手曰梏役諸司空坐日訖使給百工之役也役月訖使其州里之人任之乃赦之宥寬也。桎音質梏古毒反著直略反下附猶著者皆同以肺石達窮民肺石赤石也窮民天民之窮而無告者。肺芳廢反。重言朝士右肺石達窮民焉凡遠近惸獨老幼之欲有復於上而其長弗達者立於肺石三日士聽其辭以告於上而罪其長無兄弟曰惸無子孫曰獨復猶報也上謂王與六卿也報之者若上書詣公府言事矣長謂諸侯若鄉遂大夫。惸其營反長丁丈反下及注同上時掌反正月之吉始和布刑于邦國都鄙乃縣刑象之灋于象魏使萬民觀刑象挾日而斂之正月朔日布王刑於天下正歲又縣其書重之。縣音玄注及下同挾子協反。【重言】正月之吉始和挾日而斂之四大宰大司徒大司馬各一。【重意】布刑于邦國都鄙至刑象重見大宰大司徒大司寇凡邦之大盟約涖其盟書而登之于天府涖臨也天府祖廟之藏。◦約於妙反藏才浪反。【重意】小司寇司古鄉大夫登于天府太史內史司會及六官皆受其貳而藏之六官六卿之官也貳副也。◦會古外反下同會見皆同凡諸侯之獄訟以邦典定之邦典六典也以六典待邦國之治。◦治直吏反下同凡卿大夫之獄訟以邦灋斷之邦灋八灋也以八灋待官府之治。◦斷丁亂反下注皆同凡庶民之獄訟以邦成弊之邦成八成也以官成待萬民之治故書弊爲憋。◦鄭司農云憋當爲弊邦成謂若今時決事比也弊之斷其獄訟也故春秋傳曰弊獄邢侯。◦弊必世反斷也後訓斷者皆同憋劉芳滅反又音卑設反比必利反大祭祀奉犬牲奉猶進也若禋祀五帝則戒之日涖誓百官戒于百族戒之日卜之日也百族謂府史以下也郊特牲曰卜之日王立于澤親聽誓命受教諫之義也獻命庫門之內戒百官也太廟之內戒百姓也及納亨前王祭之日亦如之納亨致牲。◦亨普庚反劉普孟反注同下納亨放此奉其明水火明水火所取於日月者凡朝覲會同前王大喪亦如之大喪所前或嗣王。○重言大喪亦如之四士師大宗伯虎賁氏各一大軍旅涖戮于社社謂社主在軍者也鄭司農說以書曰用命賞于祖不用命戮于社凡邦之大事使其屬蹕屬士師以下也故書蹕作避杜子春云避當為辟謂辟除姦人也玄謂蹕止行也○蹕本亦作蹕音畢

小司寇之職掌外朝之政以致萬民而詢焉一曰詢國危二曰詢國遷三曰詢立君外朝朝在雉門之外者也国危謂有兵寇之難国迁謂徙都改邑也立君謂无冢適選於庶也鄭司農云致萬民聚万民也詢謀也詩曰詢于芻蕘書曰謀及庶人○難乃旦反適丁歷反蕘而招反其位王南鄉三公及州長百姓北面羣臣西面羣吏東面羣臣卿大夫士也羣吏府史也其孤不見者孤從羣臣卿大夫在公後鄉許亮反長丁丈反見賢遍反○南鄉一同上二重言王小司寇擯以敘進而問焉以衆輔志而弊謀擯謂揖之使前也敘更也○輔志者導王賢明也擯必刃反注同更音庚以五刑聽萬民之獄訟附于刑用情訊之至于旬乃弊之讀書則用灋附猶著也故書附作付訊言也用情理言之冀有可以出之者十日乃斷之王制曰刑者侀也侀者成也一成而不可變故君子盡心焉鄭司

農云讀書則用法如今時讀鞫已乃論之○訊音信㞞津忍反鞫九六反凡命夫命婦不躬坐獄
訟爲治獄吏褻尊者也躬身也不身坐者必使其屬若子弟也喪服傳曰命夫者其男子之爲大夫者命婦者其婦人之爲大夫
之妻者春秋傳曰衛侯與元咺訟甯武子爲輔鍼𦮃子爲坐士榮爲大理○爲治于僞反咺况阮反鍼其廉反𦮃劉音莊左傳作莊
案漢書明帝名莊改爲嚴凡王之同族有罪不即市鄭司農云刑諸甸師氏禮記曰刑于隱者
不與國人慮兄弟以五聲聽獄訟求民情一曰辭聽觀其出言不直則煩二曰
色聽觀其顏色不直則赧然○赧女版反三曰氣聽觀其氣息不直則喘○喘音昌兖反四曰耳
聽觀其聽聆不直則惑○聆音零五曰目聽觀其牟子視不直則眊然○牟莫侯反劉無不反眊莫報反本又作旄
同以八辟麗邦灋附刑罰辟法也杜子春讀麗爲羅玄謂麗附也易曰日月麗乎天故書附作
付附猶著也一曰議親之辟鄭司農云若今時宗室有罪先請是也二曰議故之
辟故謂舊知也鄭司農云故舊不遺則民不偷○偷他侯反徐吐豆反三曰議賢之辟鄭司農云若今
時廉吏有罪先請是也玄謂賢有德行者○行下孟反四曰議能之辟能謂有道藝者春秋傳曰夫謀而鮮
過惠訓不倦者叔向有焉社稷之固也猶將十世宥之以勸能者今壹不免其身以棄社稷不亦惑乎○夫音扶鮮息淺反向許亮

反五曰議功之辟謂有大勳力立功者六曰議貴之辟鄭司農云若今時吏墨綬有罪

先請是也七曰議勤之辟謂憔悴以事國○憔昨遥反悴秦醉反八曰議賓之辟謂所

不臣者三恪二代之後與○與音餘以三刺斷庶民獄訟之中中謂罪正所定○刺七賜反斷

丁乱反後皆同一曰訊羣臣二曰訊羣吏三曰訊萬民刺殺也三訊罪

定則殺之訊言也聽民之所刺宥以施上服下服之刑宥寬也民言殺殺之言寬

寬之上服劓墨也下服宮刖也○劓魚器反刖音月又五刮反及大比登民數自生齒以上

登于天府大比三年大數民之衆寡也人生齒而體備男八月而生齒女七月而生齒○比音毗志反注同上時掌

反下注同數所主反○重言自生齒以上二後見司民○登于天府言司民鄉大夫各一內史司會冢宰貳

之以制國用以數定而九賦可知國用乃可制耳○重言內史司會冢宰貳之二後見司民小祭祀

奉犬牲奉猶進也凡禋祀五帝實鑊水納亨亦如之納亨致牲也其

時鑊水當以洗解牲躰肉○鑊戶郭反大賓客前王而辟鄭司農云小司寇為王道辟除奸人也若

今時執金吾下至令尉奉引矣○辟婢亦反劉符益反一音匹亦反沈音避注同後而辟皆放此道音導后世子之

喪亦如之小師涖戮小師王不自出之師凡國之大事使其屬蹕

屬士師以下孟冬祀司民獻民數於王王拜受之以圖國用

而進退之司民星名謂軒轅角也小司寇於祀司民而獻民數於王重民也進退猶損益也國用民衆則益民寡則損○重言一後見司民民數作其數地官鄉大夫王再拜而受之歲終則令羣士計獄弊訟

登中于天府上其所斷獄訟之數正歲帥其屬而觀刑象令以木鐸

曰不用灋者國有常刑令羣士羣士遂士以下○重言令以木鐸曰不用灋者國有常刑三小宰小司徒各一字作徇字乃宣布于四方憲刑禁宣徧也憲表也謂縣之也刑禁士師之五禁○徧音遍乃命其屬入會乃致事得其屬之計乃令致之於王○會古外反後要會之字皆放此

士師之職掌國之五禁之灋以左右刑罰一曰宮禁二

曰官禁三曰國禁四曰野禁五曰軍禁皆以木鐸徇之

于朝書而縣于門閭左右助也助刑罰者助其禁民爲非也宮王宮也官官府也國城中也古之禁

書亡矣今宮門有符籍官府有无故擅入城門有離載下帷野有田律軍有嘄謼夜行之禁其觵可言者○濔奚音法左右音佐下音又注左右助也同徇似俊反縣音玄觵劉音粗沈才古反以五戒先後刑罰毋使罪麗于民一曰誓用之于軍旅二曰誥用之于會同三曰禁用諸田役四曰糾用諸國中五曰憲用諸都鄙先後猶左右也誓誥於書則有甘誓湯誓大誥康誥之屬禁則軍礼曰无干車無自後射此其類也糾憲未有聞焉○誥古報反射食亦反掌鄉合州黨族閭比之聯與其民人之什伍使之相安相受以比追胥之事以施刑罰慶賞鄉合鄉所合也追追寇也胥讀如宿偦之偦偦謂司搏盜賊也○比音毗志反下同比追如字劉扶類反胥如字劉思叙反注偦同搏音博劉音付掌官中之政令大司寇之官府中也察獄訟之辭以詔司寇斷獄弊訟致邦令詔司寇若今白聽正法解也致邦令者以法報之掌士之八成鄭司農云八成者行事有八篇若今時決事比○比必利反一曰邦汋鄭司農云汋讀如酌酒尊中之酌國汋者斟汋盜取國家密事若今時刺探尚書事○汋上灼反注同斟之林反汋音灼刺七亦反又七賜反二曰邦賊爲逆乱者三曰邦諜爲異国反間○諜音牒間間廁

之闕四曰犯邦令干冒王教令者。○冒音墨五曰橋邦令稱詐以有爲者。○橋音矯六曰爲邦盜竊取國之寶藏者。○藏，才浪反七曰爲邦朋朋黨相阿使政不平者。故書朋作傰。鄭司農云傰讀如朋友之朋。○傰，劉音崩，徐音朋，又補鄧反八曰爲邦誣誣罔君臣使事失實若邦凶荒則以荒辯之法治之鄭司農云：辯讀爲風別之別。救荒之政十有二，而士師別受其數條，是爲荒別之法。玄謂辯當爲貶，聲之誤也。遭饑荒則刑罰國事有所貶損，作權時法也。朝士職曰：若邦凶荒札喪寇戎之故，則令邦國都家縣鄙慮刑貶。○辯，依注音貶。風別之別，彼列反，下傅別及注同。數，所注反令移民通財糾守緩刑移民就賤救困也。通財補不足也。糾守備盜賊也。緩刑紓民心也。○紓音舒，本亦作舒凡以財獄訟者正之以傅別約劑傅別，中別手書也。約劑，各所持券也。故書別爲辯。鄭司農云：傅或爲付，辯讀爲風別之別。若今時市買，爲券書以別之，各得其一，訟則案券以正之。○傅音附，注同。劑，子隨反，又如字若祭勝國之社稷則爲之尸以刑官爲尸，略之也。周謂亡殷之社爲亳社。○亳，步各反王燕出入則前驅而辟道王，且辟行人。○道音導，下二公道盜賊道同祀五帝則沃尸及王盥，洎鑊水洎謂增其沃汁。○洎，其器反，或音冀凡刉珥則奉犬牲珥讀爲衈。刉衈，釁禮之事。用牲毛者曰刉，羽者曰衈。○刉音機劉音祈珥而志反注衈同諸侯為賓則帥其屬而蹕于王宮謂諸侯來朝若燕饗食時。【重言】則帥其屬六鄉士訝士朝士典祀各一大喪亦如之大師帥其屬而禁逆軍旅者與犯師禁者而戮之逆軍旅反將命也犯師禁干行陳也。將子匠反行戶剛反陳直刃反。【重言】大喪亦如之四春官大宗伯夏官虎賁氏春官小司寇各一歲終則令正要會定計簿。簿步古反正歲帥其屬而憲禁令于國及郊野去国百里為郊郊外謂之野

鄉士掌國中鄭司農云謂國中至百里郊也玄謂其地則距王城百里內也言掌國中此主國中獄也六鄉之獄在國中各掌其鄉之民數而糾戒之鄉士八人言各者四人而分主三鄉。【重意】遂士各掌其遂之民數縣士各掌其縣之民數。遂士而糾其戒令縣士糾其戒令聽其獄訟察其辭察審也辯其獄訟異其死刑之罪而要之旬而職聽于朝辯異謂殊其文書也要之為其罪法之要辭如今劾矣十日乃以職事治之於外朝容其自反覆。劾戶代反覆芳服反士職注同。【重言】聽其獄訟察其辭辨其獄訟異其死刑之罪而要之二遂士縣士各一。旬而職聽于朝遂士一旬而聽職于朝【重意】

聽之斷其獄弊其訟于朝羣士司刑皆在各麗其灋以
議獄訟麗附也各附致其法以成議也獄訟成士師受中協日刑殺肆之
三日受中謂受獄訟之成也鄭司農云士師受中若今二千石受其獄也中者刑罰之中也故論語曰刑罰不中則民無所措
手足協日刑殺協合也和也和合支幹善日若今時望後利日也肆之三日故春秋傳曰三日棄疾請尸論語曰肆諸市朝玄謂士
師既受獄訟之成鄉士則擇可刑殺之日至其時而往涖之尸之三日乃反也○協日音協本亦作協下同○不中音丁仲反措音七
故反○【重言】司寇聽之至肆之三日九句二見下篇遂士○【重意】下篇叶日就郊而刑殺○又四之三日後見掌戮若欲
免之則王會其期免猶赦也期謂鄉士職聽于朝司寇聽之曰王欲赦之則用此時親往議之○【重言】
若欲免之三遂士縣士各一大祭祀大喪紀大軍旅大賓客則各掌其
鄉之禁令帥其屬夾道而蹕屬中士以下○夾古洽反劉音古協反○【重言】二遂士作遂之
禁令縣士一作縣之禁令○帥其屬五士師遂士訝士朝士各一三公若有邦事則爲之前
驅而辟其喪亦如之鄭司農云鄉士爲三公道也若今時三公出城鄉督郵盜賊道也○爲音于僞
反遂士縣士訝士職同○【重言】則爲之前驅而辟其喪亦如之凡國有大事則戮其犯命者

〔重言〕二遂士一凡国作凡野

遂士掌四郊鄭司農云謂百里外至三百里也玄謂其地則距王城百里以外至二百里言掌四郊者此主四郊之獄也六遂之獄在四郊各掌其遂之民數而糾其戒令遂士十二人言各者首一人而分主一遂〔重言〕見鄉士篇聽其獄訟察其辭辨其獄訟異其死刑之罪而要之二旬而職聽于朝司寇聽之斷其獄弊其訟于朝羣士司刑皆在各麗其灋以議獄訟獄訟成士師受中協日就郊而刑殺各於其遂肆之三日就郊而刑殺者遂士也遂士擇刑殺日至其時往涖之如鄉士爲之会矣言各於其遂者四郊六遂遂處不同○〔重言〕上見鄉士篇若欲免之則王令三公會其期令猶命也王欲赦之則用遂士職聽之時命三公往議之○〔重言〕見鄉士縣士若邦有大事聚衆庶則各掌其遂之禁令帥其屬而蹕大事王所親也○〔重言〕見鄉士縣士○若邦有大事二天官宮正一六卿若有邦事則爲之前驅而辟其喪亦如之凡郊有大事則戮其犯命者〔重言〕見鄉士縣士

秋官上　九　巳十一

縣士掌野。鄭司農云掌二百里至四百里大夫所食晉韓須爲公族大夫食縣玄謂地距王城二百里以外至三百里曰野三百里以外至四百里曰縣四百里以外至五百里曰都都縣野之地其邑非王子弟公卿大夫之采地則皆公邑也謂之縣縣士掌其獄焉言掌野者郊外曰野大揔言之也獄居近野之縣獄在二百里上縣之縣獄在三百里上都之縣獄在四百里上

各掌其縣之民數，糾其戒令，而聽其獄訟，察其辭，辨其獄訟，異其死刑之罪而要之，三旬而職聽于朝。司寇聽之，斷其獄，弊其訟于朝，羣士司刑皆在，各麗其灋以議獄訟。獄訟成，士師受中，協日刑殺，各就其縣，肆之三日。刑殺各就其縣者亦謂縣士也○【重言】見鄉士遂士又肆之三日後見掌戮

若欲免之，則王命六卿會其期。期亦謂縣士職聽之時○【重言】前見鄉士遂士

若邦有大役，聚衆庶，則各掌其縣之禁令。若大夫有邦事，則爲之前驅而辟。其喪亦如之。凡野有大事，則戮其犯命者。野距王城二百里以外及縣都【重言】前見鄉士遂士

方士掌都家鄭司農云掌四百里至五百里公所食邑皆季氏食於都玄謂都王子弟及公卿之采地家大夫之采地大都在畺地小都在縣地家邑在稍地不言掌其民數民不純屬王○畺居良反聽其獄訟之辭辨其死刑之罪而要之三月而上獄訟于國三月乃上要者又要辭言國以其自有君異之○上時掌反注下並同○辨其死刑之罪而要之四前見鄉士遂士縣士【重言】司寇聽其成于朝羣士司刑皆在各麗其灋以議獄訟成平也鄭司農說以春秋傳曰晉邢侯與雍子爭鄐田久而無成○鄐許六反劉勑六反或音昌卬○【重言】羣士司刑皆在各麗其法以議獄訟四前見鄉士遂士縣士【重】獄訟成士師受中書其刑殺之成與其聽獄訟者都家之吏自協日刑殺但書其成與治獄之吏姓名備反覆有失實者○【重言】獄訟成士師受中四前見鄉士遂士縣士凡都家之大事聚衆庶則各掌其方之禁令方士十六人言各掌其方者四人而主一方也謂以王之事動衆則爲班禁令焉○【重言】聚衆庶六遂士朝士訝士閭師禁暴氏以時脩其縣灋若歲終則省之而誅賞焉縣法縣師之職也其職掌邦國都鄙稍甸郊野之地域而辨其夫家人民田萊之數及其六畜車輦之稽方士以四時脩出法歲終又省之則与掌民數亦相近○近附近之近凡都家之

士所上治則主之都家之士都士家士也所上治者當謂獄訟之小事不附罪者也主之告於司寇聽平之○治直吏反注同下有治並同

訝士掌四方之獄訟鄭司農云四方諸侯之獄訟諭罪刑于邦國告曉以麗罪及制刑之本意凡四方之有治於士者造焉謂讞疑辨事先來詣乃通之於士也士主謂士師也如今郡國亦時遣主者吏詣廷尉議者○造七報反讞魚竭反四方有亂獄則往而成之亂獄謂若君臣宮淫上下相虐者也往而成之猶呂步舒使治淮南獄邦有賓客則與行人送逆之入於國則爲之前驅而辟野亦如之居館則帥其屬而爲之蹕誅戮暴客者客出入則道之有治則贊之送逆謂始來及去也出入謂朝覲於王時也春秋傳曰晉侯受策以出出入三覲入國入野以時事○道音導○(重言)士師則帥其屬而蹕于王宮鄉士帥其屬夾道而蹕遂士帥其屬而蹕朝士帥其屬凡邦之大事聚衆庶則讀其誓禁(重言)凡邦之大事一天官宮正一○聚衆無六遂士縣士朝士禁暴氏春官閭師各一

朝士掌建邦外朝之灋左九棘孤卿大夫位焉羣士在

其後右九棘公侯伯子男位焉羣吏在其後面三槐三
公位焉州長衆庶在其後左嘉石平罷民焉右肺石達
窮民焉樹棘以爲位者取其赤心而外刺象以赤心三刺也槐
之言懷也懷來人於此欲與之謀羣吏謂府史也州長
鄉遂之官鄭司農云王有五門外曰皋門二曰雉門三曰庫門四
曰應門五曰路門路門一曰畢門外朝在路門外內朝在路門內
左九棘九九棘故易曰係用徽纆寘于叢棘玄謂明堂位說魯公
宮曰庫門天子皋門雉門天子應門言魯用天子之禮所名曰庫
門者如天子皋門所名曰雉門者如天子應門此名制二兼四則
魯无皋門應門矣檀弓曰魯莊公之喪既葬而絰不入庫門言其
除喪而反由外來是庫門在雉門外必矣如是王五門雉門爲中
門雉門設兩觀與今之宮門同閽人幾出入者窮民蓋不得入也
郊特牲譏繹於庫門內言遠當於廟門廟在庫門之內見於此矣
小宗伯職曰建國之神位右社稷左宗廟然則外朝在庫門之外
皋門之內與今司徒府有天子以下大會殿亦古之外朝哉周天
子諸侯皆有三朝外朝一內朝二內朝之在路門內者或謂之燕
朝○長丁丈反注同罷音皮司圜職同刺七賜反下同纆亡北反
示之或反又如字本或作寘義才公反叢古亂反閽音昏繹音亦
徐音夕見賢遍反與音餘下同服與同○重意司寇以
嘉石平罷民右肺石達窮民焉司寇以肺石達窮民帥其屬
而以鞭呼趨且辟趨朝辟行人執鞭以威之○趨本又作趍同七
須反劉音趣清欲反○重言帥其屬凡五見上[illegible]

禁慢朝錯立族談者慢朝謂臨朝不肅敬也錯立族談違其位僔語也○僔徐子損反劉才官反李一音蔡

凡得獲貨賄人民六畜者委于朝告于士旬而舉之大者公之小者庶民私之俘而取之曰獲委於朝十日待來識之者人民謂刑人奴隸逃亡者司隸職曰帥其民而搏盜賊鄭司農云若今時得遺物及放失六畜持詣鄉亭縣廷大者公之大物沒入公家也小者私之小物自畀也玄謂人民之小者未齔七歲以下○俘音孚搏音博又音付迎音逆又如字畀必二反齔初謹反又勑謹反劉測各反沈創允反毀齒也

凡士之治有期日國中一旬郊二旬野三旬都三月邦國期期內之治聽期外不聽鄭司農云謂在期內者聽期外者不聽若今時徒論決滿三月不得乞鞫○治直吏反下之治以治及司民職王治升注同期居其反鞫九六反劉巳目反○〔重言〕國中一旬至期外不聽七句前見地官質人

凡有責者有判書以治則聽判半分而合者故書判為辨鄭司農云謂若今時辭訟有券書者為治之辨讀為別謂別券也玄謂古者出責息之息亦如其國服與○為治于偽反下為治為民同別彼列反下同

凡民同貨財者令以國灋行之犯令者刑罰之鄭司農云同貨財者謂合錢共賈者也以國法行之司市為節以遣之玄謂同貨財者富人畜積者多時收斂

之時以國服之法出之雖有騰躍其贏不得過此以利出者与取者過此則罰之若今時加貴取息坐臧○共如字賈音古玄謝六反積子賜反又如字出尺遂反劉勑類反又如字坐才臥反

凡屬責者以其地傅而聽其辭鄭司農云謂訟地畔界者田地町畔相比屬故謂之屬責以地傅而聽其辭以其比畔為證也玄謂屬責轉責使人歸之而本主死亡歸受之數相抵冒者也以其地之人相比近能為證者來乃受其辭為治之○屬如字或音燭注同傅音付注同聽徒頂反又他頂反比毗志反下及下文大比同抵丁礼反

凡盜賊軍鄉邑及家人殺之無罪鄭司農云謂盜賊羣輩若軍共攻盜鄉邑及家人者殺之无罪若今時無故入人室宅廬舍上人車船牽引人欲犯法者其時格殺之无罪○上時掌反下文以上并注同○【重言】殺之无罪二下文一

凡報仇讎者書於士殺之無罪謂同國不相辟者將報之必先言之於士○辟音避

若邦凶荒札喪寇戎之故則令邦國都家縣鄙慮刑貶故書慮為憲貶為窆杜子春云窆當為禁憲謂幡書以明之玄謂慮謀也貶猶減也謂當圖謀緩刑且減國用為民困也所貶視時為多少之法○窆彼驗反

司民掌登萬民之數自生齒以上皆書於版辨其國中與其都鄙及其郊野異其男女歲登下其死生登上也男八月女七

秋官上 九 卷十四

月所生齒版今戶籍也下猶去也每歲更著生去死○去起呂反下同著丁略反○重言自生齒以上一前見小司寇及三

年大比以萬民之數詔司寇司寇及孟冬祀司民之日

獻其數于王王拜受之登于天府內史司會冢宰貳之

以贊王治鄭司農云文昌宮三能屬軒轅角亦相與爲躰近文昌爲司命次司中次司祿次司民玄謂司民軒轅角也天府主祖廟之藏者贊佐也三官以貳佐王治者當以民多少黜陟主民之吏○能音耐又如字近附近之近○重言獻其數于王王拜受之一前見小司寇其依民守鄉大夫王拜而受之○登于天府三鄉大夫小司寇各一○內史司會冢宰貳之一小司寇一○及三年大比二前見小司徒

司刑掌五刑之灋以麗萬民之罪墨罪五百劓罪五百

宮罪五百刖罪五百殺罪五百墨黥也先刻其面以墨窒之劓截其鼻也今東西夷或以墨劓爲俗古刑人亡逃者之世類與宮者丈夫則割其勢女子閉於宮中若今宦男女也刖斷足也周改臏作刖殺死刑也書傳曰決關梁踰城郭而略盜者其刑臏男女不以義交者其刑宮觸易君命革輿服制度姦軌盜攘傷人者其刑劓非事而事之出入不以道義而誦不詳之辭者其刑墨降畔寇賊劫略奪攘撟虔者其刑死此二千五百罪之目略也其刑書則亡夏刑大辟二百臏辟

三百宮辟五百劓墨各千周則變焉所謂刑罰世輕世重者也鄭司農云漢孝文帝十三年除肉刑○劓魚器反李魚界反又魚既反刖音月又五刮反李五骨反黥其京反窒本又作窒同乃結反除丁吉反又丁結反與音餘斷丁管反臏頻忍反徐方忍反劉扶人反壤如羊反降戶江反橋居兆反 若司寇斷獄弊訟則以五刑之灋詔刑罰而以辨罪之輕重 詔刑罰者處其所應不如今律家所署法矣

司刺掌三刺三宥三赦之灋以贊司寇聽獄訟 刺殺也訊而有罪則殺之宥寬也赦舍也○刺七賜反下及注同 壹刺曰訊羣臣再刺曰訊羣吏三刺曰訊萬民 訊言 壹宥曰不識再宥曰過失三宥曰遺忘 鄭司農云不識謂愚民無所識則宥之過失若今律過失殺人不坐死玄謂識審也不審若今仇讎當報甲見乙誠以爲甲而殺之者過失若舉刃欲斫伐而軼中人者遺忘若閒帷薄忘有在焉而以兵矢投射之○忘音妄注同坐才卧反下同軼徒結反中丁仲反閒閒廁之閒射食亦反 壹赦曰幼弱再赦曰老旄三赦曰惷愚 惷愚生而癡騃童昏者鄭司農云幼弱老旄若今律令年未滿八歲八十以上非手殺人他皆不坐○旄本又作耄同亡報反惷勑江反又貞巷反劉癡用反騃五駭反李五亥反又吐在反上時掌反 以此三灋者求民情斷民中

而施上服下服之罪然後刑殺上服殺與墨劓下服宮刖也司約職曰其不信者服墨刑凡行刑必先規識所刑之處乃後行之

司約掌邦國及萬民之約劑治神之約爲上治民之約次之治地之約次之治功之約次之治器之約次之治摯之約次之此六約者諸侯以下至於民皆有焉劑謂券書也治者理其相抵冒上下之差也神約謂命祀郊社羣望及所祖宗也夔子不祀祝融楚人伐之民約謂征稅遷移仇讎既和若懷宗九姓在晉殷民六族七族在魯衛皆是也地約謂經界所至田萊之比也功約謂王功國功之屬賞爵所及也器約謂禮樂吉凶車服所得用也摯約謂玉帛禽鳥相與往來也○約於劫反後及注皆同夔求龜反比毗志反又必二反

凡大約劑書於宗彝小約劑書於丹圖大約劑邦國約也書於宗廟之六彝欲神監焉小約劑萬民約也丹圖未聞或有雕器簠簋之屬有圖象者與春秋傳曰斐豹隸也著於丹書今俗語有鐵券丹書豈此舊典之遺言○與音餘斐芳尾反劉方時反沈芳尾反

若有訟者則珥而辟藏其不信者服墨刑鄭司農云謂有爭訟罪罰刑書謬誤不正者爲之開藏取本刑書以正之當開時先祭之玄謂訟訟約若宋仲幾薛宰者也辟藏開府視約書不信不如約也珥讀曰衈謂殺雞取

血釁其戶○藏才浪反注下皆同爲于僞反 若大亂則六官辟藏其不信者殺

大亂謂僭約若吳楚之君晉文公請隧以葬者六官辟藏明罪大也六官初受盟約之貳○隧音遂

司盟掌盟載之灋 載盟辭也盟者書其辭於策殺牲取血坎其牲加書於上而埋之謂之載書春秋傳曰宋寺人惠牆伊戾坎用牲加書爲世子痤與楚客盟○痤才戈反 凡邦國有疑會同則掌其盟約之載及其禮儀北面詔明神既盟則貳之 有疑不協也明神神之明察者謂日月山川也覲禮加方明于壇上所以依之也詔之者讀其載書以告之也貳之者寫副當以授六官 盟萬民之犯命者詛其不信者亦如之 盟詛者欲相與共惡之也犯命犯君教令也不信違約者也春秋傳曰臧紇犯門斬關以出乃盟臧氏又曰鄭伯使卒出豭行出犬雞以詛射潁考叔者○詛側慮反其如字惡烏路反紇恨發反劉胡沒反沈胡謁反卒子忽反豭音加行戶剛反射食亦反 凡民之有約劑者其貳在司盟 貳之者檢其自相違約 有獄訟者則使之盟詛 不信則不敢聽此盟詛所以省獄訟○省所景反 凡盟詛各以其地域之衆庶共其牲而致焉既盟則爲司盟共祈酒脯 使其邑閭出牲而來盟巳又使出酒脯司盟爲之祈明神使不信者必凶

○爲于僞反注同

職金掌凡金玉錫石丹青之戒令青空青也受其入征者辨其物之媺惡與其數量楬而璽之入其金錫于爲兵器之府入其玉石丹青于守藏之府爲兵器者攻金之工六也守藏者玉府内府也鄭司農云受其入征者謂主受采金玉錫石丹青者之租稅也楬而璽之者楬書其數量以著其物也璽者印也既楬書揃其數量又以印封之今時之書有所表識謂之楬櫫○楬音揭璽音徙守劉音狩著直略反櫫張慮反揃音翦識申志反又如字又音志入其要要凡數也之於大府掌受士之金罰貨罰入于司兵給治兵及工直也貨泉貝也罰罰贖也書曰金作贖刑○贖常戍反下同一音蜀○重言入于司兵二下見司厲旅于上帝則共其金版饗諸侯亦如之餅金謂之版版所施未聞○版音板餅音必領反○重意旅于上帝典瑞旅上帝凡國有大故而用金石則掌其令主其取之令也用金石者作槍雷椎椁之屬○槍七羊反雷劉音誄沈云當爲礌郎對反椎直追反椁宅耕反本又作桴劉云皆如字劉亦誤

司厲掌盜賊之任器貨賄辨其物皆有數量賈而楬之

入于司兵鄭司農云任器貨賄謂盜賊所用傷人兵器及所盜財物也入于司兵若今時傷殺人所用兵器盜賊贓加責沒入縣官○賈音嫁○重言辨其物九餘附小司徒○入于司兵已上見職金其奴男子入于罪隸女子入于舂槀鄭司農云謂坐為盜賊而為奴者輸於罪隸舂人槀人之官也由是觀之今之為奴婢古之罪人也故書曰予則奴戮汝論語曰箕子為之奴罪隸之奴也故春秋傳曰斐豹隸也著於丹書請焚丹書我殺督戎恥為奴欲焚其籍也玄謂奴從坐而沒入縣官者男女同名○槀古老反坐才臥反下同女音汝凡有爵者與七十者與未齓者皆不為奴有爵謂命士以上也齓毀齒也男八歲女七歲而毀齒○上時掌反毀況偽反下同

犬人掌犬牲凡祭祀共犬牲用牷物伏瘞亦如之鄭司農云牷純也物色也伏謂伏犬以王車轢之瘞謂埋祭也爾雅曰祭地曰瘞埋○牷音全本亦作全瘞於例反徐烏計反轢音歷凡幾珥沈辜用駹可也故書駹作龍鄭司農云幾讀為庪爾雅曰祭山曰庪縣祭川曰浮沈大宗伯職曰以貍沈祭山川林澤以疈辜祭四方百物龍讀為駹謂不純色也玄謂幾讀為刉珥當為衈刉衈者釁禮之事○駹亡江反爲庪九委反劉居綺反縣音玄罷能劉孚逼反○重言用駹可也二見地官牧人凡相犬牽犬者屬焉

掌其政治（相謂相糾察知其善惡。○相息亮反注同治直吏反）

司圜掌收教罷民凡害人者弗使冠飾而加明刑焉任之以事而收教之能改者上罪三年而舍中罪二年而舍下罪一年而舍其不能改而出圜土者殺雖出三年不齒（弗使冠飾者著黑幪若古之象刑與舍釋之也鄭司農云罷民謂惡人不從化為百姓所患苦而未入五刑者也故曰凡害人者不使冠飾任之以事若今時罰作矣○若于略反幪莫公反劉莫貢反與音餘。）

（重意）大司寇不齒三年

凡圜土之刑人也不虧體其罰人也不虧財（言其刑人但加以明刑罰人但任之以事耳鄭司農云以此知其為民所苦而未入刑者也故大司寇職曰凡萬民之有罪過而未麗於法而害於州里者桎梏而坐諸嘉石役諸司空又曰以嘉石平罷民國語曰罷士無伍罷女無家言為惡無所容入也玄謂圜土所收教者過失害人已麗於法者）

掌囚掌守盜賊凡囚者上罪梏拲而桎中罪桎梏下罪梏王之同族拲有爵者桎以待弊罪（凡囚者謂非盜賊自以他罪拘者也鄭司農云拲者兩手共一木也桎梏者兩手各一木也玄謂在手曰梏在足曰桎中罪不拲手足各一木耳下罪又去桎王同族及命士

以上雖有上罪或拲或桎而已。[illegible]音酒斷也。○梏古毒反張揖一云參著曰梏偏著曰桎說文云梏手械也所以告天桎足械也所以質地拲劉二云一家姜奉反一家居奉反漢書音義韋昭音共云兩手共一木曰拲兩手各一木曰梏李音告桎之實反上時掌反

及刑殺告刑于王奉而適朝士加明梏以適市而刑殺之

告刑于王，告王以今日當行刑及所刑姓名也。其死罪則曰某之罪在大辟，其刑罪則曰某之罪在小辟。奉而適朝者，重刑，爲王欲有所赦，且當以付士。士，鄉士也。鄉士加明梏者，謂書其姓名及其罪於梏而著之也。囚時雖有無梏者，至於刑殺，皆設之以適市，就衆也。庶姓無爵者，皆刑殺於市。○爲，于僞反。著，直略反，徐張慮反。

凡有爵者與王之同族奉而適甸師氏以待刑殺

適甸師氏，亦由朝乃往也。待刑殺者，掌戮將自市來也。文王世子曰：雖親不以犯有司正術也，所以體異姓也。刑于隱者，不與國人慮兄弟也。

掌戮掌斬殺賊諜而搏之

斬以鈇鉞，若今要斬也。殺以刀刃，若今棄市也。諜謂姦寇反間者。與諜罪大者斬之，小者殺之。搏當爲膊諸城上之膊，字之誤也。膊謂去衣磔之。○諜音牒。搏依注作膊，同普博反，磔也。鈇音夫。要，一遥反。間，間廁之間。去，起吕反。

凡殺其親者焚之殺王之親者辜之

親，緦服以內也。焚，燒也。易曰：焚如，死如，棄如。辜之言枯也，謂磔之。

凡殺人者踣諸市肆之三日刑盜

于市踣僵尸也肆猶申也陳也凡言刑盜罪惡莫大焉○踣蒲北反僵音居良反○重言肆之三日四前見鄉士遂士縣士

凡罪之麗於灋者亦如之唯王之同族與有爵者殺之于甸師氏罪二千五百條上附下附刑五而已於刑同科者其刑殺之一也凡軍旅田役斬

殺刑戮亦如之戮謂膊焚辜肆墨者使守門黥者無妨於禁禦○禦音禦劓者使

守關截鼻亦無妨以貌醜遠之○遠于萬反宮者使守內以其人道絕也今世或然刖者使

守囿斷足驅衛禽獸無急行○囿音又斷丁管反髡者使守積鄭司農云髡當為完謂但居作三年不虧體者也玄謂此出五刑之中而髡者必王之同族不宮者宮之為翦其類髡頭而已守積積在隱者宜也○髡苦門反積子賜反注同

司隸掌五隸之灋辨其物而掌其政令五隸謂罪隸四翟之隸也物衣服兵器之屬○重言辨其物凡餘附小司徒○而掌其政令二見地官林衡帥其民而搏盜賊役國

中之辱事為百官積任器凡囚執人之事民五隸之民也鄭司農云百官所當任持之器物此官主為積聚之也玄謂任猶用也○搏音搏為百于偽反注及下注同邦有祭祀賓客

喪紀之事則役其煩辱之事煩猶劇也士喪禮下篇曰隸人涅廁○涅乃結反掌帥

四翟之隸使之皆服其邦之服執其邦之兵守王宮與野舍之厲禁野舍王行所止舍也厲遮例也○遮章奢反例本又作列同音列

罪隸掌役百官府與凡有守者掌使令之小事役給其小役○使如字劉色吏反令力呈反沈力政反凡封國若家牛助為牽徬鄭司農云凡封國若家謂建諸侯立大夫家也牛助為牽徬此官主為送致之也玄謂牛助國以牛助轉徙也罪隸牽徬之在前曰牽在旁曰徬○徬步浪反注同轉如字劉張戀反其守王宮與其厲禁者如蠻隸之事重言二見夷隸貉隸

蠻隸掌役校人養馬其在王宮者執其國之兵以守王宮在野外則守厲禁校戶教反

閩隸掌役畜養鳥而阜蕃教擾之掌子則取隸焉杜子春云子當為祀玄謂掌子者王立世子置臣使掌其家事亦以閩隸役之○蕃扶元反下注同

夷隸掌役牧人養牛馬與鳥言鄭司農云夷狄之人或曉鳥獸之言故春秋傳曰介

葛盧聞牛鳴曰是生三犧皆用矣是以貉隸職掌與獸言其守王宮者與其守厲禁者如蠻隸之事【重言】二句互見罪隸後見貉隸

貉隸掌役服不氏而養獸而教擾之掌與獸言不言阜蕃若猛獸不可服又不生乳於圈檻也○生如字劉色敬反乳而樹反圈求阮反檻戶覽反其守王宮者與其守厲禁者如蠻隸之事【重言】二句互見罪隸夷隸

纂圖互註周禮卷第九

纂圖互註周禮卷第十

秋官司寇下　周禮　鄭氏註

布憲掌憲邦之刑禁正月之吉執旌節以宣布于四方而憲邦之刑禁以詰四方邦國及其都鄙達于四海憲表也謂縣之也刑禁者國之五禁所以左右刑罰者司寇正月布刑于天下正歲又縣其書于象魏布憲於司寇布刑則以旌節出宣令之於司寇縣書則亦縣之于門閭及都鄙邦國刑者王政所重故屢丁寧焉詰謹也使四方謹行之爾雅曰九夷八蠻六戎五狄謂之四海○詰起吉反縣音玄下同○重言正月之吉三地官鄉大夫州長各一○重意大司寇詰四方凡邦之大事合衆庶則以刑禁號令重言凡邦之大事四餘附上卷訝士互註書周官司寇掌邦禁詰姦慝刑暴亂

禁殺戮掌司斬殺戮者凡傷人見血而不以告者攘獄者遏訟者以告而誅之司猶察也察此四者告於司寇罪之也斬殺戮謂吏民相斬相殺相戮者傷人見血見血乃爲傷人耳鄭司農云攘獄者距當獄者也遏訟者遏止欲訟者也玄謂攘猶卻也卻獄者言不受也○重言以告

而誅之見下篇

禁暴氏掌禁庶民之亂暴力正者，撟誣犯禁者，作言語而不信者，以告而誅之。民之好爲侵陵稱詐謾誕，此三者亦刑所禁也。力正，以力強得正也。○撟，居表反。好爲，呼報反，下文則爲下注皆爲同。謾，武諫反，一音亡半反，又免仙反，徐望山反，本或作慢。誕音但。○（疏）以告而誅之二見上篇

凡國聚衆庶，則戮其犯禁者以徇。凡奚隸聚而出入者，則司牧之，戮其犯禁者。奚隸，女奴男奴也。其聚出入，有所使。○（疏）聚衆庶六郡士遂士縣士訝士春官閭師各一

野廬氏掌達國道路至于四畿。達謂巡行通之，使不陷絕也。去王城五百里曰畿。○行，下孟反。比國郊及野之道路、宿息、井、樹。比猶校也。宿息，廬之屬，賓客所宿及晝止者也。井共飲食，樹爲蕃蔽。若有賓客，則令守涂地之人聚欜之，有相翔者誅之。守涂地之人，道所出廬宿旁民也。相翔猶昌翔，觀伺者也。鄭司農云：聚欜之，聚擊欜以宿衛之也。有姦人相翔於賓客之側，則誅之，不得令寇盜賓客。○欜音託。令，力呈反，下欲令同。凡道路之舟車擊互

者叙而行之舟車擊互謂於迫隘處也車有轘轄坻閡舟有砥柱之屬其過之者使以次叙之○擊音計沈古的反隘烏賣反轘戶關反本亦作轘同坻徐之爾反劉都禮反坻音旨凡有節者及有爵者至則為之辟辟辟行人使守涂地者禁野之橫行徑踰者皆為防姦也横行妄由田中徑踰射邪趨疾越隄渠也○射食亦反邪似嗟反隄丁兮反凡國之大事比脩除道路者比校治道者名若今次金叙人功○【重言】凡國之大事五小司徒會人人司冠肆師各一掌凡道禁禁若今絕蒙布巾持兵杖之屬○杖直亮反邦之大師則令埽道路且以幾禁行作不時者不物者不時謂不夙則莫者也不物謂衣服操持非此常人也幾禁之者備姦人內賊及反閒○莫音暮操七曹反閒間廁之閒

蜡氏掌除骴曲禮四足死者曰漬故書骴作脊鄭司農云脊讀為漬謂死人骨也月令曰掩骼埋骴骨之尚有肉者也及禽獸之骨皆是○蜡清詐反骴則賜反注漬骴皆同殰又作漬者子亦反李慈益反骼古百反凡國之大祭祀令州里除不蠲禁刑者任人及凶服者以及郊野蠲讀如吉圭惟饎之圭圭絜也刑者黥劓之屬任人司圜所收教罷民也凶服大師大賓客亦如之

服衰絰也此所禁除者皆為不欲見人所薉惡也○蠲古玄反又舊音圭絜也饎昌志反罷音皮衰七雷反為于偽反下為其陷為其就禽同薉紆廢反今本多作穢惡烏路反若有死於道路者則令埋而置楬焉書其日月焉縣其衣服任器于有地之官以待其人有地之官主此地之吏也其人其家人也鄭司農云楬欲令其識取之今時楬櫫是也有地之官有部界之吏今時鄉亭是也○楬音竭縣音玄掌凡國之骴禁禁謂孟春掩骼埋胔之屬

雍氏掌溝瀆澮池之禁凡害於國稼者春令為阱擭溝瀆之利於民者秋令塞阱杜擭溝瀆澮田間通水者也池謂陂障之水道也害於國稼謂水潦及禽獸也阱穿地為塹所以禦禽獸其或超踰則陷焉世謂之陷阱擭柞鄂也堅地阱淺則設柞鄂於其中秋而杜塞阱擭收刈之時為其陷害人也書柴誓曰敷乃擭敜乃阱時秋也伯禽以出師征徐戎○澮古外反阱在性反塹也擭胡化反陂彼宜反障之尚反塹七豔反本又作壍柞劉才伯反戚在洛反鄂劉五格反戚五各反皆音秋敷音杜敜乃協反又乃結反徐劉本作斜音徐禁山之為苑澤之沈者為其就禽獸魚鼈自然之居而害之鄭司農云不得擅為苑囿於山也澤之沈者謂毒魚及水蟲之屬○苑紆阮反劉於願反

萍氏掌國之水禁。水禁謂水中害人之處及入水捕魚鼈不時。○捕音步 幾酒苛察沽買過多及非時者。○苛音何又呼何反沽音姑又音故買如字一本作賣 謹酒。使民節用酒也書酒誥曰有政有事無彝酒 禁川游者。備波洋卒至沉溺也。○洋音翔又音羊卒寸忽反

司寤氏掌夜時。夜時謂夜晚早若今甲乙至戊 以星分夜，以詔夜士夜禁。夜士主行夜徼候者如今都候之屬○行下孟反下行夜同徼古弔反 御晨行者，禁宵行者、夜游者。備其遭寇害及謀非公事禦亦禁也謂遏止之無刑法也晨先明也宵定昬也書曰宵中星虛春秋傳曰夜中星隕如雨。○先悉薦反隕于敏反

司烜氏掌以夫遂取明火於日，以鑒取明水於月，以共祭祀之明齍、明燭，共明水。夫遂陽遂也鑒鏡屬取水者世謂之方諸取日之火月之水欲得陰陽之絜氣也明燭以照饌陳明水以為玄酒鄭司農云夫發聲明齍謂以明水滫滌粢盛黍稷○夫方符反或云司農音符齍音資注作粢音同 凡邦之大事，共墳燭庭燎。故書墳為蕡鄭司農云蕡燭麻燭也玄謂墳大也樹於門外曰大燭於門內曰庭燎皆所以照眾為明。○墳扶云反燎力召反蕡扶云反李一音婦非韋反。【重言】凡邦之大事四前見天

宫宫正本卷誤士布憲各一

【互註】詩小雅庭燎美宣王也因以箴之夜如何其夜未央庭燎之光君子至止鸞聲鏘鏘

中春以木鐸脩火禁于國中 爲季春將出火也火禁謂用火之處及備風燥。中音仲爲于僞反下爲葬皆爲同燥素早反又素報反 軍旅脩火禁邦若屋誅則爲明竁焉 鄭司農云屋誅謂夷三族無親屬收葬者故爲之出三夫爲屋一家田爲一夫以此知三家也玄謂屋讀如其刑剭之剭剭誅謂所殺不於市而以適甸師氏者也明竁若今揭頭明書其罪法也司烜掌明竁則罪人夜葬與。竁昌絹反剭徐音屋劉音握與音餘

條狼氏掌執鞭以趨辟王出入則八人夾道公則六人侯伯則四人子男則二人 趨辟趨而辟行人若今卒辟車之爲也孔子曰富而可求雖執鞭之士吾亦爲之言士之賤也。趨辟七須反下婢亦反又音避劉薄易反徐扶亦反注趨辟辟行人同卒子忽反下衍卒同辟車必亦反又婢亦反。【重言】王出入五春官大司樂二夏官大僕道右各一

凡誓執鞭以趨於前且命之誓僕右曰殺誓馭曰車轘誓大夫曰敢不關鞭五百誓師曰三百誓邦之大史曰殺誓小史曰墨 前謂所誓衆之行前也有司讀誓辭則大言其刑以警所誓也誓者謂出軍及將祭祀時也軍之誓誓左右及馭則書之其誓備矣郊特牲說祭祀之誓曰

下之曰。王立于澤。親聽誓命。受教諫之義也。車轘謂車裂也。師樂師也。大史小史主禮事者。鄭司農云誓曰大夫曰敢不關謂不關於君也玄謂大、自受命以出則其餘事莫不復請。○轘户串反一音環大音泰注同行户剛反㮣音京領反復請劉上音服下音情

脩閭氏掌比國中宿互𣞙者與其國粥而比其追胥者而賞罰之國中城中也粥養也國所游養謂羨卒也追逐寇也胥讀爲𣞙故書互爲巨鄭司農云宿謂宿衞也巨當爲互謂行馬所以障互禁止人也𣞙謂行夜擊𣞙比毗志反下同宿如字劉息就反粥音育追如字劉張類反胥音胥又息呂反○重言而賞罰之四內宰材衡縣正禁徑踰者與以兵革趨行者與馳騁於國中者皆爲其惑衆邦有故則令守其閭互唯執節者不幾今若今其閭內之閭胥里宰之屬

冥氏掌設弧張弧張罿罦之屬所以扃絹禽獸。○冥音覓罿昌容反劉上凶反罦音浮扃古熒反絹古犬反一音古縣反罥是氏注同爲阱擭以攻猛獸以靈鼓敺之靈鼓六面鼓敺之使驚趨阱擭○敺丘于反後同若得其獸則獻其皮革齒須備鄭司農云須直謂頤下須備謂搔也。○搔音瓜

庶氏掌除毒蠱以攻說禬之嘉草攻之毒蠱虫物而病害人者賊律曰敢蠱人及教令者棄市攻說祈名祈其神求去之也嘉草藥物其狀未聞攻之謂燻之鄭司農云禬除也玄謂此禬讀如潰癰之潰○庶章預反毒蠱音古禬劉音潰户内反艸音草本亦作草令力呈反去起呂反燻許云反凡敺蠱則令之比之使爲之又校比之

穴氏掌攻蟄獸各以其物火之蟄獸熊羆之屬冬藏者也將攻之必先燒其所食之物於其穴外以誘出之乃可得之以時獻其珍異皮革

翨氏掌攻猛鳥各以其物爲媒而掎之猛鳥鷹隼之屬置其所食之物於綱中鳥來下則掎其腳○掎居綺反注同隼息允反以時獻其羽翮翮户革反

柞氏掌攻草木及林麓林人所養者山足曰麓○柞側百反麓音鹿夏日至令刊陽木而火之冬日至令剝陰木而水之刊剝互言耳皆謂斫去次地之皮生山南爲陽木生山北爲陰木火之水之則使其肄不生○刊若干反去起呂反肄以四反○重言夏日至冬日至四雍氏大司樂凡以神仕者若欲其化也則春秋變其水火化猶生也謂時以種穀也變其水火

若乃所火則水之所水則火之則其土和美矣○【重言】若欲其化也二下篇一 凡攻木者掌其政令 除木有時○【重言】掌其政令十天官獸人䱷人宮伯地官稍人春官小宗伯樂師夏官司右牧師

薙氏掌殺草春始生而萌之夏日至而夷之秋繩而芟之冬日至而耜之 故書萌作甍杜子春云甍當為萌謂耕反其萌牙書亦或為萌玄謂萌之者以茲其斫其生者夷之以鉤鐮迫地芟之也若今取茭矣含實曰繩芟其繩則實不成孰耜之以耜測凍土剗之○繩音孕以證反注同芟所銜反甍音萌茲其音基茲其鉏也鐮音廉茭音交剗初產反測側展反○【重言】夏日至冬日至四餘附上篇柞氏 若欲其化也則以水火變之 謂以火燒其所芟萌之草已而水之則其土亦和美矣月令季夏燒薙行水利以殺草如以熱湯是其一時著之○【重言】若欲其化也一上篇一 掌凡殺草之政令

硩蔟氏掌覆夭鳥之巢 覆猶毀也夭鳥惡鳴之鳥若鴞鵩○覆芳服反注同夭音妖後夭鳥同鴞于驕反鵩音服 以方書十日之號十有二辰之號十有二月之號十有二歲之號二十有八星之號縣其巢上則去之 方版也日謂從甲至癸辰謂從子至亥月謂從娵至荼歲謂從攝提格至赤奮若星謂從角至軫夭鳥見此五者而去其詳未聞○

縣音玄㛂徐劉並子須反荼劉沈音餘李音舒又音徒案爾雅正月爲陬即離騷所云攝提貞于孟陬皆側留反又子侯反爾雅又云十二月爲涂音徒今注作㛂荼二字是假借耳當依爾雅讀從攝提格至赤奮若爾雅曰太歲在寅曰攝提格在丑曰赤奮若

翦氏掌除蠹物以攻禜攻之以莽草熏之蠹蝕物穿食人器物者蟲魚亦是也攻禜祈名莽草藥物殺蟲者以熏之則死故書蠹爲橐杜子春云橐當爲蠹○蠹丁故反攻如字劉音貢禜音詠莽亡黨反又莽草藥名橐橐劉古毛反本或作橐沈各反凡庶蠱之事庶除毒蠱者蠱蠹之類或熏以莽草則去○庶章預反

赤犮氏掌除牆屋以蜃炭攻之以灰灑毒之洒灑也除牆屋者除蟲豸藏逃其中者蜃大蛤也擣其炭以坋之則走淳之以灑之則死故書蜃爲晨鄭司農云晨當爲蜃書亦或爲蜃○蜃市軫反灑色買反劉霜寄反豸直氏反坋蒲悶反淳之純反凡隙屋除其貍蟲貍蟲䗪肌蛷之屬○貍莫皆反劉莫拜反䗪音章夜反肌居其反求本或作蛷音求劉音俱

蟈氏掌去鼃黽焚牡蘜以灰灑之則死牡蘜蘜不華者齊魯之間謂鼃爲蟈黽耿黽也蟈與耿黽尤怒鳴爲聒人耳去之○去起呂反注去之同鼃户媧反黽莫幸反牡茂后反蘜弓六反爲聒于僞反下古活反蔺拔氏故此以其煙被之則凡水蟲無聲杜子春云假令風從東方來則於水東面

爲煙令煙西行被之水上○被皮義反注同令力呈反注同

壺涿氏掌除水蟲以炮土之鼓敺之以焚石投之水虫狐蜮之屬故書炮作泡杜子春讀炮爲苞有苦葉之苞玄謂燔之炮之炮炮土之鼓瓦鼓也焚石投之使驚去○炮步交反注泡苞同蜮音或燔音煩若欲殺其神則以牡橭午貫象齒而沈之則其神死淵爲陵神謂水神龍罔象故書橭爲梓午爲五杜子春云梓當爲橭橭讀爲枯枯榆木名書或爲樗又云五貫當爲午貫○橭劉音怙杜讀爲枯劉亦音枯案如杜義則音姑山榆也梓音子木或作樗樗勑居反

庭氏掌射國中之夭鳥若不見其鳥獸則以救日之弓與救月之矢夜射之不見鳥獸謂夜來鳴呼爲怪者獸狐狼之屬鄭司農云救日之弓救月之矢謂日月食所作弓矢玄謂日月之食陰陽相勝之變也於日食則射大陰月食則射大陽與○射食亦反下注同呼喚故反下文謼呼同大音泰下文同與音餘若神也則以大陰之弓與枉矢射之神謂非鳥獸之聲若或叫于宋大廟譆譆出出者大陰之弓救月之弓枉矢救日之矢與不言救月之弓與救日之矢者互言之救日用枉矢則救月以恒矢可知也○譆許其反詘劉音出本亦作出

銜枚氏掌司囂［察囂讙者爲其聒亂在朝者之言語○囂五羔反下同讙呼丸反聒古活反下同］國之禁

大祭祀令禁無囂［令令主祭祀者］軍旅田役令銜枚［爲其言語以相誤］禁

嘂呼歎鳴於國中者行歌哭於國中之道者［爲其感衆相感動嗚吟也○嘂音叫吟魚今反］

伊耆氏掌國之大祭祀共其杖咸［咸讀爲函老臣雖杖於朝事鬼神尚敬去之有司以此函藏之旣事乃授之○函音咸去起呂反］軍旅授有爵者杖［別吏卒目以扶尊者將軍杖鉞○別彼列反卒子忽反杖直亮反又音丈鉞音越］共王之齒杖［王之所以賜老者之杖鄭司農云謂年七十當以王命授杖者今時亦命之爲王杖玄謂王制曰五十杖於家六十杖於鄉七十杖於國八十杖於朝］

大行人掌大賓之禮及大客之儀以親諸侯［大賓要服以內諸侯大客謂其孤卿○要於遥反下文及注同］春朝諸侯而圖天下之事秋覲以比邦國之功夏宗以陳天下之謨冬遇以協諸侯之慮時會以發四方之禁殷同以施天下之政［此六事者以王見諸侯爲文圖比陳

協此皆考績之言王者春見諸侯則圖其事之可否秋見諸侯則比其功之高下夏見諸侯則陳其謀之是非冬見諸侯則合其慮之異同六服以其朝歲四時分來更迭如此而徧時會即時見也无常期諸侯有不順服者王將有征討之事則既朝王命爲壇於国外合諸侯而發禁命事焉禁謂九伐之法殷同即殷見也王十二歲一巡守若不巡守則殷同殷同者六服盡朝既朝王亦命爲壇於國外合諸侯而命其政政謂邦國之九法殷同四方四時分來歲終則徧矣九伐九法皆在司馬職司馬法曰春以禮朝諸侯圖同事夏以禮宗諸侯陳同謀秋以禮覲諸侯比同功冬以禮遇諸侯圖同慮時以禮會諸侯施同政殷以禮宗諸侯發同禁。朝直遥反後皆同比毗志反注同春見徐賢遍反戚如字夏秋冬放此更音庚迭直結反徧音遍下文注皆同時見賢徧反下殷見同伐如字劉扶發反

時聘以結諸侯之好殷覜以除邦國之慝此二事者亦以王見諸侯之臣使來者爲文也時聘者亦無常期天子有事諸侯使大夫來聘親以禮見之禮而遣之所以結其恩好也天子無事則已殷覜謂一服朝之歲也慝猶惡也一服朝之歲五服諸侯皆使卿以聘禮來覜天子天子以禮見之命以政禁之事所以除其惡行。好呼報反注同覜通弔反慝吐得反使來色吏反行下孟反

間問以諭諸侯之志歸賑以交諸侯之福賀慶以贊諸侯之喜致禬以補諸侯之烖此四者王使臣於諸侯之禮也間問者間歲一問諸侯謂存省之屬諭諸侯之志者諭言語諭書名其類也交或往或來

若也賛助也致禬凶禮之弔禮禬禮也補諸侯烖若若春秋澶淵之會謀歸宋財○間間廁之間注同脤上丑忍反禬古會反澶市然反

以九儀辨諸侯之命等諸臣之爵以同邦國之禮而待其賓客九儀謂命者五公侯伯子男也爵者四孤卿大夫士也上公之禮執桓圭九寸繅藉九寸冕服九章建常九斿樊纓九就貳車九乘介九人禮九牢其朝位賓主之間九十步立當車軹擯者五人廟中將幣三享王禮再祼而酢饗禮九獻食禮九舉出入五積三問三勞諸侯之禮執信圭七寸繅藉七寸冕服七章建常七斿樊纓七就貳車七乘介七人禮七牢朝位賓主之間七十步立當前疾擯者四人廟中將幣三享王禮壹祼而酢饗禮七獻食禮七舉出入四積再問再勞諸伯執躬圭其他皆如諸侯之禮○諸子執穀璧五寸繅藉五寸冕服五章建常五斿樊纓五

就貳車五乘介五人禮五牢朝位賓主之間五十步立當車衡擯者三人廟中將幣三享王禮壹祼不酢饗禮五獻食禮五舉出入三積壹問壹勞諸男執蒲璧其他皆如諸子之禮繅藉以五采韋衣板若奠玉則以藉之冕服著冕所服之衣也九章者自山龍以下七章者自華蟲以下五章者自宗彝以下也常旌旗也斿其屬㡘垂者也樊纓馬飾也以罽飾之每一處五采備為一就就成也貳副也介輔已行禮者也禮大禮饗食燕也三牲備為一牢朝位謂大門外賓下車及王車出迎所立處也王始立大門內交擯三辭乃乘車而迎之齊僕為之節上公立當軹侯伯立當前疾子男立當衡王立當軫與廟受命祖之廟也饗設盛禮以飲賓也問問不恙也勞謂苦倦之也皆有禮以幣致之故書祼作果鄭司農云車軹軹也三享三獻也祼讀為灌再灌再飲公也而酢報飲王也卒卒樂也出入五積謂餼之芻米也前疾謂駟馬車轅前胡下垂柱地者玄謂三享皆束帛加璧庭實惟国所有朝士儀曰奉国地所出重物而獻之明臣職也朝先享不言朝者朝正禮不嫌有等也王禮王以鬱鬯礼賓也鬱人職曰凡祭祀賓客之祼事和鬱鬯以實彝而陳之礼者使宗伯攝酌圭瓚而祼王既拜送爵又攝酌璋瓚而祼后又拜送爵是謂再祼再祼賓乃酢王也禮侯伯一祼而酢者祼賓賓酢王而已后不祼也禮子男一祼不酢者祼賓而已不酢王也不酢之礼聘礼礼賓是與九舉舉牲體九飲也出入謂從來訖去也每

積有牢醴米禾芻薪凡數不同者皆降殺○繅音藻藉在夜反下
及注同存音留下同樊畔干反下同乘繩證反下同介音界下及
注同軹之氏反或居氏反擯必刃反後皆同裸古亂反酢才洛反
食礼音嗣下及注皆同積子賜反後皆同勞老報反下及注并小
行人司儀職放此信音申後信圭同衣版於既反著丁略反屬蜀音
玉反幓音衫劉居例反齊側皆反與音餘下是與步與比暍同飲於
爲反下同恚羊尚反餽本又作饋求水反徐紀畏反柱
張矩反飯扶晚反殺色界反○重言朝位三並見此章

凡大國之孤執皮帛以繼小國之君出入三積不問壹勞朝位當車前不交擯廟中無相以酒禮之其他皆眡小國之君

此以君命來聘者也孤尊既聘享更自以其贄見執束帛而已豹
皮表之爲飾繼小国之君言次之也朝聘之礼每一国畢乃前不
交擯者不使介傳辭交于王之擯親自對擯者也廟中無相介皆
入門西北面立不前相礼者聘之介是與以酒礼之酒謂齊酒也
和之不用鬱鬯耳其他謂貳車及介牢礼賓主之間擯者將幣祼
酢饗食之數○相息亮反注同李息文反贄本又作摯音至見賢
遍反下文壹見而見之朝見
皆同傳直專反齊才計反

凡諸侯之卿其禮各下其君二等以下及其大夫士皆如之

此亦以君命來聘者也所下其
君者介與朝位賓主之間也其
餘則自以其爵聘義曰王公七介侯伯五介子男三介是謂使卿
之聘之數也朝位則上公七十步侯伯五十步子男三十步與○

下户嫁反注同邦畿方千里其外方五百里謂之侯服歲壹見其貢祀物又其外方五百里謂之甸服二歲壹見其貢嬪物又其外方五百里謂之男服三歲壹見其貢器物又其外方五百里謂之采服四歲壹見其貢服物又其外方五百里謂之衛服五歲壹見其貢材物又其外方五百里謂之要服六歲壹見其貢貨物要服蠻服也此六服去王城三千五百里相距方七千里公侯伯子男封焉其朝貢之歲四方各四分趨四時而來或朝春或宗夏或覲秋或遇冬祀貢者犧牲之屬故書嬪作頻鄭司農云嬪物婦人所爲物也爾雅曰嬪婦也玄謂嬪物絲枲也器物尊彝之屬服物玄纁絺纊也材物八材也貨物龜貝也。嬪婢人反絺勑之反劉豬履反纊音曠徐劉古曠反。重音其外方五百里三二夏官大司馬職方氏各一。又其外方五百里二十一本章五百夏官大司馬職方氏各八 互注 書禹貢五百里甸服百里賦納總二百里納銍三百里納秸服四百里粟五百里米五百里侯服百里采二百里男邦三百里諸侯五百里綏服三百里揆文教二百里奮武衛五百里要服三百里夷二百里蔡五百里荒服三百里蠻二百里流九州之外謂之蕃國世壹見各以其所貴寶爲摯九州之外夷服鎮服蕃服也曲禮曰其在東夷北狄西戎南蠻雖大曰子春秋傳曰杞伯也以夷禮故曰子然則九州之外其君皆子男也無朝貢之歲父死子立及嗣王即位乃一來耳各以其所貴寶爲摯則蕃國之君無執玉瑞者是以謂其君爲小賓臣爲小客所貴寶見傳者若犬戎獻白狼白鹿是也其餘則周書王會備焉○見傳上賢遍反下直戀反一音上如字下直專反

王之所以撫邦國諸侯者歲徧存三歲徧覜五歲徧省七歲屬象胥諭言語協辭命九歲屬瞽史諭書名聽聲音十有一歲達瑞節同度量成牢禮同數器脩灋則十有二歲王巡守殷國撫猶安也存覜省者王使臣於諸侯之禮所謂閒問也歲者巡守之明歲以爲始也屬猶聚也自五歲之後遂閒歲徧省也七歲省而召其象胥九歲省而召其瞽史皆聚於天子之宮教習之也故書協辭命作叶詞命鄭司農云象胥譯官也叶當爲汁詞當爲辭書或爲叶辭命玄謂胥讀爲諝王制曰五方之民言語不通嗜欲不同達其志通其欲東方曰寄南方曰象西方曰狄鞮北方曰譯此官正爲象者周始有越重譯而來獻是因通言語之官爲象胥云諝謂象之有才知者也辭命六辭之命也瞽樂師也史大史小史也書名書之字也古曰名聘禮曰百名以上至十一歲又徧省焉度丈尺也量豆區釜也數器銓衡也灋八灋也則八則也達同成脩皆謂齎其法式行至則齎等之也成平也平其僭踰者也

王巡守諸侯會者各以其時之方書曰遂覲東后是也其殷國則四方四時分來如平時。屬徐劉比音章束反下及注同叶音協詞音辭譯音亦汁之十反叶也又音協諧思叙反耆音市志反慾音欲本多作欲覲丁奚反重直龍反知音智以上時掌反齎子兮反。【重言】王巡守殷國二後見掌客

凡諸侯之王事辨其位正其等協其禮賓而見之王事以王之事來也詩云莫敢不來王孟子曰諸侯有王。賓劉一云應言擯小行人職同若有大喪則詔相諸侯之禮詔相左右教告之也○相息亮反注同若有四方之大事則受其幣聽其辭四方之大事謂国有兵寇諸侯來告急者禮動不虛皆有贄幣以崇敬也受之以其事入告王也聘禮曰若有言則以束帛如享禮

凡諸侯之邦交歲相問也殷相聘也世相朝也小聘曰問殷中也久無事又於殷朝者及而相聘也父死子立曰世凡君即位大國朝焉小國聘焉此皆所以習禮考義正刑一德以尊天子也必擇有道之國而就脩之鄭司農說殷聘以春秋傳曰孟僖子如齊殷聘是也

小行人掌邦國賓客之禮籍以待四方之使者禮籍名位尊卑之書使者諸侯之臣使來者也○使色吏反注同後使者使適使之四方竹使使臣皆同令諸侯春入貢秋獻功王親受之各以其國之籍禮之貢六服所貢也功考績之功也秋獻之若

今計文書斷於九月其舊法凡諸侯入王則逆勞于畿鄭司農云入王朝於王也故春秋傳曰宋公不王又曰諸侯有王王有巡守及郊勞眂館將幣爲承而擯眂館致館也承猶丞也王使勞賓於郊致館於賓至將幣使宗伯爲上擯皆爲之丞而擯之。眂音視凡四方之使者大客則擯小客則受其幣而聽其辭擯者擯而見之王使得親言也受其幣者受之以入告其所爲來之事。爲于僞反使適四方協九儀賓客之禮朝覲宗遇會同君之禮也存覜省聘問臣之禮也適之也協合也達天下之六節山國用虎節土國用人節澤國用龍節皆以金爲之道路用旌節門關用符節都鄙用管節皆以竹爲之此謂邦国之節也達之者使之四方亦皆齎法式以齊等之也諸侯使臣行覜聘則以金節授之以爲行道之信也虎人龍者自其國象也道路謂鄉遂大夫也都鄙者公之子弟及卿大夫之采地之吏也凡邦國之民遠出至他邦他邦之民若來入由国門者門人爲之節由關者關人爲之節其以徵令及家徒鄉遂大夫及采地吏爲之節皆使人執節將之以達之亦有期以反節管節如今之竹使符也其有商者通之以符節如門關門關者與市聯事節可同也亦所以異於畿內也凡節有天子法式存於国。

【言】山國用虎節土國用人節澤國用龍節道路用旌節門關用符節一見地官掌節篇 成六瑞王用瑱圭公用桓圭侯用信圭伯用躬圭子用穀璧男用蒲璧成平也瑞信也皆朝見所執以爲信○瑱劉吐衛反案王制鎮十真宜作鎮音○【重言】王用瑱圭至蒲璧三春官小宗伯典瑞各用字作執字 合六幣圭以馬璋以皮璧以帛琮以錦琥以繡璜以黼此六物者以和諸侯之好故。合同也六幣所以享也五等諸侯享天子用璧享后用琮其大各如其瑞皆有庭實以馬若皮皮虎豹皮也用圭璋者二王之後也二王後尊故享用圭璋而特之禮器曰圭璋特義亦通於此其於諸侯亦用璧琮耳子男於諸侯則享用琥璜下其瑞也凡二王後諸侯相享之玉大小各降其瑞一等及使卿大夫覜聘亦如之○琮才宗反琥音虎璜音黃好呼報反 若國札喪則令賻補之若國凶荒則令賙委之若國師役則令槁禬之若國有福事則令慶賀之若國有禍烖則令哀弔之凡此五物者治其事故故書賻作傅槁爲稾鄭司農云賻補之謂賻喪家補助其不足也若今時一室二尸則官與之棺也稾當爲槁謂槁師也玄謂師役者國有兵寇以匱病者也使鄰國合會財貨以與之春秋定五年夏歸粟於蔡是也宗伯職曰以禬禮哀圍敗禍烖水火〇槁苦報反檜音會槀古老反〇凡此五物者三下文一春官保章氏一【重言】及其萬民之利害爲一書其禮俗政事教治刑禁之逆順爲一書其悖逆暴亂作慝猶犯令者爲一書其札喪凶荒厄貧爲一書其康樂和親安平爲一書凡此五物者每國辨異之以反命于王以周知天下之故慝惡也猶圖也〇治直吏反樂音洛〇【重言】爲一書五並本字凡此五物者二上文一

司儀掌九儀之賓客擯相之禮以詔儀容辭令揖讓之節出接賓曰擯入贊禮曰相以詔者以禮告王〇相息亮反此職內經注除相爲賓相朝相授相䝱相隨相待相爲國客相聘相禮皆同將合諸侯則令爲壇三成宮旁一門合諸侯謂有事而會也爲壇于國外以命事宮謂壝土以爲墻處所謂爲壇壝宮也天子春帥諸侯拜日於東郊則爲壇於國東夏禮日於南郊則爲壇於國南秋禮山川丘陵於西郊則爲壇於國西冬禮月四瀆於北郊則爲壇於國北既拜禮而還加方明於壇上而祀焉所以教尊尊也覲禮曰諸侯覲於天子爲宮方三百步四門壇十有二尋深四尺是也王巡守殷国而同則其爲宮亦如此與鄭司農云三成三重也爾

雅曰丘一成爲敦丘再成爲陶丘三成爲昆侖丘謂三重○壝惟癸反劉欲鬼反與音餘下尺與同重直龍反下三重重耳同敦音頓沈又都門反陶徒刀反侖力門反詔王儀南鄉見諸侯土揖庶姓時揖異姓天揖同姓謂王既祀方明諸侯上介皆奉其君之旂置于宮乃詔王升壇諸侯皆就其旂而立諸公中階之前北面東上諸侯東階之東西面北上諸伯西階之西東面北上諸子門東北面東上諸男門西北面東上王揖之者定其位也庶姓無親者也土揖推手小下之也異姓昏姻也時揖平推手也衛將軍文子曰獨居思仁公言言義其聞詩也一日三復白圭之玷是南宮縚之行也夫子信其仁以爲異姓謂妻之也天揖推手小舉之○復音服或芳服反玷丁簟反沈都念反縚吐力反行下孟反【重言】貞官同上孤卿特揖大夫以其等旅揖士旁三揖及其擯之各以其禮公於上等侯伯於中等子男於下等謂執玉而前見於王也擯之各以其禮者謂擯公者五人侯伯四人子男三人也上等中等下等者謂所奠玉處也壇三成深四尺則一等一尺也壇十有二尋方九十六尺則堂上二丈四尺每等丈二尺與諸侯各於其等奠玉降拜升成拜明臣禮也既乃升堂授王玉○見賢遍反其將幣亦如之其禮亦如之將幣享也禮謂以鬱鬯裸之也皆於其等之上王燕則諸侯毛謂以鬚髮坐也朝事尊尊上爵燕則親親上齒鄭司農云謂老者在上也老者二毛故曰毛○侯毛毛謂鬚髮也劉本作耄毛音毛【互註】詔中庸燕

毛所以序齒也注燕謂既祭而燕也燕以髮色為坐祭時尊尊也至燕親親也齒亦年也凡諸公相為賓謂相朝也主國五積三問皆三辭拜受皆旅擯再勞三辭三揖登拜受拜送賓所停止則積閒闊則問行道則勞其礼皆使卿大夫致之從來至去數如此也三辭辭其以礼來於外也積問不言登受之於庭也鄭司農云旅讀為旅於泰山之旅謂九人傳辭相授於上下竟問賓從末上行介還受上傳之玄謂旅讀為鴻臚之臚臚陳之也賓之介九人使者七人皆陳擯位不傳辭也賓之上介出請使者則前對位皆當其末擯焉三揖謂庭中時也拜送送使者○旅如字又音臚力於反傳直專反下除春秋傳皆同末上時掌反下上傳上車同○【重言】皆三辭拜受二下文一主君郊勞交擯三辭車逆拜辱三揖三辭拜受車送三還再拜主君郊勞備三勞而親之也鄭司農云交擯三辭謂賓主之擯者俱二辭也車逆主人以車迎賓於館也拜辱賓拜謝辱也玄謂交擯者各陳九介使傳辭也車迎拜辱者賓以主君親來乘車出舍門而迎之若欲遠就之然身之則下拜迎謝其自屈辱來也至去又出車若欲遠送然主君三還辭之乃再拜送之也車送迎之節各以其等則諸公九十步立當車軹也三辭重者先辭辭其以禮來於外後辭辭升堂○【重言】三揖三辭互見本篇致館亦如之館舍也使大夫授之君又以禮親致焉致飧如致積之禮俱使大夫礼同也飧食也小禮曰飧大禮曰饔餼○致飧

素尊反下同及將幣交擯三辭車逆拜辱賓車進荅拜三揖三讓每門止一相及廟唯上相入賓三揖三讓登再拜授幣賓拜送幣每事如初賓亦如之及出車送三請三進再拜賓三還三辭告辟鄭司農云交擯擯者交也賓車進荅拜賓上車進主人乃荅其拜也及出車送三請三請主人三請留賓也三進進隨賓也賓三還還三辭辭告辟賓三還三辭謝言已辟去也玄謂旣三辭主君則乘車出大門而內賓見之而下拜其辱賓車乃前下荅拜也三揖者相去九十步揖之使前也至而三讓讓入門也相謂主君擯者及賓之介也謂之相者於外傳辭耳入門當以礼詔侑也介紹而傳命者君子於其所尊不敢質敬之至也每門止一相彌相親也君入門介拂闑大夫中棖與闑之間士介拂棖此爲介隨行相隨也止之者絕行在後耳賓三揖三讓讓升也登再拜授幣授當爲受主人拜至且受玉也每事如初謂享及有言也賓當爲儐謂以鬱鬯礼賓也上於下曰礼敵者曰儐礼器曰諸侯相朝灌用鬱鬯無籩豆之薦謂此朝礼畢儐賓也三請三進請賓就車也主君每一請車一進欲遠送之也三還三辭主君一請者賓亦一還一辭○授幣音受賓拜音擯下賓使者同辟音避劉薄歷反注同下客辟三辟撥辟於此已辟音避徇音旬闑魚列反棖直庚反行戶剛反致饔餼還圭饗食致贈郊送皆如將幣之儀此六礼者唯饗食速賓耳

其餘主君親往親往者賓爲主人主人爲賓君如有故不親饗食則使大夫以酬幣侑幣致之○鄭司農云還圭歸其玉也故公子重耳受飧反璧玄謂聘以圭璋禮也享以璧琮財也已聘而還圭璋輕財而重禮贈送以財既贈又送至于郊○還音環又音旋食音嗣凡饗食皆同

賓之拜禮拜饔餼拜饗食鄭司農云賓之拜禮者因言賓所當拜之禮也所當拜者拜饔餼拜饗食玄謂賓將去就朝拜謝此三禮三禮禮之重者也賓既拜主君乃至館贈之去又送之于郊

賓繼主君皆如主國之禮鄭司農云賓繼主君復主人之禮費也故曰皆如主國之禮玄謂繼主君者儐主君也儐之者主君郊勞致館饔餼還圭贈郊送之時也如其禮者謂玉帛皮馬也有籑陳之積者不如也若饗食主君及燕亦速焉○費芳味反

諸侯諸伯諸子諸男之相爲賓也各以其禮相待也如諸公之儀賓主相待之儀與諸公同也饔餼饗食之禮則有隆殺○殺音色界反下豐殺則殺及後殺禮皆同

諸公之臣相爲國客謂相聘也則三積皆三辭拜受受者受之於庭也侯伯之臣不致積及大夫郊勞旅擯三辭拜辱三讓登聽命下拜登受賓使者如初之儀及退拜送登聽命賓登受也賓當爲儐謂以用束帛儐用束錦侯伯之臣受勞於庭○拜辱三下文一○次賓三辭一下文一

重言致館如初之儀如郊勞也

不假用侯伯之臣致館于庭不言致飧者君於聘大夫不致飧也聘礼曰飧不致賓不拜及將幣旅擯三辭闕拜逆客辟三揖每門止一相及廟唯君相入三讓客登拜客三辟授幣下出每事如初之儀客辟逡巡不答拜也唯君相入客臣也相不入矣拜主君拜客至也客三辟三退負序也每事身及有言○逡七旬反○【重言】及將幣掌訝一及禮私面私獻皆再拜稽首君答拜礼以醴礼客私面私覿也既覿則或有私獻者鄭司農云訝私面以春秋傳曰楚公子棄疾見鄭伯以其良馬私面出及中門之外問君客再拜對君拜客辟而對君問大夫客對君勞客客再拜稽首君答拜客趨辟中門之外即大門之內也問君曰君不恙乎對曰使臣之來寡君命臣于庭又問大夫曰二三子不恙乎對曰寡君命使臣于庭二三子皆在勞客曰道路悠遠客甚勞勞介則曰二三子甚勞問君客再拜對者為敬慎也○客甚如字下甚勞勞孚同致饔餼如勞之禮饗食還圭如將幣之儀饗食亦謂君不親而使大夫以幣致之君館客客辟介受命遂送客從拜辱于朝君館客者客將去就省之盡殷勤也遂送君拜以送客○客初本亦作從同才用反明日客拜禮賜遂行

如入之積禮賜謂乘禽君之加惠也如入之積則三積從來至去○乘繩證反下乘皮同凡侯伯子男之臣以其國之爵相爲客而相禮其儀亦如之爵卿也大夫也士也凡四方之賓客禮儀辭命餼牢賜獻以二等從其爵而上下之上下猶豊殺也○上時掌反凡賓客送逆同禮謂郊勞郊送之屬凡諸侯之交各稱其邦而爲之幣以其幣爲之禮幣享幣也於大國則豊於小國則殺主國禮之如其豊殺謂賄用束紡礼用玉帛乘皮及贈之屬○稱尺證反紡方往反凡行人之儀不朝不夕不正其主面亦不背客謂擯相傳辭時也不正東鄉不正西鄉常視賓主之前却得兩鄉之而已○朝如字又直遥反背音佩鄉許亮反下同

行夫掌邦國傳遽之小事媺惡而無禮者凡其使也必以旌節雖道有難而不時必達傳遽若今時乘傳騎驛而使者也美福慶也惡喪荒也此事之小者無礼行夫主使之道有難謂遭疾病他故不以時至也必達王命不可發也其入者有礼大小行人使之有故則介傳命不嫌不達○傳張戀反注同遽其庶反使色吏反注及下同難乃旦反注同傳直宣反象胥職同君於其國

則掌行人之勞辱事焉使則介之使謂大小行人也故書曰夷使鄭司農云夷使使於四夷則行夫主爲之介玄謂夷發聲○焉劉音夷

環人掌送逆邦國之通賓客以路節達諸四方通賓客以常事往來者也路節旌節也四方所之舍則授館令聚櫜有任器則令環之令令野廬氏也鄭司農云四方人有任器者則環人主令殉環守之○殉徐音循或辭俊反凡門關無幾送逆及疆鄭司農云門關不得苛留環人也玄謂環人送逆之則賓客出入不見幾○疆居良反苛音何又呼何反

象胥掌蠻夷閩貉戎狄之國使掌傳王之言而諭說焉以和親之謂蕃國之臣來覜聘者○閩亡巾反又音文貉亡百反使所吏反若以時入賓則協其禮與其辭言傳之以時入賓謂其君以世一見來朝爲賓者○見賢遍反凡其出入送逆之禮節幣帛辭令而賓相之從來至去皆爲擯而詔侑其礼儀○賓音擯下同相息亮反下同凡國之大喪詔相國客之禮儀而正其位客謂諸侯使臣來弔者凡軍旅會同受國客幣而賓禮之謂諸侯以王有軍旅

之事使臣奉幣來聘凡作事王之大事諸侯次事卿次事大夫次事上士下事庶子作使也鄭司農云王之大事諸侯使諸侯執大事也次事卿使卿執其次事也次事使大夫次事使上士下事使庶子

掌客掌四方賓客之牢禮餼獻飲食之等數與其政治政治邦新殺礼之屬○治直吏反注同王合諸侯而饗食禮則具十有二牢庶具百物備諸侯長十有再獻饗食諸侯而用王礼之數者以公侯伯子男尽在是兼饗食之莫敵用也諸侯長九命作伯者也獻公侯以下如其命數○長丁丈反注同敵丁歷反王巡守殷國則國君膳以牲犢令百官百牲皆具從者三公眡上公之禮卿眡侯伯之禮大夫眡子男之禮士眡諸侯之卿禮庶子壹眡其大夫之禮国君者王所過之国君也犢繭栗之犢也以膳天子貴誠也牲孕天子不食也祭帝不用也凡賓客則皆角尺令者掌客令主国也百牲皆具言无有不具備○從者才用反下注從賓同繭古典反○【重言】王巡守殷国前見大行人○凡諸侯之禮上公五積皆眡飧牽三問皆脩羣介

行人宰史皆有牢飧五牢食四十簠十豆四十鉶四十有二壺四十鼎簋十有二牲三十有六皆陳饔餼九牢其死牢如飧之陳牽四牢米百有二十筥醯醢百有二十罋皆陳車米眂生牢牢十車車秉有五籔車禾眂死牢牢十車車三秅芻薪倍禾皆陳乘禽日九十雙殷膳大牢以及歸三饗三食三燕若弗酌則以幣致之凡介行人宰史皆有飧饔餼以其爵等爲之牢禮之陳數唯上介有禽獻夫人致禮八壺八豆八籩膳大牢致饗大牢食大牢卿皆見以羔膳大牢侯伯四積皆眂飧牽再問皆脩飧四牢食三十有二簠八豆三十有二鉶二十有八壺三十有二鼎簋十有二腥二十有七皆陳饔餼七牢其死牢如飧之陳牽三牢米百筥醯醢百罋皆陳

米三十車禾四十車芻薪倍禾皆陳乘禽日七十雙殷膳大牢三饗再食再燕凡介行人宰史皆有飧饔餼以其爵等爲之禮唯上介有禽獻夫人致禮八壺八豆八籩膳大牢致饗大牢卿皆見以羔膳特牛子男三積皆眡飧牽壹問以脩飧三牢食二十有四簋六豆二十有四鉶十有八壺二十有四鼎簋十有二牲十有八皆陳饔餼五牢其死牢如飧之陳牽二牢米八十筥醯醢八十罋皆陳米二十車禾三十車芻薪倍禾皆陳乘禽日五十雙壹饗壹食壹燕凡介行人宰史皆有飧饔餼以其爵等爲之禮唯上介有禽獻夫人致禮六壺六豆六籩膳眡致饗親見卿皆膳特牛積皆視飧牽謂所共如飧而牽牲以往不殺也不殺則无鉶鼎簠簋之實其米實于筐豆實實于罋其設筐陳于楹內罋陳于楹外牢陳于門西車米禾芻薪陳于門外壺之有无未聞

秋官下卜巳十六

三問晉脩脩脯也上公三問皆脩下句云羣介行人宰史皆有牢君用脩而已有牢非礼也蓋著脫字失処且誤耳飧客始至致十礼也公侯伯子男飧皆飪一牢其餘牢則腥食者具然甚美可食者也其設謂陳于闑外東西不過四列簠簋稻粱器也公十簠堂上六西夾東夾各二也侯伯八簠堂上四西夾東夾各二子男六簠堂上二西夾東夾各二豆俎醯醢器也公四十豆堂上十六西夾東夾各十二侯伯三十二豆堂上十二西夾東夾各十子男二十四豆堂上十二西夾東夾各六礼器曰天子之豆二十有六諸公十有六諸侯十有二上大夫八下大夫六以聘礼差之則堂上之数与此同鉶羹器也公鉶四十二侯伯二十八子男十八非襃差也二十八書或爲二十四亦非也其於襃公又當三十於言又爲无施礼之大数鉶少於豆非其襃公鉶四十二宜爲三十八蓋近之矣則公鉶堂上十八西夾東夾各十侯伯堂上十二西夾東夾各八子男堂上十西夾東夾各四壺酒器也其設於堂夾如豆之數鼎牲器也簠簋黍稷器也鼎十有二者飪一牢正鼎九与陪鼎三皆設于西階前簠簋十二者堂上八西夾東夾各二合言鼎簋者牲与黍稷俱食之主也牲當爲腥声之誤也腥謂腥鼎也於侯伯云腥二十有七其故腥字也諸侯礼盛腥鼎有鮮魚鮮腊毋牢皆九爲腥列設于阼階前公腥鼎二十八腥四牢也侯伯腥鼎二十七腥三牢也子男腥鼎十八腥二牢也皆陳陳列也飧門內之實備于是矣亦有車米禾芻薪公飧五牢米二十車禾三十車侯伯四牢米禾皆二十車子男二牢米十車禾二十車芻薪皆倍其禾饔餼既相見致天礼也大者既兼飧積有牲有腥有熟餘又多也死牢如飧之陳亦飪一牢在西餘腥在東也牽牛牢也陳于門西如積也

米𥝩陳于中庭十以爲列每筥半斛公侯伯子男黍粱稻皆二行公稷六行侯伯稷四行子男稷二行醯醢夾碑從陳亦十爲列醯在碑東醢在碑西皆陳於門內者於公門內之陳也言車者衍字耳車米載米之車也聘禮曰十斗曰斛十六斗曰籔十籔曰秉每車秉有五籔則二十四斛也禾藁實并刈者也聘禮曰四秉曰筥十筥曰稯十稯曰秅每車三秅則三十稯也稯猶束也米禾之秉筥字同數異禾之秉手把耳筥讀爲棟梠之梠謂一穧也皆陳門外者也米在門東禾在門西芻薪雖取數于禾薪從米芻從禾也乘禽乘行羣處之禽謂雉鴈之屬於禮以雙爲數殺中也中又致膳示念賓也若弗酌謂君有故不親饗食燕也不饗則以酬幣致之不食則以侑幣致之凡介行人宰史衆臣從賓者也行人主禮宰主具史主書皆有飧饔餼尊其君以及臣也以其爵等爲之牢禮之數陳爵卿也則飧二牢饔餼五牢大夫也則飧大牢饔餼三牢士也則飧少牢饔餼大牢此降小禮豐大禮也以命數則參差難等略於臣用爵而已夫人致禮助君養賓也籩豆陳于戶東壺陳于東序凡夫人之禮皆使下大夫致之於子男云膳眡致饗言夫人致膳於小國君以致饗之禮則是不復饗食也饗食有皆見者見于賓也既見之又膳之亦所以助君養賓也鄉此聘禮大夫勞賓餼賓之類上於子男云親見卿皆膳讀如鄉出見之見言卿於小國之君有不敢造館見者故者乃致膳鄭司農說云牲可牽行者也故春秋傳曰餼牽竭矣○秏讀爲秏秝麻之秏鉶音刑牲三十腥音星下十自八受牲禮同筥居呂反稯子公反殺所戒反劉色縷反秅丁故反如反乘繩證反下及注同食音嗣下食大牢再食壹食注不食過

見賢遍反注下除相見見讀皆同雖而甚反夾古洽反劉古協反
下同衰初危反下同差初佳反又初宜反倍鼎背裴行戶剛反[illegible]
六行四行二行皆同從子容反槀古老反并必政反又必盈反又曰
攖本又作繆子工反李又音搊把必馬反梠音呂擠才詣反參初
林反差初宜反又復扶又反勞力報反造七報反秭音姊劉祖禮
反○【重言】皆眡飧牽二鼎簋十有二具死牢如飧之陳一○殺
膳大牢二○親新倍禾皆陳一○唯上介有禽
獻至致饔大牢一○卿皆見以羔一並本章　凡諸侯之卿大
夫士爲國客則如其介之禮以待之言其特來聘問待之禮如其爲介時也然
則聘禮凡所以禮賓是亦以介　凡禮賓客國新殺禮凶荒殺禮札喪殺禮
禍烖殺禮在野在外殺禮皆爲國省用愛費也國新新建國也凶荒無年也禍烖新有兵寇水
火也○爲于僞反下同費芳味反　凡賓客死致禮以喪用死則主人爲之具而殯矣喪用若饋
奠之物　賓客有喪唯芻稍之受不受饗食饗食加也喪謂父母死也客則又有君焉芻給牛馬
稍人禀也其正禮飧饔餼主人致之則受○稍所教反舊踈語反　遭主國之喪不受饗食受
牲禮牲亦當爲腥聲之誤也有喪不忍煎亨正禮飧饔餼當孰者腥致之也○煎子然反劉子賤反亨普庚反普孟反
掌訝掌邦國之等籍以待賓客等九儀之差劉○【重言】以待賓客二天官大府地官遺人

各一若將有國賓客至則戒官脩委積與士逆賓于疆為
前驅而入官謂牛人羊人舍人委人之屬士訝士也既戒乃出迎賓及宿則令聚欜令令野廬
氏○廬力於反及委則致積以王命致于賓至于國賓入館次于舍門
外待事于客次如今官府門外更衣處待事于客通其所求索○索色白反及將幣為前驅
道之以如節○道音導下文注道之道賓道王同○重言將幣三見同儀至于朝詔其位入復
及退亦如之鄭司農云詔其位告客以其位處也入則掌訝出復其故位也客退復入迎為之前驅至于
館也玄謂入復者入告王以客至也退亦如之如其為前驅○退復扶又反為之于偽反亦如字凡賓客之治
令訝訝治之賓客之治謂欲正其貢賦理國事也以告訝訝為如朝而理之○治直吏反注下同為于偽反下注
為同凡從者出則使人道之從者凡介以下也人其屬或有從也使道賓客之從者營護之○從才
用反注同及歸送亦如之如之者送至于竟如其前驅聚欜待事之屬○竟音境
諸侯有卿訝卿有大夫訝大夫有士訝士皆有訝訝謂朝覲
聘問之日王所使迎賓客于館之訝凡訝者賓客至而往詔相其事而掌其

治令○胡息亮反

掌交掌以節與幣巡邦國之諸侯及其萬民之所聚者○節以為行信幣以見諸侯也咸皆也辟讀為辟忌之辟使自辟知王之所好者而行之知王所惡者辟而不為○好呼報反注下同惡烏路反下同辟音避注同道王之德意志慮使咸知王之好惡辟行之

使和諸侯之好有欲相與脩好者則為和合之達萬民之說說所喜也達者達之于王告其國君○說音悅注同

掌邦國之通事而結其交好通事謂朝覲聘問也以諭九稅之利九禮之親九牧之維九禁之難九戎之威諭告曉也九稅所稅民九職也九礼九儀之礼九牧九州之牧九禁九法之禁九戎九伐之戎○難乃旦反

掌察闕

掌貨賄闕

朝大夫掌都家之國治都家王子弟公卿及大夫之采地也[illegible]其國治若平理其來文書於朝者○治直吏反下同日朝以聽國事故以告其君長國事故天子之事當施於都家者也

告其君長使知而行之也君謂其國君長及其卿大夫也○長丁丈反注同國有政令則令其朝大夫使以告其都家之吏凡都家之治於國者必因其朝大夫然後聽之唯大事弗因謂以小事文書來者朝大夫先平理之乃以告有司也大事者非朝大夫所能平理【重言】然後聽之三二日凡大司寇凡都家之治有不及者則誅其朝大夫不及謂有伏楷殺之○殺都緣反在軍旅則誅其有司有司都司馬家司馬

都則闕

都士闕

家士闕

周禮卷第十

纂圖互註周禮卷第十一

冬官考工記第六（陸曰鄭云此篇司空之官也司空篇亡漢興購千金不得此前世識其事者記錄以備大數爾）

周禮　鄭氏註

國有六職百工與居一焉（百工司空事官之屬於天地四時之職亦處其一也司空掌營城郭建都邑立社稷宗廟造宮室車服器械監百工者唐虞已上曰共工○與音預監古銜反上時掌反凡言以上放此共音恭）或坐而論道或作而行之或審曲面埶以飭五材以辨民器或通四方之珍異以資之或飭力以長地財或治絲麻以成之（言人德能事業之不同者也論道謂謀慮治國之政令也作起也辨猶具也資取也操也鄭司農云審曲面埶審察五材曲直方面形埶之宜以治之及陰陽之面背是也春秋傳曰天生五材民並用之謂金木水火土也故書資作齊杜子春云齊當為資讀如冬資絺綌之資玄謂此五材金木皮玉土○埶音勢飭音敕下同辨皮莧反具也注及下同長丁丈反下同操七曹反）坐而論道謂之王公（天子諸侯【互註】書周官茲惟三公論道經邦燮理陰陽）作而行之謂之士大夫（親受其職居其官也）審曲面埶以飭五材以

辨民器謂之百工（五材各有工言百衆言之也）通四方之珍異以資之謂之商旅（商旅販賣之客也易曰至日商旅不行○販甫万反）飭力以長地財謂之農夫（三農受夫田也）治絲麻以成之謂之婦功（布帛婦官之事）粤無鎛燕無函秦無廬胡無弓車（此四國者不置是工也鎛田器詩云俾乃錢鎛又曰其鎛斯趙鄭司農云函讀如國君含垢之含函鎧也孟子曰矢人豈不仁於函人哉矢人唯恐不傷人函人唯恐傷人廬讀爲纑謂矛戟柄竹欑柲或曰摩鐧之器胡今匈奴○粤音越鎛音博注及後同燕音烟函户南反後同廬魯吳反下皆同本或作蘆待直里反錢子淺反鍬音銷一音犬了反垢工口反鎧苦大反纑音盧下同欑才官反孚音篹纂柲音秘劉又音筆鐗力然反）粤之無鎛也非無鎛也夫人而能爲鎛也燕之無函也非無函也夫人而能爲函也秦之無廬也非無廬也夫人而能爲廬也胡之無弓車也非無弓車也夫人而能爲弓車也（言其丈夫人人皆能作是器不須國工粤地塗泥多草薉而山出金錫鑄冶之業田器尤多燕近強胡習作甲冑秦多細木善作矜柲匈奴無屋宅田獵畜牧逐水草而居皆知爲弓車○夫人徐劉方無反沈音扶薉音穢劉一云穢字之異者近附近之近矜其巾反李其

京反畜牧許又反下音宙又音茂 知者創物 謂始闓端造器物若𦫵本作者是也○知音智創初亮反依字作刱
闓音開 巧者述之守之世謂之工 父子世以相教 百工之事皆聖人
之作也 事無非聖人所爲也 爍金以爲刃凝土以爲器作車以行
陸作舟以行水此皆聖人之所作也 凝堅也故書舟作周鄭司農云周當作舟
○爍徐劉音余灼反義當作鑠始灼反 天有時地有氣材有美工有巧合此
四者然後可以爲良 時寒溫也氣剛柔也良善也○合如字劉音閤○【重言】然後可以爲良二見
弓人 材美工巧然而不良則不時不得地氣也 不時不得天時 橘
踰淮而北爲枳鸜鵒不踰濟貉踰汶則死此地氣然也
鸜鵒鳥也春秋昭二十五年有鸜鵒來巢傳曰書所無也鄭司農云不踰濟無妨於中國有之貉或爲猨謂善緣木之猨也汶水在
魯北○枳吉氏反鸜徐劉音權公羊傳同本又作鸛左傳同其俱反鵒音欲濟子礼反四瀆水貉户各反獸名依字作貈汶音問水
名猨音袁 鄭之刀宋之斤魯之削吳粵之劒遷乎其地而弗
能爲良地氣然也 去此地而作之則不能使良也○削如字李思約思詔二反 燕之角

荊之幹妢胡之笴吳粵之金錫此材之美者也荊荊州也幹柘

也可以為弓弩之幹妢胡胡子之國在楚旁笴矢幹也禹貢荊州貢櫄幹栝柏及箘簵楛故書笴為笱杜子春云妢讀為焚咸丘之

焚書或為邠妢胡地名也○笱當為笴笴讀為槀謂箭槀妢扶云反笴古老反注作槀同幹古旦反或古旱反櫄勑倫反箘其隕反

李其轉反簵音路楛音户尚書作楛音同邠彼貧反天有時以生有時以殺草木有

時以生有時以死石有時以泐水有時以凝有時以澤

此天時也言百工之事當審其時也鄭司農云泐讀如再扐而後卦之扐泐謂石解散也夏時盛暑大熱則然○泐

音勒澤音亦李音釋扐音勒卦如字又俱賣反解音蟹凡攻木之工七攻金之工六攻

皮之工五設色之工五刮摩之工五摶埴之工二攻猶治也

摶之言拍也埴黏土也故書七為十刮作捖鄭司農云十當為七捖摩之工謂玉工也捖讀為刮其事亦是也○刮古八反摶李音

團劉音博埴時職反拍普百反黏女記曲禮下天子之六工廉反捖劉音刮戚音完李侯管反曰土工金工石工木工

獸工草工典制六材註此亦殷時制也周則皆屬司空土工陶旊也金工築冶鳧栗鍛桃也石工玉人磬人也木工輪輿弓廬匠車

梓也獸工函鮑韗韋裘也雚草工獸工蓋謂作萑葦之器攻木之工輪輿弓廬匠車梓攻

攻金之工築冶鳧㮚段桃攻皮之工函鮑韗韋裘設色之工畫繢鍾筐㡆刮摩之工玉楖雕矢磬搏埴之工陶旊事官之屬六十此。識其五材三十工略記其事目其曰某人者以其事名官也其曰某氏者官有世功若族有世業以氏名官者也廬矛戟矜柲也國語曰侏儒扶廬矜楨屬也故書雕或爲舟鄭司農云輪輿弓廬匠車梓此七者攻木之工官別名也孟子曰梓匠輪輿鮑讀爲鮑魚之鮑書或爲鞄蒼頡篇有鞄𦒎韗讀爲歷運之運㡆讀爲芒芒禹迹之芒楖讀如巾櫛之櫛旊讀爲甫始之甫埴書或爲植杜子春云雕或爲舟者非也玄謂㡆讀如放於此乎之放。○㮚古栗字段徒丁亂反劉徒亂反韗况万反劉音運本或作鞾同繢戶對反後同筐音匡㡆莫黃反劉側筆反旊甫罔反又音甫侏音朱櫝古馬反字或作櫝鞄匹孝反劉音僕𦒎如兖反柔革工芒莫黃反下同放甫罔反下同。

【重言】攻金之工一　後見輈人

有虞氏上陶夏后氏上匠殷人上梓周人上輿官各有所尊王者相變也舜至質貴陶器甒大瓦棺是也禹治洪水民降丘宅土卑宮室盡力乎溝洫而尊匠湯放桀疾礼樂之壞而尊梓武王誅紂疾上下失其服飾而尊輿。○甒大音武下音泰輿如字劉音婣盡津忍反洫况域反故一器而工聚焉者車爲多周所上也車有六等之數車有天地之象人在其中焉六等之數法易之三材六畫○畫音獲車軫四尺謂之一等戈柲

六尺有六寸既建而迆崇於軫四尺謂之二等人長八
尺崇於戈四尺謂之三等殳長尋有四尺崇於人四尺
謂之四等車戟常崇於殳四尺謂之五等酋矛常有四
尺崇於戟四尺謂之六等此所謂兵車也軫輿後橫木崇高也八尺曰尋倍尋曰常殳長丈二戈殳戟矛皆插車輢鄭司農云迆讀爲倚移從風之移謂著戈於車邪倚也酋發聲直謂矛○迆以氏反後同崇本亦作古崇字殳長音殊下直亮反後放此酋在由反或且洲反皆插徐劉初輒反輒初洽反輢於綺反劉於寄反車傍也一音起寄反倚移於綺反下以氏反下放此著丁略反邪似嗟反○重言戈柲六尺有六寸上○殳長一尋有四尺一車戟常一酋矛常有四尺二並見廬人○人長八尺二篇末一車謂之六等之數車言數也凡察車之道必自載於
地者始也是故察車自輪始先視輪也自從也○重言凡察車之道二下文一凡察
車之道欲其樸屬而微至不微至無以爲完久也不微
至無以爲戚速也樸屬猶附著堅固貌也齊人有名疾爲戚者春秋傳曰蓋以操之爲已戚矣速疾也書或作數鄭司農云樸讀如子南僕之僕微至謂輪至地者少言其圜甚著地者微耳著地者微則易轉故不微至無以爲戚數○樸音

剝反劉音僕一音扶逯反屬音章欲反下及注同戚徐劉將六反李音促注同著直略反下同操七曹反又數色角反下同易以豉反

輪已崇則人不能登也輪已庳則於馬終古登阤也已大也甚也崇高也齊人之言終古猶言常也阤阪也輪庳則難引○庳音婢阤徐丈爾反劉堂何反李音他輪人同大音泰徐劉他餓反阪音反

故兵車之輪六尺有六寸田車之輪六尺有三寸乘車之輪六尺有六寸此以馬大小爲節也兵車革路也田車木路也乘車玉路金路象路也兵車乘車駕國馬田車駕田馬○乘繩證反後乘車皆放此○重言六尺有六寸二一見車人

六尺有六寸之輪軹崇三尺有三寸也加軫與轐焉四尺也人長八尺登下以爲節此車之高者也軫輿也鄭司農云軹軎也轐讀爲旃僕之僕謂伏兔也玄謂軹轂末也此軫與轐并七寸田車又宜減焉乘車之軌廣取數於此軌備八尺旁出與亦七寸也○軹音只轂末也轐音卜又音僕軎音衛旃僕之然反下如字又音卜軌廣古曠反後放此○重言六尺有六寸之輪二一見輪人

輪人爲輪斬三材必以其時三材所以爲轂輻牙也斬之以時材在陽則中冬斬之在陰則中夏斬之今世轂用雜榆輻以檀牙以橿也○斫音斟下皆同中音仲下中夏同橿居良反○重言必以其時二弓人一

三材

既具巧者和之調其鑿内而合之。○鑿在洛反又曹報反内如銳反依字作枘合音閤又如字○【重言】弓人六材既具者和之轂也者以爲利轉也輻也者以爲直指也牙也者以爲固抱也利轉者轂以無有爲用也鄭司農云牙讀如跛者訝跛者之訝謂輪輮也世閒或謂之罔書或作輮○輮而久反劉音柔李而又反輪敝三材不失職謂之完敝尽而轂輻牙不動○敝婢世反徐劉伏滅反望而眡其輪欲其幎爾而下迆也進而眡之欲其微至也無所取之取諸圜也輪謂牙也幎均致貌也迆猶行也微至至地者少也非有他也圜使之然也鄭司農云微至書或作危至故書圜或作負當爲圜○幎莫歷反圜于權反致直置反下注積致同○【重言】進而眡之三下文二又函人卒而眡之鮑人望而眡○無所取之三下文望其輻欲其掣爾而纖也進而眡之欲其肉稱也無所取之取諸易直也掣纖殺小貌也肉稱弘殺好也鄭司農云掣讀爲紛容掣參之掣玄謂如桑螵蛸之蛸○掣音蕭又色交反又音朔李又所咸反稱尺證反注同易以豉反殺色界反劉色例反下同一音如字掣參上色交反又音蕭劉音朔下所林反螵戚眇招反劉平堯反蛸音蕭又音消望其轂欲其眼也進而眡之欲其幬之廉也無所取之取諸急也眼出大貌也幬幔轂之革也革急則裹木廉隅見鄭司農云眼讀如限切之限。眼魚懇反幬音疇下同劉又音壽李一音持株反或一音蹈幔莫干反裹音果見賢遍反限魚懇反李如字下同切音如字李倉愛反眡其綆欲其蚤之正也蚤當為爪謂輻入牙中者也鄭司農云綆讀為關東言餅之餅謂輪箄也玄謂輪雖箄爪牙必正也。綆依注音餅李方善反又姑杏反玉篇云鄭眾音補管反蚤音爪下同餅必井反劉方頂反箄劉薄歷反李又方四反一音薄計反下皆同爪牙劉音雅察其菑蚤不齵則輪雖敝不匡菑謂輻入轂中者也菑與爪不相佹乃後輪敝盡不匡刺也鄭司農云菑讀如雜廁之廁謂建輻也泰山平原所樹立物為菑聲如胾博立梟棊亦為菑匡枉也。菑側吏反注及下皆同齵五溝反一音隅佹九委反刺洛葛反下同胾側吏反梟古堯反凡斬轂之道必矩其陰陽矩謂刻識之也故書矩為距鄭司農云當作矩謂規矩也陽也者稹理而堅陰也者疏理而柔是故以火養其陰而齊諸其陽則轂雖敝不藃稹致也火養其陰炙堅之也鄭司農云稹讀為奠祭之奠藃當作耗玄謂藃藃暴陰柔後必撓減幬革暴起。稹之忍反本又作稹劉依司農音奠音真藃李減好角反劉呼報反耗呼報反暴步角反下同劉步莫反一音蒲報反撓乃孝反轂小而長則柞大而短則摯鄭司農云柞讀為迫唶之唶謂輻間柞狹也摯讀為槷謂輻危槷也玄謂小而長則菑中弱大而短則轂末不堅。柞莊百反摯劉絲列反槷魚結反迫唶莊百反是故六分其輪崇以其一為之牙圍六尺六寸之輪牙圍尺一寸。【重言】六分其輪崇三車人一。以其一為之牙圍三車人二參分其牙圍而漆其二不漆其踐地者也漆者七寸三分寸之一不漆者三寸三分寸之二令牙厚一寸三分寸之二則內外面不漆者各一寸也。令力呈反卷內皆同厚胡豆反後放此椁其漆內而中詘之以為之轂長以其長為之圍六尺六寸之輪漆內六尺四寸是為轂長三尺二寸圍徑一尺三分寸之二也鄭司農云椁者度兩漆之內相距之尺寸也。中丁仲反詘丘勿反度待洛反下度之同以其圍之阞捎其藪捎除也阞三分之一也鄭司農云捎讀為桑蛸之蛸藪讀為蜂藪之藪謂轂空壺中也玄謂此藪徑三寸九分寸之五壺中當輻菑者也蜂藪者猶言趨也藪者眾輻之所趨也。阞音勒捎音蕭藪素口反李一音倉豆反空苦孔反趨七住反又七須反下同五分其轂之長去一以為賢去三以為軹鄭司農云賢大穿也軹小穿也玄謂此大穿徑八寸十五分寸之八小穿徑四寸十五分寸之四大穿甚大似誤矣大穿實五分轂長去二也去二則得六寸五分寸之二也大小穿皆謂金也今大小穿金厚一寸則大穿穿內徑四寸五分寸之二小穿穿內徑二寸十五分寸之四如是乃與藪相稱也。去起呂反後去一去二皆同賢如字劉李胡殄反注同稱尺證反下同容轂必直，陳篆必正，施膠必厚，施筋必數，幬必負幹。鄭司農云：讀容谷上屬，蜀曰軝容谷。玄謂容谷者，治轂爲之形容也。篆，轂約也。幬負幹者，革轂相應，無贏不足。○篆，直轉反。數，色角反，李色江反。約，烏孝反，又如字。既摩，革色青白，謂之轂之善。謂丸漆之乾而以石摩平之，革色青白，善之徵也。○丸，如字，又胡喚反。參分其轂長，二在外，一在內，以置其輻。轂長三尺二寸者，令輻廣三寸半，則輻內九寸半，輻外一尺九寸。○[重意]鳧人、廬人二在上一在下。凡輻，量其鑿深以爲輻廣。廣深相應，則固足相任也。○量，音良，下「量其數」同。鑿，曹報反，又如字，後同。深，尸鴆反，下放此。輻廣而鑿淺，則是以大扤，雖有良工，莫之能固。扤，搖動貌。○扤，五骨反，或五括反。鑿深而輻小，則是固有餘而強不足也。言輻弱不勝轂之所任也。○強，其良反，劉其尚反。勝，音升。故竑其輻廣以爲之弱，則雖有重任，轂不折。言力相稱也。弱，䔎也。今人謂蒲本在水中者爲弱，是其類也。鄭司農云：竑讀如紘綖之紘，謂度之。○故竑，獲耕反。參分其輻之長而殺其一，則雖有深泥，亦弗之溓也。殺，衰小之也。鄭司農云：溓讀爲黏，謂泥不黏著輻也。○以殺，色界反，劉色例反，注同。溓，依字力簟反，沈音黏，女廉反，菉劉初危反，一音如字。著，音直略

反下附字同。【重言】而殺其一二矢人一參分其股圍去一以為殽圍謂殺輻內數也
鄭司農云：股謂近轂者也，殽謂近牙者也。方言股以喻其豐，故言殽以喻其細。人脛近足者細於股，謂之殽，羊脛細者亦為殽。○殽，
胡飽反，又下教反，李又苦教反。近，附近之近。脛，刑定反。○【重言】參分其股圍二下篇一揉輻必齊平沈必
均揉謂以火撟之，眾輻之直齊如一也。平沈，平漸也。鄭司農云：平沈謂浮之水上無輕重。○揉，而九反，又音柔，李又奴丑反，一音
而又反。撟，劉苦老反。漸，子廉反，下同。直以指牙牙得則無槷而固得謂倨句鑿內相應
也。鄭司農云：槷，摋也。蜀人言摋曰槷。玄謂槷讀如涅，從木，埶省聲。○槷，魚列反，依注音涅，乃結反，李一音素結反。倨句，音據。內，如銳
反。摋，素結反。不得則有槷必足見也必足見，言槷大也。然則雖得，猶有槷，但小耳。○見，賢遍反。
泮同。六尺有六寸之輪綆參分寸之二謂之輪之固輪箄則車
行不掉也。參分寸之二者，出於輻股鑿之數也。○綆，參方絹反，下廿南反，又音日。二掉，徒弔反。○【重言】六尺有六寸之輪一見考下
凡為輪行澤者欲杼行山者欲侔杼謂削薄其踐地者，侔上下等。○杼，直呂反。侔，
亡侯反，劉莫旦反。杼以行澤則是刀以割塗也是故塗不附附著也
侔以行山則是摶以行石也是故輪雖敝不甐於鑿摶圜

厚也鄭司農云不𤬪於鑿謂不動於鑿中也玄謂𤬪亦敝也以輪之厚石𨫼齧之不能敝其鑿旁使之動○摶徒九反李又丈轉反𤬪本又作㽾𤬪音客李一音鱗凡揉牙外不廉而內不挫旁不腫謂之用火之善廉絶也挫折也腫瘣也○挫作卧反李又祖加反瘣胡罪反是故規之以眡其圜也輪中規則圜矣○中丁仲反下同萬之以眡其匡也等爲萬蔞以運輪上輪中萬蔞則不匡刺也故書萬作禹鄭司農云讀爲萬萬書或作矩○萬萋禹反李又音俱注同蔞良主反劉音流下寸同李又里俱反縣之以眡其輻之直也輪輻三十上下相直從旁以繩縣之中繩則鑿正輻直矣○縣音玄後皆同直音值水之以眡其平沈之均也平漸其輪無輕重則斴材均矣○斴涉角反量其數以黍以眡其同也黍謂而齊以量兩壺無贏不足則同權之以眡其輕重之侔也侔等也稱兩輪鈞石同則等矣輪有輕重則引之有難易○易以豉反故可規可萬可水可縣可量可權也謂之國工國之名工○重言謂之國工三下篇一盧人一

輪人爲蓋達常圍三寸圍三寸徑一寸也鄭司農云達常蓋斗柄下入杠中也○杠音江桯圍倍之六寸圍六寸徑二寸足以含達常鄭司農云桯蓋杠也讀如丹桓宮楹之楹○桯讀爲楹音盈信其

桯圍以為部廣部廣六寸廣謂徑也鄭司農云部蓋斗也○信音申廣古曠反劉音徑下同

部長二尺謂斗柄達常也桯長倍之四尺者二杠長八尺謂達常以下也加達常二尺則蓋高一丈立乘也

十分寸之一謂之枚為下起數也枚一分故書十與上二合為二十字杜子春云當為四尺者二十分寸之一○為于偽反下為兩同

部尊一枚尊高也蓋斗上隆高高一分也弓鑿廣四枚鑿上二枚鑿下四枚弓蓋橑也廣大也是為部厚一寸○鑿才報反橑音老劉力報反

鑿深二寸有半下直二枚鑿端一枚鑿深對為五寸是以不傷達常也下直二枚者鑿空下正而上低二分也其弓菑則撓之平剡其下二分而內之欲令蓋之尊終平不蒙撓也端內題也○空音孔菑側吏反劉音廁撓乃教反剡以冉反又才冉反

弓長六尺謂之庇軹五尺謂之庇輪四尺謂之庇軫庇覆也故書庇作秘杜子春云秘當為庇謂覆軫也玄謂軹轂末也輪輿廣六尺六寸兩轂并六尺四寸旁減軹內七寸則兩軹之廣凡丈一尺六寸也六尺之弓倍之加部廣凡丈二尺六寸有宇曲之減可覆軹不及幹○庇方二反軹或作軡俱音管○

【意】弓人篇弓長六尺謂之上制

【重】參分弓長而揉其一三分之持長撓短短者近部而平長者為宇曲也六尺之弓近部二尺四尺為宇曲○近附近之近○

【重言】參分弓長二下文一

參分

其股圍去一以為蚤圍蚤當為爪以弓鑿之廣為股圍則寸六分也爪圍一寸十五分寸之一○蚤音爪○【重言】二二分其股劖二十二篇一參分弓長以其一為之尊尊高也六尺之弓上近部平者二尺爪末下於部一尺二尺為句四尺為弦求其股股十二除之面三尺幾半也○幾音祈上欲尊而宇欲卑上近部平者也隤下曰宇○卑音婢下同隤大回反上尊而宇卑則吐水疾而霤遠蓋者上為兩設也乗車无蓋礼所謂潦車謂蓋車与○霤力又反潦音老与音餘蓋已崇則難為門也蓋已卑是蔽目也是故蓋崇十尺十尺其中正也蓋十尺宇二尺而人長八尺卑於此蔽人目良蓋弗冒弗紘殷畝而馳不隊謂之國工隊落也善蓋者以橫馳於壟上无衣若无紘而弓不落也○殷音隱不隊直類反○【重言】謂之國工三十二篇一廬人一

輿人為車輪崇車廣衡長參如一謂之參稱稱猶等也車輿也衡亦長容兩服○稱尺證反注同參分車廣去一以為隧兵車之隧四尺四寸鄭司農云隧謂車輿深也讀如鑽燧改火之燧玄謂讀如邃宇之邃○隧雖遂反注邃遂同又音遂注燧同鑽作官反參分其隧一在前二在後以揉其式兵車之式深尺四寸三分寸之二○【重言】一在前二在後二矢人一又廬人二一在前一在後

以其廣之半爲之式崇兵車之式高三尺三寸以其隧之半爲之較崇較兩輢上出式者兵車自較而下凡五尺五寸故書較作榷杜子春云榷當爲較○較古孝反輢於綺反劉於既反下同榷音角六分其廣以一爲之軫圍軫輿後橫者也兵車之軫圍尺一寸參分軫圍去一以爲式圍兵車之式圍七寸三分寸之一參分式圍去一以爲較圍兵車之較圍四寸九分寸之八參分較圍去一以爲軹圍兵車之軹圍三寸二十七分寸之七軹輢之植者衡者也与轂末同名○植直吏反下同參分軹圍去一以爲轛圍兵車之轛圍二寸八十一分寸之十四轛式之植者衡者也鄭司農云轛讀如繫綴之綴謂車輿軨立者也立者爲轛橫者爲軹書轛或作軨玄謂轛者以其鄉人爲名○轛音對又張歲反李一音郭回反綴張歲反軨劉音領又音零下同鄉許亮反圜者中規方者中矩立者中縣衡者中水直者如生焉繼者如附焉治材居何如此乃善也如生如木從地生如附如附枝之弘殺也○中丁仲反下皆同殺色界反凡居材大與小無并大倚小則摧引之則絕并偏邪相就也用力之時其大并於小者小者強不堪則摧也其小并於大者小者力不堪則絕爲也○邪如字舊音據并如字又必政反邪似嗟反棧車欲弇其

冬官己上　十一　卷八

無革鞔不堅易坼壞也士乘棧車。棧士板反劉才產反弇劉於驗反又於檢反爲于僞反鞔莫干反易以豉反坼勑白反飾

車欲侈飾車謂革鞔輿也大夫以上革鞔輿故書侈作移杜子春云當爲侈

輈人爲輈輈車轅也詩云五楘梁輈。輈張留反方言一云楚衛之間轅謂之輈楘莫卜木又作鞪音同輈有

三度輈有三理〔音〕目下事度深淺之數。輈有三理一下文一〔重〕國馬之輈深四尺

有七寸國馬謂種馬戎馬齊馬道馬高八尺兵車乘車軹崇三尺有三寸加軫與轐七寸又并此輈深則衡高八尺七寸也除馬之高則除七寸爲衡頸之間也鄭司農云深四尺七寸謂轅曲中。種章勇反齊側皆反轐音卜舊方木反又音僕田

馬之輈深四尺田車軹崇三尺一寸半并此輈深而七尺一寸半今田馬七尺衡頸之間亦七寸則軫與轐五寸半則衡高七尺七寸。〔音〕深四尺二匠人一駑馬之輈深三尺有三寸輪軹與軫轐大小之減率寸半也則駑馬之車軹崇三尺加軫與轐四寸又并此輈深則衡高六尺七寸也今駑馬七八尺除馬之高則衡頸之間亦

七寸。咸本又作減同洽斬反率音類又音律下同軸有三理一者以爲媺也無節目也二者

以爲久也堅刃也三者以爲利也滑密軓前十尺而策半之謂輈軓以前之長也策御者之策也十或作七合七爲弦四尺七寸爲鉤以求其股股則短矣七非也鄭司農云軓謂式前也書或

作軓玄謂軓是軓法也謂輿下三面之材輢式之所尌持車正也。軓劉音犯注同軓音犯尌音樹 凡任木目車持任之材 任正者十分其輈之長以其一爲之圍衡任者五分其長以其一爲之圍小於度謂之無任任正者謂輿下三面材持車正者也輈軓前十尺與隧四尺四寸凡丈四尺四寸則任正之圍尺四寸五分寸之二衡任者謂兩軛之間也兵車乘車衡圍一尺三寸五分寸之一無任言其不勝任。隧鏟遂又軛於革反勝音升【重言】以其一爲之圍二並見此音又函人以其長爲之圍。五分其長四矢人盧人車人各一謂之無任一後見匠人。五分其軫間以其一爲之軸圍軸圍亦一尺三寸五分寸之一與衡任相應 十分其輈之長以其一爲之當兔之圍輈當伏兔者也亦圍尺四寸五分寸之二與任正者相應 參分其兔圍去一以爲頸圍頸前持衡者圍九寸十五分寸之九 五分其頸圍去一以爲踵圍踵後承軫者也圍七寸七十五分寸之五十一 凡揉輈欲其孫而無弧深孫順理也杜子春云弧讀爲淨而不行之汙玄謂弧木弓也凡弓引之中參中參深之極也揉輈之倨句如二可也如二則深深傷其力。孫音遜注同弧音胡杜音烏汙李音烏一音紆 今夫大車之轅摯其登又難既克其登其覆車也必易此無故唯轅直且無橈也大車牛車也摯輖也登上阪也克能也○大音旨符摯音竹二反覆芳服反易以豉反下注之易諭易同輖音周一音弔或竹二反上時掌反下皆上也是故大車平地既節軒摯之任及其登阤不伏其轅必縊其牛此無故唯轅直且無橈也阤陂也故書伏作偪杜子春云偪亦作伏○縊一賜反劉一計反偪音逼故登阤者倍任者也猶能以登及其下阤也不援其邸必緧其牛後此無故唯轅直且無橈也倍任用力倍也故書緧作鰌鄭司農云鰌讀為緧關東謂紂為緧緧鰌魚字○援音袁邸丁禮反緧音秋鰌音秋與緧同是故輈欲頎典頎典堅刃貌鄭司農云頎讀為懇典讀為殄駟車之轅率尺所一縛懇典似謂此也○頎苦很反典音殄又勑殄反注同輈深則折淺則負揉之大深傷其力馬倚之則折也揉之淺則馬善負之○倚於起反輈注則利準利準則久和則安故書準作水鄭司農云注則利水謂轅脊上兩注令水去利也玄謂利水重讀似非也注則利謂輈之揉者形如注星則利也準則久謂輈之在輿下者平如準則能久也和則安注與準者和人乘之則安○準音水又如字下及注皆同重直用反又直龍反輈欲弧而無折經而無絕揉輈大深則折也經亦謂順理也進則與馬謀

退則與人謀言進退之易与人馬之意相應馬行主於進人則有當留退時終日馳騁左不楗故書楗作券鄭司農云楗讀爲蹇左面不便馬苦蹇輈調善則馬不蹇蹇也書楗或作券玄謂券今倦字也輈和則久馳騁載在左者不罷倦尊者在左○楗杜音蹇鄭音倦便婢面反罷音皮行數千里馬不契需鄭司農云契讀爲爰契我龜之契需讀爲畏需之需謂不傷蹄不需道里○契苦結反注同需音須又乃乱反注同終歲御衣衽不敝衽謂裳也○衽而甚反又而鴆反此唯輈之和也和則安是以然也謂進則与馬謀而下勸登馬力登止也輈和勸馬用力馬力既竭輈猶能一取焉馬止輈尚能一前取道喻易進良輈環灂自伏兔不至軓七寸軓中有灂謂之國輈伏兔至軓蓋如式深兵車乘車式深尺四寸三分寸之二灂不至軓七寸則是半有灂也輈有筋膠之被用力均者則灂遠鄭司農云灂讀爲灂酒之灂環灂謂漆沂鄂如環○灂子肖反李音在孝反被皮寄反沂魚巾反鄂五各反軫之方也以象地也蓋之圜也以象天也輪輻三十以象日月也蓋弓二十有八以象星也輪象日月者以其運行也日月三十日而合宿龍旂九斿以象大火也交龍爲旂諸侯之所建也大火蒼龍宿之心其屬有尾尾九星○斿音留宿音秀下同鳥旟七

斿以象鶉火也鳥隼爲旟州里之所建鶉火朱鳥宿之柳其屬有星星七星熊旗六斿以象伐也熊虎爲旗師都之所建伐屬白虎宿與參連體而六星○象伐如字劉扶發反參所林反龜蛇四斿以象營室也龜蛇爲旐縣鄙之所建營室玄武宿與東壁連體而四星○東壁音壁弧旌枉矢以象弧也覲礼曰侯氏載龍旂弧韣則旌旗之屬皆有弧也弧以張縿之幅有衣謂之韣又爲設枉矢象弧星有矢也妖星有枉矢者蛇行有毛目此云枉矢蓋畫之○韣音獨縿所銜反本又作縿同爲于僞反攻金之工築氏執下齊冶氏執上齊鳧氏爲聲㮚氏爲量段氏爲鎛器桃氏爲刃多錫爲下齊大刃削殺矢鑒燧也少錫爲上齊鍾鼎斧斤戈戟也聲鍾錞于之屬量豆區鬴也鎛器田器錢鎛之屬刃大刃刀劍之屬○齊才細反下及注皆同段丁亂反削如字李音笑下同燧音遂錞音淳區烏侯反鬴音輔錢子淺反○重言攻金之工上一前見考工序○㮚氏爲量二後見㮚氏○重意鳧氏爲鳧氏爲鍾金有六齊目和金之品數六分其金而錫居一謂之鍾鼎之齊五分其金而錫居一謂之斧斤之齊四分其金而錫居一謂之戈戟之齊參分其金而錫居一謂之大刃之齊五分其金而錫

居二謂之削殺矢之齊金錫半謂之鑑燧之齊鑑燧取水火於
日月之器也鑑亦鏡也凡金多錫則忍白且明也○則忍音刃○重言而錫居一四竝見此章
築氏爲削長尺博寸合六而成規今之書刀欲新而無窮謂其
利也鄭司農云常如新无窮已敝盡而無惡鄭司農云謂鋒鍔俱盡不偏索也玄謂刃也脊也其金如一雖至敝
尽无瑕惡也○鍔五各反
冶氏爲殺矢刃長寸圍寸鋌十之重三垸殺矢與戈戟異齊而同其工似
補脫誤在此也殺矢用諸田獵之矢也鋌讀如麥秀鋌之鋌鄭司農云鋌箭足入槀中者也垸量名讀爲丸○鋌徒頂反垸音丸齊
才細反○槀古老反○重言刃長寸圍寸鋌十之重三垸一矢人戈廣二寸內倍之胡三之
援四之戈今句孑戟也或謂之雞鳴或謂之擁頸內謂胡以內接柲者也長四寸胡六寸援八寸鄭司農云援直刃也
胡其孑○句古侯反下句以同柲音秘已倨則不入已句則不決長內則折
前短內則不疾戈句兵也主於胡也已倨謂胡微直而邪多也以啄人則不入已句謂胡曲多也以啄人則創
不決胡之曲直鋒本必橫而取圜於磬折前謂援也內長則援短援短則曲於磬折曲於磬折則引之与胡竝鉤內短則援長援長

則倨於磬折倨於磬折則引之不疾○邪似嗟反啄丁角反擿劉垂孟反又如字拵之設反是故倨句外博
博廣也倨之外胡之裏也句之外胡之表也廣其本以除四病而便用也俗謂之曼胡似此○便婢面反曼莫干反重三
鋝鄭司農云鋝量名也讀爲刷玄謂許叔重說文解字云鋝鍰也今東萊稱或以大半兩爲鈞十鈞爲環環重六兩大半兩鍰鋝
似同矣則三鋝爲一斤四兩○鋝色劣反又音劣或音環鍰戶關反又于眷反稱尺證反戟廣寸有半寸内
三之胡四之援五之倨句中矩與刺重三鋝戟今三鋒戟也内長四寸
半胡長六寸援長七寸半三鋒者胡直中矩言正方也鄭司農云刺謂援也玄謂刺者著柲直前如鐏者也戟胡橫貫之胡中矩則
援之外句磬折与○中丁仲反注同刺七賜反注同著直略反鐏徂悶反劉祖悶反折与音餘
桃氏爲劍臘廣二寸有半寸臘謂兩刃○臘力闔反一音獵李魯頰反○重意輈人桃氏爲
刃兩從半之鄭司農云謂劍脊兩面殺趨鍔以其臘廣爲之莖圍長倍之
鄭司徒云莖謂劍夾人所握鐔以上也玄謂莖在夾中者莖長五寸○莖戶耕反夾古叶反又古洽反下同鐔戚音淫徐劉音尋一
音徒南反中其莖設其後鄭司農云謂穿之也玄謂從中以卻稍大之也後大則於把易制○把劉音百霸戚必
雅反易以豉反參分其臘廣去一以爲首廣而圍之首圍其徑一寸三分寸之

二身長五其莖長重九鋝謂之上制上士服之身長四其莖長重七鋝謂之中制中士服之身長三其莖長重五鋝謂之下制下士服之上制長三尺重三斤十二兩中制長二尺五寸重二斤十四兩三分兩之二下制長二尺重二斤一兩三分兩之一此今之匕首也人各以其形貌大小帶之此士謂國勇力之士能用五兵者也樂記曰武王克商裨冕搢笏而虎賁之士說劍○裨婢支反劉音甲笏音忽賁音奔說吐活反劉詩悅反○重言謂之上制上士服之謂之中制中士服之謂之下制下士服之並見弓人

鳧氏爲鍾兩欒謂之銑故書欒作樂杜子春云當爲欒書亦或爲欒欒銑鍾口兩角○欒本又作鸞力端反銑蘇典反○重言鳧人鳧氏爲声銑間謂之于于上謂之鼓鼓上謂之鉦鉦上謂之舞此四名者鍾體也鄭司農云于鍾脣之上祛也鼓所擊處○鉦音征祛丘書反徐丘庶反舞上謂之甬甬上謂之衡此二名者鍾柄○甬音勇鍾縣謂之旋旋蟲謂之幹旋屬鍾柄所以縣之也鄭司農云旋蟲者旋以蟲爲飾也玄謂今時旋有蹲熊盤龍辟邪○旋如[illegible]李宣大反蹲音存盤畔干反辟必亦反邪似嗟反鍾帶謂之篆篆間謂之枚枚謂之景

帶所以介其名也介在于鼓鉦舞甬衡之間凡四鄭司農云枚鍾乳也玄謂今時鍾乳俠鼓與舞每處有九面三十六。篆直轉反

于上之攠謂之隧攠所擊之處攠弊也隧在鼓中窐而生光有似夫隧攠音摩。劉亡奇反又莫賀反隧音遂窐劉烏華反徐於蛙反又於圭反夫音符

十分其銑去二以爲鉦以其鉦爲之銑間去二分以爲之鼓間以其鼓間爲之舞脩去二分以爲舞廣此言鉦之徑居銑徑之八而銑間與鉦之徑相應鼓間又居銑徑之六與舞脩相應舞脩舞徑也舞上下促以橫爲脩從爲廣舞廣四分今亦去徑之二分以爲之間則舞間之方恒居銑之四也舞間方四則鼓間六亦其方也鼓六鉦六舞四此鍾口十者其長十六也鍾之大數以律爲度廣長與圜徑假設之耳其鑄之則各隨鍾之制爲長短大小也凡言間者亦爲從篆以介之鉦間亦當六今時鍾或無鉦間。從子容反下同

以其鉦之長爲之甬長并衡數也。數色主反

以其甬長爲之圍參分其圍去一以爲衡圍衡居甬上又小。【重言】參分其圍去一見廬人

參分其甬長二在上一在下以設其旋今衡居一分則參分旋亦二在上一在下以旋當甬之中央是其主。【重言】二在上一在下前見輪人廬人車人一在前一在後

薄厚之所震動清濁之所由出侈弇之所由興有說

說猶意也故書侈作移鄭司農云當爲侈○說徐始銳反注同鍾已厚則石大厚則聲不發大音泰劉音他賀反下同已薄則播大薄則聲散侈則柞柞讀爲咋咋然之咋聲大外也○柞側百反注咋同弇則鬱聲不舒揚長甬則震鍾掉則聲不正○掉徒弔反是故大鍾十分其鼓間以其一爲之厚小鍾十分其鉦間以其一爲之厚言若此則不石不播也鼓鉦之間同方六而今宜異又十分之一猶大厚皆非也若言鼓外鉦外則近之鼓外二鉦外一○近附近之近○重言以其一爲之厚二見磬氏鍾大而短則其聲疾而短聞淺則躁躁易竭也○聞音問下同易以豉反○重言後見韗人鍾字作鼓字鍾小而長則其聲舒而遠聞深則安安難息○重言後見韗人鍾字作鼓字又梓人其聲清揚而遠聞爲遂六分其厚以其一爲之深而圜之厚鍾厚深謂窐之也其窐圜故書圜或作圍杜子春云當爲圜鳧氏爲量改煎金錫則不耗消湅之精不復減也鳧古文或作歷玄謂量當與鍾鼎同齊工異若大器○消湅音練下同復扶又反咸俗斬反本亦作減齊才計反○重言鳧氏爲量二前見輈人不耗然後權之權謂稱分之也雖異法用金必齊○稱尺證反權之然後準之準故書或作水杜子春云當爲水金

器有孔者水入孔中則當重也玄謂準擊平正之又當齊大小準之然後量之鑄之於法中也量謂如量人之
量量之以為鬴深尺內方尺而圜其外其實一鬴以其容為
之名也四升曰豆四豆曰區四區曰鬴鬴六斗四升也鬴十則鍾方尺積千寸於今粟米法少二升八十一分升之二十二其數必
容鬴此言大方耳圜其外者為之脣其臀一寸其實一豆故書臀作脣杜子春云當為臀臀謂覆之其
底深一寸也○臀徒門反徐劉徒恩反覆芳服反其耳三寸其實一升耳在旁可舉也重一
鈞重三十斤其聲中黃鍾之宮應律之首○中丁仲反應應對之應概而不稅鄭司
農云今百姓得以量而不租稅○概古愛反其銘曰時文思索允臻其極銘刻之也時是
也允信也臻至也極中也言是文德之君思求可以為民立法者而作此量信至於道之中○索所白反求也臻側巾反為于偽反
嘉量既成以觀四國以觀示四方使放象之○觀古亂反示也又如字注同放方往反永啟
厥後茲器維則永長也厥其也茲此也又長啓道其子孫使法則此器長用之○道音導凡鑄金
之狀故書狀作壯杜子春云當為狀謂鑄金之形狀金與錫黑濁之氣竭黃白次之
黃白之氣竭青白次之青白之氣竭青氣次之然後可

鑄也消湅金錫精麤之候

段氏闕

函人爲甲犀甲七屬兕甲六屬合甲五屬屬讀如灌注之注謂上旅下旅札續之數也革堅者札長鄭司農云合甲削革裏肉但取其表合以爲甲○屬之樹反下及注同合如字舊音閤注同

犀甲壽百年兕甲壽二百年合甲壽三百年革堅者壽又音受凡爲甲必先爲容服者之形容也鄭司農云容謂象式然後制革裁制札之廣袤權其上旅與其下旅而重若一鄭司農云上旅謂要以上下旅謂要以下○要於遥反下同以其長爲之圍圍謂札要廣厚○䩛人以其一爲之圍

重意

凡甲鍛不摯則不堅已敝則橈鄭司農云鍛鍛革也摯謂質也鍛革大孰則革敝無強曲橈也玄謂摯之言致○鍛丁亂反摯音至大音泰熟劉菟鐵反致直置反下同凡察革之道眡其鑽空欲其惌也鄭司農云惌小孔貌惌讀爲宛彼北林之宛○鑽作官反空音孔又如字下同惌於阮反或一云司農音鬱眡其裏欲其易也无敗藏也○易以豉反下同藏音藏本或作藏眡其朕欲其直也鄭司農云朕謂革制○朕直忍反橐

之欲其約也鄭司農云謂卷置櫜中也春秋傳曰櫜甲而見子南○櫜音羔劉古道反卷眷勉反下文同舉而眡之欲其豐也豐大衣之欲其無齘也鄭司農云齘謂如齒齘○衣於既反齘戶界反○【重意】輪人進而眡之下篇望而眡之眡其鑽空而窓則革堅也眡其裏而易則材更也眡其朕而直則制善也櫜之而約則周也舉之而豐則明也衣之無齘則變也周密致也明有光耀鄭司農云更善也變隨人身便利更音庚便婢面反

鮑人之事鮑故書或作鞄鄭司農云蒼頡篇有鞄究○鞄匹孝反劉音日樸頡戶結反究人兗反望而眡之欲其荼白也韋革遠視之當如茅莠之色○荼音徒莠音酉又音秀○【重意】輪人進而眡之上篇舉而眡之進而握之欲其柔而滑也謂親手煩撋之○撋人專反劉而垂反或如詢反卷而摶之欲其無迆也鄭司農云卷讀為可卷而懷之之卷摶讀為縳一如瑱之縳謂卷縳韋革也迆讀為既建而迆之之迆無迆謂革不韢○摶直轉反或除面反下同縳直轉反瑱他見反本或作顛音同韢音畫又許皮反眡其著欲其淺也鄭司農云謂郭韋革之札入韋革淺緣其邊也玄謂韋革調善者鏞著之雖厚如薄然○著直略反

下眡其𥿋者同札側八反劉側列反鋪普吳反又音孚著之直略反又丁略反察其線欲其藏也故書線或作綜杜子春云綜當爲系旁泉讀爲絤謂縫革之縷。○線思賤反注絤同革欲其荼白而疾澣之則堅鄭司農云韋革不欲久居水中○澣戶管反欲其柔滑而腥脂之則需故書需作剽鄭司農云腥讀如沾渥之渥剽讀爲柔需之需謂厚脂之韋革柔需○腥於角反劉音屋需人兖反注同剽而髓反又人兖反渥於角反引而信之欲其直也信之而直則取材正也信之而枉則是一方緩一方急也若苟一方緩一方急則及其用之也必自其急者先裂若苟自急者先裂則是以博爲帴也鄭司農云帴讀爲翦謂以廣爲狹也玄謂翦者如俴淺之俴或者讀爲羊豬戔之戔○信音申劉音新下皆同帴音踐或山箭反俴音踐劉仕顯反戔劉音箭呂兖反依字才冊反字林昨善反沈云馬融云音淺于寶爲淺與周易戔戔之字同亦音素干反不知其義或云字則如沈釋而羊豬戔之語未見出處俗謂羊豬脂爲刪音素干反宜取此乎案周礼注戔餘字本多作戔宜依殘音卷而摶之而不迆則厚薄序也序舒也謂其革均也眡其著而淺則革信也信無縮緩察其線而藏則雖敝不甐居甐故

書或作𦆟鄭司農云𦆟讀爲磨礲之礲謂韋革縫縷沒藏於韋革中則雖敝縷不傷也○𦆟音文或作𦆟音同注同

韗人爲皐陶鄭司農云韗書或爲𩌦皐陶鼓木也玄謂韗者以皐陶名官也鞠則陶字從革○韗况萬反衆家並音運鞠音陶徒刀反長六尺有六寸左右端廣六寸中尺厚三寸版中廣頭狹爲穹隆也鄭司農云謂鼓木一判若其兩端廣六寸而其中央廣尺也如此乃得有腹○穹此弓反下同○【音】長六尺有六寸二弓人弓長六尺有六寸穹者三之一鄭司農云穹讀爲志無空邪之空謂鼓木腹穹隆者居鼓三之一也玄謂穹讀如穹蒼之穹穹隆者居鼓面三分之一則其鼓四尺者版穹一尺三寸三分寸之一也倍之爲二尺六寸三分寸之二加鼓四尺穹之徑六尺六寸三分寸之二也此鼓合二十版○邪似嗟反上三正鄭司農云謂兩頭一平中央一平也玄謂三讀當爲參正直也參直者穹上一直兩端又直各居二尺二寸不弧曲也此鼓兩面以六鼓差之賈侍中云晉鼓大而短近晉鼓也以晉鼓鼓金奏○二音參七南反近附近之近鼓長八尺鼓四尺中圍加三之一謂之鼖鼓中圍加三之一者加於面之圍以三分之一也面四尺其圍十二尺加以三分一四尺則中圍十六尺徑五尺三寸三分寸之一也今亦合二十版則版穹六寸三分寸之二耳大鼓謂之鼖以鼖鼓鼓軍事鄭司農云鼓四尺謂革所蒙者廣四尺○賁扶云反本或作鼖又作𪔛皆同爲皐鼓長尋有四尺鼓四尺

倨句磬折（以臯鼓鼓役事磬折中曲之不參正也中圍与鼖鼓同以磬折爲異）凡冒鼓必以啓蟄之日（啓蟄孟春之中也蟄虫始聞雷聲而動鼓所取象也冒蒙鼓以革）良鼓瑕如積環（革調急也）鼓大而短則其聲疾而短聞（〇聞音問下同）鼓小而長則其聲舒而遠聞（重言鼓大而短至遠聞四句前見鳧氏篇鼓作鍾字又旋人其聲清揚而遠聞）

韋氏（闕）

裘氏（闕）

畫繢之事雜五色東方謂之青南方謂之赤西方謂之白北方謂之黑天謂之玄地謂之黃青與白相次也赤與黑相次也玄與黃相次也（此言畫繢六色所象及布采之第次繢以爲衣）青與白謂之文赤與白謂之章白與黑謂之黼黑與青謂之黻五采備謂之繡（此言刺繡采所用繡以爲裳）土以黃其象方天時變（古人之象无天地也爲此記者見時有之耳子家駒曰天子僭天意亦是也鄭司農云天時變謂畫天隨四時色）火以

圜鄭司農云爲圜形似火也玄謂形如半環然在裳○圜音環山以章章讀爲獐獐山物也在衣齊人謂麇爲獐麇俱倫反○獐音章水以龍龍水物在衣鳥獸蛇所謂華蟲也在衣蟲之毛鱗有文采者雜四時五色之位以章之謂之巧章明也繢繡皆用五采鮮明之是爲巧凡畫繢之事後素功素白采也後布之爲其易漬汙也不言繡繡以絲也鄭司農說以論語曰繢事後素○爲于僞反易以豉反

互註 書益稷篇予欲觀古人之象日月星辰山龍華蟲作會宗彝藻火粉米黼黻絺繡以五采彰施于五色作服汝明

鍾氏染羽以朱湛丹秫三月而熾之鄭司農云湛漬也丹秫赤粟玄謂湛讀如漸車帷裳之漸熾炊也羽所以飾旌旗及王后之車○湛子潛反或子鴆反又音鴆秫音述漸子潛反下帷漸同淳而漬之淳沃也以炊下湯沃其熾烝之以漬羽漬猶染也○淳章均反注及下同三入爲纁五入爲緅七入爲緇染纁者三入而成又再染以黑則爲緅緅今禮俗文作爵言如爵頭色也又復再染以黑乃成緇矣鄭司農說以論語曰君子不以紺緅飾又曰緇衣羔裘爾雅曰一染謂之縓再染謂之赬三染謂之纁詩云緇衣之宜兮玄謂此同色耳染布帛者染人掌之凡玄色者在緅緇之間其六入者與○纁許云反緅側留反劉祖侯反復扶又反紺古闇反縓倉絹反范倉亂反赬勑貞反本又作經亦作䞓與音餘

筐人闕

㡛氏湅絲以涚水漚其絲七日去地尺暴之（故書涚作湄鄭司農云湄水温水也玄謂涚水以灰所泲水也漚漸也楚人曰漚齊人曰涹○㡛音荒湅音練下同涚書銳反漚烏豆反李又烏侯反暴步卜反劉步莫反下同湄音眉劉音眉一音奴短反泲子礼反涹烏禾反又於偽反一音乃罪反）晝暴諸日夜宿諸井七日七夜是謂水湅【言】（宿諸井縣井中○四句並見篇末）【重】湅帛以欄為灰渥淳其帛實諸澤器淫之以蜃（渥讀如繒人渥菅之渥以欄木之灰漸釋其帛也杜子春云淫當為湛鄭司農云澤器謂滑澤之器蜃謂炭也士冠礼曰素積白屨以魁柎之說曰魁蛤也周官亦有白盛之蜃蜃蛤也玄謂淫傅粉之令帛白蛤今海旁有焉○欄音練李又來戰反或音蘭渥烏豆反与漚同注渥菅同蜃常軫反繒似陵反菅古顏反湛子潛反冠古乱反屨九具反魁苦迴反又作魁柎方于反蛤古盍反粉如字劉方問反）清其灰而盝之而揮之（清澄也於灰澄而出盝晞之晞而揮去其蜃○盝音鹿揮音揮去起呂反）而沃之而盝之而塗之而宿之（更渥淳之）明日沃而盝之（朝更沃至夕盝之又更沃至旦盝之亦七日如漚絲也○朝朝此一字張遥反餘皆朝廷之朝）晝暴諸日夜宿諸井七日七夜是謂水湅

互註周禮卷第十一

纂圖互註周禮卷第十二

冬官考工記下　　周禮　　鄭氏註

玉人之事鎮圭尺有二寸天子守之命圭九寸謂之桓圭公守之命圭七寸謂之信圭侯守之命圭七寸謂之躬圭伯守之命圭者王所命之圭也朝覲執焉居則守之子守穀璧男守蒲璧不言之者闕耳故書或云命圭五寸謂之躬圭杜子春云當爲七寸玄謂五寸者璧文之闕亂存焉○信音身朝直遥反下皆同天子執冒四寸以朝諸侯名玉曰冒者言德能覆蓋天下也四寸者方以尊接卑以小爲貴天子用全上公用龍侯用瓚伯用將鄭司農云全純色也龍當爲尨尨謂雜色玄謂全純玉也瓚讀爲饡餐之饡龍瓚將皆雜名也卑者下尊以輕重爲差玉多則重石多則輕公侯四玉一石伯子男三玉二石○龍莫江反瓚才旱反下同司農音讚將如字劉音陽餐食之然反餐作旦反下餕遵嫁反繼子男執皮帛謂公之孤也見禮於子男執贄用束帛而以豹皮表之爲飾天子之孤表帛以虎皮此說玉及皮帛者遂言見天子之用贄○見禮賢遍反下同天子圭中必必讀如鹿車縪之縪謂以組約其中央爲執之以備失隊○必府結反縪如字縪劉府結反沈音畢一云劉音畀也案此俗今猶

有此語音如劉音蓋古語乎劉音未失紅約如字劉阿駁反爲于僞反隊直類反

四圭尺有二寸以祀天郊天所以禮其神也典瑞職曰四圭有邸以祀天旅上帝○邸丁禮反又音帝下文同○【重意】春官典瑞四圭有邸以祀天旅上帝

大圭長三尺杼上終葵首天子服之王所搢大圭也或謂之珽終葵椎也爲椎於其杼上明无所屈也杼閷也相玉書曰珽玉六寸明自炤○杼直呂反上砒頂反椎直追反下同閷色界反劉色例反殺字之異者本或作殺下取殺殺文同相息亮反炤音照

土圭尺有五寸以致日以土地致日度景至不夏日至之景尺有五寸冬日至之景丈有三尺土猶度也建邦國以度其地而制其域○景度待洛反此下注同○【重意】典瑞土圭以致四時日月封國則以土地

祼圭尺有二寸有瓚以祀廟祼之言灌也或作淉或作課祼謂始獻酌奠也瓚如盤其柄用圭有流前注○祼古亂反注淉果皆同○【重意】典瑞祼圭有邸以祀先王

琬圭九寸而繅以象德琬猶圜也王使之瑞節也諸侯有德王命賜之使者執琬圭以致命焉繅藉也○繅於阮反繅音早使所吏反下同藉慈夜反○【重意】典瑞琬圭以治德

琰圭九寸判規以除慝以易行凡圭琰上寸半琰圭琰半以上又半爲瑑飾諸侯有爲不義使者征之執以爲瑞節也除慝誅惡逆也易行去煩苛○琰餘冉反慝吐得反易以豉反又音亦吹也行音下孟反注同以上時掌反瑑直寸反去起呂反苛音何○【重意】典瑞

球以易行以除慝璧羨度尺好三寸以爲度鄭司農云羨徑也好璧孔也爾雅曰肉倍
好謂之璧好倍肉謂之瑗肉好若一謂之環玄謂羨猶延其袤一尺而廣狹焉○羨以善反延也又音錢徑也好呼報呼老二反注
同肉而又而育二反下同瑗于眷反劉于願反袤音茂○重意典瑞璧羨以起度圭璧五寸以祀日
月星辰祀天神也圭其邸爲璧取殺於上帝○重意典瑞圭璧以祀日月星辰璧琮九寸諸侯
以享天子享獻也聘禮享君以璧享夫人以琮○琮才宗反穀圭七寸天子以聘
女納徵加於束帛○重意典瑞穀圭以和難以聘女大璋中璋九寸邊璋七寸射四
寸厚寸黃金勺青金外朱中鼻寸衡四寸有繅天子以
巡守宗祝以前馬射琰出者也勺故書或作約杜子春云當爲勺謂酒尊中勺也鄭司農云鼻謂勺龍
頭鼻寸也衡謂勺柄龍頭也玄謂鼻勺流也凡流皆爲龍口也衡古文横假借字也衡謂勺徑也三璋之勺形如圭瓚天子巡守有事
山川則用灌焉於大山川則用大璋加文飾也於中山川用中璋殺文飾也於小山川用邊璋半文飾也其祈沈以馬宗祝亦執勺
以先之禮王過大山川則大祝用事焉將有事於四海山川則校人飾黃駒○射食亦反注及下注同勺上酌反注同衡音横注衡
謂並同祈沈如字劉居綺反小爾雅曰祭山川曰祈沈案爾雅祭山曰庪縣祭川曰浮沈祈音九委反今讀宜依爾雅音大祝音泰

校古殺反。下文采一下寸厚寸重意大璋亦如之諸侯以聘女亦納徵加於束帛也大璋者以
大璋之文飾之也亦如之者如邊璋七寸射四寸瑑圭璋八寸璧琮八寸以覜聘
瑑文飾也覜視也聘問也衆來曰覜特來曰聘礼曰凡四器者唯其所寶以聘可也○覜吐弔反牙璋中璋七
寸射二寸厚寸以起軍旅以治兵守二璋皆有鉏牙之飾於琰則先言牙璋有
文飾也○鉏劉李側魚反沈徐加反○互牙璋以起軍旅以治兵守一典瑞重駔琮五寸宗后以爲
權駔讀爲組以組繫之因名焉鄭司農云以爲稱錘以起量○駔音祖稱尺證反錘直爲反劉直危反大琮十有
二寸射四寸厚寸是謂內鎮宗后守之如王之鎮圭也射其外鉏牙駔
琮七寸鼻寸有半寸天子以爲權鄭司農云以爲權故有鼻也兩圭
五寸有邸以祀地以旅四望邸謂之柢有邸僢共本也○柢音帝劉作柢丁古反僢昌絹反
重意典瑞兩圭有邸以祀地旅四望瑑琮八寸諸侯以享夫人獻於所朝聘君之夫人也
十有二寸棗㮚十有二列諸侯純九大夫純五夫人以
勞諸侯純猶皆也鄭司農云安棗一云安棗也夫人天子夫人飾棗也大人王后也說時諸侯僭稱王而夫人之號不別

是以同王后於夫人也玉案十二以爲列王后勞朝諸侯皆九列聘大夫皆五列則十有二列者勞二王之後也棗㮚實於器乃加於案聘禮曰夫人使下大夫勞以二竹簋方玄被纁裏有蓋其實棗烝㮚擇兼執之以進○勞力報反注同被皮寄反

璋邸射素功以祀山川以致稍餼邸射剡而出也致稍餼造賓客納禀食也鄭司農云素功无瑑飾也餼或作氣杜子春云當爲餼○造七報反○【重言】璋邸射素功以祀山川一典瑞一无素功二字

楖人闕○楖莊筆反本或作櫛

雕人闕○雕音彫本亦作彫

磬氏爲磬倨句一矩有半必先度一矩爲句一矩爲股而求其弦既而以一矩有半觸其弦則磬之倨句也磬之制有大小此假矩以定倨句非用其度耳○倨音據句沈音鉤注同劉如字先度待洛反其博爲一博謂股博也博廣也股爲二鼓爲三參分其股博去一以爲鼓博參分其鼓博以其一爲之厚鄭司農云股磬之上大者鼓其下小者所當擊者也玄謂股外面鼓內面也假令磬股廣四寸半者股長九寸也鼓廣三寸長尺三寸半厚一寸○去起呂反令力呈反後皆同○【重言】以其一爲之厚一前見鳧氏

已上則摩其旁鄭司農云磬聲大上則摩鑢其旁玄謂大上聲清也薄而廣則濁○已上

時掌反注同大音泰劉他賀反下同鑢音慮已下則摩其耑大下声濁也短而厚則倩○耑音端劉又音穿本或作

矢人為矢鍭矢參分茀矢參分一在前二在後參訂之而平者前有鐵重也司弓矢職茀當為殺鄭司農云一在前謂箭稾中分坙居參分殺一以前○鍭矢音侯劉音侯茀音殺色黠反劉色例反李音拂訂音亭劉當定反稾古老反下同○重言一在前二在後二五前見輿人又下文二在前三在後廬人車人篇二在前一在後兵矢田矢五分二在前三在後鐵差短小也兵矢謂枉矢絜矢也此二矢亦可以田田矢謂矰矢○絜苦結反又音結矰音增殺矢七分三在前四在後鐵又差短小也司弓矢職殺當為茀○殺依注為茀劉符弗反李音拂參分其長而殺其一矢稾長三尺殺其前一尺令趣鍭也○𣝗本又作殺色界反注下皆同趣七喻反一音促鍭子木反或七木反○重言參分其長二車人一廬人一○而殺其一二一見輪人五分其長而羽其一羽者六寸○羽于付反注及下同○重言五分其長四輪人廬人矢人車人各一以其笴厚為之羽深笴讀為稾謂矢幹古文假借字厚之數未聞○笴古老反下相倚同水之以辨其陰陽辨猶正也陰沉而陽浮○辨皮莧反劉方勉反夾其陰陽

以設其比夾其比以設其羽夾其陰陽者弓矢比在槀兩旁弓矢比在上下設羽於四角鄭司農云比謂括也○夾古洽反劉古協反比毗志反下及注同參分其羽以設其刃刃二寸則雖有疾風亦弗之能憚矣故書憚或作但鄭司農云讀當為憚之以威之憚謂風不能驚憚箭也○憚音怛都旦反李直旦反注同李又直用反刃長寸圍寸鋌十之重三垸刃長寸脫二字鋌一尺○鋌直頂反垸音丸○重音前見治人前弱則俛後弱則翔中弱則紆中強則揚羽豐則遲羽殺則趮言幹羽之病使矢行不正俛低也翔迴顧也紆曲也揚飛也又大也趮旁掉也○趮音躁子到反旁掉也沈又色到反掉徒弔反是故夾而搖之以眡其豐殺之節也今人以指夾矢儛衛是也○搖本又作搖羊昭反橈之以眡其鴻殺之稱也橈搦其幹○橈乃孝反稱尺證反搦女角反凡相笴欲生而摶同摶欲重同重節欲疏同疏欲㮚相猶擇也生謂無瑕蠹也摶讀如摶黍之摶謂圜也鄭司農云欲㮚欲其色如㮚也○相息亮反注同摶徒丸反蠹丁故反

陶人為甗實二鬴厚半寸脣寸盆實二鬴厚半寸脣寸

五三七

甗實二鬴厚半寸脣寸七穿量六斗四升曰鬴鄭司農云甗無底甑○甗魚輦反又音言劉魚建反沈魚偃反一音彥甗甑也鬴音釜○重言厚半寸脣寸六本篇五下篇一鬲實五觳厚半寸脣寸庾實二觳厚半寸脣寸鄭司農云觳讀為斛觳受三斗聘禮記有斛玄謂豆實三而成觳則觳受斗二升庾讀如請益與之庾之庾○鬲音歷觳音斛

旊人為簋實一觳崇尺厚半寸脣寸豆實三而成觳崇尺崇高也豆實四升○旊方往反○重言厚寸半脣寸六上篇五崇尺一凡陶旊之事髻墾薜暴不入市為其不任用也鄭司農云髻讀為刮薜讀為藥黃蘗之蘗暴讀為剝玄謂髻讀為跀墾頓傷也薜破裂也暴墳起不堅致也○髻音括墾苦很反薜卜革反暴蒲剝反注同暴一音剝又音雹或蒲到反又為于偽反任音壬跀劉音月或五刮反一音兀又五活反墳扶粉反致直致反器中膊豆中縣膊讀如車輇之輇既拊泥而轉其均尌膊其側以儗度端其器也縣縣繩正豆之柄○中丁仲反下同膊市專反注輇同縣音玄後皆放此拊音附又方附反尌音樹本又作樹儗疑紀反度待洛反膊崇四尺方四寸凡器高於此則垺不能相勝厚於此則火氣不交因取式焉○垺芳符反又普回反勝音升

梓人爲筍虡，樂器所縣，横曰筍，植曰虡。鄭司農云：筍讀爲竹筍之筍。○筍，息允反，本又作簨。虡音巨。植，直吏反，又特力反。天下之大獸五：脂者，膏者，臝者，羽者，鱗者。脂，牛羊屬；膏，豕屬；臝者，謂虎豹貔螭爲獸淺毛者之屬；羽，鳥屬；龍蛇之屬。○臝，力果反，下同。貔音毗。螭，勑知反。宗廟之事，脂者膏者以爲牲，致美味也。臝者羽者鱗者以爲筍虡。貴野聲也。外骨內骨，卻行仄行，連行紆行，以脰鳴者，以注鳴者，以旁鳴者，以翼鳴者，以股鳴者，以胷鳴者，謂之小蟲之屬，以爲雕琢。刻畫祭器，博庶物也。外骨，龜屬；內骨，鼈屬；卻行，螾衍之屬；仄行，蟹屬；連行，魚屬；紆行，蛇屬；脰鳴，鼃黽屬；注鳴，精列屬；旁鳴，蜩蜺屬；翼鳴，發皇屬；股鳴，蚣蝑動股屬；胷鳴，榮原屬。○卻，并略反，劉去逆反。仄音側。紆，乙俱反，李又香于反。脰音豆，頸也。注，陟又反，劉都豆反，一音之樹反。胷鳴，本亦作骨，又作肖，于本作骨，云敝蛩屬也。賈、馬作胃，賈云：靈蠵也。鄭云：榮原屬也。不知榮原之屬以何鳴。作骨者恐非也。沈云作肖爲得，亦所未詳。蝟音胃，劉本作胷，音凶。琢，丁角反。鼈，必滅反，本又作鱉。螾衍，上羊忍反，下如字。爾雅云：螾衍入耳。郭璞云：蚰蜒也。案此蟲能兩頭行，是卻行。劉云：或作衍蚓。衍音延，今曲蟮也。鼃，戶媧反。黽，其幸反。蜩音條，蟬也。蜺，五兮反，又五歷反，又五結反。蚣，思容反。蝑，思餘反，又思呂反。榮原，如字，原亦作螈，音同，又五丸反。厚脣弇口出目短耳大胷燿後大體短脰若是者謂之羸屬恒有力而不能走其聲大而宏有力而不能走則於任重宜大聲而宏則於鍾宜若是者以為鍾虡是故擊其所縣而由其虡鳴燿讀為哨頎小也鄭司農云宏讀為紘綖之紘謂声音大也由若也○肙於椽反燿所教反劉李并尚交反哨音捎劉李音与燿同沈蘇堯反頎小音須李一音貌○重言若是者五並本篇○而由其虡鳴二下文○走則於任重宜二下文

銳喙決吻數目顅脰小體騫腹若是者謂之羽屬恒無力而輕其聲清陽而遠聞無力而輕則於任輕宜其聲清陽而遠聞於磬宜若是者以為磬虡故擊其所縣而由其虡鳴吻口腃也顅長脰皃故書顅或作牼鄭司農云牼讀為鬜頭无髮之鬜○銳喙況廢反一音昌稅反決如字又烏穴反吻劉無憤反戚亡粉反數劉音促李粗角反顅苦顛反又揩田反李又古慳反又户耕反聞音問下同腃音權牼劉苦顛反又苦田反一音工定反案左傳有華牼音亨苦耕反鬜劉苦顏反吕沈同一云鬢秃也或苦瞎反一音枯竭反○重言其聲清陽而遠聞二下文一又鳧人則其聲舒而遠聞

小首而長摶身而鴻若是者謂

之鱗屬以爲筍摶圜也鳴傭也○摶徒丸反傭勑龍反凡攫閷援簭之類
必深其爪出其目作其鱗之而謂筍虡之獸也深猶藏也作猶起也之而頰頷也○攫俱
博反徐居碧反李又九夫反閷色界反劉色例反援音袁簭音筮頰頷許頯口忽反云秃也劉九本反李又其懇反一音苦紇反又
音混○【重言】出其目作其鱗之而二下文一深其爪出其目作其鱗之而則於
眡必撥爾而怒苟撥爾而怒則於任重宜且其匪色必
似鳴矣匪采貌也故書撥作廢匪作飛鄭司農云廢讀爲撥飛讀爲匪以似爲發○撥必末反沈補末反匪芳鬼反注
下同爪不深目不出鱗之而不作則必穨爾如委矣苟穨
爾如委則加任焉則必如將廢措其匪色必似不鳴矣
措猶頓也故書措作唶杜子春云唶當爲措○穨爾如字穨即頹字李湯過反廢措七故反注同唶劉音錯七洛反又七故反
梓人爲飲器勺一升爵一升觚三升獻以爵而酬以觚
一獻而三酬則一豆矣勺尊升也觚豆字聲之誤觚當爲觶豆當爲斗○勺上灼反注同觚依注
作觶之豉反下同豆依注作斗舊音主亦多口反下一豆酒同觚豆音孤食一豆肉飲一豆酒中

人之食也一豆酒又聲之誤當爲斗凡試梓飲器鄉衡而實不盡梓師罪之鄭司農云梓師罪也衡謂麋衡也曲礼執君器齊衡玄謂衡平也平爵鄉口酒不盡則梓人之長罪於梓人焉○鄉許亮反注同長丁丈反

梓人爲侯廣與崇方參分其廣而鵠居一焉崇高也方猶等也高廣等者謂侯中也天子射礼以九爲節侯道九十弓弓二寸以爲侯中高廣等則天子侯中丈八尺諸侯於其國亦然鵠所射也以皮爲之各如其侯也居侯中參分之一則此鵠方六尺唯大射以皮飾侯大射者將祭之射也其餘有賓射燕射○參分方云反注參分下身居一分同鵠古篤反注下同射食亦反下射三侯下丈射女同○【重言】廣与崇方二後見匠人上兩个與其身三下兩个半之鄭司農云兩个謂布可以維持侯者也上方兩枚与身三設身廣一丈兩个各一丈凡爲三丈下兩个半之傅地故短也玄謂个讀若齊人搚幹之幹上个下个皆謂舌也身躬也鄉射礼記曰倍中以爲躬倍躬以爲左右舌下舌半上舌然則九節之侯身二丈六尺上个七丈二尺下个五丈四尺其制身夾中个夾身在上下各一幅此侯凡用布三十六丈言上个與其身三者明身居一分上个倍之耳亦爲下个半上个出也个或謂之舌者取其出而左右也侯制上廣下狹蓋取象於人也張臂八尺張足六尺是取象率焉○兩个讀爲幹古旦反下及注同李云大鄭依字傳音附手力合反亦爲于僞反率音

類本又作頪又音律上綱與下綱出舌尋縜寸焉綱所以繫侯於植者也上下皆出舌一尋者亦人張手之節也鄭司農云綱連侯繩也縜籠綱者縜讀爲竹中皮之縜舌維持侯者○縜于貧反或尤粉反劉侯大反一音古犬反植直吏反籠龍工反張皮侯而棲鵠則春以功皮侯以皮所飾之侯司裘職曰王大射則共虎侯熊侯豹侯設其鵠謂此侯也春讀爲蠢蠢作也出也天子將祭必與諸侯羣臣射以作其容體出其合於礼樂者與之事鬼神焉○棲音西春出允反張五采之侯則遠國屬五采之侯謂以五采畫正之侯也射人職曰以射法治射儀王以六耦射三侯三獲三容樂以騶虞九節五正下曰若王大射則以狸步張三侯明此五正之侯非大射之侯明矣其職又曰諸侯在朝則皆北面遠国屬者若諸侯朝會王張此侯與之射所謂賓射也正之方外如鵠內二尺五采者內朱白次之蒼次之黃次之黑次之其侯之飾又以五采畫雲氣焉○畫正音征下皆同獲如字下皆同或音胡化反張獸侯則王以息燕獸侯畫獸之侯也鄉射記曰凡侯天子熊侯白質諸侯麋侯赤質大夫布侯畫以虎豹士布侯畫以鹿豕凡畫者丹質是獸侯之差也息者休農息老物也燕謂勞使臣若與羣臣閒暇飲酒而射○勞力報反使色吏反祭侯之禮以酒脯醢謂司馬實爵而獻獲者于侯薦脯醢折俎獲者執以祭侯○折之設反其辭曰惟若寧侯若猶女也寧安也謂先有功德其鬼有神○女音汝下文并注同毋或若女不寧

侯不屬于王所故抗而射女或有也若如也屬猶朝會也抗舉也張也○毋音無強飲

強食詒女曾孫諸侯百福○詒遺也曾孫諸侯謂女後世爲諸侯者【強】其丈反下同【詒】羊之反又羊志反遺唯季反【正誤】記射義篇爲人父者以爲父鵠爲人子者以爲子鵠爲人君者以爲君鵠爲人臣者以爲臣鵠故射者各射己之鵠故天子之大射謂之射侯射侯者射爲諸侯也射中則得爲諸侯射不中則不得爲諸侯

廬人爲廬器戈柲六尺有六寸殳長尋有四尺車戟常

酋矛常有四尺夷矛三尋柲猶柄也八尺曰尋倍尋曰常酋夷長短名酋之言遒也酋近夷長也○廬力吳反下同柲音祕殳音殊酋在由反遒在由反或子由反沈慈有反○【重言】戈柲六尺有六寸二○凡殳長尋有四尺二○車戟常二○酋矛常有四尺二並見考工凡兵無過三其身過三其身弗能用

也而無已又以害人人長八尺與尋齊進退之度三尋用兵力之極也而無已不徒止耳故攻

國之兵欲短守國之兵欲長攻國之人衆行地遠食飲

飢且涉山林之阻是故兵欲短守國之人寡食飲飽行

地不遠且不涉山林之阻是故兵欲長言罷羸宜短兵壯健宜長兵○罷音

皮羸劣皮反凡兵句兵欲無彈刺兵欲無蜎是故句兵椑刺兵摶句兵戈戟屬刺兵矛屬故書彈或作但蜎或作絹鄭司農云但讀爲彈丸之彈彈謂掉也絹讀爲悁邑之悁悁謂橈也椑讀爲鼓鼙之鼙玄謂蜎亦掉也謂若井中蟲蜎之蜎齊人謂柯斧柄爲椑則椑隋圜也摶圜也○句劉俱具反沈音鉤下句同彈徒旦反注同刺七賜反注同蜎於全反又於兖反李又烏犬烏玄二反或巨兖反椑薄兮反注鼙同摶徒丸反掉徒弔反悁烏玄反橈乃教反下同蟲蜎巨兖反隋他果反圜音圓毄兵同強舉圍欲細細則校刺兵同強舉圍欲重重欲傳人傳人則密是故侵之攺句言毄容殳無刃同強上下同也舉謂手所操鄭司農云校讀爲絞而婉之絞重欲傳人謂矛柄之大者在人手中者侵之能敵也玄謂校疾也傳近也密審也正也人手操細以毄則疾操重以刺則正然則爲矜句兵堅者在後刺兵堅者在前○校古飽反李又侯巧反傳音附下及注同操七曹反絞古飽反矜巨巾反下同凡爲殳五分其長以其一爲之被而圍之參分其圍去一以爲晉圍五分其晉圍去一以爲首圍凡爲酋矛參分其長二在前一在後而圍之五分其圍去一以爲晉圍參分其晉圍去一以爲刺圍

被把中也圍之圜之也大小未聞凡矜八觚鄭司農云晉謂矛戟下銅鐏也刺謂矛刃胷也玄謂晉讀如王搢大圭之搢矜所捷也首及上鐏也爲戈戟之矜所圍如殳夷矛如酋矛○被皮義反注同去起呂反下同晉如字又音箭把音霸鐏存悶反劉子悶反捷初洽反○【重言】五分其長四輈人矢人車人○三分其圍二㒷氏○三分其長二前見矢人後見車人○一在前一在後一後見車人又輿人矢人一在前二在後

凡試廬事置而搖之以眡其蜎也炙諸牆以眡其橈之均也橫而搖之以眡其勁也置猶樹也炙猶柱也以柱兩牆之間輓而內之本末勝負可知也正於牆牆亟○置如字李直吏反炙音救尌也音樹柱知主反下同輓音晚亟所立反本又作澀又作亟同

六建既備車不反覆謂之國工六建五兵與人也反覆猶軒輖○覆芳復反注同輖音周○【重言】謂之國工二工三輪人二

匠人建國立王國若邦國者水地以縣於四角立植而縣以水望其高下高下既定乃爲位而平地置槷以縣眡以景故書槷或作弋杜子春云槷當爲弋讀爲杙玄謂槷古文臬假借字於所平之地中央樹八尺之臬以縣正之眡之以其景將以正四方也爾雅曰在牆者謂之杙在地者謂之臬○槷魚列反注臬同弋以職反下杙同劉杙音弋則反

爲規識日出之景與日入之景日出日入之景其端則東西正也又

爲規以識之者爲其難審也自日出而書其景端以至日入既則爲規測景兩端之內規之規之交乃審也度兩交之間中屈之以指臬則南北正○爲其于僞反度待洛反晝參諸日中之景夜考之極星以正朝夕日中之景最短者也極星謂北辰○朝如字

匠人營國方九里旁三門營謂丈尺其大小天子十二門通十二子國中九經九緯經涂九軌國中城內也經緯謂涂也經緯之涂皆容方九軌軌謂轍廣乘車六尺六寸旁加七寸凡八尺是爲轍廣九軌積七十二尺則此涂十二步也旁加七寸者輻內二寸半輻廣三寸半綆三分寸之二金轄之間三分寸之一○涂音塗綆必領反轄胡瞎反○【重言】經涂九軌二節末一小行人左祖右社面朝後市王宮所居也祖宗廟面猶鄉也王宮當中經之涂也○鄉許亮反市朝一夫方各百步

夏后氏世室堂脩二七廣四脩一世室者宗廟也魯廟有世室牲有白牡此用先王之禮脩南北之深也夏度以步今堂脩十四步其廣益以四分脩之一則堂廣十七步半五室三四步四三尺堂上爲五室象五行也三四步室方也四三尺以益廣也木室於東北水室於東南金室於西南水室於西北其方皆三步其廣益之以三尺土室於中央方四步其廣益之以四尺此五室居堂南北六丈東西七丈九階南面三三面各二四旁兩夾窗窗助戶爲明每

室四戶八窗○夾古洽反劉古協反窗初江反一音忽白盛蜃灰也盛之言成也以蜃灰堊牆所以飾成宮室○蜃常軫反堊烏路反又烏洛反門堂三之二門堂門側之堂取數於正堂令堂如上制則門堂南北九步二尺東西十一步四尺亦雅曰門側之堂謂之塾○塾音孰劉又音育室三之一兩室與門各居一分殷人重屋堂脩七尋堂崇三尺四阿重屋重屋者王宮正堂若大寢也其脩七尋五丈六尺放夏周則其廣九尋七丈二尺也五室各二尋崇高也四阿若今四柱屋重屋複笮也○重直龍反下及注同放方往反複音福笮側白反周人明堂度九尺之筵東西九筵南北七筵堂崇一筵五室凡室二筵明堂者明政教之堂周度以筵亦王者相改周堂高九尺殷三尺則夏一尺矣相參之數禹卑宮室謂此一尺之堂與此三者或舉宗廟或舉王寢或舉明堂互言之以明其同制○度九劉直洛反戚待洛反下及注同禹卑如字又音婢與音餘室中度以几堂上度以筵宮中度以尋野度以步涂度以軌周文者各因物宜爲之數室中舉謂四壁之內廟門容大扃七个大扃牛鼎之扃長三尺每扃爲一个七个二丈一尺○扃古熒反个古賀反注下同闈門容小扃參个廟中之門曰闈小扃膷鼎之扃長二尺參个六尺○闈音韋劉音暐膷音香路門不容乘車之

五个路門者大寢之門乘車廣六尺六寸五个三丈三尺言不容者是兩門乃容之兩門乃容之則此門半之丈六尺五寸應門二徹參个正門謂之應門謂朝門也二徹之內八尺三个二丈四尺內有九室九嬪居之外有九室九卿朝焉內路寢之裏也外路門之表也九室如今朝堂諸曹治事處九嬪掌婦學之法以教九御六卿三孤爲九卿九分其國以爲九分九卿治之九分其國分國之職也三孤佐三公論道六卿治六官之屬王宮門阿之制五雉宮隅之制七雉城隅之制九雉阿棟也宮隅城隅謂角浮思也雉長三丈高一丈度高以高度廣以廣。浮思並如字本或作罘罳同高古報反後放此度待洛反下同庳彼之差也故書環或作轘杜子春云當爲環環涂謂環城之道。環如字劉户串反轘户關反。經涂九軌環涂七軌野涂五軌【重言】經涂九軌二見篇首門阿之制以爲都城之制都四百里外距五百里王子弟所封其城隅高五丈宮隅門阿皆三丈宮隅之制以爲諸侯之城制諸侯畿以外也其城隅制高七丈宮隅門阿皆五丈禮器曰天子諸侯臺門環涂以爲諸侯經涂野涂以爲都經涂經亦謂城中道諸侯環涂五軌其野涂及都環涂野涂皆三軌【互注】左隱元年祭仲曰都城過百雉國之害也先王之制大都不過三國之一

中五之一小九之一注祭仲鄭大夫方丈曰堵三堵曰雉一雉之牆長三丈高一丈侯伯之城方五里徑三百雉故其大都不得過百雉又三分國城之一

匠人為溝洫主通利田間之水道○洫況域反耜廣五寸二耜為耦一耦之伐廣尺深尺謂之甽田首倍之廣二尺深二尺謂之遂古者耜一金兩人併發之其壟中曰甽甽上曰伐伐之言發也甽畎也今之耜岐頭兩金象古之耦也田一夫之所佃百畝方百步地遂者夫間小溝遂上亦有徑○甽古犬反隧音遂本亦作遂併步頂反畎古犬反與甽同古今字也劉古善反佃音田又音電九夫為井井間廣四尺深四尺謂之溝方十里為成成間廣八尺深八尺謂之洫方百里為同同間廣二尋深二仞謂之澮此畿內采地之制九夫為井井者方一里九夫所治之田也采地制井田異於鄉遂及公邑三夫為屋屋具也一井之中三屋九夫三三相具以出賦稅共治溝也方十里為成成中容一甸甸方八里出田稅緣邊一里治洫方百里為同同中容四都六十四成方八十里出田稅緣邊十里治澮采地者在三百里四百里五百里之中載師職曰園壥二十而一近郊什一遠郊二十而三甸稍縣都皆無過十二謂田稅也皆就夫稅之輕近重遠耳滕文公問為國於孟子孟子曰夏后氏五

十而貢殷人七十而助周人百畝而徹其實皆什一徹者徹也助者藉也龍子曰治地莫善於助莫不善於貢貢者校數歲之中以爲常文公又問井田孟子曰請野九一而助國中什一使自賦卿以下必有圭田圭田五十畝餘夫二十五畝死徙無出鄉鄉田同井出入相友守望相助疾病相扶持則百姓親睦方里而井井九百畝其中爲公田八家皆私百畝同養公田公事畢然後治私事所以別野人也又曰詩云雨我公田遂及我私惟助爲有公田由此觀之雖周亦助也魯哀公問於有若曰年饑用不足如之何有若對曰盍徹乎曰二吾猶不足如之何其徹也春秋宣十五年秋初稅畝傳曰非礼也穀出不過藉以豐財也此數者世人謂之錯而疑焉以載師戰及司馬法論之周制畿內用夏之貢法稅夫無公田以詩春秋論語孟子論之周制邦國用殷之助法制公田不稅夫貢者自治其所受田貢其稅穀助者借民之力以治公田又使收斂焉畿內用貢法者鄉遂及公邑之吏旦夕從民事爲其促之以公使不得恤其私邦国用助法者諸侯專一國之政爲其貪暴稅民無藝云周之畿內稅有輕重諸侯謂之徹者通其率以什一爲正孟子云野九夫而稅一国中什一是邦国亦異外內之法耳圭之言蠲絜也周謂之士田鄭司農說以春秋傳曰有田一成又曰列国一同○伊音刃澮古外反塵直連反助音助校音教數色主反下此數者同別彼列反雨于付反徹與音餘爲其于僞反下爲其爲爲此同藝魚世反率音律又音類下同○重言深四尺二見輈人專達於川各載其名達猶至也謂澮直至於川復无所注入載其名者識水所從出凡天下之地埶兩山之間必有

川焉大川之上必有涂焉通其雍塞○雍於勇反凡溝逆地阞謂之不行水屬不理孫謂之不行溝謂造溝阞謂脉理屬讀為注孫順也不行謂決溢也禹鑿龍門播九河為此逆阞與不理孫也○阞音勒屬注讀為注之樹反理孫音遜注同梢溝三十里而廣倍謂不墾地之溝也鄭司農云梢讀為桑螵蛸之蛸蛸謂水漱齧之溝故三十里而廣倍○梢劉音蕭注蛸一音色交反螵婢遙反凡行奠水磬折以參伍坎為弓輪水行欲紆曲也鄭司農云奠讀為停謂行停水溝形當如磬直行三折行五以引水者疾焉○奠音亭折之設反後放此欲為淵則句於矩大曲則流轉流轉則其下成淵凡溝必因水埶防必因地埶善溝者水漱之善防者水淫之漱猶齧也鄭司農云淫讀為廞謂水淤泥土留著助之為厚玄謂淫讀為淫液之淫○漱色救反又削注同廞許金反淤於據反著直略反液音亦凡為防廣與崇方其閷參分去一崇高也方猶等也閷者薄其上○閷色界反劉又色例反注下同去起呂反○重言廣與崇方前見梓人大防外閷又薄其上厚其下凡溝防必一日先深之以為式程人功也溝防為溝為防也里為式然後可以傅眾力里讀為已聲之誤也○里音以傅音附凡任索約大汲其版

謂之無任故書汲作汲杜子春云當爲汲玄謂約縮也汲引也築防若牆者以繩縮其版大引之言汲也汲桄桑之則鼓土不堅矣詩云其繩則直縮版以載又曰約之格格椓之橐橐格音各椓丁角反橐音託○【重言】謂之無任二見輈人

葺屋參分瓦屋四分各分其脩以其一爲峻○葺七入反劉音集又子入反

囷窌倉城逆牆六分逆猶郤也築此四者六分其高郤一分以爲殺囷圜倉穿地曰窌○囷丘貧反窌劉古孝反依字當爲窖作窌假借也

堂涂十有二分謂階前若今令甓裓也分其督旁之脩以一分爲峻也爾雅曰堂涂謂之陳○令音零甓蒲歷反爾雅云瓴甋謂之甓郭璞云今甋甎裓音階

竇其崇三尺宮中水道○竇音豆

牆厚三尺崇三之高厚以是爲率足以相勝○勝音升

車人之事半矩謂之宣矩法也所法者人也人長八尺而大節三頭也腹股也以三通率之則矩二尺六寸三分寸之二頭髮皓落曰宣半矩尺三寸三分寸之一人頭之長也柯欘之木頭取名焉易巽爲宣髮之宣如字本或作寡亦作宣䐑户穴反皓胡老反本或作顥音同劉作皓音灰柯古阿反

一宣有半謂之欘欘斲斤柄長二尺爾雅曰句欘謂之定○欘張玉反郭云斫也句音劬又音俱定丁佞反或音如字

一欘有半謂之柯伐木之柯柯長三尺詩云伐柯伐柯其則不遠鄭司農云蒼頡篇有柯欘

一柯有半謂之磬折人帶

以下四尺五寸磬折立則上俛玉藻曰三分帶下紳居二焉紳長三尺。俛音免

車人爲耒庛長尺有一寸中直者三尺有三寸上句者二尺有二寸鄭司農云耒謂耕耒庛讀爲其顙有疵之疵謂耒下岐玄謂庛讀爲棘刺之刺刺耒下前曲接耜。耒力對反劉音誄或良水反庛音刺七賜反李又似漬反顙疵似斯反自其庛緣其外以至於首以弦其内六尺有六寸與步相中也緣外六尺有六寸内弦六尺應一步之尺數耕者以田器爲度宜耜異材不在數中。緣如字沈悦專反中如字又丁仲反應應對之應。重言六尺有六寸前見考工堅地欲直庛柔地欲句庛直庛則利推句庛則利發倨句磬折謂之中地中地之耒其庛與直者如磬折則調矣調則弦六尺。推如字李湯雷反

車人爲車柯長三尺博三寸厚一寸有半五分其長以其一爲之首首六寸謂今剛關頭斧柯其柄也鄭司農云柯長三尺謂斧柯因以爲度。重言五分其長四輈人廬人矢人各一轂長半柯其圍一柯有半大車轂徑尺五寸輻長一柯有半其博三寸厚三之一輻厚一寸也故書博或爲搏杜子春云當爲博。搏徒丸反渠三

柯者三渠二丈七尺謂罔也其徑九尺鄭司農云渠謂車輮所謂牙。牙五嫁反李五家反下同本或作迓行澤者欲短轂行山者欲長轂短轂則利長轂則安澤泥苦其大安山險苦其大動。大音泰又兔餓反下同行澤者反輮行山者仄輮反輮則易仄輮則完故書仄爲側鄭司農云反輮謂輪輮反其木裏需者在外澤地多泥柔也側當爲仄山地剛多沙石玄謂反輮爲泥之黏欲得心在外滑以輮爲沙石破碎之欲得表裏相依堅刃。輮人九反劉音柔仄音側易以豉反需人兖反爲泥于僞反下同六分其輪崇以其一爲之牙圍輪高輪徑也牙圍尺五寸。重言前見輪人又下文五分其輪崇以其爲之牙圍柏車轂長一柯其圍二柯其輻一柯其渠二柯者三五分其輪崇以其一爲之牙圍柏車山車輪高六尺牙圍尺二寸大車崇三柯綆寸牝服二柯有參分柯之二大車平地載任之車轂長半柯者也綆輪箄牝服長八尺謂較也鄭司農云牝服車箱服讀爲負。綆方頴反牝步忍反又扶忍反李扶緬反服音負詩音如字箄薄歷反較音角羊車二柯有參分柯之一鄭司農云羊車謂車羊門也玄謂羊善也善車若今定張車較長七尺柏車二柯較六尺也柏車輪崇六尺其綆大半寸凡爲輈三其輪崇參分其長二在前一在後以鑿其鉤徹廣六尺鬲長六尺。鄭司農云鉤鉤心鬲謂轅端厭牛領者。鬲沈於革反劉音隔厭於甲反。重言參分其長二矢人盧人各一。二在前一在後二前一見盧人又輿人矢人篇一在前二在後

弓人爲弓取六材必以其時取幹以冬取角以秋絲漆以夏筋膠未聞。重意輪人斬三材必以其時六材既聚巧者和之聚猶具也。聚似主反。重意輪人三材既具巧者和之幹也者以爲遠也角也者以爲疾也筋也者以爲深也膠也者以爲和也絲也者以爲固也漆也者以爲受霜露也六材之力相得而足凡取幹之道七柘爲上檍次之檿桑次之橘次之木瓜次之荆次之竹爲下鄭司農云檍讀爲億萬之億爾雅曰杻檍又曰檿桑山桑國語曰檿弧箕箙。檍於力反一音意劉又烏克反檿烏簟反杻女丑反箙音服凡相幹欲赤黑而陽聲赤黑則鄉心陽聲則遠根陽猶清也木之類近根者奴。相息亮反下同鄉許亮反遠于萬反下遠於同近附近之近凡析幹射遠者用埶射深者用直鄭司農云埶謂

形埶假令木性自曲則當反其曲以爲弓故曰審曲面埶玄謂曲埶則宜薄薄則力少直則可厚厚則力多○射食亦反下同居幹之道菑栗不迆則弓不發鄭司農云菑讀爲不菑而畬之菑栗讀爲榛栗之栗謂以鋸副析幹迆讀爲倚移從風之移謂邪行絶理者弓發之所從起玄謂栗讀爲裂繻之裂○菑側冀反又側其反沈子異反劉音側栗音列李又如字迆羊氏反不菑側其反畬音餘鋸音據副普逼反析星歷反倚於綺反移羊氏反下同邪似嗟反繻音需凡相角秋閷者厚春閷者薄稚牛之角直而澤老牛之角紾而昔鄭司農云紾讀爲抮縳之抮昔讀爲交錯之錯謂牛角觕理錯也玄謂昔讀履錯然之錯○閷色黠反劉色例反下同紾劉徒展反許慎尚展反又徒展反與注抮縳之抮同角紾縳之意昔七各反下同抮縳並與紾同縳又徒轉反觕才苦反又七奴反錯七各反李云鄭且苦反疢疾險中牛有久病則角裏傷瘠牛之角無澤少潤氣○瘠在亦反角欲青白而豐末豐大也夫角之本蹙於𦙶而休於氣是故柔故欲其埶也白也者埶之徵也蹙近也休讀爲煦鄭司農云欲其形之自曲反以爲弓玄謂色白則埶○夫音扶下皆同蹙於子六反注同李又音促又且六反𦙶乃老反本又作腦休音煦下同煦况付反劉音日休下同夫角之中恒當弓之畏畏也者必橈橈故

欲其堅也青也者堅之徵也故書畏或作威杜子春云當爲威威謂弓淵角之中央與淵相當玄謂畏讀如秦師入隈之隈○畏烏回反下同夫角之末遠於㓱而不休於氣是故脃脃故欲其柔也豐末也者柔之徵也末之大者㓱氣及煦之○脃七歲反角長二尺有五寸三色不失理謂之牛戴牛三色本白中青末豐鄭司農云牛戴牛角直一牛凡相膠欲朱色而昔昔也者深瑕而澤紾而摶廉摶圜也廉瑕嚴利也○摶徒丸反鹿膠青白馬膠赤白牛膠火赤鼠膠黑魚膠餌犀膠黄皆謂煮用其皮或用角餌色如餌凡昵之類不能方鄭司農云謂膠善戾故書昵或作樴杜子春云樴讀爲不義不昵之昵或爲䵒䵒黏也玄謂樴脂膏膱敗之膱膱亦黏也○昵女乙反又音日樴樴音職䵒女乙反爾雅云膠也劉沈並音日刃膱音職呂沈云膏敗也凡相筋欲小簡而長大結而澤小簡而長大結而澤則其爲獸必剽以爲弓則豈異於其獸剽疾也鄭司農云簡讀爲撊然登陴之撊玄謂讀如簡札之簡謂筋條也○剽芳妙反戚芳昭反或扶召反後同撊下板反或胡簡反陴婢支反劉浦佳反又房卑反○【重言】大結而澤二並此章筋欲敝之

潎 鄭司農云嚼之當孰。○潎婢世反，徐扶世反。嚼才略反 漆欲測 鄭司農云測讀為惻隱之惻。玄謂測讀如測度之測，測猶清也。○隱本或作隱，同。度待洛反 絲欲沈 如在水中時色 得此六材之全，然後可以為良 全無瑕病，良善也。然後可以為良一考工 重言 凡為弓，冬析幹而春液角，夏治筋，秋合三材 三材，膠、絲、漆。鄭司農云液讀為醳。○液音亦，下同。醳音亦，劉沈音釋，下同 寒奠體 奠讀為定。至冬膠堅，內之檠中，定往來體。○奠讀為定，下同。檠音景 冰析灂 大寒中，乃於檠中復內之。○灂子召反。復扶又反 冬析幹則易 理滑致。○易以豉反。致直致反，下言致同 春液角則合 合呈讀為洽 夏治筋則不煩 煩亂 秋合三材則合 合堅密也 寒奠體則張不流 流猶移也 冰析灂則審環 審猶定也 春被弦則一年之事 期歲乃可用。○被皮寄反 析幹必倫 順其理也 析角無邪 邪亦正之。○邪似嗟反 斲目必荼 鄭司農云荼讀為舒，舒，徐也。目，幹節目。○荼音舒，下同 斲目不荼則及其大脩也筋代之受病 脩猶久也 夫目也者必強，強者在內而摩其筋，夫筋之所由憺，恒由此作 摩猶隱也。故書憺或作劊。鄭司農云當為筋憺，憺讀為車憺之憺。玄謂憺，絕起也。𥉻昌廉反注同　故角三液而幹再液重醳治之使相稱。重直龍反稱尺證反下各稱同　厚其帤則木堅薄其帤則需需謂不充滿鄭司農云帤讀為襦有衣絮之絮帤謂弓中裨。帤女居反需人兖反下注罷需同襦劉音須沈音儒本亦作襦絮本亦作帤周易作袽皆女居反裨符支反又音卑　是故厚其液而節其帤厚猶多也節猶適也　約之不皆約疏數必侔不皆約纏之繳不相次也皆約則弓帤侔猶均也。數音朔侔莫侯反或二又反繳不音灼　斲摯必中膠之必均摯之言致也中猶均也　斲摯不中膠之不均則及其大脩也角代之受病夫懷膠於內而摩其角夫角之所由挫恒由此作幹不均則角蹴折也挫子卧反蹴子六反　凡居角長者以次需當弓之隈也長短各稱其幹相若居簫。隈烏回反　恒角而短是謂逆橈引之則縱釋之則不校鄭司農云恒讀為裻縆之縆玄謂恒讀為揯揯竟也竟其角而短於淵幹引之角縱不用力若欲反橈然校疾也既不用力放之又不疾。恒古鄧反又如字下同裻古外反注及下同裻音督縆古鄧反或古登反沈又居肯反揯古鄧反　恒角而達譬如終紲非弓之利也達謂長於淵幹若達於簫頭紲弓𣪍角過淵接則送矢不太疾若見紲於𣪍矣弓

有彀者爲發弦時備頓傷詩云竹彀緄縢○辟如字音譬下注亦同祕或芳亦反紲息列反弓彀也彀音祕又補結反爲于僞反緄古
本反劉古困反縢本又作縢徒登反今夫茭解中有變焉故校鄭司農云茭讀爲激發之激茭
謂弓檠也校讀爲絞而婉之絞玄謂茭讀如齊人名手足掔爲骹之骹茭解謂接中也變謂筋膠異力異校疾也○茭司農古歷反
鄭戶卯反解戶賣反注同茭讀音交下茭亦同激古歷反掔烏亂反骹戶卯反臂如字下文同本或作研一音房赤反於挺
臂中有柎焉故剽挺直也柎側骨剽亦疾也鄭司農云剽讀爲漂絮之漂○挺勑頂反注同或徒冷反柎
方輔反下同胡音胡漂匹妙反絮相預反恒角而達引如終紲非弓之利重明達角
之不利也辟譬言引之誤○弓音譬重直用反撟幹欲孰於火而無贏撟角欲孰
於火而無燂引筋欲盡而無傷其力鬻膠欲孰而水火
相得然則居旱亦不動居濕亦不動贏過孰也燂炙爛也不動者謂弓也故書
燂或作朕鄭司農云字從燂○撟居兆反劉居老反沈音子了反燂音潛又音尋或大含反鬻音章呂反苟有賤工必
因角幹之濕以爲之柔善者在外動者在內雖善於外
必動於內雖善亦弗可以爲良矣苟偷也濕猶生也○偷吐侯反或吐豆反凡

爲弓方其峻而高其柎長其畏而薄其敝宛之無已應宛謂引之也引之不休止常應弦言不罷需也峻謂蕭也鄭司農云敝讀爲蔽塞之蔽敝謂弓人所握持者○畏烏回反敝讀爲蔽必世反劉又博滑反宛於阮反應應對之應注下皆同罷音皮

下柎之弓末應將興末猶蕭也興猶動也發也弓柎卑蕭應弦則柎將動○卑劉音婢

爲柎而發必動於𢷬𢷬接中○𢷬色界反劉色例反注下同

弓而羽𢷬末應將發羽讀爲扈扈緩也接中動則緩蕭應弦則角幹將發○羽音戶

弓有六材焉維幹強之張如流水无難易也○易以豉反下同

維體防之引之中參躰謂內之於檠中定其躰防深淺所止謂躰定張之弦居一尺引之又二尺

維角牚之欲宛而無負弦引之如環釋之無失體如環負弦辟戾也負弦則不如環如環亦謂无難易鄭司農云牚讀如牚距之牚車牚之牚○牚直庚反又或之虎反又詩尚反沈云或音堂非辟劉必亦反衆家皆匹亦反

材美工巧爲之時謂之參均角不勝幹幹不勝筋謂之參均量其力有三均均者三謂之九和有三讀爲又參量其力又參均者謂若幹勝一石加角而勝二石被筋而勝三石引之中三尺假令弓力勝三石引之中三尺弛其弦以繩緩

擐之而加物一石則張一尺故書勝或作稱鄭司農云當言稱謂之不參均謂若不勝無負也○勝音升下注同被皮寄反擐户串反劉躬大反九和之弓角與幹權筋三侔膠三鋝絲三邸漆三斞上工以有餘下工以不足權平也侔猶等也角幹既平筋三而又與角幹等也鋝鍰也邸斞輕重未聞○侔本又作料亦作侔同莫侯反侔等也鋝色劣反又音劣邸丁礼反或丁計反斞羊主反鍰音環又于卷反爲天子之弓合九而成規爲諸侯之弓合七而成規大夫之弓合五而成規士之弓合三而成規材良則句少也○合如字一音閤下同○【重言】天子之弓合三而成規二前見八卷司弓矢弓長六尺有六寸謂之上制上士服之弓長六尺有三寸謂之中制中士服之弓長六尺謂之下制下士服之人各以其形皃大小服此弓○【重言】謂之上制上士服之謂之中制中士服之謂之下制下士服之二此六句並見前十一卷桃氏○【重意】韗人長六尺有六小弓長六尺謂之下制輪人輪長六尺謂之軋軹凡爲弓各因其君之躬志慮血氣又隨其人之情性豐肉而短寬緩以荼若是者爲之危弓危弓爲之安矢骨直以

立心怒執以奔若是者爲之安弓安弓爲之危矢言損贏濟不足危奔猶疾也骨直謂強毅奔亦古文舒假借字鄭司農云奔讀爲舒○肉如字劉而樹反執音勢其人安其弓安其矢安則莫能以速中且不深故書速或作數鄭司農云字從速速疾也三舒不能疾而中言矢行短也中又不能深○中丁仲反注及下同數音朔同其人危其弓危其矢危則莫能以愿中愿愨也三疾不能愨而中言矢行長也謂過去○愿音願一音元愨苦角反往體多來體寡謂之夾臾之屬利射侯與弋射遠者用埶夾臾之弓合五而成規侯非必遠顧埶弓若材必薄薄則弱弱則矢不深中侯不落大夫士射侯矢落不獲弋繳射也故書臾作庾杜子春云當爲臾○夾古洽反劉古協反臾音庾射食亦反注下除繳射大射小射用射外皆同擭胡卻反繳諸若反往體寡來體多謂之王弓之屬利射革與質射深者用直此又直焉於射堅宜也王弓合九而成規弧弓亦然革謂干盾質木椹天子射侯亦則此弓大射曰中离維綱揚觸梱復君則釋獲其餘則否○椹張林反梱苦本反往體來體若一謂之唐弓之屬利射深射深用直唐弓合七而成規大弓亦然春秋傳曰盜竊寶玉大弓大和無濟其次筋角皆有濟而深其次有濟而疏其次

角無灂大和尤良者也深謂灂在中央兩邊无也角无灂謂隈裏合灂若背手文弓表裏灂合如人合手背文相應鄭司農云如人手背文理○背補內反注同角環灂牛筋蕡灂麋筋斥蠖灂蕡枲實也斥蠖屈虫也○環如字又户串反蕡扶文反注同斥音尺蠖紆縛反又於郭反枲絲子反和弓轂摩和猶調也轂拂也將用弓必先調之拂之摩之大射礼曰小射正授弓大射正以袂順左右隈上再下一○上時掌反覆之而角至謂之句弓句於三射材微惡不用之弓也覆尤察也謂用射而察之至猶善也但角善則矢雖疾而不能遠○覆孚服反下皆同句劉九具反沈音鉤善若本或作善言吾善吉下同覆之而幹至謂之侯弓射侯之弓也幹反善則矢疾而遠覆之而筋至謂之深弓射深之弓也筋又善則矢既疾而遠又深

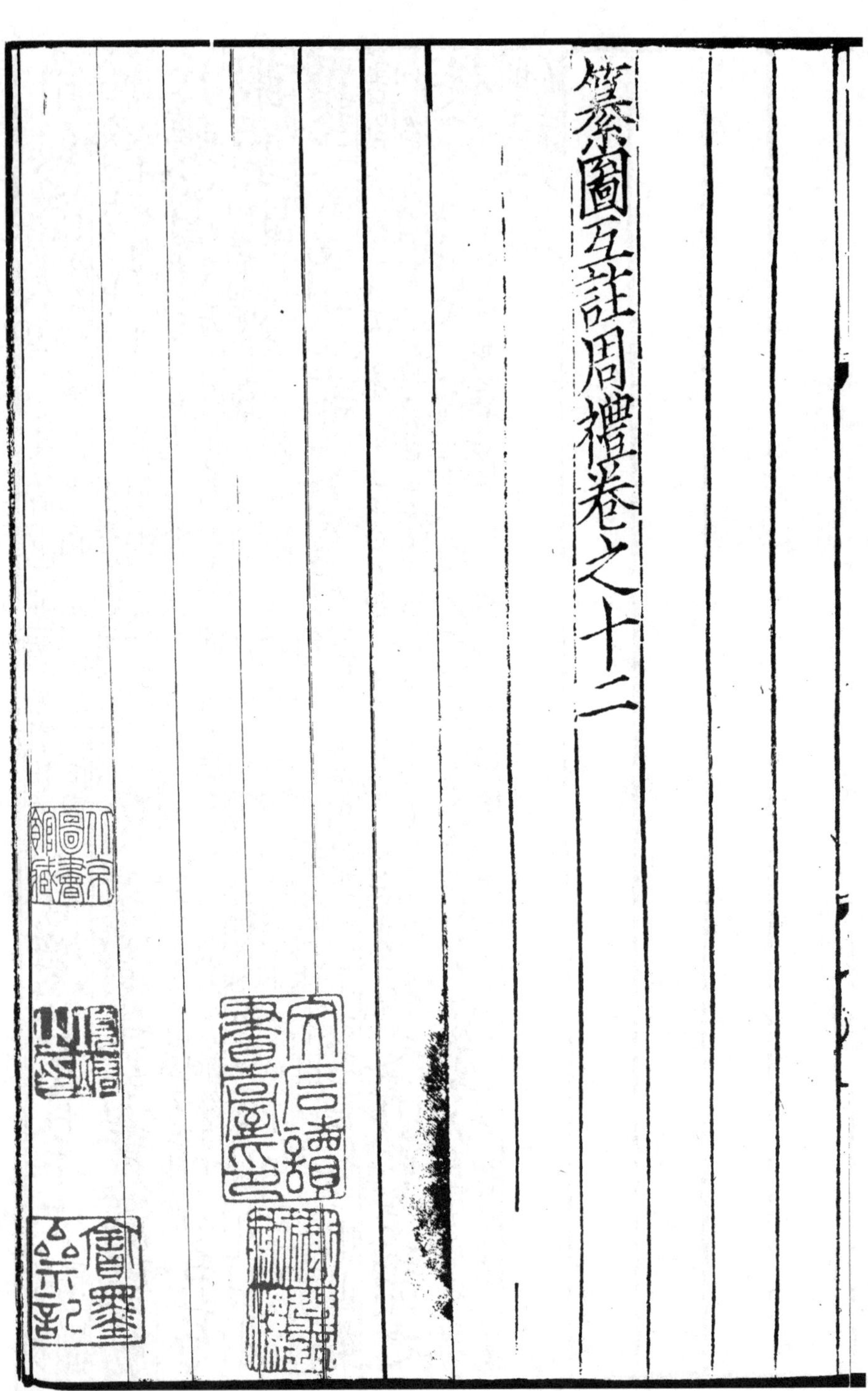

纂圖互註周禮卷之十二